U0057348

社會福利策劃與管理

中國文化大學社會福利學系◎主編

作者介紹

Barbara Newman 博士
美國羅德島（Rhode Island）大學
人類發展與家庭關係學系教授

王永慈　輔仁大學社會工作學系副教授

王順民　文化大學社福系副教授

吳水麗　香港基督教服務處總幹事

沈芳膺　玄奘大學社會福利學系

坂巻熙　日本淑德大學社會學部社會福祉學系教授
　　　　中文翻譯　徐嘉隆

余漢儀　台灣大學社會系教授

林正全　連德發展基金會

周恬弘　花蓮基督教門諾醫院醫政部及發展策劃部主任

邱汝娜　行政院原住民委員會社會福利處處長

邱貴玲　中國文化大學社會福利學系助理教授

紀惠容　勵馨基金會執行長

胡慧嫈　中國文化大學社會福利學系助理教授

孫健忠　台北大學社會工作學系

孫碧霞　行政院勞委會職業訓練局

徐錦鋒　板橋地方法院主任觀護人

陸宛蘋　海棠文教基金會執行長

陳志章　台北市政府社會局三科科長

陳俊良　伊甸基金會執行長

陳榮昌　內政部統計處編審

黃志成　中國文化大學社會福利學系教授

黃源協　國立暨南國際大學社會政策與社會工作系副教授

黃旎濤　玄奘大學社會福利學系主任

張和清　雲南大學社會工作研究所副所長

張嫩文　台北市政府社會六科安置保護股股長

郭登聰　慈濟大學社會工作研究所系副教授

郭靜晃　中國文化大學社會福利學系教授

萬育維　慈濟大學社工系副教授

葉漢國　台灣世界展望會社工處處長

廖靜芝　內政部兒童局主任秘書

劉克健　中華民國分齡教育學會理事長

鄭讚源　國立中正大學社會福利學系

賴其頡　福樂多醫療福祉事業企劃部經理

蕭玉煌　內政部社會司司長

蕭琮琦　中華兒童暨家庭扶助基金會社會工作處主任

羅觀翠　香港城市大學社會科學部教授

（以上姓名係按照筆劃順序排列）

主編序

近幾年來，新管理主義（new managerialism）的崛起，對社會福利掀起了巨大的漣漪，健康維護制度的管理性競爭（managed competition）、福利服務制度的個案管理（case management）以及社區照護制度的照護管理（care management）均在此一趨勢下應運而生。如何建構社會福利機構的管理理論和提升社會機構的經營效率將是廿一世紀社會福利的重要講題。為了因應此一時代的來臨，中國文化大學社會福利學系協同本校推廣教育部、中華民國青少年兒童福利學會、台北市青少年兒童福利學會、財團法人中華民國身心障礙者自立共生福祉協會於民國九十年三月二日及三日假中國文化大學曉峰紀念館國際會議廳舉辦「新世紀、新人類、新希望：展望廿一世紀社會福利策劃與管理研討會」，以二篇專題報告（我國社會福利政策之規劃與實施／蕭玉煌司長、身心障礙者生活需求分析／陳榮昌編審）加上六大論文主題發表（家庭發展與福利政策、身心障礙者的福利政策、特殊族群的福利政策、政府福利行政之管理、福利產業的經營與管理及非營利組織的管理），邀請國內外相關學者及福利組織負責人，期盼透過行政界、學術界與實務界的共同探討，集思廣益共創社會福利遠景及商討對策。

最後我們要感謝內政部社會司、內政部兒童局、行政院青年輔導委員會、行政院原住民委員會、台北市政府社會局等政府單位的支持，以及中華民國分齡教育協會、富邦文教基金會、揚智文化事業股份有限公司等機關團體所給予的幫助，此外，與會發表、討論的學者專家、與會人員及本系辛苦籌劃及執行的工作人員們所付出的真心及熱忱，更令我

深感在心。願此次研討會集思廣益的探討能掀起新世紀新波瀾，再次地
推動社會福利的船頭，朝向新世紀、實踐新願景。

中國文化大學社會福利學系　系主任

郭靜晃　謹識

目　錄

1 我國社會福利政策之規劃與實施

蕭玉煌

內政部社會司司長

壹、前言

　　我國社會福利政策之推動，長久以來係針對當時民眾之需要，因應各樣社會問題的狀況，考量政府的財力，來推動各項服務措施，藉以充分照顧民眾福祉，提升人民生活品質。社會福利政策既爲解決社會問題，因應大眾需要而制定，因此，我國各階段社會福利政策隨著當時之政治、經濟、社會環境及政府財政狀況的不同而各有重大呈現。大體而言，以十年爲一發展區間，我國社會福利政策的發展，可分爲四個階段：

1. 第一階段：民國三十四年至民國四十八年，以四大社會政策，致力土地改革爲首要任務。
2. 第二階段：民國四十九年至民國六十九年，以基層建設與經濟發展爲主要重點。
3. 第三階段：民國六十九年至民國七十八年，初步完成福利法規並建立保險制度。
4. 第四階段：民國七十九年迄今，足稱是我國社會福利制度蓬勃發

展並穩定建構階段。

前述四階段中，最後這十年的發展，因應政治民主化，民眾社會福利意識高漲，社會福利倍受社會各界重視，堪稱社會福利蓬勃發展期，其展現了以下幾項特色：

1. 社會福利預算年有成長：七十九年度內政部社政業務預算計四十億餘元，九十年度預算計五百零六億八千九百一十六萬元（由內政部二十一單位分別編列），成長顯著。

2. 對於經濟弱勢家庭實施福利津貼：如七十九年實施身心障礙者三項補助（生活補助費、教養費、輔助器具補助費）、八十二年開辦中低收入老人生活津貼、八十四年開辦中低收入家庭托育津貼、八十九年試辦中低收入老人特別照顧津貼。

3. 社會福利法制因應時勢所需，立法漸趨完備：如七十九年制定少年福利法、八十二年修正兒童福利法、八十三年核定社會福利政策綱領及實施方案、八十四年公布兒童及少年性交易防制條例、八十六年制定性侵害防治法、社會工作師法、修正殘障福利法為身心障礙者保護法、老人福利法、社會救助法、八十七年公布家庭暴力防治法、八十九年公布特殊境遇婦女家庭扶助條例、九十年公布志願服務法。

4. 成立專責機關或跨部會任務編組：如八十六年成立內政部性侵害防治委員會、行政院婦女權益促進委員會、八十七成立行政院社會福利推動小組、八十八年捐助成立財團法人婦女權益促進發展基金會、成立內政部家庭暴力防治委員會、兒童局等。

這幾年來，我國社會福利工作，不論在政府推動或民間參與，都有長足進步，不過，有關社會福利的議題，仍受到社會各界相當的重視，且成為公共政策上重要的議題之一，足以反應現階段社會福利提供仍有其不足之處，面對民眾深盼改革創新，及跨世紀發展關鍵時刻，如何扶

助弱勢族群，保障生活基本權益，獲得妥善照顧，將是推展社會福利之重要課題。

貳、社會福利政策之規劃

我國社會福利係以促進經濟與社會均衡發展為原則，衡酌國家總體資源及政府財力，兼顧民眾需求，以福利服務提升生活品質，以社會保險邁向互助，以社會救助維持民眾基本生活，並配合就業安全、醫療保健，逐步建立社會安全制度。

至今，經由政府與民間共同努力，我國社會福利制度已日臻完備，社會福利法令，配合環境變遷及需求增加，不斷檢討增修，社會福利經費的籌措，亦逐年穩定成長。惟社會福利政策仍須循序漸進，按部就班，絕非一蹴可幾，政府在推行社會福利時，必然要兼顧國家整體資源的有效運用，均衡分配，同時還要結合政府與民間的力量，共同努力，才能實現。近年來政府推動社會福利政策，已有十分明晰的方向。

一、規劃基本原則

社會福利的最新意義如下：

1.社會福利不再只是貧困者的救濟工作，它也是全民在新時代中的共同需求。
2.社會福利不再只是國家財政上的負擔，它也是促進和諧增加競爭力的貢獻者。
3.社會福利不僅是為了紓解這一代的社會壓力，也要為我們的後代奠立能永續發展的社會基石。

而社會福利政策策略規劃應注重適當性、公平性、福利優先順序及

財務負擔應歲收及保險兼顧，因此社會福利政策應定位爲：

1. 應以實踐社會正義，提供人民基本的生活安全保障。
2. 應以民衆需求爲導向，是全民性、積極性和前瞻性的福利政策。
3. 社會福利扮演預防、消除、減緩社會問題的積極角色，並爲社會團結的媒介，進而發揮助人自立的功能。

根據此新的社會福利政策定位與意涵，依循消極救助到積極服務、局部推動到全面開展、選擇性服務走向均衡發展等進程，現階段社會福利政策規劃之基本原則應著重於：

1. 著重社會與經濟均衡發展，兼顧政府財力、倡導權利義務對等之福利倫理。
2. 健全社會福利行政體系、法制，適時修訂社會福利相關法規，以因應社會變遷產生之需求。
3. 建構以家庭爲中心之社會福利政策，以弘揚家庭倫理。
4. 運用專業社會工作人力及方法，採專業社會工作方法，推展各項社會福利工作。
5. 規劃各類社會保險，本財務自給自足、不浪費、不虧損之原則，建立完整之保險體系。

福利服務應本民衆福祉爲先，針對現況與需求，著重城鄉均衡發展，並結合民間資源，共同發展合作模式的服務輸送體系。

二、社會福利需求分析

社會福利的發展係爲解決社會環境變遷所引發之問題。而目前相關之社會環境變遷包括人口、家庭、勞動市場、家庭功能及價值觀念等趨勢轉變，引發各項福利需求之轉變與調整。

1. 在人口方面，明顯的現象是老年人口及身心障礙者人口增加，幼

年人口減少。目前截至八十九年十二月底止，全國未滿十二歲之兒童計有三百七十五萬一千一百二十四人；十二歲至未滿十八歲之少年，計有二百零三萬九千餘人；六十五歲以上之老人，計有一百九十萬人；領有身心障礙手冊者將近有七十萬人；屬貧窮線以下之低收入戶計六萬三千餘戶，十四萬九千餘人。因此，老人福利及身心障礙者福利一直是施政重點。

2. 家庭方面，核心家庭增加，離婚率上升，相對的單親家庭增加。

3. 勞動市場方面，就業婦女增加，雙薪家庭增加，老幼照顧需求增加。

4. 家庭功能方面，對應核心家庭增加，老人與子女同住比率下降，老幼照顧責任分散。

5. 價值觀方面，社會福利意識高漲，要求政府分擔個人問題，給予協助。

以下就各福利人口未來之需求加以分析：

（一）兒童福利方面

1. 未滿六歲學齡前幼童，最大的需求是享有優質的托育服務。然而，雙薪家庭的增加，家庭對保母及兒童就托的需求日殷，因此增設各種托育機構及福利是工作重點。

2. 六至十二歲學齡期兒童，參加課後輔導或才藝班比例提高，顯示「課後托育」需求愈來愈高，其中以寒、暑假的學童托育服務需求更為迫切。

3. 台灣地區育有十八歲以下兒童之單親家庭約占有全國家庭總數的3.29%，其中有以女性單親家庭約有十二萬九千七百餘戶，約占單親家庭的62%，亟需社會福利支持系統的扶助。

4. 自從八十四年十二月兒少保護熱線開辦後，兒童受虐的通報量顯增，八十八年底約有五千三百餘人。依研究發現，兒童受虐往往

是婚姻關係失調、暴力，家庭功能失常、施虐者的經濟壓力、失業及親職教育缺乏等因素，因此，如何事先防範兒虐事件發生，是首要課題。

（二）少年福利方面

1. 少年時期是鄰近成年獨立時期，是成年時期的準備時期，其人生觀與個性正處摸索階段，誠如個人行走前之學步時期，需要指導、扶持、幫助、輔導與呵護。因此，如何為少年創造活潑的學習環境，及健全青少年身心發展，是政府及整個社會努力的方向。

2. 目前青少年認為政府應優先提供的福利措施，第一順位為「增設休閒活動場所」，第二順位是「提供就業服務」，第三順位是「協助課業或升學輔導」，針對其需求，規劃相關福利措施，亦是未來規劃的重點。

（三）婦女福利方面

婦女在生命週期所面對情境多端，因應社會的轉型，有關婦女之需求也因而日趨多元化，諸如女性青少年所面臨的升學、就業、未婚媽媽及雛妓問題，已婚或婚齡婦女所可能遭受之家庭、育兒、婚姻暴力及單親媽媽的困境，職業婦女所不可避免之求職、工作及家庭兩難之困擾、不平等待遇、二度就業，以及老年婦女之特殊需求等等，皆為婦女福利不可忽略的課題。因此，應優先辦理的福利措施包括：對不幸婦女的扶助服務、性侵害防治服務及人身安全的保障、減輕婦女家庭照顧壓力、強化托兒及托老照顧措施。

（四）老人福利方面

目前台灣六十五歲以上老年人口約一百九十萬餘人，平均每八人中就有一位高齡長者，檢視研究報告中的老人需求項目，提供醫療照護服

務、保障老年經濟生活、參與社會服務是優先工作。因此,將來老人福利如何跳出舊有的價值觀,正視社會變遷與家庭功能式微的事實,在「安全」、「尊嚴」、「快樂」的政策方向引導之下,如何提供「全人服務」、尊重老人多元選擇的權利和自由,及結合社區資源以提供整體老人照護體系,是目前重要課題。

(五) 身心障礙者福利

身心障礙致殘原因不外是遺傳、生理疾病、意外及社會文化環境因素引起。由於身心障礙者保護福利法制逐漸完備,照護逐漸周延,因此領有身心障礙手冊人數,從民國八十年的二十萬人,截至八十九年十二月底止,已增加爲七十萬人,每年約六萬人的速度增加中。目前身心障礙者的需求大致可分爲經濟安全、就醫、就學、就業、就養及無障礙生活環境等需求。身心障礙者對未來辦理身心障礙福利措施中,復健、醫療補助及生活輔助器具補助之需求高居前三位。全民健保的實施雖已大幅減緩身心障礙者就醫負擔,惟相關復健費用仍是家庭沉重負擔。如何強化身心障礙福利服務機構功能、提升服務品質及推展居家照護將是重點工作。

(六) 低收入戶福利

根據最近「我國社會救助制度發展之研究」建議,社會救助是社會安全制度中重要的策略之一,其目的在解決貧窮問題,以提供國民最基本的經濟安全保障,因此,社會救助於制度的定位上,仍應扮演安全網之角色;在對象決定上,必須經過資產調查,係屬選擇式的服務,其經費則由政府租稅支應,其最低生活費用應考量地區及家庭規模之差異,計算其需求時,應將特殊需求納入考量。給付提供上,則採就學、就醫、就養、就業、福利等多元措施,給予低收入戶脫貧後的緩衝期,使其有累積財產之機會等。

參、目前社會福利重要業務概況

　　社會福利的範圍，學理上目前尚無普遍共識，最廣義的，舉凡賦稅、國防、教育、健康照護、住宅、公共救助等，任何可以增進國民生活福祉的作為，均可視為社會福利，然其主要核心項目，一般而言，仍指社會保險、社會救助及福利服務等三大範疇，目前內政部社會司所主管即為此三大部分。

　　隨著經濟快速成長與社會變遷發展，內政部不斷因應多元的需求，推出新的計畫、新的措施；同時修訂社會福利相關法規；推動各項符合民眾需求與社會公平正義的社會福利措施，以下就近年來對於推展社會福利所作的努力，擇要報告如下：

一、社會保險——研修農民健康保險條例

　　農民健康保險自七十八年七月一日實施以來，即年年呈現財務虧損情形。其間雖曾因醫療給付業務劃歸全民健保制度，農保不再提供醫療給付而財務情況稍獲紓緩，惟因農保投保年齡無上限規定、農保被保險人年齡層偏高、被保險人資格難以認定、重殘給付比例高、農保代理人之推波助瀾等因素，農保制度之財務狀況長期處於虧損；為改善農保財務狀況，在國民年金未開辦前，針對目前農保結構性問題（如修正主管機關、回歸職域保險、保險費率重新精算、修正殘廢給付標準表、修正農民健康保險監理委員會之組織等）進行研究規劃修正方向。

二、社會救助

(一) 辦理社會救助各項照顧工作

社會救助最積極的目的是希望促進低收入戶自立,藉由救助資源與機會的提供,助其脫離對救助措施的依賴,除提供生活扶助、醫療補助、確保食衣住行等基本需求外,最重要的方法就是鼓勵低收入戶就業與就學,協助其習得一技之長,早日脫離貧窮。

另對戶內人口死亡無力殮葬、戶內人口遭受意外傷害致生活陷於困境者,及負家庭主要生計責任者罹患重病、失業、失蹤、入營服役、入獄服刑或其他原因,無法工作致生活陷於困境者,給予急難救助,助其度過難關,早日恢復正常生活。人民遭受水、火、風、雹、旱、地震及其他災害,致損害重大,影響生活者,給予災害救助。鑑於九二一地震核發慰問金經驗,於八十九年九月十九日訂定「直轄市、縣(市)主管機關訂定災害救助金核發規定範例」,提供直轄市、縣(市)政府,作為自行訂定災害救助金核發規定之參考。

(二) 強化災害預防工作

天然災害之發生不可避免,有關天然災害救助措施,本諸救急原則及因應災害防救法於八十九年七月十九日之公布,內政部邀集中央相關部會、地方政府、專家學者、民間團體等,共同研商「建立重大天然災害物流機制」協調會,獲致之共識包括:請各直轄市、縣(市)政府及鄉(鎮、市、區)公所訂定重大災害應變計畫,各直轄市、縣(市)受理各界捐款、捐贈物資實施作業計畫,直轄市、縣(市)救災物流資源手冊,直轄市、縣(市)社會救助團體資源手冊,直轄市、縣(市)救災人員名冊等,以期強化救災之預防工作。

三、福利服務

福利服務措施，必須以滿足民眾需要爲前提，並以減輕社會變遷所帶來的衝擊爲目的，目前政府所推動的各項措施均依各福利之法規之規定辦理。其中兒童福利、性侵害與家庭暴力防治工作部分於內政部中另設有兒童局、性侵害防治委員會及家庭暴力防治委員會等專責單位，在此不做介紹，其餘主要內容如下：

（一）少年福利：以身心健全發展爲首要

■輔導興設及改善少年福利機構

爲增進少年福利，健全少年身心發展，提供適當的休閒與安置場所，依據少年福利法相關規定，籌設少年福利機構，提供教養、輔導、育樂、服務等項福利服務。截至目前，輔導地方政府及民間團體設置二十所少年輔導、教養機構；三十二處青少年福利服務中心；十處關懷中心；十八處緊急及短期收容中心；三所中途學校。

■辦理兒童及少年性交易防治工作

依據「兒童及少年性交易防治條例」規定，定期召開督導會報，整合相關部會力量，共同防範少年遭受色情侵害，公布政府部門防制成果並檢視應即時改善的缺失。透過檢察與警察體系的密切合作，及開放救援專線「〇八〇〇〇〇九一九」，共同努力消除社會中侵害少年的犯罪者。並協助獲救之少年能得到良好的教化，結合勞工部門提供就業協助，並持續給予後續追蹤，避免再度受害。

■配合司法體系辦理少年轉向安置輔導工作

少年事件處理法於八十六年十月二十九日修正公布，基於保護少年人權，少年有請求國家提供適合於健全成長環境的權利。內政部配合司

法體系之「以教養代替處罰，以保護代替管訓」的精神，對非行少年以教育、保護為優先，採多元化之處遇，辦理個案之轉介及安置輔導工作。

(二) 婦女福利：著重就業、保護、減輕照顧家庭負擔

■促進婦女權益發展

當前政府對婦女的各項服務，散見於中央各部會或各地方政府，舉凡內政部的性侵害防治、家庭暴力防治及相關婦女福利措施，行政院勞工委員會的婦女就業服務，行政院衛生署的婦女衛生醫療業務，教育部的婦女教育政策，以及各地方政府所辦理的各項婦女服務業務等，均係行政部門以功能取向的權責分工。行政院特於八十六年五月六日以跨部會任務編組並結合民間學者專家，成立「行政院婦女權益促進委員會」，希望凝聚不同專業背景的智慧力量，發揮政策規劃、諮詢、督導及資源整合的功能，有效推動各項婦女權益工作，以為婦女同胞謀求最大福祉，追求兩性共和的溫馨社會為最終目標。該委員會成立迄今，計召開九次委員會議，其間完成「婦女人身安全政策及實施方案」、「我國婦女教育政策」、「我國婦女健康政策」、「跨世紀婦女政策藍圖」、並捐資成立「財團法人婦女權益促進發展基金會」。

■落實婦女人身安全保障

依據中國人權協會所發表的台灣婦女人權調查報告顯示，婦女人身安全的保障是女性朋友最關切的議題，卻是婦女人權指標中得分最低的項目。為因應此一現象，行政院已於八十八年一月核定「婦女人身安全政策及實施方案」，分別就法制面、服務組織及網絡體系、措施面等三方面擬定短、中、長程計畫，逐步推動有關性侵害、家庭暴力與性騷擾等防治工作，並協請各機關共同加強推動相關配合事項，以建構整體性之婦女人身安全保護網絡。

■提供特殊境遇婦女各項生活扶助

　　為協助遭遇變故之不幸婦女，如未婚媽媽、離婚、喪偶、被遺棄、被強暴或婚姻暴力受害者等特殊處境的婦女，提供適切之保護措施，於八十九年五月二十四日訂頒公布「特殊境遇婦女家庭扶助條例」，並責成直轄市、縣（市）政府貫徹執行特殊境遇婦女之緊急生活扶助、子女生活津貼、子女教育補助、傷病醫療補助、兒童托育津貼、法律訴訟補助及創業貸款補助等服務。

■強化女性單親家庭扶助

　　為因應單親家庭逐年增加之社會現象，政府除結合民間團體繼續提供單親婦女之緊急生活扶助，協助其習得一技之長與輔導就業外，同時加強實施單親婦女之子女照顧，設立諮詢專線，提供心理諮商、輔導及法律諮詢服務，並透過獎助地方政府及民間團體方式辦理婦女學習成長方案及婦女社會參與方案。

■推動一般婦女福利措施

　　成立婦女福利服務中心，提供多元化及社區化的綜合性服務；辦理知性成長課程，鼓勵各地方政府積極辦理各項婦女知性等活動；為減輕職業婦女負擔，加強辦理老人居家服務、利用老人文康活動中心辦理日間照顧服務、以及設置各項托嬰托兒福利設施，期以積極的預防代替消極的救助。

（三）老人福利：強調醫療照護、經濟安全、尊嚴快樂

■健康維護措施

1.老人預防保健服務：函頒「老人健康檢查及保健服務項目及方式」，詳細規定老人健康檢查及保健服務項目及辦理方式，各縣市

政府即據以配合全民健康保險成人預防保健服務項目辦理老人健
康檢查。

2. 中低收入老人醫療費用補助：自八十四年三月一日實施全民健康
保險，已提供全民醫療保健服務，惟為降低低收入戶就醫時之經
濟障礙，對於其應自行負擔保險費、醫療費用，由政府予以補助
（包括老人在內）；至於中低收入年滿七十歲以上老人之保險費亦
由內政部全額補助。

3. 中低收入老人重病住院看護費補助：為使老人因重病住院無專人
看護期間，能獲得妥善照顧並減輕其經濟負擔，特辦理中低收入
老人重病住院看護費補助；對於中低收入老人每人每日補助七百
五十元，每年度最高補助九萬元，而低收入戶老人則每人每日補
助一千五百元，每年度最高補助十八萬元。

■ 提供經濟安全補助

1. 低收入戶老人生活補助：為照顧未接受機構安置之低收入戶老人
生活，每月平均補助每人生活費用，九十年度台北市為新台幣
（以下同）一萬一千六百二十五元、台灣省為七千一百元，高雄市
為九千一百五十二元，金門及連江縣為五千九百元。

2. 中低收入老人生活津貼：為安定老人生活，凡六十五歲以上未經
政府公費收容安置之中低收入老人，其家庭總收入平均每人每月
未達最低生活費用標準一‧五倍至二‧五倍者，每人每月發給三
千元，而一‧五倍以下者，則發給六千元。

3. 中低收入老人特別照顧津貼：領有中低收入老人生活津貼，未接
受收容安置或居家服務補助，且未經政府補助中低收入老人重病
住院看護補助及未領有政府提供之其他看護費用補助，經地方政
府指定身心障礙者鑑定醫療機構診斷證明罹患長期慢性病，且日
常生活活動功能量表評估為重度以上，需家人照顧者，都可申請

每月五千元補助，以彌補因照顧家中老人而放棄工作之損失。

■教育及休閒育樂活動

　　為充實老人精神生活、提倡正當休閒聯誼、推動老人福利服務工作，鼓勵鄉鎮市區公所興設老人文康活動中心，並逐年補助其充實內部設施設備，以作為辦理各項老人活動暨提供福利服務之場所。目前台閩地區老人文康活動中心有二百九十二所，提供老人休閒、康樂、文藝、技藝、進修及聯誼活動。另為配合老人福利服務需求，老人文康活動中心也成為福利服務提供的重要據點，諸如辦理日間照顧、長青學苑、營養餐飲、居家服務支援中心等。

■提供居家、社區、機構照護服務

1. 居家照顧服務：為增強家庭照顧能力，以使高齡者晚年仍能生活在自己所熟悉的環境中並獲得妥善的照顧，內政部積極推動老人居家服務。函頒「加強推展居家服務實施方案暨教育訓練課程內容」，鼓勵各縣、市政府及鄉（鎮、市、區）公所普遍設置居家服務支援中心，作為社區推展居家服務，或提供家庭照顧者諮詢或轉介服務，並就近提供居家服務員相關支援服務的據點，以期更有效率提供老人周全的福利服務。截至目前為止已設置一百零一所，提供社區居民第一線社會福利服務。

2. 社區照顧服務：針對身心障礙中低收入之獨居老人，提供「緊急救援連線」服務，每人每月最高補助一千五百元租金，目前各地方政府均已開始積極執行，深獲肯定，服務人數達五千六百五十六人。對於沒有接受居家服務或機構安養之獨居老人，或因子女均在就業無法提供家庭照顧之老人，內政部則鼓勵地方政府設置日間照顧中心。提供營養餐食以減少高齡老人炊食之危險及購物之不便。家庭照顧者因故而短期或臨時無法照顧居家老人時，可安排老人至安養護機構，由其提供短期或臨時性照顧，以紓緩家

庭照顧者之壓力。

3. 機構養護服務：鑑於人口快速老化，爲滿足生活無法自理必須接受養護或長期照護機構照顧之老人就養需求，內政部賡續補助民間單位積極興設老人養護、長期照護機構，同時輔導安養機構轉型擴大辦理老人養護服務，及協調尚有空床位之榮民之家收容一般低收入老人，以增加國內老人養護及長期照顧的服務量。截至八十九年十二月底止，老人安養護機構五百二十七家，二萬五千四百三十七床；其中安養機構五十二家，一萬一千二百五十床，養護機構四百七十一家，一萬三千九百七十五床，長期照護機構四家，二百一十二床。另行政院衛生署主管護理之家有六千八百三十八床，行政院國軍退除役官兵輔導委員會主管榮譽國民之家有一萬四千一百三十一床。

■加強辦理未立案機構之輔導

政府爲維護老人就養安全與權益，增進老人福利服務品質，已確實針對業者未立案原因，積極檢討相關法令規定，輔導業者儘速辦理立案許可，歷經內政部及各地方政府多年努力與輔導，自八十八年六月十八日起至九十年一月三十一日止，計有三百零三家完成合法立案，另有一百六十三家停（歇）業，三十七家轉型（護理之家及其他），已提出立案申請者有二百一十一家（正積極輔導立案中）。並函請各地方政府提報輔導未立案老人安養護機構合法完成立案期程，九十年一月至三月預定輔導六十六家；九十年四月至六月預定輔導五十四家；九十年十月至十二月預定輔導七十二家。

■設置老人諮詢服務中心

爲增進老人生活適應，保障老人權益，內政部分別委託財團法人天主教會台北教區、財團法人天主教聖母聖心修女會、財團法人天主教聖母無原罪方濟傳教修女會於北、中、南三區設置老人諮詢服務中心，透

過社會上對老人心理、醫療護理、衛生保健、環境適應、人際關係、福利與救助等方面具有豐富學識經驗或專長人士參與，對老人、老人家庭或老人團體提供諮詢服務，協助解決或指導處理老人各方面的問題。

（四）身心障礙者福利：落實維護權益、保障公平參與社會機會

■提供經濟保障服務

為照顧中低收入的身心障礙者生活，依據「身心障礙者生活托育養護費用補助辦法」，對未獲收容安置於機構之中低收入身心障礙者，依其家庭經濟情況、障礙等級，給予二千元至六千元之生活補助費。依據「身心障礙者參加社會保險保險費補助辦法」規定，對身心障礙者參加社會保險所需自行負擔的保險費，按照其障礙等級予以補助，其補助標準為：極重度與重度身心障礙者由政府全額補助；中度身心障礙者補助二分之一；輕度身心障礙者補助四分之一；該項補助經費由戶籍所在地之直轄市或縣（市）政府負擔，但極重度、重度及中度身心障礙者參加全民健康保險之自付部分保險費補助由中央政府負擔。依據「身心障礙者醫療及輔助器具費用補助辦法」對於全民健康保險未給付之部分，而為身心障礙者之醫療復健所需醫療費及輔助器具，經由診斷證明及申請，由地方政府予以補助。

■辦理托育養護及社區照顧服務

截至八十九年十二月底止，台閩地區依法立案之身心障礙福利機構共計一百七十九所，所服務之身心障礙者計有一萬四千五百餘人，其主要服務項目有：早期療育、日間托育、庇護訓練、住宿養護及福利服務等。對於經政府轉介安置於身心障礙福利服務機構之身心障礙者，其所需托育養護費依家庭經濟狀況，予以四分之一至全額之補助。（自九十年度起地方政府改由設算經費賡續辦理）。

為因應強化機構提升服務之實際需要，每年亦寬列經費，補助機構

採小型化、社區化興建（購置、改善）建築物、充實設施設備、教養服務費、教養交通費補助等相關服務經費，促進身心障礙者利用之可近性與便利性，並定期辦理機構評鑑表揚，委託辦理專業人員培訓及機構聯繫會報，以保障身心障礙者權益。為紓解因緊急事故或家庭長期照顧者之壓力，增加照顧者與其他家庭成員互動或參與社會活動之機會，針對領有身心障礙手冊之中、重、極重度身心障礙者提供居家服務、社區照顧服務及短期照顧服務；其服務方式採定點式照顧或在宅照顧等。

■規劃財產信託制度

配合信託法及信託業法之公布施行，及為增進身心障礙者、家長瞭解財產信託之意涵及可行方式，促進身心障礙者財產有效管理及保障生活權益，完成「身心障礙者財產信託制度建立之研究」，研訂信託契約樣例供有意辦理信託契約之家長參考及提供專業諮詢服務。

■委託辦理「多功能身心障礙者復健研究發展中心」

內政部為加強整合現有身心障礙者醫療復健、教育、就業及無障礙環境等相關輔具之研發以宏研發效益，除了成立身心障礙復健研究發展中心專案小組深入瞭解現有相關復健輔具（含無障礙環境）研發中心之研發成果及其未來計畫外，並辦理「身心障礙復健研究發展中心之營運規劃與發展之研究」，瞭解目前身心障礙輔具研發之相關資訊，以建置多元輔具資料庫，未來計畫以委託方式輔導著有績效且意願高之單位設立「多功能身心障礙者復健研究發展中心」，並促進復健科技輔具研發資源之整合與運用，達資源整合共享之目標，增進身心障礙者福祉。

（五）結合民力強化社區發展與志願服務工作

1. 凝聚社區力量推展社區發展工作：目前台灣地區已設有社區活動中心計四千一百四十五所，提供社區民眾集會及辦理各項文康、

育樂及福利服務活動場所。內政部除規劃辦理社區精神倫理建設活動外，並補助社區發展協會辦理各種生活講座、社區刊物、社區運動會、媽媽教室、民俗文化等活動，充實社區居民生活內涵，增進居民情誼，凝聚社區意識，建立生活共同體。

2. 訂定「推動社會福利社區化實施要點」，整合社區發展、志願服務、專業人力，進行社區工作與福利服務之整合，藉由結合社區內外各種社會福利機構、團體資源，建立社會福利輸送網絡，落實照顧社區內兒童、少年、婦女、老人、身心障礙者及低收入者，且重新強化家庭鄰里社區之非正式照顧網絡的機能和力量。八十七年度選定台北市文山區、宜蘭縣蘇澳鎮、彰化縣鹿港鎮、台南市安平區、高雄縣鳳山市等五個實驗區，前台灣省政府社會處亦選定新竹縣私立天主教華光啓能發展中心、苗栗縣私立新苗智能發展中心、南投縣埔里鎮公所、台中縣霧峰鄉萬豐社區發展協會、宜蘭縣宜蘭市梅洲社區發展協會五個實驗點。八十八年下半年及八十九年度再擇定台北縣三重市、台中縣潭子鄉、彰化縣秀水鄉、高雄市小港區及金門縣為實驗地區。

3. 志願服務法業經內政部研擬完成，並由總統於九十年一月二十日正式公布，爾後將積極辦理志願服務法規定辦理事項，並訂定相關子法及書表格式之配套措施。

4. 辦理二〇〇一年國際志工年系列活動，積極規劃補助非營利組織配合辦理。

（六）建構社會役制度，協助照顧弱勢族群

■社會役的規劃與執行情形

配合替代役實施條例規定，並謀強化社會福利服務品質與增進社會福利機構組織效能，特依循補充性、限制性、公平性、普及性、效率

性、均衡性等六大原則,規劃執行社會役工作,以妥善運用與管理社會役的人力資源,充分發揮照顧弱勢族群的功能。替代役係自八十九年七月實施,內政部（社會司）計分配社會役役男四百一十五名,撥交施予專業訓練（三週）後分發至各服勤單位,投入社區或社會福利機構擔任老人及身心障礙者照顧工作。

■服務模式之運作

社會役役男服勤之服務模式概分下列兩類:

1. 以社區為基礎之老人、身心障礙者服務:分派役男進入社區中服務,從事包含日常生活照顧(如協助膳食、衣物清洗、環境及個人清潔、陪同或代購生活必需品等工作)、臨時照顧、送餐服務、協助復健服務、精神支持服務及其他輔助性工作等。
2. 以老人福利機構及身心障礙福利機構為基礎之服務:分派役男於老人及身心障礙福利機構中服勤,從事機構內老人及身心障礙者之照顧工作,並輔助機構從事外展服務（如日間照顧、送餐服務、協助復健服務、轉介服務等）及其他輔助性工作等。

目前各服勤單位〔直轄市、縣（市）政府及內政部所屬社會福利機構〕中,宜蘭縣政府以實施社區照顧模式為主,內政部所屬社會福利機構以實施機構服務模式為主,其餘直轄市、縣（市）政府則兼採二者混合實施。

肆、未來社會福利展望

未來政府將秉持著社福組織健全化、社會福利法制化、社福經費合理化、社福人員專業化、福利提供多元化、福利補助家庭化、福利照顧社區化、福利資源整合化等原則邁進:

（一）強化老人經濟安全保障體系

1. 為尚未納入保險體系中之民眾，建立基本老年經濟安全保障機制。
2. 針對現行軍、公、勞保制度，進行制度內涵的調整。
3. 各社會保險體系定期精算，視需要在法定保險費率範圍內調整。
4. 現行各種政府津貼，逐步歸併納入年金體系。

（二）農民保險回復就業者保險

1. 加保年齡應設限。
2. 農民的老年經濟安全問題，以併入年金制度為宜，應考量與年金制度之整合。

（三）社會救助逐步回歸法定體制

1. 社會救助法已於八十六年十一月十九日修正公布，新法最大特色有二，一為大幅提高最低生活費標準，改按各地平均每人每月消費支出的60%計算。二為對於老人、身心障礙者及孕產婦等特定低收入對象之現金給付，加成給付20%至40%。業已放寬救助門檻，並兼顧特定弱勢對象之特殊需求。
2. 現行權宜的各種津貼，宜本諸其社會救助之定位，確實落實執行所得與資產之調查，避免浪費社會福利資源，形成社會不公。

（四）各項福利服務措施，以民眾最迫切之需要為先

在動態變遷的社會環境中，由於社經結構的不斷調整與改變，各種個人或家庭的福利需求，均隨時應運而生，各項福利服務的提供，必須

順應社會需要的轉變，適時滿足民眾的需求。

■加強兒童福利服務措施

　　1.發展能兼顧家庭與工作的托育政策，增加托育供給，結合企業與
　　　員工共同承擔托育責任，調整勞工、教育、兩性平權等相關政策
　　　與法規，滿足民眾之托育需求。
　　2.加強宣導兒童保護責任通報制度，適時實施干預保護措施，維護
　　　兒童成長環境，落實兒童保護工作。

■加強青少年福利服務措施

　　1.淨化社會風氣，加強親職教育，有效追蹤未就學與未就業青少年
　　　之輔導，增加青少年育樂設施，提倡正當的休閒文化，以適度化
　　　解青少年問題。
　　2.確實執行禁止進入有礙其身心發展之不良場所，以及禁售菸、
　　　酒、檳榔等物品，以保障身心健康。

■加強兩性平權教育及婦女人身保護措施

　　1.提升婦女參政權、工作權、平等權等基本權益的保障。
　　2.廣設婦女福利服務中心，並積極發揮其功能，加強協助單親家
　　　庭，以及弱勢婦女與不幸婦女的救助與保護。

■加強身心障礙者福利服務措施

　　1.落實身心障礙者定額僱用制度，妥善運用「身心障礙者定額僱用」
　　　之專戶基金，加強身心障礙者職業訓練與就業輔導措施。
　　2.加強身心障礙復健與療育研究發展，研發身心障礙輔具，有效提

升身心障礙者之生活品質；對無法自立者，協助安置照護，提供各類必要協助，減輕家庭負擔。

3.於年金制度中，規劃身心障礙年金給付，確實保障身心障礙者之生活。

4.建立身心障礙者無障礙生活空間，增設無障礙設備，提升其生活福祉。

5.加強宣導，增進民眾對身心障礙之瞭解，轉變對身心障礙者之瞭解。

■加強老人安養與照護

1.加強民眾老人照護教育與宣導，增進家庭照護知能，使有照護需求老人能於家中得到適當照顧。

2.加強衛生機關與社政主管機關之協調聯繫，整合各地區長期照護計畫，建立整合性與連續性老人安養與照護服務網絡。

3.培訓老人照護個案管理人員，建立老人照護單一窗口制度。

4.輔導公立醫院部分病床轉型為護理之家，獎助民間設置多元化老人照護機構，增加機構式照護設施。

5.整合社區資源，加強居家護理與居家服務，並鼓勵民間團體提供照護者資源及諮詢服務。

6.檢討全民健康保險對居家照護之給付次數、標準及方法，評估健康保險附加長期照護保險之可行性，建立老人長期照護財務制度。

(五) 推動社會福利事業民營化、社區化

雖然社會福利事業的非營利特質，始得社會福利的民營化措施有異於一般商品的民營化，惟市場機制仍為提升效率的有效機制。我國社會

福利的民營化措施正方興未艾，未來社會福利民營化措施的推動，除注重增進資源分配的效率外，亦需兼顧社會福利的公平性，以及福利資源對弱勢者的可近性。

1. 結合個人、家庭、社區、民間組織與政府，妥善分工並互補短長，有效建立周延的福利服務體系及服務傳送網絡。
2. 政府主管機關必須由傳統福利供給者之角色，逐漸調整為福利規範者及補強者之角色，加強專業人力與服務績效之考核與評鑑，建立制度化的政府與民間機構的協力合作關係。
3. 加強培植民間福利組織的服務能力，並促進其成長與發展，以增進更多元的福利服務。

（六）積極建立社會福利行政體制，合理配置所需專業人力

為因應社會需求與滿足民眾的期望，在社會福利規模逐漸擴大情形下，從中央到地方基層的社會福利行政組織架構，宜確實進行整體改造，以因應實際需要，並解決目前社會福利業務與經費分散於各部門，所產生協調配合困難問題。

（七）社會福利財源之籌措

1. 新增社會福利項目應依「財政收支劃分法」第三十八條之一規定，同時規劃適當（或替代）財源，或於立法時明文規定相對收入來源，避免造成政府沉重財政負擔及預算支出僵化。
2. 鑑於部分地方政府不顧自身財務狀況，為實現競選諾言，率先發放各種津貼，致其他施政項目之經費受影響，各級政府實施新的福利措施宜考量政府財政負擔能力及資源合理配置問題。

（八）積極推動志願服務

隨著社經發展之演進，民眾閒暇時間日增，宜有效倡導志願服務風氣，鼓勵民眾參與社會福利事業，以己之有餘，補他人之不足，共創理想福利社會。

（九）建立以家庭爲中心的社會福利體制

家庭爲人類最基本的生息場所，是最重要的福利單位，許多福利需求多起源於家庭結構的變遷，維護家庭的健全與和諧，仍爲發展社會福利的基本要務。

伍、結語

社會福利工作隨著國民生活水準的提升而日受重視，政府的福利措施不僅在量上不斷的擴增，在質的方面亦應精益求精。爲因應社會福利需求擴張，將繼續以家庭爲單位，以社區爲中心，以結合社會資源，擴大民眾參與爲方法；點面兼顧，物質與精神並重，徹底落實各項社會福利政策，務使社會福利確實做到：

1.從廣度言：擴充至整體性──全面關懷。
2.從深度言：探究其個別性──因應需求。
3.從精度言：致力具發展性──開拓創新。

2 身心障礙者生活需求分析

陳榮昌
內政部統計處編審

壹、前言

　　維護身心障礙者之合法權益及生活，保障公平參與社會之機會，因應身心障礙者需求及國際潮流社會發展，向為政府施政規劃的重點方向。為加強推展身心障礙者福利服務，內政部每年均專列身心障礙者福利經費，並占社會福利經費50%以上，且近十年來中央政府用在身心障礙者福利經費亦逾四百餘億元。

　　民國八十六年四月二十三日「殘障福利法」修正為「身心障礙者保護法」，明定衛生、教育、勞工、建設、工務、國民住宅、交通及財政等相關目的事業主管機關權責及專章，並明列醫療復健、教育權益、促進就業、福利服務、福利機構等法定權益及福利。

　　本專題報告主要為針對內政部最近一次與行政院衛生署及勞工委員會合作辦理之「八十九年身心障礙者生活需求調查」結果，分「社會福利服務」、「醫療衛生保健」與「就業服務」三方面加以探討，以瞭解不同類別與成長階段之身心障礙者對各不同領域的需求，並進而提供政府相關單位與民間團體在有限資源下，提供整體規劃與適切的服務參考。

貳、身心障礙者基本資料

（一）身心障礙人口男性與女性比爲六比四；國中、小以下教育程度者占74.4%

調查結果顯示，我國身心障礙人口，男性爲60.2%，女性39.8%。教育程度分布方面：國小教育程度（31.5%），不識字（23.7%），國中與高中教育程度者各占16.0%與16.2%，大專以上者爲7.7%，有約3.2%是自修（識字），學齡前人口（1.8%）。

我國身心障礙人口的性別比例，由歷年身心障礙手冊的發放與前兩次調查結果，皆呈現男性與女性爲60%與40%的比例。因爲我國身心障礙人口屬於自我報告制，截至目前爲止，除普遍認爲某些遺傳性疾病，男性風險高於女性外，職災、意外災害致障的機率也呈現類似的模式。（詳表2-1）

表2-1　身心障礙者性別與教育程度　　　　　　　　　　單位：人；%

項目別	人數	百分比
總計	648,852	100.0
性別		
男	390,665	60.2
女	258,187	39.8
教育程度		
學齡前兒童	11,489	1.8
不識字	153,623	23.7
自修（識字）	20,657	3.2
國小	204,529	31.5
國（初）中	103,548	16.0
高中、高職	105,322	16.2
大專及以上	49,684	7.7

（二）視覺障礙及聽覺或平衡機能障礙多爲中高齡；失智症者偏
　　　向高齡；智障與自閉症患者多幼年或青年前期；其他障別
　　　則以壯年或就業年齡人口爲主

　　資料亦顯示，各障別的年齡結構，我們可以觀察到不同類別的身心
障礙者，年齡結構不同，也顯示不同的成長經驗。

　　由表2-2我們可以觀察到不同障礙別的身心障礙者年齡結構不同。基
本上，視覺障礙、聽覺障礙與平衡機能障礙者以中高齡爲主；失智症者
偏向高齡更爲明顯；智能障礙者與自閉症患者的年齡以幼年或青年前期
爲主；其他障礙別則以壯年人口或就業年齡組等爲主。

　　另外，我國身心障礙人口資料中，最早建檔的資料是民國六十九
年，至今已逾二十年的歷史。以八十九年所進行的「台閩地區身心障礙
者生活需求調查」資料而言，我們可以看到不同障礙別的身心障礙者，
平均年齡不同且年齡分布不同的趨勢（詳表2-2）。

表2-2　身心障礙類別人口之平均年齡　　　　　　　　單位：人；歲

身心障礙類別	樣本人數	平均年齡	標準差
視覺障礙	419	55.9	20.2
聽覺或平衡機能障礙	850	59.4	21.4
聲音或語言機能障礙	334	43.1	21.3
肢體障礙	2,606	50.6	18.6
智能障礙	730	25.8	14.3
重要器官失去功能	527	52.4	19.2
顏面損傷	263	30.2	21.6
植物人	210	55.6	21.1
失智症	228	73.0	13.2
自閉症	224	10.4	6.5
慢性精神病患	504	41.1	13.5
多重障礙	619	41.1	23.3
其他經主管機關認定者	230	12.7	12.4

聽覺或平衡機能障礙與失智症兩類的平均年齡分別接近及超過六十歲。聽覺或平衡機能障礙者的類別是在我國首次辦理身心障礙者鑑定時，就已經在身心障礙人口資料中。同時，聽覺或平衡機能障礙者，如果沒有伴隨其他的身體系統疾病，平均餘命與一般人口類似。失智症，本身就是威脅老年人口的主要疾病，因此平均年齡集中在六十歲以上是合理的分布。視覺障礙者、肢體障礙者、重要器官失去功能、植物人等四類身心障礙人口，平均年齡分布以五十至五十九歲爲主，這四類身心障礙人口中，重要器官失去功能與植物人兩類別，也是以中高齡爲主的特殊疾病類型的身心障礙者。肢障與視覺障礙者屬於生理身體器官功能障礙，與聽覺或平衡機能障礙者相似，如果本身沒有伴隨其他器官疾病，平均餘命的趨勢也是類似一般人口。

值得注意的是心智類的身心障礙者，智能障礙者的平均年齡是二十六歲，標準差爲十四‧三歲，跨越年輕與中年組，目前其他國家的研究資料顯示，智能障礙者的平均餘命可以趨近正常人口。另一類心智類的障礙者是慢性精神病患者，平均年齡是四十一歲。所有的障礙類別年齡最小的是自閉症患者，平均年齡爲十歲。

（三）因疾病致障者占56.8%；致障的年齡也有近六成集中在青少年階段

身心障礙人口的致障原因，調查結果顯示，因疾病致障的比例是56.8%，先天（出生即有）的比例是18.3%，其次是交通事故8.8%，職業災害6.1%，老年退化的比例是1.2%，戰爭影響1.1%，社會因素0.7%與其他原因致障7.0%。致障原因的分布顯現出我國的身心障礙人口仍以疾病爲主，與世界衛生組織在八〇年代重新定義「障礙」與疾病關係的架構類似。（詳表2-3）

致障年齡方面：此次調查顯示，59.4%集中在十五至二十四歲產生；12.5%是二十五至三十四歲；10.4%是〇到十四歲；8.0%是四十五至五十四歲；其次是6.6%集中在三十五至四十四歲，2.0%是五十五至六十

表2-3　身心障礙者致障原因

單位：人；%

致障原因	實數	百分比
總計	648,852	100.0
疾病而致	368,589	56.8
先天（出生即有）	118,553	18.3
交通事故	56,756	8.8
職業傷害	39,661	6.1
老年退化	8,059	1.2
戰爭影響	7,169	1.1
社會因素	4,399	0.7
其他	45,666	7.0

四歲與1.1%是六十五歲以上。致障年齡的分布顯示出在青少年前期受疾病與意外威脅的機率最大。而在此時因病與意外等致障，家長願意接受外在幫助的意願也較高。另外可能的解釋之一，此次調查是第一次將慢性精神病患者列入抽樣對象；依據世界衛生組織在一九九九年出版的跨國資料顯示，各國的精神病患者第一次發病年齡集中在二十歲左右。因此，是否因慢性精神病患者類別的加入而呈現我國身心障礙者致障年齡集中在青年期仍待後續的資料蒐集與觀察。（詳表2-4）

表2-4　非先天性身心障礙者致障時年齡

單位：人；%

致障原因	總計		0~14歲	15~24歲	25~34歲	35~44歲	45~54歲	55~64歲	65歲以上
	實數	百分比							
總計	530,299	100.0	10.4	59.4	12.5	6.6	8.0	2.0	1.1
疾病而致	368,589	100.0	9.8	57.0	14.6	6.9	9.9	1.8	-
交通事故	56,756	100.0	6.7	86.7	2.4	3.3	0.2	0.7	-
職業傷害	39,661	100.0	2.9	82.6	7.7	3.6	3.1	0.0	-
老年退化	8,059	100.0	-	-	-	-	-	24.7	75.3
戰爭影響	7,169	100.0	-	59.8	26.0	14.2	-	-	-
社會因素	4,399	100.0	1.9	95.7	-	2.5	-	-	-
其他	45,666	100.0	31.0	31.1	14.0	10.5	9.4	4.2	-

（四）肢體障礙者罹患部位以下肢（腳）障礙者占50.2％，比例最高，其成因除了疾病外，以交通事故與老年退化影響較大；上肢（手）則較易因職業傷害導致

就二十八萬六百三十二位肢體障礙者罹患部位觀察，以下肢（腳）障礙者占50.2％，比例最高，其次為四肢障礙者占27.4％，再次為上肢（手）者占18.1％，軀幹部位患者最少，占4.3％。整體而言，因天生或疾病而導致肢體障礙者占身心障礙者總數之27.5％，而這十七萬八千三百九十八人當中有52.1％屬於下肢癱瘓。此外，導致下肢癱瘓之身心障礙者尚有因交通事故與老年退化的影響，其比例均超過其個別成因的六成以上。至於較易導致上肢（手）障礙者之成因，除了戰爭影響外，比例最高者為職業傷害所引起的，占該成因的65.5％。（詳表2-5）

表2-5　肢體障礙者罹患部位　　　　　　　　　　　　單位：人；％

項目別	總計		上肢	下肢	軀幹	四肢
	實數	百分比	（手）	（腳）		
總計	280,632	100.0	18.1	50.2	4.3	27.4
先天（出生即有）	26,029	100.0	16.6	52.7	3.0	27.7
疾病而致	152,369	100.0	9.4	52.1	3.6	35.0
交通事故	44,833	100.0	11.1	62.5	6.6	19.9
職業傷害	30,226	100.0	65.5	22.0	4.1	8.4
老年退化	6,151	100.0	3.3	62.6	6.9	27.2
戰爭影響	3,304	100.0	62.9	22.8	2.9	11.4
社會因素	-	100.0	-	-	-	-
其他	17,720	100.0	29.4	48.3	6.1	16.2

參、身心障礙者家庭及經濟狀況

（一）居住家宅的身心障礙者占92.5%，其中半數可以獨立自我照顧；住公私立教養機構者占7.5%

身心障礙者的主要居住地點方面，有92.5%以家宅為主要居住地點；只有7.5%身心障礙者居住在各式公私立教養機構。換句話說，家庭仍是負擔主要照顧身心障礙者的任務。這個趨勢與前兩次調查結果類似，可知對這些家庭的支持與協助仍是重點（詳表2-6）。以居住在家中的身心障礙者而言，調查資料顯示：有49.6%的身心障礙者可以獨立自我照顧。但是也有將近50%以上的身心障礙者需要旁人協助，他們的日常照顧需求雖有家庭吸收，但隨未來整體人口與特殊人口老化的趨勢，這些家戶在晚年的支持與照顧將是政府政策的規劃重點。（詳表2-7）

表2-6　身心障礙者居住方式　　　　　　　　　　　　單位：人；%

身心障礙類別	總計		家宅	教養、養護機構		
	實數	百分比		計	公立	私立
總計	648,852	100.0	92.5	7.5	2.9	4.6
視覺障礙	35,752	100.0	95.7	4.3	2.4	1.9
聽覺或平衡機能障礙	69,456	100.0	97.5	2.5	1.8	0.6
聲音或語言機能障礙	9,015	100.0	98.3	1.7	1.2	0.4
肢體障礙	280,632	100.0	95.3	4.7	1.8	3.0
智能障礙	68,044	100.0	90.9	9.1	2.8	6.3
重要器官失去功能	53,059	100.0	98.0	2.0	0.4	1.7
顏面損傷者	2,209	100.0	97.5	2.5	1.0	1.5
植物人	4,551	100.0	57.0	43.0	11.6	31.4
痴呆症（失智症）	7,888	100.0	66.3	33.7	6.1	27.6
自閉症	1,549	100.0	97.9	2.1	1.2	0.8
慢性精神病患者	48,464	100.0	75.5	24.5	14.5	10.0
多重障礙者	66,112	100.0	87.9	12.1	2.1	10.0
其他障礙	2,121	100.0	99.7	0.3	0.1	0.1

各類身心障礙者中居住在家宅中，可以獨立自我照顧的比例較高者分別是聽覺或平衡機能障礙者（63.9%）、聲音機能或語言機能障礙者（59.8%）、顏面損傷者（58.7%）、肢體障礙者（57.6%）、重要器官失去功能者（51.7%）、視覺障礙者（51.1%）。比例較低者是：自閉症患者（20.7%）、其他障礙者（29.7%）、多重障礙者（28.6%）、慢性精神病患者（39.0%）、智能障礙者（38.0%），比例最低的是失智症（7.1%）。身體器官障礙的身心障礙者可以獨立自我照顧能力的比例，高於心智類身心障礙者；心智與認知障礙類的身心障礙者，無論在照顧需要或補助等都需政府單獨的考慮與區隔，才可以適當滿足不同類別障礙者的需求。（詳表2-7）

表2-7　身心障礙者主要照顧人　　　　　　　　　　單位：人；%

身心障礙類別	總計		獨立自我照顧	家人照顧	機構人員照顧	僱人照顧（非外勞）	僱外勞照顧	朋友照顧	鄰居照顧	其他
	實數	百分比								
總計	648,852	100.0	49.9	39.3	6.9	0.8	2.5	0.3	0.2	0.2
視覺障礙	35,752	100.0	51.1	41.8	3.4	0.9	1.8	0.1	0.7	0.2
聽覺或平衡機能障礙	69,456	100.0	63.9	31.6	2.0	0.3	1.5	0.5	-	0.2
聲音或語言機能障礙	9,015	100.0	59.8	37.2	1.7	-	0.7	-	0.6	-
肢體障礙	280,632	100.0	57.6	34.1	4.1	0.7	2.8	0.3	0.2	0.2
智能障礙	68,044	100.0	38.0	50.9	8.9	0.8	0.7	0.1	0.4	
重要器官失去功能	53,059	100.0	51.7	43.2	1.4	1.5	1.8	0.5		
顏面損傷者	2,209	100.0	58.7	38.9	2.3	0.1	-	-		
植物人	4,551	100.0	-	43.4	42.6	3.4	9.5	0.3	0.9	
癡呆症（失智症）	7,888	100.0	7.1	43.6	32.1	2.2	13.3	0.8	0.5	0.7
自閉症	1,549	100.0	20.7	76.6	2.1	-	0.6			
慢性精神病患者	48,464	100.0	39.0	36.4	23.8	0.2	0.1	0.1	0.3	
多重障礙者	66,112	100.0	28.4	52.8	11.8	1.1	5.5	0.3	0.1	
其他障礙	2,121	100.0	29.7	67.2	0.3	2.2	0.3	0.3	-	-

（二）居住在機構者以植物人占43.0%最高，其次是癡呆症患者
　　占33.7%；居住機構類型主要以安養院所為主，占61.7%

　　居住地點以機構為主的身心障礙人口比例占整體身心障礙人口的
7.5%。其中以私立的教養養護機構占4.6%，而公立教養養護機構占
2.9%。就不同障別的身心障礙者居住在機構的比例來看，以植物人最高
43.0%，其次是癡呆症患者為33.7%，慢性精神病患者24.5%，多重障礙
者12.1%，智能障礙者9.1%，其他類別障礙者居住在教養機構的比例都
低於2%。植物人、癡呆症患者與多重障礙者居住在教養機構的比例，都
不超過50%；可見這些障礙者仍是由家庭提供主要照顧。慢性精神病患
者的比例也顯示出家庭仍是主要的照顧單位。智能障礙者與多重障礙者
的居住教養機構的比例，顯示出心智類身心障礙者與身體器官類障礙者
的照顧需求不同，如果未來智能障礙者的老年人口比例上升，則目前居
住在家中約90%的智能障礙者老年的安養與照顧將是政策的重點。居住
的機構類型主要以安養院所（61.7%）、護理之家（15.9%）、教養院
（15.3%）等三類以安養照護性質為主的機構。身心障礙者居住在家庭以
外的機構類型顯示出，他們的照顧需要可能已經超出家庭可以提供的範
圍，而選擇居住在安養機構。（詳表2-8）

（三）36.8%的身心障礙者居住機構的時間超過七年；各類別中
　　居住機構的時間超過七年者，以聽覺或平衡機能障礙者比
　　例最高為73.6%

　　居住機構的身心障礙者，居住機構的時間方面，36.8%的身心障礙
者超過七年；其次是居住時間在一年到未滿兩年者為24.2%；而有17.2%
三年至未滿五年；兩年至未滿三年者是15.0%，五年到未滿七年者是
6.8%，一年以下是0.1%。就不同身心障礙者居住機構時間來看，聽覺或
平衡機能障礙者居住在機構七年以上的比例最高為73.6%，其次是聲音
與語言機能障礙者60.7%，慢性精神病患者58.2%，視覺障礙者52.4%，

表2-8　現住安養養護機構的身心障礙者居住機構類型　　單位：人；%

身心障礙類別	總計		安養所（院）	護理之家	教養院	育幼院	社區家園	附設住宿之庇護工廠或職訓機構	特殊學校
	實數	百分比							
總計	48,555	100.0	61.7	15.9	15.3	0.4	0.9	4.2	1.6
視覺障礙	1,529	100.0	80.1	8.6	2.4	-	0.3		8.7
聽覺或平衡機能障礙	1,711	100.0	94.9	-	2.2	-		0.9	2.1
聲音或語言機能障礙	150	100.0	69.3	-	30.7	-	-	-	
肢體障礙	13,296	100.0	74.0	19.9	3.9	-	0.7	0.8	0.8
智能障礙	6,221	100.0	34.2	4.5	35.8	2.5	0.7	17.9	4.4
重要器官失去功能	1,075	100.0	71.9	28.1					
顏面損傷者	56	100.0	16.1	-	39.3	-	10.7	33.9	
植物人	1,955	100.0	67.1	29.4	3.5				
癡呆症（失智症）	2,656	100.0	86.1	13.9					
自閉症	32	100.0	18.8	-	50.0	-	-	-	31.3
慢性精神病患者	11,869	100.0	52.5	15.6	26.5		1.9	2.7	0.8
多重障礙者	7,999	100.0	55.4	19.8	16.3	0.3	0.9	5.6	1.8
其他障礙	6	100.0	-	50.0	-	16.7		-	33.3

顏面損傷者44.0%，智能障礙者38.0%，肢障者27.6%，多重障礙者23.8%。這些類別的障礙者例如聽覺或平衡機能障礙、聲音與語言機能障礙與視覺障礙者居住在機構的時間長，顯示社區中能提供給他們的服務較少且他們沒有其他方面的疾病因而在機構的居住時間較久。而其他類別的身心障礙者居住在機構的時間集中在二年至五年，例如植物人、癡呆症患者等，顯示他們居住到安養機構是疾病後期者較多，超過七年的比例不高顯示在五至七年內死亡的機率較其他障別者要來得高。（詳表2-9）

表2-9　身心障礙者居住收容機構期間

表2-9　身心障礙者居住收容機構期間　　　　　　　　　　單位：人；%

身心障礙類別	總計 實數	總計 百分比	一年以下	一年至未滿二年	二年至未滿三年	三年至未滿五年	五年至未滿七年	七年以上
總計	44,913	100.0	0.1	24.2	15.0	17.2	6.8	36.8
視覺障礙	1,210	100.0	-	29.1	-	18.5	-	52.4
聽覺或平衡機能障礙	1,412	100.0	-	-	6.9	10.0	9.6	73.6
聲音或語言機能障礙	150	100.0	-	22.0	-	17.3	-	60.7
肢體障礙	11,411	100.0	0.1	28.2	20.2	16.6	7.3	27.6
智能障礙	6,059	100.0	-	32.9	9.7	15.9	3.5	38.0
重要器官失去功能	745	100.0	-	69.4	12.0	-	-	18.7
顏面損傷者	50	100.0	38.0	18.0	-	-	-	44.0
植物人	1,939	100.0	-	23.6	29.3	25.3	10.5	11.3
癡呆症（失智症）	2,527	100.0	-	23.3	18.0	30.3	15.8	12.7
自閉症	32	100.0	-	28.1	3.1	31.3	-	37.5
慢性精神病患者	11,545	100.0	0.0	17.4	7.6	12.2	4.7	58.2
多重障礙者	7,827	100.0	-	21.4	22.4	22.9	9.6	23.8
其他障礙	6	100.0	-	-	-	33.3	66.7	-

（四）選擇居住在機構的理由，逾八成表示因為家人無法照顧

　　身心障礙者選擇居住在機構的理由方面，80.2%表示是因為家人無法照顧，35.4%表示收費合理，其次是孤苦無依由政府安排者29.4%，收容機構離家近24.8%，可接受良好教育者16.6%，其他原因者為26.7%。由於本題可以多重選擇，因此身心障礙者最可能是因為家中無人可以繼續提供照顧而住進機構。如果社區的照顧服務體制能再擴充，則比例應會下降。（詳表2-10）

表2-10　身心障礙者居住收容機構原因　　　　　　　　單位：人；%

原因項目	實數	百分比
總計	44,913	100.0
家人無法照顧	36,029	80.2
收費合理	15,889	35.4
孤苦無依由政府安排	13,218	29.4
收容機構離家近	11,116	24.8
可接受良好的教育	7,444	16.6
其他	11,997	26.7

說明：居住收容機構原因係可複選

（五）居住在家中的身心障礙者以主幹家庭型態最多，占 21.0%；由家人照顧之主要照顧者以配偶最多（38.3%），其次是母親（26.0%）；多以女性為主

　　居住在家中由家人照顧的身心障礙者有二十五萬四千八百三十四人，主要照顧者方面；以配偶最多（占38.3%），其次是母親（26.0%）、媳婦（9.3%）、兒子（7.7%）、父親（5.0%）、女兒（4.7%）、兄弟（2.2%）、姊妹（1.3%）、其他親戚（5.5%）。提供照顧者與身心障礙者的關係可看出，照顧工作仍以女性為主，例如母親、媳婦等。身心障礙者家庭組成方面，其比例為主幹家庭（占21.0%）、核心家庭（15.8%）、單親家庭（10.4%）、僅與配偶同住（10.0%）、獨居（4.5%）、混合家庭（1.5%）、祖孫二代（1.3%）、單親三代（1.1%）。我國的身心障礙者的家庭組成以主幹與核心家庭為主，兩者合計是36.8%，顯示家庭內的照顧人力目前尚可滿足其需要。不同類別的身心障礙者家庭組成方面，癡呆症患者、植物人與視障者，主幹家庭的比例約為30%到40%左右。其他類別的身心障礙者主幹家庭的比例約是20%。（詳表2-11至表2-12）

表2-11　由家人照顧之身心障礙者生活起居主要照顧人　單位：人；%

主要照顧人	實數	百分比
總計	254,834	100.0
配偶	97,550	38.3
母親	66,371	26.0
媳婦	23,629	9.3
兒子	19,595	7.7
父親	12,764	5.0
女兒	11,893	4.7
兄弟	5,647	2.2
姊妹	3,398	1.3
其他親戚	13,987	5.5

表2-12　身心障礙者現住家宅的家庭組成　　　　　　單位：人；%

家庭組織型態	實數	百分比
總計	600,297	100.0
獨居	26,750	4.5
僅與配偶同住	59,905	10.0
單親家庭	62,165	10.4
核心家庭	95,112	15.8
主幹家庭	126,051	21.0
混合家庭	9,207	1.5
單親三代	6,728	1.1
祖孫二代	7,567	1.3
其他	206,812	34.5

（六）身心障礙者家庭的每月開支以三萬至四萬元最多，占約三成；入不敷出者占四成六

　　身心障礙者人口的家庭開支方面，46.2%的身心障礙者家庭支出大於收入，44.8%的身心障礙家庭開支是收支平衡，而9.0%身心障礙者家庭是收入大於支出。不同支出水準的身心障礙者家庭，每月支出在二萬

表2-13　身心障礙者家庭平均每月開支　　　　　　　　　　　　單位：人；%

| 收支狀況 | 總計 | | 20,000元以下 | 20,000~29,999元 | 30,000~39,999元 | 40,000~59,999元 | 60,000~79,999元 | 80,000元以上 |
	實數	百分比						
總計	648,852	100.0	25.8	19.9	29.5	17.5	4.7	2.6
收支平衡	290,562	100.0	10.0	9.2	14.5	8.1	1.9	1.0
收入大於支出	58,827	100.0	1.8	1.4	2.6	2.0	0.6	0.6
支出大於收入	299,463	100.0	14.0	9.3	12.4	7.3	2.2	1.0

元以下的家庭（占25.8%），其中支出大於收入者占14.0%，收支平衡者10.0%，收入大於支出者1.8%。支出在二萬元至二萬九千九百九十九元的身心障礙者家庭（占20.0%），支出大於收入者為9.3%，收支平衡者9.2%，收入大於支出者是1.4%。一個月家庭開支在三萬元至三萬九千九百九十九元的身心障礙者家庭（占29.5%），收支平衡的比例是14.5%，支出大於收入的比例是12.4%，收入大於支出的比例是2.6%。每月家庭開支在四萬元至五萬九千九百九十九元的身心障礙者家庭（占17.5%），收支平衡者比例是8.1%，支出大於收入的比例是7.3%，收入大於支出的比例是2.0%。每月支出在六萬元至七萬九千九百九十九元者（占4.7%），支出大於收入的比例是2.2%，收支平衡者比例是1.9%，收入大於支出的比例是0.6%。每月開支在八萬元以上的家庭（占2.6%），收支平衡者占1.0%，支出大於收入的比例是1.0%，收入大於支出的比例是0.6%。整體而言，身心障礙者家庭的每月開支以三萬元至四萬元最多約占三成。其次是每月開支在兩萬元以下者約四分之一，易言之，身心障礙者家庭的支出水準以中低水準為主。（詳表2-13）

（七）經濟收入仰賴兒子（含媳婦）者占三成；來自於本人者僅占16.9%

身心障礙者家庭主要經濟收入者方面，兒子（含媳婦）30.0%，父親或母親17.4%，本人16.9%，配偶11.7%，兄弟或姊妹9.0%，女兒（含

表2-14　身心障礙者家裡主要經濟收入者　　　　　　　單位：人；%

主要經濟收入者	實數	百分比
總計	648,852	100.0
本人	109,925	16.9
配偶	75,611	11.7
父親或母親	112,841	17.4
兄弟或姊妹	58,045	9.0
兒子（含媳婦）	194,699	30.0
女兒（含女婿）	26,196	4.0
祖父母或外祖父母	1,949	0.3
其他	69,586	10.7

女婿）4.0%，其他10.7%。身心障礙者家庭的主要經濟收入者是身心障礙者本人的比例只有不到17%，因此他們的經濟收入仰賴家中其他人的現象，間接顯示身心障礙人口經濟安全問題的迫切性。（詳表2-14）

肆、生活與福利服務需求

（一）領取居家生活補助的身心障礙者占46.1%；其中以金馬地區比例最高為91.4%，其次是台北市84.9%

調查資料亦顯示，53.9%的身心障礙者未領取居家生活補助，領取居家生活補助者占46.1%。領取居家生活補助（含各項補助）的身心障礙者中，以領取三千元至四千九百九十九元者最多，占30.0%。依居住地區別而言，領取居家生活補助的身心障礙者，金馬地區比例最高為91.4%，其次是台北市84.9%，高雄市52.8%；台灣省為39.8%，其中南部區域51.3%，中部區域37.9%，東部區域36.9%，最低的比例是北部區域的31.2%。不同地區的身心障礙者領取居家生活補助的比例高低，反映出過去幾年身心障礙福利政策執行的地區差異，同時也顯示不同地方政府的本身財源的好壞。（詳表2-15）

表2-15　身心障礙者居家生活補助領取狀況　　　　　　　　　單位：人；%

地區別	總計		有領居家生活補助						未領居家生活補助
	實數	百分比	計	3,000元以下	3,000~4,999元	5,000~6,999元	7,000~8,999元	9,000元以上	
總計	648,852	100.0	46.1	7.5	30.0	5.6	1.0	2.0	53.9
台灣地區	646,983	100.0	46.0	7.4	30.0	5.6	1.0	2.0	54.0
台灣省	534,473	100.0	39.8	6.6	28.2	3.3	0.1	1.6	60.2
北部區域	163,699	100.0	31.2	4.7	20.7	3.6	0.1	2.1	68.9
中部區域	175,252	100.0	37.9	4.4	30.6	2.2	0.0	0.8	62.1
南部區域	161,237	100.0	51.3	11.4	33.7	4.3	0.1	1.8	48.7
東部區域	34,285	100.0	36.9	4.5	26.5	2.8	0.7	2.4	63.1
台北市	78,482	100.0	84.9	12.9	38.5	21.9	7.1	4.6	15.1
高雄市	34,028	100.0	52.8	8.0	38.6	4.0	-	2.3	47.2
金馬地區	1,869	100.0	91.4	42.2	19.1	4.0	19.7	6.4	8.6

（二）近三成外出的理由是為了就醫；外出時依賴家人接送者達32.9%，使用公共交通工具或計程車者占23.7%

調查資料顯示最近一個月身心障礙者外出的理由：就醫（29.2%）、休閒活動（19.3%）、購物（19.0%）、工作（15.1%）、訪友（15.0%）、上學（7.4%）、其他（7.0%）。而身心障礙者會駕駛的交通工具方面，64.6%的身心障礙者不會駕駛任何交通工具，28.5%駕駛機車，13.4%駕駛汽車，3.0%是電動輪椅。外出時身心障礙者最常使用的交通工具，32.9%是親友開車或騎車接送，26.0%是自行開車或騎車，使用公共交通工具的比例是14.4%，坐計程車的比例是9.2%，無法外出者比例是10.9%，從未使用交通工具者4.7%。調查資料顯示身心障礙者的移動能力與外出的理由，依賴家人接送者達30%，使用公共交通工具與計程車的比例合計約是24%，外出以就醫的理由最多；因此如果非外出不可，身心障礙者依賴家人與朋友接送或選擇自己付費搭乘計程車等，都是這些家庭要付出的成本。（詳表2-16至表2-18）

表2-16　身心障礙者最近一個月外出的理由　　　　　單位：人；%

外出理由	實數	百分比
總計	642,252	100.0
就醫	187,770	29.2
休閒活動	123,686	19.3
購物	121,724	19.0
工作	96,958	15.1
訪友	96,116	15.0
上學	47,607	7.4
其他	44,700	7.0

說明：本表未包括無法外出之身心障礙者

表2-17　十八歲以上身心障礙者會駕駛的交通工具　　單位：人；%

項目別	實數	百分比
總計	560,953	100.0
會駕駛交通工具者	198,808	35.4
機車	159,574	28.5
汽車	74,922	13.4
電動輪椅	16,857	3.0
都不會或無法駕駛者	362,145	64.6

說明：本表會駕駛的交通工具係可複選

表2-18　最近一年外出時最常使用的交通工具　　　　單位：人；%

項目別	實數	百分比
總計	648,852	100.0
自行開車或騎車	168,431	26.0
親友開車或騎車接送	213,308	32.9
坐計程車	59,869	9.2
使用公共交通工具	93,597	14.4
使用電動輪椅	12,146	1.9
從未使用交通工具	30,629	4.7
無法或從未外出	70,872	10.9

（三）身心障礙者認爲政府應優先辦理的生活福利措施，主要爲
　　　生活補助（重要度爲68.0），其次是老年安養（41.9）

　　最後，身心障礙者認爲政府應優先辦理的生活福利措施方面，生活
補助的重要度爲68.0，其次是身心障礙者的老年安養41.9，建立國民年
金制度18.4，保障有工作身心障礙者合理薪資16.5，就業政策10.5，建立
社區安置措施10.0，解決交通問題8.4，無障礙設施改善7.0，居家服務
6.7，喘息服務3.5，信託基金2.8與其他1.6。身心障礙者仍希望政府能協
助他們改善經濟生活的現況，因此在每項的政策方面都以補助的重要度
最高。值得政府特別注意的是此次調查中，身心障礙者選擇老年的安
養，爲政府優先辦理的生活福利事項，與前面所分析的我國身心障礙人
口有逐漸老化的趨勢是相呼應的。因此，未來政府在身心障礙者福利措
施老年安養方面應提早規劃，更應針對他們的老化歷程與疾病型態繼續
深入研究。（詳表2-19）

表2-19　身心障礙者認爲政府應優先辦理的生活福利措施

單位：重要度

項目別	重要度
生活補助	68.0
身心障礙者之老年安養	41.9
建立國民年金制度	18.4
保障有工作能力身心障礙者最低合理薪資	16.5
就業政策	10.5
建立社區型安置措施	10.0
協助解決交通問題	8.4
建立無障礙生活環境設施及設備	7.0
居家服務	6.7
喘息服務	3.5
信託基金	2.8
其他	1.6

伍、就業服務與職業訓練需求

（一）十五歲以上身心障礙人口中，就業者占19.1%，失業者占5.0%，非勞動力爲75.9%

依據八十九年三月調查結果，十五歲以上之身心障礙者有六十一萬二千九百四十二人，其中就業者有十一萬六千七百五十人，占19.1%，失業者三萬零九百一十二人，占5.0%，非勞動力四十六萬五千二百八十人，占75.9%。從事之行業以服務業部門爲主，占55.9%，工業部門占39.3%，另從事農業者占4.8%。（詳表2-20）

表2-20　**身心障礙者從事之行業**　中華民國八十九年三月　單位：人；%

身心障礙類別	人數	農林漁牧業	工業				
			計	礦業及土石採取業	製造業	水電燃氣業	營造業
總計	116,750	4.79	39.28	0.55	36.03	0.43	2.27
視覺障礙	4,819	3.05	19.22	-	19.22	-	-
聽覺或平衡機能障礙	11,337	9.32	38.50	0.44	35.74	-	2.32
聲音或語言機能障礙	2,241	5.71	56.09	0.67	54.62	-	0.80
肢體障礙	71,663	4.60	36.36	0.64	33.08	0.69	1.96
智能障礙	7,833	3.86	60.76	-	55.09	-	5.67
重要器官失去功能	7,816	4.03	41.44	1.41	37.01	0.03	2.99
顏面損傷者	714	1.40	45.66	-	43.42	0.56	1.68
植物人	-	-	-	-	-	-	-
癡呆症（失智症）	45	26.67	-	-	-	-	-

(續) 表2-20 身心障礙者從事之行業

	計						
自閉症	13	-	-	-	-	-	-
慢性精神病患者	4,018	4.01	30.99	-	30.99	-	-
多重障礙者	6,012	2.66	59.48	-	54.84	-	4.64
其他障礙	239	-	43.51	-	43.51	-	-

身心障礙類別	服務業						
	計	批發、零售及餐飲業	運輸、倉儲及通信業	金融、保險及不動產業	工商服務業	社會服務及個人服務業	公共行政業
總計	55.94	17.41	2.24	2.69	3.51	17.95	12.13
視覺障礙	77.73	25.98	0.89	-	5.02	39.93	5.91
聽覺或平衡機能障礙	52.17	12.16	0.61	0.92	2.71	15.20	20.58
聲音或語言機能障礙	38.20	11.65	2.32	-	1.70	7.14	15.39
肢體障礙	59.04	18.56	2.63	3.97	4.50	17.81	11.57
智能障礙	35.39	13.98	-	-	1.28	13.65	6.49
重要器官失去功能	54.53	18.19	2.60	1.92	1.37	18.68	11.77
顏面損傷者	52.94	11.90	2.10	5.18	1.82	14.71	17.23
植物人	-	-	-	-	-	-	-
癡呆症（失智症）	73.33	-	-	-	-	73.33	-
自閉症	100.00	-	-	-	-	100.00	-
慢性精神病患者	65.01	24.09	0.10	-	-	27.82	12.99
多重障礙者	37.86	8.68	5.87	-	0.96	8.68	13.66
其他障礙	56.49	16.32	-	2.93	4.18	29.29	3.77

　　身心障礙者從事之職業主要為「技術工及機械設備操作工」（占28.1%）、「非技術工及體力工」（占25.9%）、「事務工作人員」（占11.6%）及「服務工作人員及售貨員」（占11.3%）等四類。（詳表2-21）

表2-21　　身心障礙者工作之職類　中華民國八十九年三月　單位：人；%

項目別	人數	民意代表企業主管經理人員	專業人員	技術員及助理專業人員	事務工作人員	服務工作人員及售貨員	農、林、漁、牧工作人員	技術工及機械設備操作工	非技術工及體力工
總計	116,750	5.20	6.88	6.78	11.63	11.34	4.12	28.14	25.90

　　身心障礙就業者之從業身分有52.8%為受私人雇用，有15.2%為受政府雇用，計受雇者之比例為68.0%，而在自雇者中，為自營作業者高達24.3%，為雇主者占5.0%，餘為無酬家屬工作者占2.7%。

　　若以身心障礙類別觀之，「視覺障礙」者從業身分為「自營作業者」及「雇主」所占比例相當高，分別為40.4%及10.9%，較其他類別高出甚多，若再加上「無酬家屬工作者」占3.6%，則「視覺障礙」者之自雇者比例高達54.9%，比受雇者45.1%還多，而其他類別受雇比例均在六成以上。（詳表2-22）

表2-22　　身心障礙者之從業身分　中華民國八十九年三月　單位：人；%

身心障礙類別	人數	雇主	自營作業者	無酬家屬工作者	受雇者	受政府雇用＊	受私人雇用
總計	116,750	4.98	24.29	2.70	68.02	15.21	52.81
視覺障礙	4,819	10.94	40.38	3.61	45.08	17.56	27.52
聽覺或平衡機能障礙	11,337	5.04	21.86	2.12	70.99	12.59	58.40
聲音或語言機能障礙	2,241	3.39	16.15	-	80.45	10.75	69.70
肢體障礙	71,663	5.75	26.83	1.96	65.46	16.55	48.91
智能障礙	7,833	-	8.48	3.50	88.02	6.23	81.79
重要器官失去功能	7,816	6.60	23.78	7.29	62.32	19.97	42.35

（續）表2-22　身心障礙者之從業身分

身心障礙類別	人數	雇主	自營作業者	無酬家屬工作者		受僱者	
						受政府雇用*	受私人雇用
顏面損傷者	714	1.40	18.21	0.42	79.97	23.39	56.58
植物人	-	-	-	-	-	-	-
癡呆症(失智症)	45	-	100.00	-	-	-	-
自閉症	13	-	-	-	100.00	-	100.00
慢性精神病患者	4,018	-	19.64	3.46	76.90	7.91	68.99
多重障礙者	6,012	-	14.09	5.67	80.24	13.69	66.55
其他障礙	239	-	5.44	2.93	91.63	10.88	80.75

附註：＊含公營事業單位

　　身心障礙者失業人數有三萬一千人，其中台灣省北部地區最多，有一萬人，南部及中部各有七千多人，台北市二千多人，東部及高雄市各有一千多人，而失業者中，從來沒有工作者占16.6%，曾經工作過者占83.5%。（詳表2-23）

（二）非勞動力中無工作意願者，占90.2%，其中「身體重度障礙，無法工作」者占46.0%，比例最高；有工作意願者占9.8%

　　身心障礙者之非勞動力有四十六萬五千人，大多數為無工作意願者，占90.2%，而有工作意願者占9.8%。無工作意願者中以「身體重度障礙，無法工作」所占比例最高，達46.0%，其次為「高齡六十五歲以上」占31.8%，餘依序為「料理家務」9.4%，「在學或準備升學」3.8%、「已退休」3.2%及其他5.9%。

（三）曾經工作之失業者離開上次工作之原因，以「受傷或生病體力無法勝任」者比例最高，占17.3%

　　曾經工作之失業者離開上次工作之原因，以「受傷或生病體力無法勝任」者比例最高，占17.26%，其次為「工作場所停業或業務緊縮」占13.94%，再次為「無法勝任」占11.02%。其非自願性失業，如停業或業務緊縮、被裁員、待遇太低、工作受到差別待遇（合占28.59%），較個人體能之限制及工作之負荷無法勝任（合占23.96%）為高。（詳表2-23）

表2-23　身心障礙者失業情形及離職原因

中華民國八十九年三月　單位：人；%

地區別	人數	從來沒有工作	曾經工作——離開上次工作之原因					
			計	交通困難	工作場所欠缺無障礙措施	工作受到差別待遇	與同事人際關係問題	無法勝任
總計	30,912	16.55	83.45	4.17	1.79	4.18	2.76	11.02
台灣地區	30,832	16.50	83.50	4.17	1.79	4.17	2.75	11.04
台灣省	26,872	16.88	83.12	3.90	2.05	3.99	2.72	11.90
台北市	2,665	15.23	84.77	7.77	-	3.41	3.38	4.05
高雄市	1,295	11.20	88.80	2.24	0.23	9.42	2.24	7.57
金馬地區	80	36.25	63.75	6.25	1.25	7.50	6.25	1.25

地區別	曾經工作——離開上次工作之原因							
	沒有興趣	受傷或生病體力無法勝任	待遇太低	工作場所停業或業務緊縮	被裁員	被無故減薪	女性結婚或生育	其他
總計	0.78	17.26	4.63	13.94	5.84	1.42	1.26	14.39
台灣地區	0.77	17.25	4.64	13.96	5.84	1.43	1.26	14.42
台灣省	0.88	17.15	4.96	14.41	5.48	1.13	1.25	13.30
台北市	-	17.90	3.41	13.13	6.30	4.99	-	20.41
高雄市	-	17.99	0.54	6.41	12.36	0.23	4.25	25.33
金馬地區	7.50	22.50	-	6.25	5.00	-	-	-

（四）逾六成目前失業的身心障礙者，希望從事上下班領月薪的工作類型

目前失業的身心障礙者，希望工作的類型： 60.8%的失業者希望從事上下班領月薪的工作、按日計酬（18.3%）、按件計酬者（13.8%）、按時計酬（7.1%）。如果比對前一題的回答，我們可以想見身心障礙者對自己的工作期望仍是以上下班制有穩定的收入者為主。至於身心障礙非勞動力，有工作意願的只有9.8%，超過90%的身心障礙非勞動力無工作意願。

（五）就業的身心障礙者，平均月薪資為二萬五千八百八十一元；一週工作時數為四十到四十九小時者，占51.3%

根據調查結果顯示，身心障礙者在八十九年三月之平均薪資為二萬五千八百八十一元，平均加班費為四百三十五元，另外在工作時數方面，平均每日工作時數為七・八九小時，加班工時為一・〇九小時。

若以身心障礙類別觀察，薪資水準以「重要器官失去功能」之二萬八千七百六十九元最高，其次為「其他障礙」之二萬八千五百八十二元及「肢體障礙」之二萬八千一百四十二元，薪資水準最低者為「自閉症」之五千一百三十八元，次之為「癡呆症」（失智症）之六千八百元，惟其平均每日工作時數僅分別為二・八五小時及一・五三小時，而工時較長者，以「聲音或語言機能障礙」之八・三二小時最長，其次為「肢體障礙」之八・一小時及「顏面損傷者」之八・〇二小時。（詳表2-24）

（六）職場無障礙措施的比例最常見的是輪椅斜坡道及扶手與電子語音播報系統，其他的無障礙措施設置比例皆低於10%

根據此次調查結果顯示有下列無障礙措施的比例分別是：輪椅斜坡道及扶手（16.9%）、電子語音播報系統（10.0%）、導盲設施（7.7%）、身心障礙者專用電梯（8.7%）、點字設備（4.7%）。無障礙措施的比例最

表2-24　身心障礙者之薪資及工時

中華民國八十九年三月　單位：人；元；小時

身心障礙類別	人數	薪資		工時	
		平均薪資	平均加班費	平均每日工作時數	平均一週加班時數
總計	116,750	25,881	435	7.89	1.09
視覺障礙	4,819	21,969	425	7.22	0.69
聽覺或平衡機能障礙	11,337	27,344	552	7.81	1.31
聲音或語言機能障礙	2,241	23,617	632	8.32	1.47
肢體障礙	71,663	28,142	466	8.10	1.29
智能障礙	7,833	14,476	179	7.31	0.49
重要器官失去功能	7,816	28,769	322	7.63	0.39
顏面損傷者	714	26,789	461	8.02	1.35
植物人	-			-	-
癡呆症（失智症）	45	6,800	-	1.53	-
自閉症	13	5,138		2.85	-
慢性精神病患者	4,018	15,729	295	7.36	0.75
多重障礙者	6,012	18,011	306	7.36	0.20
其他障礙	239	28,582	1,769	7.83	3.42

常見的是輪椅斜坡道及扶手與電子語音播報系統，其他的無障礙措施設置比例皆低於10%。回答沒有需要無障措施的比例約在16%左右。就業場所無障礙措施設置與協助廠商改善，將是促進就業的手段之一。這些屬於物理環境的配合，由於身心障礙者保護法修改後，建築的改善才逐漸列入政府的施政重點。由目前資料來看，職場的改善項目與範圍仍需加強。（詳表2-25）

（七）身心障礙者職場上最大的主觀困擾問題是感到工作無保障，占29.3%

身心障礙者在工作上最感困擾之處，以「工作無保障」所占比例最高，達29.3%，其次為「無專門技術」占8.3%，第三為「上、下班之交

表2-25　無障礙設施設置情形　　中華民國八十九年三月　單位：人；％

無障礙設施種類	身心障礙就業者	有設置	無設置	正在籌建	沒有需要
自動大門	116,750	25.77	60.02	1.16	13.05
輪椅斜坡道及扶手	116,750	16.88	67.36	1.12	14.65
殘障專用廁所	116,750	16.76	68.08	1.18	13.98
導盲設施	116,750	7.65	73.06	2.02	17.27
電子語音播報系統	116,750	10.04	73.16	0.94	15.85
殘障專用電梯	116,750	8.69	74.44	1.68	15.18
點字設備	116,750	4.67	77.23	1.33	16.77
其他	116,750	2.59	81.28	2.25	13.87

表2-26　身心障礙者在工作上最感困擾之處
中華民國八十九年三月　　單位：人；％

項目別	人數	上、下班之交通	工作場所欠缺無障礙環境	工作條件之差別待遇	同事之異樣眼光	工作無保障	無專門技術	其他	沒有困擾
總計	116,750	7.71	4.80	7.33	4.94	29.27	8.27	23.78	13.89

通」占7.7%，第四為「工作條件之差別待遇」占7.3%，餘依序為「同事之異樣眼光」4.9%、「工作場所欠缺無障礙環境」4.8%及其他占23.8%，而認為沒有困擾者占13.9%。（詳表2-26）

（八）身心障礙就業者中，找到目前工作的方式以親戚朋友介紹者最多，占34.4%，其次為自己應徵，占25.5%

身心障礙目前就業者找尋工作之途徑以「親朋介紹」之34.4%最高，其次為「自己應徵」之25.5%，第三為「考試分發」之6.3%，第四為「社會福利機構轉介」之4.7%，第五為「就業服務機構轉介」之2.6%，第六為「師長介紹」之2.6%，第七為「民意代表介紹」之1.0%，第八「電子媒體」之0.2%等，另有其他方式（包括自營作業者、雇主、

表2-27　身心障礙者找尋工作之途徑

中華民國八十九年三月　單位：人；%

身心障礙類別	人數	親朋介紹	考試分發	師長介紹	民意代表介紹	就業服務機構轉介	社會福利機構轉介	自己應徵	電子媒體	其他
總計	116,750	34.43	6.29	2.55	1.02	2.57	4.70	25.54	0.17	22.73
視覺障礙	4,819	18.43	2.99	2.97	-	7.55	3.26	17.41	-	47.40
聽覺或平衡機能障礙	11,337	28.36	4.63	2.65	0.65	4.24	0.92	32.12	-	26.44
聲音或語言機能障礙	2,241	42.53	2.01	0.40	-	2.28	1.12	34.00	0.22	17.45
肢體障礙	71,663	32.60	7.62	2.20	1.33	2.27	4.07	28.24	0.26	21.40
智能障礙	7,833	51.17	1.62	9.63	2.07	2.35	13.76	9.10	-	10.30
重要器官失去功能	7,816	23.03	11.85	0.60	-	-	1.68	21.43	-	41.42
顏面損傷者	714	38.38	6.58	5.74	0.56	5.04	10.92	17.51	-	15.27
植物人	-	-	-	-	-	-	-	-	-	-
癡呆症（失智症）	45	-	-	-	-	-	-	-	-	100.00
自閉症	13	-	-	23.08	-	-	-	-	-	76.92
慢性精神病患者	4,018	50.85	1.24	-	-	-	10.00	19.96	-	17.94
多重障礙者	6,012	59.28	-	1.63	-	4.21	9.12	16.08	-	9.68
其他障礙	239	36.40	7.95	3.77	-	2.93	20.50	20.92	-	7.53

無酬家屬工作者等）之22.7%。（詳表2-27）

（九）有工作意願之身心障礙者最希望從事之職業爲「事務工作人員」占55.0%

身心障礙之有工作意願者（包括失業者及非勞動力中有工作意願者）

最希望從事之職業爲「事務工作人員」占55.0%，其次爲「技術工及機械設備操作工」占12.8%，再次之爲「非技術工及體力工」占9.3%及「服務工作人員及售貨員」占9.1%。（詳表2-28）

表2-28　身心障礙之有工作意願者最希望從事之職業

中華民國八十九年三月　單位：人；%

身心障礙類別	人數	民意代表企業主管經理人員	專業人員	技術員及助理專業人員	事務工作人員	服務工作人員及售貨員	農、林、漁、牧工作人員	技術工及機械設備操作工	非技術工及體力工
總計	76,415	1.21	5.23	4.89	54.98	9.06	2.53	12.83	9.27
視覺障礙	2,275	-	1.63	4.88	74.68	13.23	-	1.54	4.04
聽覺或平衡機能障礙	6,085	-	7.44	5.24	54.99	6.47	2.60	18.16	5.09
聲音或語言機能障礙	910	910	-	-	4.73	60.33	14.62	6.48	13.85
肢體障礙	37,535	1.51	5.74	6.40	52.64	7.56	3.44	13.92	8.78
智能障礙	9,630	0.05	0.84	2.44	53.86	15.09	1.68	11.79	14.25
重要器官失去功能	3,111	2.89	10.83	6.36	55.38	10.29	-	9.42	4.82
顏面損傷者	343	0.58	9.33	13.99	53.06	7.29	-	6.71	9.04
植物人	-	-	-	-	-	-	-	-	-
癡呆症(失智症)	261			13.03	73.95	-	-	4.60	8.43
自閉症	61	-	-	-	60.66	39.34	-	-	-
慢性精神病患者	10,716	1.00	7.30	1.28	52.27	8.38	2.86	15.44	1.48
多重障礙者	5,367	2.85	1.90	3.54	68.92	9.78	-	4.70	8.31
其他障礙	121	-	16.53	14.88	30.58	13.22	9.92	5.79	9.09

若以障礙類別觀察，最希望從事之工作，各類別均以「事務工作人員」占有比例最高，其次爲「服務工作人員及售貨員」者有視覺障礙、聲音或語言機能障礙、智能障礙、自閉症、多重障礙者等，爲「技術工及機械設備操作工」者有肢體障礙、慢性精神病患者等，爲「技術員及助理專業人員」者有顏面損傷者、癡呆症（失智症）等，爲「專業人員」者有重要器官失去功能等。

（十）超過90%的身心障礙者沒有接受過職業訓練，有意願接受職業訓練者，占14.1%

另外，整體而言，接受職業訓練的比例是7.5%，超過90%的身心障礙者沒有接受過職業訓練。回答知道參加職業訓練有優惠補助措施的比例是14.8%，不知道的比例是85.2%。回答知道參加職業訓練連續三個月以上每月有生活津貼者是10.9%，而不知道的比例是89.1%。更有趣的答案是願意接受職業訓練的意願方面：有意願的14.1%，無意願的是85.9%。換句話說，即使政府提供職業訓練給身心障礙朋友，也提供訓練補助與生活津貼，有意願接受職訓的身心障礙者比例仍相當有限。這是否與相關資訊的流通與宣導不足有關，仍有待進一步的瞭解與分析。（詳表2-29至表2-32）

表2-29　身心障礙者接受職業訓練情形

中華民國八十九年三月　單位：人；%

項目別	人數	合計	有受過職業訓練	沒有受過職業訓練
總計	612,942	100.00	7.52	92.48
人力資源類別				
勞動力	147,662	100.00	15.59	84.41
就業者	116,750	100.00	15.32	84.68
失業者	30,912	100.00	16.61	83.39
非勞動力	465,280	100.00	4.96	95.04

（續） 表2-29　身心障礙者接受職業訓練情形

項目別	人數	合計	有受過職業訓練	沒有受過職業訓練
身心障礙類別				
視覺障礙	34,847	100.00	6.92	93.08
聽覺或平衡機能障礙	66,948	100.00	5.20	94.80
聲音或語言機能障礙	8,246	100.00	6.85	93.15
肢體障礙	274,385	100.00	9.35	90.65
智能障礙	56,789	100.00	7.73	92.27
重要器官失去功能	49,438	100.00	4.31	95.69
顏面損傷者	1,500	100.00	18.20	81.80
植物人	4,480	100.00	-	100.00
癡呆症（失智症）	7,882	100.00	3.44	96.56
自閉症	323	100.00	25.70	74.30
慢性精神病患者	48,444	100.00	7.10	92.90
多重障礙者	58,988	100.00	5.58	94.42
其他障礙	672	100.00	15.18	84.82

表2-30　身心障礙者對參加職業訓練有優惠措施之認知

中華民國八十九年三月　單位：人；%

人力資源類別	人數	合計	知道有優惠補助措施	不知道有優惠補助措施
總計	612,942	100.00	14.82	85.18
勞動力	147,662	100.00	28.52	71.48
就業者	116,750	100.00	30.01	69.99
失業者	30,912	100.00	22.92	77.08
非勞動力	465,280	100.00	10.47	89.53

表2-31　各類勞動力及非勞動力身心障礙者對參加職業訓練有生活
　　　　津貼補助之認知

中華民國八十九年三月　單位：人；%

人力資源類別	人數	合計	知道有生活津貼補助	不知道有生活津貼補助
總計	612,942	100.00	10.88	89.12
勞動力	147,662	100.00	21.33	78.67
就業者	116,750	100.00	22.12	77.88
失業者	30,912	100.00	18.34	81.66
非勞動力	465,280	100.00	7.56	92.44

表2-32　身心障礙者對於（再）參加職業訓練之意願

中華民國八十九年三月　單位：人；%

項目別	人數	合計	願意參加	不願意參加
總計	612,942	100.00	14.11	85.89
人力資源類別				
勞動力	147,662	100.00	29.65	70.35
就業者	116,750	100.00	23.01	76.99
失業者	30,912	100.00	54.73	45.27
非勞動力	465,280	100.00	9.17	90.83
身心障礙類別				
視覺障礙	34,847	100.00	8.55	91.45
聽覺或平衡機能障礙	66,948	100.00	9.89	90.11
聲音或語言機能障礙	8,246	100.00	13.45	86.55
肢體障礙	274,385	100.00	15.86	84.14
智能障礙	56,789	100.00	23.01	76.99
重要器官失去功能	49,438	100.00	7.13	92.87
顏面損傷者	1,500	100.00	35.27	64.73
植物人	4,480	100.00	-	100.00
癡呆症（失智症）	7,882	100.00	4.55	95.45
自閉症	323	100.00	26.63	73.37
慢性精神病患者	48,444	100.00	17.65	82.35
多重障礙者	58,988	100.00	10.03	89.97
其他障礙	672	100.00	29.76	70.24

（十一）想參加職訓者，最想接受的是工商服務業的電腦軟體應用（14.7%）與電腦文書處理（10.2%）

另外針對想參加職訓者，繼續瞭解他們想要接受的職訓類別；最想接受的職業訓練是工商服務業的電腦軟體應用（14.7%）與電腦文書處理（10.2%），其他的類別項目比例都不超過5%。可見身心障礙國民也希望能學習當前的科技與資訊。至於政府目前辦理的各項以製造業為主的類別，在比例的排序上都相當的低。

（十二）不願意參加職業訓練之原因以「年事已高不想接受訓練」所占比例最高，占51.7%

身心障礙者表示不願意接受職業訓練的原因，以「年事已高不想接受訓練」所占比例最高，計占51.7%（其中以該項為最主要原因占44.4%，為次要原因者占6.2%，為再次要原因者占1.1%），其次為「怕學不來」計占13.1%（最主要原因占6.8%、次要原因占4.9%、再次要原因占1.4%），第三為「本職不需再訓練，不想轉業」計占10.5%（最主要原因占8.6%、次要原因占1.3%、再次要原因占0.7%），其餘各項在前三順位之合計均低於10%。（詳表2-33）

若以各項原因之重要度觀察，則身心障礙者不願意參加職業訓練之原因，以「年事已高不想接受訓練」為最重要因素，重要度為48.9，第二重要原因為「怕學不來」，重要度10.5，第三重要原因為「本職不需再訓練，不想轉業」，重要度9.6，第四重要原因為「重度障礙無法接受訓練」，重要度9.6，餘依序為「沒有合適的訓練職類」6.3、「參加職訓未必找到工作」5.4、「交通不便」4.9、「沒有時間」4.5、「受訓期間無法負擔家庭生計」3.2等。

表2-33 身心障礙者不願意接受職業訓練的原因

中華民國八十九年三月 單位：人；%

不願意接受職業訓練的原因	人數	不願意之優先順序			
		計	最主要	次要	再次要
年事已高不想接受訓練	526,484	51.65	44.38	6.22	1.05
怕學不來	526,484	13.05	6.80	4.85	1.40
本職不需再訓練，不想轉業	526,484	10.51	8.58	1.27	0.66
重度障礙無法接受訓練	526,484	9.80	9.15	0.59	0.06
沒有合適的訓練職類	526,484	8.93	3.15	3.67	2.11
參加職訓未必找到工作	526,484	8.07	2.44	3.35	2.28
交通不便	526,484	7.62	1.57	4.01	2.04
沒有時間	526,484	6.56	2.41	2.20	1.95
受訓期間無法負擔家庭生計	526,484	4.12	1.94	1.55	0.63
其他	526,484	25.36	19.59	5.06	0.71

陸、醫療服務與衛生保健需求

（一）仍有少數（約0.3％）身心障礙者沒有加入健康保險，持有健保卡者年平均使用4.7張，住院過的比例是27.0％，平均年住院次數是2.6次

　　身心障礙者醫療部分的資料顯示，99.7％的身心障礙者持有健保卡，仍有0.3％的身心障礙者沒有加入健康保險，主要因偏遠地區障礙者資訊不足，剛實施健保制度時未參加健保，致積欠保費要追繳，而一直未加入；另有部分自認為健康情形很好，不想加入；也有因健保只補助身心障礙者本人，在一家多眷口情況下，無力負擔全戶健保費，而放棄加入者。平均使用健保卡的張數是4.7張，35.5％身心障礙者使用到第三張至第五張健保卡，19.8％的身心障礙者使用第六到第十張健保卡，使用第一張者占20.0％，使用第二張健保卡者16.8％，使用健保卡超過十

表2-34　身心障礙者健保卡使用情形

單位：人；%

健保卡使用情形	實數	百分比	平均使用張數
總計	648,852	100.0	-
持有健保卡	646,740	99.7	4.7
未曾使用	-	-	
第一張	129,407	20.0	
第二張	108,758	16.8	
第三至五張	230,414	35.5	
第六至十張	128,725	19.8	
第十一張	49,436	7.6	
未持有健保卡	2,112	0.3	-

表2-35　身心障礙者最近一年住院情形

單位：人；%

住院情形	實數	百分比	平均次數（次）
總計	648,852	100.0	-
住院過	175,430	27.0	2.6
一次	100,631	15.5	
二次	35,475	5.5	
三次	17,578	2.7	
四次以上	21,746	3.4	
沒住院	473,422	73.0	-

張的是7.6％。身心障礙者就醫情況，最近一年沒有住院的比例是73.0％，住院過的比例是27.0％，平均住院次數是2.6次。（詳表2-34、表2-35）

（二）自覺身體健康狀況不太好與很差的占四成三

在身心障礙者自覺身體健康狀況部分，自覺身體健康狀況不太好的比例是31.5％，普通者44.2％，很差者11.5％，很好者12.8％。參照主客觀的健康問項來看，身心障礙者人口的健康狀況未住院的比例高達70％。

表2-36　身心障礙者認爲目前自己健康情形

單位：人；%

健康情形	實數	百分比
總計	648,852	100.0
很好	82,981	12.8
普通	286,919	44.2
不太好	204,195	31.5
很差	74,757	11.5

即使使用健康保險卡的次數，也以使用到第二張者居多，與整體人口的平均值相近，相對的身心障礙者自覺身體健康狀況不太好與很差的約四成三，是否他們的身體健康狀況與一般人口相比是較差或較好，這部分仍值得進一步分析。（詳表2-36）

（三）逾四成身心障礙者就醫時擔心醫療費用無法負擔，或無法獨立完成掛號手續；也有四分之一身心障礙者擔心交通問題難以解決，或不知道該去那家醫院或看那位醫師

　　由身心障礙者就醫困難的資料（可複選）顯示，擔心醫療費用太貴無法負擔者占44.4%，無法獨立完成掛號手續者占42.5%，交通問題難以解決者26.3%，不知道該去那家醫院或看那位醫師者24.7%。前兩項的回答與身心障礙者本身所具有的經濟與知識資源有關，如果參照整個身心障礙人口的受教育程度，以國小與不識字的比例高達50%，因此在就醫過程中這些困難也是可以理解的。此次調查特別針對回答「就醫時交通問題難以解決者」，在交通問題部分繼續瞭解其困難爲何？表示沒有人可以接送者占41.8%，醫院太遠者22.6%，交通費用太貴者22.3%，通行環境的障礙者13.3%。就醫可近性與協助就醫等將是政府可以努力改善的方向。以地區別來看，居住在金馬地區的身心障礙者回答就醫時交通困難的比例最高爲40.6%，其次是南部地區爲31.8%。未來可針對這部分的資料繼續作深入的分析與瞭解。

不同障礙別的身心障礙者，就醫困難的原因也與本身的障礙特質有關；例如，62.2%智能障礙者表示無法獨立完成掛號手續，而有高達98.4%自閉症患者也是有相同的就醫困難。這資料顯示，未來政府的醫院就醫宣傳與方式應可針對不同特質的身心障礙者特別設計，以減輕就醫時的障礙。這些與障礙者本身能力與特質有關的因素應特別注意，以協助他們可以有效的使用醫療資源。（詳表2-37、表2-38）

表2-37　身心障礙者就醫有交通困難者之交通問題

單位：人；%

交通困難者之交通問題	實數	百分比
總計	170,626	100.0
醫院太遠	38,619	22.6
交通費用太貴	38,008	22.3
通行環境的障礙	22,613	13.3
沒人可以接送	71,386	41.8

表2-38　身心障礙者就醫上之困難

單位：人；%

項目別	總計		交通問題難以解決	無法獨力完成掛號就醫的程序	不知道該去那家醫院或看哪位醫師	擔心醫療費用負擔
	實數	百分比				
總計	648,852	100.0	26.3	42.5	24.7	44.4
地區別						
台灣地區	646,983	100.0	26.3	42.5	24.7	44.4
台灣省	534,473	100.0	27.2	43.1	25.6	45.3
北部區域	163,699	100.0	25.9	40.8	24.5	40.9
中部區域	175,252	100.0	25.3	40.2	26.4	45.1
南部區域	161,237	100.0	31.8	47.4	24.8	48.9
東部區域	34,285	100.0	22.2	48.7	31.5	50.8
台北市	78,482	100.0	21.3	39.0	19.8	41.6
高雄市	34,028	100.0	22.2	41.7	22.0	35.5
金馬地區	1,869	100.0	40.6	37.8	26.6	41.6

（續）表2-38 身心障礙者就醫上之困難

項目別	總計		交通問題難以解決	無法獨力完成掛號就醫的程序	不知道該去那家醫院或看哪位醫師	擔心醫療費用負擔
	實數	百分比				
身心障礙類別						
視覺障礙	35,752	100.0	36.0	54.6	33.7	47.6
聽覺或平衡機能障礙	69,456	100.0	17.1	35.0	20.3	33.6
聲音或語言機能障礙	9,015	100.0	18.8	41.9	25.3	37.1
肢體障礙	280,632	100.0	26.0	33.3	18.6	43.8
智能障礙	68,044	100.0	28.4	62.2	43.4	47.8
重要器官失去功能	53,059	100.0	21.4	27.3	13.0	44.3
顏面損傷者	2,209	100.0	15.3	20.0	11.8	37.5
植物人	4,551	100.0	51.4	97.3	34.9	69.3
癡呆症（失智症）	7,888	100.0	28.9	99.8	37.5	39.5
自閉症	1,549	100.0	22.0	98.4	36.7	35.4
慢性精神病患者	48,464	100.0	24.7	48.3	30.0	49.9
多重障礙者	66,112	100.0	34.5	59.7	34.7	49.0
其他障礙	2,121	100.0	22.8	48.9	26.5	42.6

說明：本表各就醫困難僅列「有困難」項目，其中「有困難」及「無困難」
各選項百分比加總均為100.0%

（四）身心障礙者過去一年發生意外需要就醫的比例是22.1%，
主要為擦傷占12.2%；聽覺障礙者發生意外的比例最高，
占28.1%，其次是視覺障礙者占26.6%

就醫的理由方面，此次調查也詢問身心障礙者過去一年發生意外需
要就醫的情形；77.9%表示過去一年未發生意外需要就醫，因發生意外
需要就醫的比例是22.1%。發生意外的比例最高的是擦傷占12.2%，其次

是骨折占5.6%，耳鳴占5.1%再次，其餘刺切傷（2.7%）、燒燙傷（2.1%）、吞食異物（1.4%）、中毒（0.6%）。而不同障礙別的身心障礙者發生意外需要就醫的比例，以聽覺或平衡機能障礙者比例最高是28.1%，其次是視覺障礙者26.6%，其他障礙別發生意外傷害的比例約是22.4%。發生意外傷害的比例，反映出聽覺及視覺障礙者，面對大環境的無障礙措施不佳，因聽不到聲音或看不到物體而發生意外機率高於其他的障礙別。（詳表2-39）

表2-39　身心障礙者過去一年內發生意外或受傷需要就醫情形

單位：人；%

身心障礙類別	總計		曾發生意外或受傷需要就醫			
	實數	百分比	計	骨折	中毒	燒燙傷
總計	648,852	100.0	22.1	5.6	0.6	2.1
視覺障礙	35,752	100.0	26.6	8.6	0.2	4.9
聽覺或平衡機能障礙	69,456	100.0	28.1	4.6	0.5	2.0
聲音或語言機能障礙	9,015	100.0	22.3	5.9	1.0	2.2
肢體障礙	280,632	100.0	22.7	6.8	0.8	1.8
智能障礙	68,044	100.0	18.5	3.2	0.8	2.3
重要器官失去功能	53,059	100.0	21.5	4.9	0.6	1.9
顏面損傷者	2,209	100.0	17.2	1.3	0.7	1.6
植物人	4,551	100.0	5.3	0.6	0.5	0.2
癡呆症（失智症）	7,888	100.0	22.3	7.3	1.4	1.5
自閉症	1,549	100.0	20.1	3.6	0.9	2.5
慢性精神病患者	48,464	100.0	18.8	3.9	0.6	2.2
多重障礙者	66,112	100.0	18.8	4.8	0.3	1.6
其他障礙	2,121	100.0	22.4	3.8	0.9	3.7

（續）表2-39　身心障礙者過去一年內發生意外或受傷需要就醫情形

身心障礙類別	曾發生意外或受傷需要就醫				未曾發生或不需就醫
	擦傷	刺切傷	吞食異物	耳鳴	
總計	12.2	2.7	1.4	5.1	77.9
視覺障礙	16.0	2.9	1.6	4.7	73.4
聽覺或平衡機能障礙	13.0	2.2	1.1	15.5	71.9
聲音或語言機能障礙	13.3	3.6	2.1	5.0	77.7
肢體障礙	12.3	3.1	1.3	4.1	77.3
智能障礙	12.2	3.9	1.0	1.7	81.5
重要器官失去功能	11.1	1.7	1.4	5.0	78.5
顏面損傷者	8.0	4.6	-	6.0	82.8
植物人	2.9	0.2	0.4	0.8	94.7
癡呆症（失智症）	11.2	0.7	3.5	4.0	77.8
自閉症	13.3	1.6	-	0.8	79.9
慢性精神病患者	12.4	2.9	3.0	3.4	81.2
多重障礙者	10.3	1.4	1.6	3.9	81.2
其他障礙	13.6	3.8	1.1	3.4	77.6

（五）接受復健治療的身心障礙人口只占16.4%；其中大部分爲物理治療

　　身心障礙者人口中，有高達83.6%未接受復健治療，接受復健治療的身心障礙人口，以物理治療比例最高12.2%，職能治療2.6%，心理諮商2.4%，語言治療1.7%。接受物理治療比例最高的身心障礙類別是重要器官失去功能（18.9%），而自閉症患者約44%有接受職能治療、語言治療、心理諮商，這部分的資料顯示過去十年政府推動早期療育的影響。換句話說，身心障礙人口接受復健治療的比例雖不高，但接受治療者集中在幼兒與目前早期療育系統中的部分障礙者爲主要的受益人口。如何增進其他不同類別的身心障礙者使用復健治療，與促進中老年身心障礙者使用復健治療服務則是政府可以努力的方向。（詳表2-40）

表2-40　身心障礙者接受復健治療情形

單位：人；%

接受復健治療情形	實數	百分比
總計	648,852	100.0
接受復健治療	106,152	16.4
職能治療	16,858	2.6
物理治療	78,838	12.2
語言治療	11,219	1.7
心理諮商	15,531	2.4
未接受復健治療	542,700	83.6

（六）使用各式輔具者約占四成，分別為生活類輔具者為 25.3%，復健類輔具者22.7%

　　身心障礙者使用輔具部分，調查資料顯示身心障礙者未使用輔具的比例為59.5%，而使用各式輔具者為40.5%。在使用輔具的身心障礙者中，使用生活類輔具者為25.3%，復健類輔具者22.7%，有些身心障礙者不僅使用一種輔具，因而出現不同的分布數字。使用輔具的身心障礙者，也會依不同類別使用不同的輔具，例如，植物人患者使用氣墊床的比例高達46.5%，失智症患者使用的比例是20.2%。肢障者使用輪椅的比例為20.5%，視障者使用特製眼鏡的比例是10.8%。（詳表2-41）

表2-41　身心障礙者就醫上之困難

單位：人；%

身心障礙類別	總計		使用輔助					
	實數	百分比	計	小計	生活類			
					點字機或點字版	眼鏡特製	輪椅	助行器
總計	648,852	100.0	40.5	25.4	0.5	1.1	13.1	9.3
視覺障礙	35,752	100.0	36.5	27.7	2.7	10.8	2.0	6.5
聽覺或平衡機能障礙	69,456	100.0	68.6	8.9	0.3	0.3	3.2	4.9

（續）表2-41　　身心障礙者就醫上之困難　　　　　　　　　單位：人；%

聲音或語言機能障礙	9,015	100.0	26.4	7.7	-	-	1.7	4.4
肢體障礙	280,632	100.0	52.9	38.5	0.3	0.4	20.5	15.7
智能障礙	68,044	100.0	5.2	4.2	0.6	0.3	2.7	0.6
重要器官失去功能	53,059	100.0	21.3	18.7	0.3	0.9	8.9	6.2
顏面損傷者	2,209	100.0	5.3	4.8	0.1	0.1	0.1	1.2
植物人	4,551	100.0	67.2	48.3	-	-	30.0	2.5
癡呆症（失智症）	7,888	100.0	48.7	42.3	0.2	0.2	33.4	7.7
自閉症	1,549	100.0	3.9	3.9	-	1.0	0.4	0.6
慢性精神病患者	48,464	100.0	1.6	1.4	0.2	0.7	0.4	
多重障礙者	66,112	100.0	42.5	30.7	1.0	0.8	21.0	8.2
其他障礙	2,121	100.0	17.8	15.8	0.9	2.9	2.7	2.6

身心障礙類別	使用輔具						
	生活類				復健類		
	特製或改裝機車	餵食椅或進食輔具	居家無障礙設施裝備	其他	小計	電動輪椅/代步車	義肢
總計	3.1	1.3	0.9	3.2	22.7	2.6	2.9
視覺障礙	1.6	0.3	0.8	4.9	13.4	-	-
聽覺或平衡機能障礙	0.5	0.2	0.7	1.4	64.9	0.3	0.9
聲音或語言機能障礙	-	0.4	0.7	3.0	18.8	0.2	-
肢體障礙	6.1	1.1	1.3	4.2	25.1	5.3	5.9
智能障礙	0.2	0.4	0.7	1.0	1.6	0.4	0.3
重要器官失去功能	0.3	0.9	0.5	5.2	4.9	0.4	-
顏面損傷者	0.1	1.0	0.4	2.4	0.9	-	0.1
植物人	-	21.2	-	4.2	48.0	1.5	-
癡呆症（失智症）	-	7.0	0.3	5.1	24.4	-	0.2

單位：人；%

自閉症	0.4	-	0.3	2.8	0.6	-	-
慢性精神病患者	0.2	0.7	0.2	0.3	1.1	0.2	0.2
多重障礙者	2.0	3.8	1.0	2.3	25.1	2.3	1.5
其他障礙	4.0	1.0	0.1	5.3	5.1	0.9	0.9

身心障礙類別	使用輔具						未使用輔具
	復健類						
	助聽器	人工電子耳	義眼	人工講話器	支架／站立架	氣墊床或流體壓力床墊	
總計	8.2	0.4	0.5	0.6	6.8	3.1	59.5
視覺障礙	6.0	-	2.6	0.2	3.3	1.9	63.5
聽覺或平衡機能障礙	61.2	1.8	0.4	0.1	1.7	0.6	31.4
聲音或語言機能障礙	7.6	0.7	-	8.5	1.8	-	73.6
肢體障礙	0.7	0.2	0.3	0.6	12.7	2.9	47.1
智能障礙	0.6	0.2	0.4	0.5	0.8	0.4	94.9
重要器官失去功能	0.5	-	-	0.3	3.1	1.3	78.7
顏面損傷者	0.3	0.4	0.6	0.4	0.3	0.3	94.8
植物人	-	-	-	-	1.1	46.5	32.8
癡呆症（失智症）	0.7	0.2	-	0.2	3.7	20.2	51.3
自閉症	-	-	-	0.4	0.2	-	96.1
慢性精神病患者	-	-	0.3	0.5	0.5	0.5	98.4
多重障礙者	8.0	1.0	1.0	0.6	4.9	9.1	57.6
其他障礙	1.9	0.3	0.2	0.1	2.9	2.0	82.2

（七）三歲以上身心障礙者八成以上對「吃飯」、「上下床舖、椅子」及「大小便控制」可以獨自行動沒有困難；較需要依賴輔具或環境改善者，為室內、外之走動，均占7%以上

　　此次調查問項在自我照顧方面使用兩個不同的量表，ADL與IADL以收集三歲以上身心障礙者日常生活自我照顧能力的情形。這兩項測量指標可以用於進一步檢測障礙程度與自我照顧能力的關係，同時也可作為政府規劃相關照顧措施與服務的依據。調查結果顯示，在活動項目方面，八成以上的三歲以上身心障礙者對「吃飯」、「上下床舖、椅子」及「大小便控制」可以獨自行動沒有困難；感覺較有困難的項目為「蹲式如廁」，約占35.4%。在有困難的活動項目當中，較需要依賴輔具或環境改善者，為室內、外之走動，均占7%以上；另外，需人協助者以洗澡及更換衣服分別占16.7%及17.7%，比例較高。以障礙類別觀察，除了植物人經年臥病在床外，在行動上至少一項有困難者，以癡呆症（失智症）患者占90.2%，比例最高；其次為多重障礙者，占63.6%；再次為肢體障礙者，占54.1%；比例最低者為顏面損傷者，占12.1%。（詳表2-42、表2-43）

表2-42　三歲以上身心障礙者獨自行動困難情形　　　　　　單位：%

活動項目	總計	沒困難	有困難			
			小計	需要輔具環境改善	需人協助	完全不能
吃飯	100.0	83.0	17.0	1.0	11.1	4.9
更換衣服	100.0	75.3	24.7	0.7	16.7	7.4
洗澡	100.0	73.1	26.9	0.9	17.7	8.3
上下床舖	100.0	81.2	18.8	2.4	9.2	7.2
上下椅子	100.0	81.5	18.5	2.3	8.9	7.2
如廁（馬桶）	100.0	77.5	22.5	3.7	11.0	7.9
如廁（蹲式）	100.0	64.6	35.4	4.5	10.3	20.7
大小便控制	100.0	81.5	18.5	1.8	7.7	9.0
室內走動	100.0	76.7	23.3	7.1	7.1	9.1
室外走動	100.0	70.1	29.9	7.4	12.1	10.4

表2-43　三歲以上各類別身心障礙者獨自行動困難情形

單位：%

身心障礙類別	總計		行動均無困難	至少一項有困難
	實數	百分比		
總計	647,085	100.0	55.3	44.7
視覺障礙	35,752	100.0	56.8	43.2
聽覺或平衡機能障礙	69,433	100.0	78.7	21.3
聲音或語言機能障礙	9,000	100.0	76.6	23.4
肢體障礙	279,964	100.0	45.9	54.1
智能障礙	67,985	100.0	66.3	33.8
重要器官失去功能	52,823	100.0	70.1	30.0
顏面損傷者	2,166	100.0	87.9	12.1
植物人	4,538	100.0	-	100.0
癡呆症（失智症）	7,888	100.0	9.8	90.2
自閉症	1,540	100.0	55.7	44.4
慢性精神病患者	48,464	100.0	76.5	23.5
多重障礙者	65,655	100.0	36.5	63.6
其他障礙	1,877	100.0	57.4	42.6

（八）在處理日常生活事務方面，感覺沒有困難者，以獨立吃藥的行為占68.2%，比例最高，其次為打電話（58.5%）、理財（56.5%）

　　在處理日常生活事務方面，感覺沒有困難者，以獨立吃藥的行為占68.2%，比例最高，其次為打電話（58.5%）、理財（56.5%），再次為做家事（如整理客廳、洗碗）占50.5%。若針對各項活動內容，以平常做不做對照有沒有困難的比例，可以看出在無法或不想讓人代勞的事務上，平常去做的比例要大於有困難的比例，如吃藥、打電話、上街購物等。反之，有人可以代勞者，平常去做的比例要小於有困難的比例，如做家事、洗衣服、煮飯等；以障礙類別觀察，除了植物人外，只有智能障礙者與自閉症患者對上述狀況較不明顯。整體而言，日常生活功能與

表2-44　三歲以上身心障礙者處理家務困難情形

單位：人；%

項目別	總計		平常做不做		有沒有困難				
							有困難		
	實數	百分比	不做	做	沒困難	小計	需要輔具環境改善	需人協助	完全不能
家事（如整理客廳、洗碗等）	647,085	100.0	55.3	44.7	50.5	49.5	3.5	14.9	31.2
洗衣服	647,085	100.0	61.3	38.7	46.9	53.1	4.8	14.5	33.9
煮飯	647,085	100.0	64.6	35.4	44.9	55.1	3.3	15.9	35.9
上街買日用品	647,085	100.0	47.5	52.5	48.7	51.3	4.1	17.6	29.6
理財（算錢、找錢、付帳）	647,085	100.0	43.5	56.5	56.3	43.7	1.6	14.6	27.5
吃藥	647,085	100.0	19.6	80.4	68.2	31.8	1.2	19.6	11.0
打電話	647,085	100.0	35.0	65.0	58.5	41.5	2.7	13.9	24.9

身心障礙者的障礙類別與特質有關。未來的分析，應將身體類別、心智類別與特殊疾病類別分開，以確實掌握不同特質的身心障礙者，需要他人照顧的程度，作為政府規劃相關政策的依據。（詳表2-44）

（九）　身心障礙者認為政府應優先辦理的醫療照護，主要為提供醫療補助（重要度54.2），其次是定期免費健康檢查（26.9）

身心障礙者認為政府應優先辦理的醫療照護方面，重要度的選擇以提供醫療補助者重要度是54.2較高，其次是定期免費健康檢查26.9，接著是提供社區就近醫療服務21.7，提供居家照護21.0，提供就醫交通協助20.5，提供醫療資訊16.5，擴大重大傷病認定範圍16.0，提供營養諮詢與輔具諮詢等9.5，早期治療7.9。由身心障礙者的回答可看出，仍以經濟方面的補助為主，其次是屬於資訊提供與社區醫療資源等。醫療需求也反映出身心障礙者圍於經濟能力的不足，對政府的醫療照護也偏向福

表2-45　身心障礙者認為政府應優先辦理的醫療照護措施

單位：重要度

認為政府應優先辦理的醫療照護措施	重要度
提供醫療補助	54.2
身心障礙者定期免費健康檢查	26.9
提供社區就近醫療服務	21.7
提供居家照護	21.0
就醫交通協助	20.5
提供醫療資源資訊	16.5
擴大重大傷病認定範圍	16.0
提供營養藥物、輔具諮詢服務	9.5
早期治療	7.9
醫院通報系統	3.0
其他	2.8

說明：重要度＝〔(最主要選項×1＋次要選項×2/3＋再次要選項×1/3)÷有
　　　效樣本數〕×100

利補助為主。但是整體而言，增加就醫可近性與提供相關醫療資訊也是
政府可以努力的重點。（詳表2-45）

柒、結論

　　身心障礙福利政策之推展，亟需各級政府秉持公平、正義原則，顧
及國家社會、經濟整體均衡發展，並依各類弱勢族群之真正需要，提供
最適當的服務。在秉持「權利非施捨、尊重非同情、接納非憐憫」的正
確理念下，協助社會上每一位需要我們支持、鼓勵的殘障朋友及其家
屬，讓每位殘障者與一般人一樣，在真正無障礙的環境中生活，擁有生
命的尊嚴，獲得適當的扶助，並充分發揮其潛力。

整體而言，身心障礙人口區分為：心智類、生理類與特殊疾病類等三類。由年齡結構、教育程度與性別等三個項度，我們可以瞭解身心障礙人口的普遍特質。不同大類的身心障礙者，威脅他們存活的因素各不相同，而他們老年期的身體健康狀態變化與照顧安置問題等因應措施也不相同。人口老化的意義是身心障礙人口組成中，六十五歲以上人口所占的比例逐漸增加。六十五歲以上人口比例的增加是因平均餘命延長的關係，易言之，身心障礙者人口的平均餘命增長，與過去幾十年整體人口健康狀態改善，與基礎醫療衛生系統的深化與普及有關。我國身心障礙人口未來發展方面，政府要特別提早注意的是老化趨勢與相關問題。例如老年期的經濟生活保障、健康疾病變化、安養等議題。而這些老化的議題是否目前的制度可以應付呢？在歐洲與美國的健康資料皆顯示，隨著整體人口的老化趨勢逐漸明顯，特殊人口也會因整體人口的健康趨勢而呈現出老化的狀態。

　　因此身心障礙福利體系與老年人口的福利體系彼此之間的關聯性，政府相關單位皆宜早日預為綢繆。

　　在輔導身心障礙者就業方面，政府期待給予魚不如給予釣竿的方式，使身心障礙者都能過一有尊嚴的生活。補助金錢，是協助其度過短暫的難關，並非長遠之計。因此如何分別就不同年齡、障別、等級之身心障礙者，提供一套完整的教育、居住、職業訓練、安養的環境，不僅能讓身心障礙者與其家屬均得以紓解其壓力與困境，對國家整體產能的提高也會有所助益。整體而言，此次調查結果顯示，身心障礙者就業者與失業者總計約20%，約80%的身心障礙者屬於非勞動力。非勞動力的身心障礙者中有工作意願的約10%。就業的身心障礙者薪資以二萬元至三萬元為主，且工作場所的工作人員數以二至十人或一人者為主。薪資低、中小型企業且集中在傳統製造業為身心障礙者主要的工作型態。定額僱用所規範的公私立機關構，仍以政府單位的僱用為主。這是政府第一次收集身心障礙者的勞動力資訊，依身心障礙者保護法的規定三年要辦理一次類似的調查，因此以這次調查所收集的資訊為主，三年內繼續

推動與改善身心障礙者的就業，三年後的資料與往後每三年一次的資料，都是繼續研究的重要訊息資料庫。

在醫療衛生保健方面，隨各國健康醫療制度的改善，未來障礙人口將會以各種疾病的退化與醫療後進入慢性期病人爲主；身心障礙不再是傳統的社會烙印群體，而是隨著老化與疾病歷程而產生。因此，身心障礙者政策也應以整合現有的醫療與福利等制度爲主，才能全面的因應身心障礙人口的需要。

3 家庭發展：過渡、危機和轉型—— 未來社會福利政策和方案

Barbara Newman 博士

美國羅德島（Rhode Island）大學

人類發展與家庭關係學系教授

摘要

　　家庭幸福是社會福祉的根基。家庭是兒童青年的首要教育者，家庭的支持和參與也是兒童學業成長、行為表現的重要決定因素。家庭對教育的態度，更關係一個社會教育制度的成功與否。家庭是提供主要的的醫療、營養的場所，也是訓練一個人學習溝通技巧、做事能力的重要環境。家庭的重要性和對人類發展的影響是無遠弗屆。

壹、前言

　　根據中華民國台灣一九九七年法務部報告指出，大多數的青少年犯罪都和家庭破碎、父母衝突、不適當教養方式有關（Sinorama, Oct. 2000, www. Taiwanheadlines. gov. tw/20001107/20001107fl.html）。另一個跨國研究（包括：澳大利亞、保加利亞、捷克、匈牙利、俄羅斯、瑞典和美國）也發現，「家庭對社會的責任和關懷的價值觀」是影響青少年投入社區事務，對國家、社會忠誠，及對弱勢團體關懷的最重要因素之

一（Flanagan & Faison, 2001）。

　　本論文將從政府角色和家庭生活的社會福利制度兩個方向作以下討論：(1)為面臨經濟、健康、心理健康和自然災害等重重危機的社會中最弱勢家庭提供一個安全網；(2)提供一個廣泛的教育和預防性社會方案以增加這些家庭的福祉和自立能力，提供充足資訊讓他們知道並使用這些協助他們的社會福利管道和資源。

　　兩個主要的社會福利基礎為：(1)保障多元家庭的人道尊嚴；(2)加強家庭促進家庭成員正面發展的能力。而這兩個原則也同時是未來設計、執行方案和訓練社會福利專業人員的重要基礎。

　　本論文提出三個有關家庭發展的重要概念，並提出三個例子說明社會福利政策如何影響家庭，最後並提出一些建言作為未來社會福利政策和方案建構的參考。

　　三個主要引領本論文的概念為：(1)家庭會隨著時間改變，不僅隨著家庭成員的成長和發展改變，也隨著家庭結構變遷而改變；(2)家庭由各種制度組成，彼此也互相影響；(3)家庭是一種對未來的承諾。以下筆者就針對這些概念作一深入探討。

貳、家庭發展的重要概念

一、家庭會隨著時間改變

　　家庭會經歷許多可預測和不可預測的變遷。雖有些理論指出，所有的變遷都會帶來壓力，但我認為，壓力和不可預測和不受期待的變遷較為有關，而可預測的變遷帶來的壓力則較小。無可否認，親職工作也會帶來壓力和角色限制。隨著家庭改變，家庭所需的社會支持、服務和資源也會有所改變。政策制定者須記住家庭是持續在變遷，而不是一層不

變的。例如，低收入戶的扶助、提供食物和營養所需給單身母親的初生兒、適當的親職教育和生涯發展教育等。而隨著嬰兒成長進入幼兒階段，其他需要的扶助還包括：安全的遊戲空間、和其他兒童互動的機會、母親和其他成人社交的機會、托育和交通工具等。在不同的成長階段，成人和兒童都有不同的需求。支持性的社會方案就是在協助家庭在不同變遷中滿足不同的必要需求（Newman & Newman, 1999）。

家庭結構也會改變。雙親家庭可能因離婚、喪偶或遺棄而變成單親家庭。單親家庭也可能因再婚、同居而再組成雙親家庭。一般來說，家庭資源會隨著家中大人增多而改善，但對家庭中的兒童來說卻不一定較有益。例如，再婚家庭中，青少年就容易和繼父或繼母發生衝突（Crosbie-Burnett & McClintic, 2000）。

美國家庭中，單親家庭比例約占32%，其中多為單親母親家庭，原因可能為：離婚、喪偶或未婚生子。有些同居家庭可能因為沒有法定婚姻關係而被視為單親家庭，但男女雙方卻早以夫妻自居。也可能早以等同父母身分互相照顧對方子女。近來也有愈來愈多的婦女出於自願當單親媽媽。而家庭的社會經濟資源則包括：教育、就業、收入等。這些社經指數比家庭組織更適合作為父母和婚姻的壓力指標。

家庭的改變可能因一個過渡、或危機、或轉型而來。「過渡」指家庭角色、成員、資源的顯著改變，造成家庭認同的重新定義。不是所有的過渡都會造成危機，也不一定都有負面效果。許多例子中，過渡還可能帶來希望和正面效果。例如結婚、生子、就任新職、畢業等都是過渡的例子，也都具有正面的意義（McKenry & Price, 2000）。

面臨危機的家庭成員一般都無法負起基本的家庭責任，而他們適應危機的策略也無法有效的將危機化為轉機，有時還會使情況更加惡化。原因可能是危機的發生令當事人措手不及，或是危機破壞了現有資源，或家庭成員無法面對危機的事實，或沒有其他的外在協助管道等。例如家中重要一員突然死亡、久病不癒、家庭暴力、無家可歸或自然災害等，都是造成家庭危機的可能原因。更大的困難是許多危機家庭可能從

此不再和社會接觸，使支援工作更難介入。

　　介入危機家庭的主要目的就是協助他們在家庭角色改變後，能早日重回正常生活。這個調適的過程也可稱爲「轉型」。轉型成功時，家庭成員也會找到一個更開放、更合適的互動方式，和其他家庭重拾關係，和社區重新連結，共享新的生活理念和生活目標（Boss, 1987）。

　　社會福利政策一定要將家庭變遷的動力納入思考。家庭會發展出生存和適應困難的方法，政策也要隨著家庭不同所需要作彈性調整。

二、家庭是不同制度的組合，制度互通也互相影響

　　家庭是互相獨立的成員組成的制度組合。不同成員也各有不同角色、規則、範圍和溝通方式，而這些也會影響一個人適應和改變的能力，而不同成員的成長和發展也會影響一個家庭。家中增加一個新成員，或多了一個成員就是一個例子。而更常見的例子如：就學、離家念大學、換工作、原工作換職位、失業、生重病等，不但影響了一個家庭成員，也會影響全家。在這些過渡期中，家庭可能需要新的資源，改變溝通方式，甚至需要成員轉換新角色。有些家庭調適的較快，有些適應的較慢。政策制定者應考慮到每個家庭不同的適應能力。

　　政策制定者也應考慮到每個家庭內不同的制度關係。例如，生意失敗或失業時家庭會如何；都市計畫或舊建築拆除造成家庭遷移；或教育制度改變使兒童必須到不同學校就讀，學業要求改變等等；這些相關制度改變，對家庭造成什麼影響？而交通、語言、生理障礙等可能造成的困難又如何？強調就業的社福方案又如何影響家庭？社區安全又如何影響家庭福祉？

　　我們常怪罪有些父母親職教育失敗，權威性格或個人性格有缺失。但我們都沒有考慮到貧窮、經濟損失、職場或學校的壓力、缺乏適當托育等，都可能造成父母的情緒壓力。父母當然必須對自己的子女的待遇負起大部分的責任，但是社會可以透過各種方式，幫助成人減少社會隔

離、減少經濟困難，讓父母減輕婚姻和親職壓力，從而使兒童得到更多保護和支持（Gelles, 2000）。

另外，家庭價值也受到文化的影響。例如，美國有些族群對女兒的學業成就和工作表現的期待較低。如果女兒的教育程度超過高中，多會要求女兒念一個職業相關的科系。有些甚至不讓子女念大學，子女一到十六歲，就要他們出外去找工作。

但從另一個角度來看，面對社會歧視時，文化也可以是一個支持和力量的來源。美國研究發現，非洲裔美國人的子女如家中有較高的文化和族裔認同，在面對偏見時較能保護自己，也較能抵制他人的歧視，不受他人負面觀念的影響。同時，如果兒童及早被教育社會上存有各種偏見和歧視的事實，兒童也能較早培養個人面對歧視和處理偏見的方式，適應力也較高（Thornton, et al., 1990; Peters, M. F. 1985）。

隨著社會中家庭日益多元化，社會福利政策和服務也應更加尊重不同的文化價值、家庭傳統。政策制定者和機構專業人員應學習如何在設計方案時同時兼顧、保留不同文化的傳統。

三、家庭是對未來的一個承諾

家庭是不斷在改變、發展，也是對未來有所承諾的制度組合。家庭必須適應各種外在環境，包括：經濟狀況、教育機會、新產品和服務、新觀念、新社會福利政策等。而在改變中，家庭同時還要保留其家庭認同、和諧，保護家庭成員的幸福，改善家庭環境等等。這種對美好未來的追求包括對兒童長期的支助、建立老年人的社會救助和經濟支援、為下一代留下一個良好的生活資產。

在制定社會福利政策和方案的同時，政策制定者也要考慮其利與弊。這個過程深具挑戰，必須時時檢討、評估政策可能對家庭造成的衝擊。社會政策不是用來降低家庭對未來的希望，也不是降低他們的生活能力。就像我們作環境評估時，總要考慮到土地使用和水資源的用途等

因素，我們在決定、執行新的社會福利政策和方案時，也要考慮到新制度對家庭的影響和衝擊。

參、政策可能對家庭造成未預期的影響

在論文的後半部筆者要介紹三個例子說明社會政策如何對家庭造成未預期的影響。每個例子都是未來制定政策的一個教訓。首先我將對美國近幾年的社會福利政策作一個簡介。美國在一九九〇年代社會政策經歷了重大改變。一九九六年，實施數十年的「依賴子女家庭扶助法」（Act for Families with Dependent Children, AFDC）被廢止，改由「個人責任和工作機會重建法」（Personal Responsibility and Work Opportunity Reconciliation Act, PRWORA）。聯邦政府不再以現金支助有幼兒的單親低收入戶家庭，而改由職業教育和訓練換取救助。美國五十州都有自己的救助方案，資格條件各有不同，支助金額、救助方式也各不一。一般而言，每個人一生中，領救助的時間前後加起來不得超過五年的時間，而且不可連續兩年領取救助。

造成這個政策改變的基本因素是過去二十五年來持續上升的婦女勞動率。一九九〇年，美國有55%的單親母親出外工作，而有幼兒六歲下的單親母親中，有49%出外工作。因為有這麼多的單親母親出外工作，所以很難合理化原有這個支助低收入單親媽媽在家照顧兒童的社會救助方案。新方案實施後，一九九八年，美國單親母親中有73%出外工作，而有子女六歲以下的單親母親的就業率更增到67%，可見新方案對許多家庭造成重大的影響。

大部分領取福利的單親母親以前都有工作經驗，但都是一些低薪工作。因為教育程度低、工作技能有限，收入又少，所以無法支付托兒費用，更不可能兼顧工作和照顧幼兒。研究指出，這些單親母親在職場和社會福利間出出入入，但大部分仍希望能有一天可以有一個待遇較好的

長期工作可以養家。一個深入訪談八十個婦女的研究發現，即使新工作需要新適應，甚至可能暫別子女，她們仍希望全職工作可以改善生活。一個婦女表示「我喜歡工作，但我要一個可以幫我和幫我子女改善生活的工作。我不要再領取救濟金。」（Scott, London, and Edin, 2000）

下面三個例子可說明新方案如何家庭發展：

■ 例一

美國新福利法的一個重要結果就是讓許多單親父母重回職場。過去兩年多來，我在俄亥俄州一個低收入地區的中學工作（六年級、國一、國二程度）。我發現許多曾經接受救助的單親婦女都在一個遠地的汽車工廠上班。工廠每天早上六點派交通車來接她們去上班，晚上七點再送她們回來。所以從一大早到晚上天黑，她們的家中都沒有一個大人在家。早上沒有人照料小孩上學，下午小孩放學回家，沒有人照顧他們作功課或吃點心。所以這些十一歲到十三歲的小孩，都要自己照顧自己。你可能想得到，家長因此無法參與學校事務，也沒有時間監督子女功課，沒有人確定小孩每天去上學，或知道他們放學後都做什麼，有問題時，老師白天找不到家長。小孩成績愈來愈差，各種偏差行為陸續出現，老師和家長都非常挫折。

根據這個新福利法，成人重回工作的目的達到了，但小孩的學業表現卻下降，幫派、青少年犯罪也增多，造成社區的許多問題。仔細研究，如要增加就業率，單親家庭可能需要托育服務，而且不只幼兒需要，學齡兒童也需要。

■ 例二

許多福利媽媽都曾是婚姻暴力的受害者。研究發現，20%到30%的福利婦女都曾受到現有伴侶或最近的伴侶的嚴重暴力毆打。在新法規定下，這些婦女也都要出外工作或受訓找工作。但許多婦女很難找到或維持固定工作，因為她們的伴侶會用各種方法限制她們自由，阻礙她們出

外工作。包括以小孩為手段，或在出門工作前大吵一架，破壞她們的上班服，到辦公室騷擾她們等等。

相關研究指出，婚姻暴力受害婦女如果尋求個人經濟獨立，會加深施虐者的不安，而更加以暴力作報復（Rolman & Raphael, 2000）。因為這些限制，所以最近有人建議對婚姻暴力受虐婦女，新法執行時應有彈性考量。先決條件是婦女要能先表明自己的受虐事實。但現有研究資料顯示，只有5％到10％婦女願意主動表明自己是婚姻暴力的受害者。這個例子說明了社會福利政策可能對弱勢家庭造成的不預期後果。

■例三

在美國，愈來愈多的祖父母幫忙帶小孩（Landry-Meyer, 2000）。尤其是子女如果因入獄、吸毒、青少年懷孕、或精神疾病等無法自己照顧小孩時，就由祖父母代勞。一九九七年美國約有四百萬兒童住在由祖父母或親戚照顧的家中。大部分的祖父母認為小孩和他們同住比被送到寄養家庭好，而他們也很願意幫助自己的孫子女有一個完整的家庭環境。

研究發現祖父母照顧孫子女需要的社會支助包括：生理健康、心理健康、教育、法律、財務需要。他們需要托育資源、情緒和精神支持、財務支持等以達成他們代理親職的責任。他們都曾當過父母，所以和剛當父母的年輕夫婦所需不同，而大部分帶小孩的祖父母年紀也都在五十幾歲，離退休或領社會安全福利或老人醫療福利都還早。但如果沒有法律監護權，他們無法為孫子女作必要的教育或健康醫療決定。問題是，他們也多不願意申請監護權，因為為取得孫子女的監護權，他們可能需出庭舉證他們的子女不適任當監護人的原因，因為沒有監護權，所以他們的社會服務資源就更少。

這個例子說明，社會福利政策必須能配合家庭的多元化變遷，尤其是大人們如祖父母的善意有時反而沒有得到應有的協助和保護。

肆、結論

最後，筆者將以幾個概念、要點作結論，作為未來社會福利政策和方案的施政參考。

社會福利制度的角色應為：

1. 為所有面臨經濟、健康、精神疾病、自然災害危機的弱勢家庭，提供一個安全網。

2. 提供廣泛的教育性、預防性的社會方案以增進所有家庭的幸福和自立能力。並且要廣為宣導這些資源，使用管道通暢，建立更廣泛的社區意識。

同時要謹守兩個重要的社會福利原則，包括：尊重多元家庭的人道尊嚴，並增進家庭成員正面發展的能力。這些目標都可以透過三個概念達成，那就是：(1)家庭會隨時間改變；(2)家庭是不同制度的組合，制度互通也互相影響；(3)家庭是對未來的一個承諾。

最後，筆者想和大家分享一些想法，作為未來社會福利發展的參考。

1. 從生命長遠發展來看，家庭面臨持續改變的各種挑戰。一九九八年為止，台北有四萬四千位八十歲以上的老人。而愈來愈多的老人可能會比他們的配偶活得更久，而家庭人數卻愈來愈少，有些人甚至可能活得比他們的子女還久。所以這些老人將會成為另一個弱勢族群，必須以社會福利制度來維持他們生活幸福和生命的尊嚴。

2. 家庭將日益多元化，造成因素包括：離婚、單親家庭、再婚、寄

養、親戚養育等。政策制定者應考慮到不同家庭的需求。

3. 家庭結構也會有變遷，需有更多長期研究，追蹤家庭在變遷中可能面臨的危機。並由此設計不同方案以協助家庭培養應變危機的調適能力。

4. 家庭可能因經濟、教育、科技和政治因素而變成弱勢族群。社會相關的政策包括：醫療、稅務、交通、都市計畫、教育、職訓等各個層面的政策，在設計和執行時，都應考慮到可能對家庭造成的衝擊。

5. 家庭文化將更多元，需要更多有文化訓練的專業人員加入。

6. 愈來愈多婦女加入勞動市場，在社會的影響力也將日增。需要更多反婚姻暴力的宣導，支持兩性平等工作權利和家庭平等分工。

7. 無論男女、有無子女、年紀老幼，愈來愈多人將會加入勞動市場，需要思考如何平衡家庭和工作雙邊責任的壓力。社會福利專業人員應推廣更多能兼顧家庭的工作環境和經濟政策，以時間管理訓練、靜坐、放鬆心情、運動、諮商等各種方法，減輕職業男女的工作和家庭雙重壓力。

8. 人們都希望和他人接觸，但又發現人與人愈來愈疏離。為加強家庭成員正面發展的能力，社會福利制度要投資更多心力建立社區意識，除了醫療、教育、安全外，更應推廣居民參與社區事務，負起增進社會生活福祉的共同責任。

4.1 以兒童經濟福祉為思考的家庭政策

王永慈

輔仁大學社會工作學系副教授

摘要

　　本文主要在探討：(1)有關兒童貧窮的分布狀況；(2)兒童貧窮家庭的收入來源；(3)政府政策對減輕兒童貧窮的效果；(4)影響兒童貧窮的因素。歸納出主要的發現如下：(1)貧窮兒童所面對的不利條件多重性較高，這意謂著其物質生存條件的相對匱乏以及代表一種對於兒童的社會排除（social exclusion）；(2)嘉義縣、台東縣、澎湖縣、花蓮縣與南投縣的兒童可說是處於最劣勢經濟地位的兒童，這些地區的整體貧窮率也高，同時原住民兒童的狀況尤需要關注；(3)政府政策在減輕兒童貧窮率上有其效果，約減少64%的貧窮率，其中以全民健保在保費補助與醫療給付方面的貢獻最多；(4)家中戶長或家中成員在勞動市場中的就業狀況也左右著兒童的經濟地位。這些發現都有其重要的政策意涵，本文最後則從保障兒童經濟福祉的政策價值觀、原住民兒童及政策內涵等層面提出建議。

　　關鍵字：貧窮、兒童貧窮、原住民。

壹、前言

新政府主張的「三三三」政策中的三歲以下兒童醫療補助案,已遭立法院刪減,使得原先普及式補助的設計變成排富、濟貧、濟病的選擇性設計(《中國時報》,90.2.1)。對於這樣的政策變化,除了可以觀察到政黨間、行政與立法部門間的不同立場外,我們也不禁要問台灣的社會該如何全盤考量以保障兒童的經濟福祉,以避免各種政治因素而犧牲兒童的利益?事實上,兒童貧窮的探討近年來在西方社會已成為主要議題,這種以兒童為中心的思考方式不同於以往以成人(父母)為中心的思考;因為兒童的利益未必與父母的利益相同,而且兒童也應被視為獨立的個體,其權利應受到保障(Cornia & Danziger, 1997; Garfinkel et al., 1996; Hauser & Brown, 1997; Huston, 1991)。

對於兒童經濟福祉的討論可以包括兒童貧窮率、有兒童的家庭其成員沒有就業的狀況、年長的兒童(二十至二十四歲)失業的狀況(Micklewright & Stewart, 1999: 3)。本文則是以兒童貧窮為主軸來探討台灣的情形,並論及家中成員的就業狀況。

至於思考政府政策如何減低兒童的貧窮問題,由於兒童不是自己經濟福祉的主要決定者,其經濟福祉仍無法脫離其生長家庭的影響(Jeandidier, et al., 1999),因此政府政策中有關兒童的、家庭的經濟福祉政策便是本文所定位的家庭政策。雖然家庭政策概念模糊,有許多不同的界定方式(林宜輝,1998),一般而言,可將之視為政府政策中與家庭有關、對家庭產生影響的一些政策。常見的家庭政策分類之一是直接的(direct)或是間接的(indirect)影響,也就是政策的結果對家庭造成直接或間接的影響(王永慈,2000:418),例如直接針對兒童所提供的各種政府給付或財稅福利,如此直接影響兒童的經濟福祉;又如對單親家庭的補助、促進育兒婦女就業的政策等,則是間接影響兒童的經濟

福祉。本文所定位的家庭政策包括上述的直接與間接兩類。

　　以下的討論分爲：(1)分析有關兒童貧窮的分布狀況；(2)探究兒童貧窮家庭的收入來源；(3)檢視政府政策對減輕兒童貧窮的效果；(4)探討影響兒童貧窮的因素。最後，本文將提出家庭政策上的建議。

　　本文分析資料的來源爲行政院主計處八十七年家庭收支調查原始資料。分析單位爲有兒童的家庭，兒童是指十八歲以下的家庭成員。貧窮的定義是家中每人每月所得收入低於當地平均每人每月消費支出的60%，台北市的貧窮線是一萬二千五百七十八元，高雄市爲九千三百元，其餘各縣市爲七千八百三十五元。至於所得收入包括：受雇人員報酬、產業主所得、財產所得收入、自用住宅及其他營建物設算租金、各項來自政府的移轉收入（含社會保險給付）、商業保險受益、來自私人與國外的移轉收入與雜項收入等。此外，對於戶長的定義，行政院主計處是以家計主要負擔者而言，故實爲經濟戶長。

貳、有關兒童貧窮的分布狀況

　　相關研究指出除了兒童貧窮外，影響兒童生活的不利條件尚有女性單親戶長、接受社會救助、戶長未就業等（Foster & Furstenberg, 1998），這些不利條件若越多，越不利兒童的成長；因此以下同時分析這四種不利條件。表4-1顯示，在有兒童的家庭中，兒童貧窮率爲2.1%，以女性單親戶長（即女性爲家中主要家計負擔者、無配偶、有十八歲以下的子女）的分布是3.4%，接受社會救助補助的有0.7%，戶長未就業的有2.4%。若只針對貧窮的兒童家庭，可看到在女性單親戶長、接受社會救助與戶長未就業等三種不利條件之分布皆高於全體兒童家庭。

　　再者，有兒童的家庭中，各種不利條件是否有多重性呢？表4-2看出約93%的兒童家庭無不利的條件，另6.3%有一種不利條件，有1.0%有兩種的不利條件，有0.1%有三種及四種的不利問題。此外，若只針對貧窮

的兒童家庭來看（表4-3），貧窮兒童家庭以一種不利條件為主（74.6%），但兩種不利條件的情形也不少（20.7%），約有4.7%的家庭有三種以上的不利條件。比較表4-2與表4-3可看出貧窮兒童處於不利條件的情況較嚴重，同時擁有兩種、三種與四種不利條件的比例均較高。

至於各縣市的情形，從表4-4可以發現：嘉義縣、台東縣、澎湖縣、花蓮縣與南投縣的兒童家庭的貧窮率較高（與全國兒童家庭貧窮率2.1%相比，超過三倍以上），這些地區的整體貧窮率也較高、兒童家庭擁有不利條件的比例也較高。另外，值得注意的是這五個地區中，有三個地區的原住民戶數也是居前五名（即台東縣、花蓮縣與南投縣），因此原住民居住較多地區的兒童貧窮問題也是較需要關照的。

不利條件的多重性分布詳見表4-5，其中可以發現多半的縣市約有一成（含以下）的兒童家庭是有不利的條件，而不利條件的多重性是以兩種不利條件為主，值得注意的是澎湖縣、台東縣、花蓮縣與嘉義縣的情

表4-1 兒童貧窮及其他不利條件的分布

全體兒童家庭的不利條件	貧窮	女性單親戶長	接受社會救助	戶長未就業
%	2.1	3.4	0.7	2.4
貧窮兒童家庭的不利條件(%)		4.2	7.4	18.8

表4-2 兒童家庭不利條件的多重性

不利條件的數目	無	1	2	3	4
%	92.6	6.3	1.0	0.1	0.0001

表4-3 貧窮兒童家庭中的多重不利條件

不利條件的數目	1	2	3	4
%	74.6	20.7	4.3	0.4

表4-4 各縣市兒童家庭的貧窮率及相關統計數據

	兒童家庭中為貧窮的排序與%		整體貧窮率（戶為單位）排序與%		擁有不利條件之家庭比例排序與%		原住民戶數%排序與%	
嘉義縣	1	10.2	3	5.8	4	12.8	12	0.84
台東縣	2	10.0	1	6.0	3	13.4	1	26.09
澎湖縣	3	8.5	2	5.9	1	19.4	19	0.28
花蓮縣	4	7.7	4	4.7	2	15.6	2	18.8
南投縣	5	6.3	5	4.0	6	9.9	4	3.76
高雄縣	6	3.8	6	2.8	9	8.5	11	0.96
宜蘭縣	7	3.5	7	2.3	5	11.0	6	2.32
台南縣	8	2.6	9	1.8	14	6.7	21	0.21
高雄市	9	2.5	8	1.9	6	9.9	15	0.44
新竹縣	10	2.3	12	1.4	15	6.2	5	3.63
彰化縣	11	2.2	10	1.6	22	4.7	18	0.29
嘉義市	11	2.2	16	1.0	16	6.0	20	0.22
台北市	11	2.2	12	1.4	8	9.6	17	0.33
雲林縣	14	2.0	18	0.8	9	8.5	22	0.20
台南市	14	2.0	10	1.6	11	8.3	23	0.17
基隆市	16	1.3	17	0.9	17	5.8	9	1.41
苗栗縣	17	1.2	20	0.7	23	4.2	8	1.50
台中市	17	1.2	20	0.7	12	7.5	15	0.44
台中縣	19	1.1	15	1.1	13	7.1	10	0.97
桃園縣	20	1.0	20	0.7	19	5.1	7	1.95
屏東縣	20	1.0	18	0.8	17	5.8	3	0.50
台北縣	22	0.8	23	0.6	20	5.0	13	0.79
新竹市	23	0.0	12	1.4	21	4.8	14	0.47

註：原住民戶數（八十七年）的資料來源是行政院原住民委員會網站；全國
　　各縣市戶數（八十七年）的資料來源是行政院主計處八十七年家庭收支
　　調查；其餘為作者自行計算而得之。

況較嚴重，其約有13%-20%的兒童家庭是處於不利的條件，且多重性有到兩種至四種的情況。表4-4與表4-5顯示出澎湖縣、台東縣、花蓮縣與嘉義縣不僅兒童家庭的貧窮問題較嚴重，同時兒童處於不利條件多重性的程度也較高。

表4-5　各縣市兒童家庭不利條件的情形

縣市別	不利條件1種	不利條件2種	不利條件3種	不利條件4種	不利條件0種
台北縣	4.0	1.0	0	0	95.0
宜蘭縣	9.0	1.5	0.5	0	89.0
桃園縣	4.3	0.8	0	0	94.9
新竹縣	5.2	0.5	0.5	0	93.8
苗栗縣	4.2	0	0	0	95.8
台中縣	6.4	0.7	0	0	92.9
彰化縣	3.8	0.9	0	0	95.3
南投縣	9.5	0.4	0	0	90.1
雲林縣	7.2	0.6	0.7	0	91.5
嘉義縣	9.1	3.7	0	0	87.2
台南縣	6.3	0.4	0	0	93.3
高雄縣	7.9	0.6	0	0	91.5
屏東縣	4.9	0.9	0	0	94.2
台東縣	9.8	2.8	0.8	0	86.6
花蓮縣	10.9	4.2	0	0.5	84.4
澎湖縣	10.7	6.5	2.2	0	80.6
基隆市	5.1	0	0.7	0	94.2
新竹市	4.8	0	0	0	95.2
台中市	6.3	1.2	0	0	92.5
嘉義市	4.5	0.7	0.7	0	94.0
台南市	7.9	0.4	0	0	91.7
台北市	8.1	1.3	0.2	0	90.4
高雄市	9.0	0.6	0.3	0	90.1

參、探究兒童貧窮家庭的收入來源

　　若從市場、國家與家庭三方面來分析兒童貧窮家庭的收入來源，表4-6呈現出市場仍是最主要的，但國家也占有四分之一的重要性，其中多數是來自於社會保險，家庭的重要性則約有一成。若與全體兒童家庭相比，兒童貧窮家庭平均每人每月的收入約只有前者的三分之一；就收入來源而言，兒童貧窮家庭對於政府及家人間幫助的需求皆較多。這也反映出政府政策有其重要的影響力，至於政府政策對於減低貧窮的效果如何？表4-7呈現此結果。

表4-6　兒童貧窮家庭每人每月的收入來源及金額（與全體有兒童的家庭比較）

	兒童貧窮家庭	全體有兒童的家庭
收入來源：		
市場	4,989(66.14%)	19,775(89.79%)
國家	1,858(24.63%)	1,617 (7.34%)
保險	1,359(18.02%)	1,480 (6.72%)
非保險	499 (6.61%)	137 (0.62%)
家庭	696 (9.23%)	632 (2.87%)
總合	7,543(100.0%)	22,024(100.0%)

註：市場＝受雇人員報酬＋產業主所得＋財產所得收入＋自用住宅及其他營
　　建物設算租金＋商業保險受益
　　政府＝各項來自政府的移轉收入（含社會保險給付）
　　家庭＝來自私人與國外的移轉收入＋雜項收入

肆、檢視政府政策對減輕兒童貧窮的效果

　　除了勞動市場的影響，政府所得維持政策對兒童貧窮率減低的效果則顯示於表4-7，可看出貧窮率由5.8%下降到2.1%（共減少64%）。若以兒童經濟福祉為中心的思考，表4-7中的政策直接與兒童有關的可包括全民健保保費補助、全民健保醫療給付與低收入戶補助；這是因為全民健保直接將兒童含括於保障之內，低收入戶補助則是維持家中基本所得並有針對兒童的補助。其中貢獻最多的是全民健康保險的保險給付（31%）與保費補助（12%），由此推知以全民普及式的社會保險政策對於減低兒童貧窮最有幫助。

　　全民健保其保費設計有對眷口數設上限（目前是以三口為上限），以減輕家中眾多人口的繳費負擔，對於低收入戶、老人、身心障礙者、原住民等弱勢族群也有保費的優待；同時對於山地離島地區之門診就醫者、榮民、低收入戶、重大傷病者等有免自行負擔費用的措施；再者對於低收入戶、中低收入戶也提供全民健保不給付之醫療費用補助，這些

表4-7　政府社會保險保費與各類給付對兒童貧窮率減低的效果

	私人 保費補助 (1)	公勞農 保費補助 (2)	健保 保費補助 (3)	公勞農軍 保險給付 (4)	健保 給付 (5)	老人 津貼 (6)	其他政府 補助 (7)	低收入 補助 (8)
貧窮率	5.8	5.7	5.0	4.6	2.8	2.7	2.3	2.1
貧窮率 減少% （共計減低 貧窮率64%）		2%	12%	7%	31%	2%	7%	3%

註：老人津貼含老農津貼與中低收入戶老人生活津貼等；其他政府補助含災害、急難救助、殘障生活補助等。

都可預防許多家庭陷於貧窮的困境或減輕貧窮家庭的醫療負擔，也保障了兒童的福祉。此外，八十九年三月開始對於家庭暴力之受害婦女、父母離異之無依孩子等八類無法隨親等最近者依附納保的特殊個案，可以跨親等加入健保，如此也可減少部分未納保的問題。

伍、 探討影響兒童貧窮的因素

相關文獻指出影響兒童貧窮的因素有三類，一是家庭結構，二是勞動參與，三是政府的所得維持政策（Forssen, 1998; UNICEF, 2000）。在家庭結構方面，最常被論及的是女性單親家庭的貧窮問題，而聯合國兒童基金會（United Nations Children's Fund, UNICEF）的跨國研究指出單親家庭的比例並不是造成兒童貧窮的主要因素（UNICEF, 2000），重要的影響因素是勞動參與以及政府所得維持政策。在勞動參與方面，家中成人無法就業、就業但低薪資等的情況則與兒童貧窮相關。在政府所得維持政策方面，主要是指失業、母親身分、兒童身分、維持家庭基本所得等方面的給付，這些給付對於兒童貧窮率的減低有其貢獻。

表4-8為分析影響兒童貧窮的因素，logistic regression的應變項是有兒童的家庭是否貧窮，自變項則包括家庭結構與勞動參與的相關變項：有無女性單親、戶長有無就業（或家中就業人數占家中人口數）、並控制家中兒童數（以家中兒童數占家中人口數表示之）。表4-8顯示，女性單親的狀況並非造成兒童貧窮的顯著因素，主要的因素是戶長有無就業或是家中就業人數，若比較odds ratios，則可發現：戶長無就業比戶長有就業的家庭（或家中無就業人數多者）較易導致兒童貧窮，同時家中無就業人數多者也較易導致兒童貧窮。因此就家庭結構與勞動市場兩方面來分析，勞動市場的影響力較重要，是故促進就業政策的訂定對兒童貧窮的減低也有其重要性，這也可以視為間接提升兒童經濟福祉的家庭政策。

表4-8　兒童貧窮的logistic regression

截距	-4.4214***	-9.0483***
女性單親	-0.2037	-0.0451
	(0.816)	(0.956)
戶長未就業	2.2917***	
	(9.892)	
家中未就業人數／家中人數		7.5513***
		(999.00)
兒童／家中人數	1.3450 *	0.1847
	(3.838)	(1.203)

註：(1) *p <. 05；***p <. 001
　　(2) 括弧內表odds ratios

陸、政策討論與建議

　　根據上述的討論，可以歸納出四點：(1)貧窮兒童所面對的不利條件多重性較高，這意謂著其物質生存條件的相對匱乏以及代表一種對於兒童的社會排除（social exclusion）；(2)嘉義縣、台東縣、澎湖縣、花蓮縣與南投縣的兒童可說是處於最劣勢經濟地位的兒童，這些地區的整體貧窮率也高，同時原住民兒童的狀況尤需要關注；(3)政府政策在減輕兒童貧窮率上有其效果，約減少64%的貧窮率，其中以全民健保在保費補助與醫療給付方面的貢獻最多；(4)家中戶長或家中成員在勞動市場中的就業狀況也左右著兒童的經濟地位。這些發現都有其重要的政策意涵，值得進一步討論。

　　首先是以兒童經濟福祉為思考的設計需要有更多的政策研究、辯論與倡導。比較世界各國狀況，許多歐洲國家對於兒童與家庭相關的給付設計周詳，重視所有兒童的經濟福祉，近年來雖然因為高失業率、經濟

不景氣，與兒童相關的經費雖遭刪減，但刪減有限。Kamerman & Kahn（1999: 19-22）認為其原因是這些國家有其基本的共識與堅持，這包括了：(1)對於支持兒童政策有道德責任感，認為兒童的貧窮並非兒童自己造成的，每一個兒童的機會都不應受到剝奪；(2)致力於建立超越代間、超越階級的社會連帶責任，並介入市場的運作；因此兒童相關給付與服務、產假與親職假等都受到支持；(3)願意維持低水準的兒童貧窮率，認知到貧窮會嚴重影響到兒童的生活福祉；(4)有些國家在作法上會直接地或間接地鼓勵生育；(5)維持高的女性勞動參與率並重視職業婦女照顧孩子的需求，尤其是北歐國家有完善的托育制度、產假與親職假制度。也有人主張重視婦女勞動參與的附帶效果之一是會增加政府稅收，可以減輕福利國家的財務負擔；(6)提升兒童福祉是一種人力資本的投資，尤其重視兒童發展早期的介入，如托育、學齡前的教育等；(7)重視以兒童為中心的思考，因此兒童本身就有其權利，不論父母的身分地位或行為，這些權利都應受到保障。上述這些觀念對於我們的社會而言，似乎仍有一大段距離，例如我國的兒童保育政策類似美國，缺乏明顯的家庭政策與立法（鄭麗嬌，1999）。因此我們需要有更多政策研究、辯論與倡導的空間。

再者，兒童經濟福祉的政策設計也要將偏遠貧窮地區的需求、族群的因素考量進去。偏遠貧窮地區除了福利供給較少外，民眾在福利資訊取得及福利使用方面的困難度也較高，因此減輕這些地區的高兒童貧窮率，更需要引進資源及改善服務輸送網絡中的阻礙。此外台東縣、花蓮縣與南投縣的兒童貧窮問題也顯示出有必要再檢視現行對於原住民兒童的各種教育與社會福利補助之問題，才可改善高兒童貧窮率的困境。袁志君（2000）對花蓮縣秀林鄉原住民兒童貧窮的研究發現，除了社會福利資訊取得困難外，政府的現金補助往往不足以維持家庭基本生活，更遑論家庭對兒童教育的支付了；再者，申請政府的救助也可能被視為是福利的依賴者而未受到尊重。由於自九十年度開始，中央統籌分配款減少，並設算給地方政府，地方政府在執行預算上都面臨新的挑戰，所以

對於減低這些偏遠地區或原住民較多地區的兒童貧窮問題，實非地方政府所能單獨處理，仍需要中央政府的全面規劃。

再者，就保障兒童經濟福祉的政策內涵而言，可以分為三大類，一是針對兒童所提供的給付或是為減輕撫養兒童成本的相關政策，例如，兒童津貼、所得稅中對於兒童撫養方面的優惠。二是對於單親家庭的補助，例如，兒童維持（child support）及預支兒童撫養費（advance maintenance payment）。三是支持就業的政策（Feletto, 1999），例如，產假與親職假、兒童托育的服務等；就此三部分以下分別討論之。

先就針對兒童所提供的給付或是減輕撫養兒童成本的相關政策而言，本文發現全民健康保險政策對於減低兒童貧窮率幫助最大，這顯示出並非只有所得調查或資產調查的（income-tested or means-tested）選擇性政策才可減輕貧窮問題，以全民健保而言，其是一種全民普及式的社會保險，減輕許多家庭的醫療負擔，使其免於落入貧窮；相較之下，針對低收入家庭補助的選擇性政策，其需要所得或資產調查，有社會烙印效果，而且也可能發生工作反誘因的問題（work disincentives），因此其所含括的人口群與補助金額皆有限，所產生的效果也有限（王永慈，1996）。此外，其他全國性的政策如：稅制中的扶養親屬免稅額、針對五歲兒童的幼兒教育補助、社會救助等，其適用對象都與所得收入的高低有關，也就是需要有繳稅能力者、有能力上私立幼稚園或托兒所者、低於資產調查標準之家庭等。

第二類對於單親家庭的補助，尤其是指兒童維持及預支兒童撫養費，前者是規定未撫養子女的另一方家長需要負擔子女養育費用，後者是政府先預支給單親家庭，再找到未撫養子女的另一方家長償還；與兒童維持相比，後者較能保障單親家庭的經濟安全，惟台灣尚缺乏這些政策。

第三類是支持就業的政策，本文分析發現戶長或家中成人的就業狀況對於兒童家庭是否會落入貧窮有顯著的影響，是故促進戶長及家中成人就業尤其重要。在戶長未就業的人口中，約有15%是女性單親戶長，

故也顯示出協助婦女就業的必要性。對於協助婦女就業的政策，一般包括產假與親職假、學齡前的托育服務。實證研究已發現若托育的價格是家庭可負擔的，則育兒婦女的就業率會增加；至於親職假與育兒婦女就業率之間的關係則較不明確（Solera, 1999）。而我國在這些方面仍缺乏整體性完整的政策（林宜輝，1998；鄭麗嬌，1999）。

再者，由於失業問題日漸嚴重，相關的政策如：勞工失業給付、職業訓練與就業輔導等就更為重要。事實上，失業未必會導致貧窮，因為若有適當的失業給付、職業訓練與就業輔導，限於長期失業的可能性較小，則貧窮發生的機率也較小；反之，即使就業，若薪資偏低也有落入貧窮的可能（Gough, et al., 1997）。因此失業政策與社會救助政策需要有通盤的考量。

近來由於經濟不景氣，便出現所謂的「先經濟，後福利」的論點，其實經濟目標與社會目標並非全然對立，例如，在促進就業的議題上即是結合兩種目標的努力，相信這對兒童經濟安全的保障也有正面的貢獻。

（本文感謝中華兒童暨家庭扶助基金會社會工作處主任蕭琮琦先生提供的建議）

參考文獻

〈兒童醫療補助新制今實施：一般門診不補助、貧病住院有給付〉。《中國時報》，2001.2.1，第17版。

王永慈（1996）。〈各國兒童津貼之分析：以經濟合作與發展組織（OECD）為例〉。《輔仁學誌》，27，103-121。

林宜輝（1998）。〈家庭政策支持育兒婦女就業制度之探討——兼論台灣相關制度之改革〉。《社區發展季刊》，84，95-111。

袁志君（2000）。〈貧窮家庭的福利探討——以花蓮縣秀林鄉原住民兒童為例〉。中國文化大學兒童福利研究所碩士論文。

鄭麗嬌（1999）。〈「美、德與法三國兒童照顧與家庭政策之比較研究」理論與政策〉，13（4），107-29。

Cornia, G. & S. Danziger, (eds.)(1997). Child Poverty and Deprivation in the Industrialized Countries 1945-1995. *A UNICEF International Child Development Center Study*. Oxford: Clarendon Press.

Feletto, M. (1999). Which Policy to Which Family? The Answers to New Social Risks in Three Welfare Systems. *LIS working paper, 200.*

Forssen, K. (1998). "Child Poverty and Family Policy in OECD Countries." *LIS working paper, 178.*

Foster, Michael E. & Frank F. Furstenberg, (1998). "Most Disadvantaged Children: who are they and where do they live?" *Journal of Poverty 2(2)*, 23-47.

Garfinkel, I. J. Hochschild & S. McLanahan, (eds.) (1996). *Social Policy for Children.* Washington, D. C. : The Brookings Institution.

Gough, I. et al., (1997). "Social Assistance in OECD Countries." *Journal of European Social Policy (1)*, 17-43.

Hauser, R., B. Brown & W. Prosser, (eds.)(1997). Indicators of Children's

Well-being. NY: Russell Sage Foundation.

Huston, Aletha C. (1991). *Child in Poverty*. Cambridge University Press.

Jeandidier, B. et al.,(1999) "To What Extent Do Family Policy an Social Assistance Transfers Reduce the Frequency and Intensity of Child Poverty?" *Paper presented in the Conference on Child Poverty,* Luxembourg.

Micklewright, J. & Kitty Stewart, (1999). "Is the Well-being of Children Converging in the European Union?" *Paper presented in the Conference on Child Poverty,* Luxembourg.

Solera, Cristina, (1999). "Income Transfers and Support for Mothers' Employment: The Link to Child Poverty Risks. A Comparison Between Italy, Sweden and the U. K." *Paper presented in the Conference on Child Poverty,* Luxembourg.

UNICEF, (2000). "A League Table of Child Poverty in Rich Nations" Innocenti Report Card, United Nations Children's Fund, Innocenti Research Center, Florence, Italy. Issue No. 1, June.

4.2 〈以兒童經濟福祉為思考的家庭政策〉之回應

蕭琮琦
中華兒童暨家庭扶助基金會社會工作處主任

在這篇大作中，王教授從兒童的家庭成員的勞動參與、收入狀況、地區特性、及單親家庭等因素，探討兒童貧窮問題，除根據相關因素予以詳細分析外，也提出改善的建言。本文謹以中華兒童暨家庭扶助基金會的實務經驗為背景，對貧窮兒童，尤其是單親貧窮兒童的福利需求提出分享，以就教於與會先進。

家扶基金會在台從事扶幼運動五十年，主要提供單親貧困兒童經濟扶助，幫助的對象並不限於政府所列冊的貧困家庭，為數眾多的瀕臨貧窮家庭也在本會扶助之列。單親貧困家庭的需求除經濟的需求外，兒童身心發展相關的輔導、親職教育相關問題、單親家庭成員生涯規劃問題……都是急需關切的焦點，但在社會資源有限的條件下，哪些項目是家庭最急於滿足的需求呢？本會桃園中心資深社工員陳新霖先生在八十八年曾對該中心所扶助二百九十四戶家庭從事需求研究，結果得知，貧困兒童家庭最困擾的因素為：「經濟困擾」、「社會支持不足困擾」及「就業困擾」。具體的問題則為：經濟困擾——無法常常帶孩子出去從事休閒娛樂活動、每個月生活費用不足開支、無法提供子女補習費用。社會支持不足困擾——面對家庭生活壓力或面對抉擇時，缺乏商量對象。就業困擾——從事低薪資、低技術性、工時長的工作，缺乏就業訊息。

此項研究雖為桃園中心單一地區的現象，但本會各中心扶助家庭同質性甚高，此分析的結果，多少可具體而微顯現本會扶助的單親貧困家庭的困擾與需求。

貧困的問題對兒童接受醫療資源也容易產生不利影響。我國全民健康保險自八十四年起實施，全民健康保險制度，是由政府主導的強制性社會保險措施，目的在於運用危險分攤的設計，讓民眾免於因重大疾病導致的經濟支出，拖垮家庭經濟情況，使家庭成員陷入經濟劣勢的不幸中。制度設計採取強制性投保措施，要求每位具國籍的國民均有義務繳交保費，並享有較低醫療支出的健康照顧權益，對於低收入戶、榮民榮眷，以及服務三十年以上的公務員及教師等弱勢族群，採取補貼保費的照顧措施，但是對於徘徊於低收入戶邊緣的家庭，以及無戶籍、遭遺棄、照顧疏忽者則無法提供平等的健康照顧。

本會為瞭解所服務之家庭中，全民健康保險之現況，於民國八十九年三至五月著手進行調查，未加入健保的人數計有一千一百七十一人，扣除家長後，未滿十八歲的兒童及少年占九百一十四名（占當月扶助人數二萬五千三百四十三人的3.61％）未有全民健保被保險人的資格。在此次的調查中，發現未加入健保最主要的原因是經濟因素，有87.1％（一千零二十人）的家庭因「無力負擔」健保費用而有「自始未加保」、「中斷加保」、「積欠保費」等情形；再者有六十六名兒童（占5.6％）為無戶籍者，因無身分而喪失加保資格；而「無意願繳交」健保費用者有五十七名（占4.9％），另有三十八名（占3.2％）未加入健保的原因是父或母入獄服刑、父或母失蹤、被父母遺棄等因素。

教育的普及是提升國家競爭力最基本的要件之一，近年來政府對兒童就學問題極為關切，中輟學生追蹤輔導也成重要的服務項目。本會各家扶中心接受地方政府委託該項服務過程中，在各種學生輟學的因素中，經濟因素赫然亦列名其中，尤其在原住民學生的輟學因素中，學生因繳不出學雜費、無力購買月票、無法繳交住宿及餐費等因素，竟成為許多原住民學生中輟的主要原因。本會扶助的家庭中，有較高比例的扶

助兒童受完國中教育後，便提早進入職場，或選擇半工半讀的求學生涯，對其中許多資質不錯的兒童而言，等於受教育的提前中斷。教育水準較差的個體，職業選擇性較受限，只能從事低技術性，甚至較具危險性的工作，收入不足，或發生意外的機率較高，容易因而較需依賴社會救助，貧窮之循環的可能性也相對提高。

教育改革是近年來備受矚目的話題，教育條件的解禁及入學管道的多元化，是這一波改革的重點。有別於過去單一入學管道，教改後入學管道有較多選擇性，可說立意甚佳，不過，對單親弱勢家庭的學生，卻無形產生不利因素。推薦甄試方面，在女性單親的家庭，家庭資源本就較為不足，加上單親媽媽忙於賺錢養家，對外界資訊的掌握較差，不易協助其子弟收集訊息及準備必要的資料。如若推甄落榜，目前已無聯考，各校單獨招生，學生必須一一報考，光是報名費的支出就可能成為報考的阻礙。因此，多元入學管道雖可改善過去一試定終生的缺點，卻也同時對弱勢家庭造成另一種不公平的情境。

近年來，我國政府對家庭及兒童的福利需求，雖提供各種服務輸送系統，試圖予以滿足，但隨社會的快速變遷，家庭的問題與需求也不斷翻新，而政府政權的轉移，對福利政策制定有不同的見解，多少干擾人民社會福利的獲取。本會雖對所服務的兒童及其家庭所顯現的需求盡力提供滿足之道，但家庭需求的多樣性絕非單一機構所能滿全，除需結合同質機構橫向聯繫以協助弱勢家庭，如何思考呼籲政府制定符合人民需要的福利政策，亦是吾等福利機構無可推卸的職責。

5.1 建構婚姻暴力防護網——從台北市資源談起

邱貴玲

中國文化大學社會福利學系助理教授

摘要

　　本文以家庭暴力法於民國八十八年六月實施以來，台北市現有的婚姻暴力防治工作資源爲題，訪問家庭暴力中心，和四個現有專職婚姻暴力防治工作的婦女福利服務中心。從社工員的實務經驗中，瞭解婚姻暴力防治工作的挑戰和困難，受虐婦女的需要，探討未來相關防治工作的發展。論文研究發現，現有的公辦公營和公辦民營兩種提供社會福利的方式，各有利弊。而未來獨立的社會福利組織仍有許多發展的空間，但也面臨募款和人員流失的問題，因此需要更多有關社會福利的宣導和社會意識的提升，喚起更多民眾直接或間接的參與，使增進社會福利成爲全民的事業。

　　關鍵字：家庭暴力、婚姻暴力、社會參與、公辦公營、公辦民營。

壹、前言

　　陳女士年約三十多歲，大學畢業後隨即和班上同學結婚、

生子。十多年來，沒有工作、沒有收入、沒有朋友、和家人關係也非常疏離。因為從未出外工作，也不和他人來往，個人和外界生活的接觸降到低點，經濟來源更是全靠丈夫供給。近幾年來，丈夫對她言行加以控制無所不在，讓她不得不向外求助。但在丈夫的控制下，她為了找機會和社工員見面，常謊稱自己要出門看病，丈夫才會給她一百五十元的門診費，加上三十元的來回公車票錢讓她出門。每次和社工員也只能約在公車一段票可以到達的醫院附近見面，並到門診蓋章，才不會讓丈夫心生懷疑。

這只是一個社工員描述下，無數婚姻暴力受害婦女的一個小縮影。目前台灣社會中，有多少婦女每天生活在暴力的陰影、生命威脅的恐慌中？根據「一九九八年台灣省婦女保護熱線的認知與運動調查報告」，台灣已婚婦女中，有15%表示偶爾遭受丈夫毆打，2%的婦女表示經常被毆打。法務部統計，「家庭暴力防治法」於民國八十八年六月實施以來，至八十九年五月止，一年之間，據各地方法院統計，共有八千六百七十三件民事保護令聲請事件的新收件數計。而八十九年一月至五月為止，各地法院共有四百八十件違反家暴法的刑事案件，共有三百六十六人因此而科刑（法務部，2000）。另外，最早開辦婚姻暴力婦女服務工作的台北市社會局北區婦女福利服務中心，平均每年接獲三千零一十九通求助電話，而據婦女新知估計，台北市有一萬至一萬七千名受虐婦女。無數的婦女每天生活在暴力陰影下，她們可以到什麼起方求助，社會又能如何幫助她們？

民國八十八年六月我國「家庭暴力防治法」（以下簡稱家暴法）正式實施，使社會上存在已久的婚姻暴力有了確切的法律規範和依據，各種防治服務工作和相關資源也有所整合，二十四小時的熱線和各地區的婦女福利服務結合，婚姻暴力防治工作從宣導、救助、安置、訴諸法律等多管齊下，讓更多婦女得到人身保護，脫離暴力的威脅。

本文因此以婚姻暴力為題，探討台北市的婚姻暴力防治工作，在家暴法實施後，各項防治工作的發展，包括以「台北市家庭暴力暨性侵害防治中心」（成立於八十八年六月，以下簡稱「家暴中心」）為主軸，連結其他婦女福利服務中心，建構一個台北市的婚姻暴力的防護網。本文實證資料以訪談資料為主，對象包括台北市現有四個專職婚姻暴力防治服務工作的婦女福利服務中心：南港、龍山、大安、北區等四個中心，和家暴中心工作人員，訪問中探討了台北市現有的婚姻暴力防治服務工作的資源網絡、各種協助、保護受害人身心安全的管道。文中並從工作人員的第一線服務經驗，分析家暴法實施以來社工員在婚姻暴力服務工作執行上和實務上，所面對的新挑戰和新難題。

貳、英美兩國婚姻暴力防治工作的發展

幾十年來，婚姻暴力一直被我國社會認為是「家庭私事」，即使受虐婦女遍及各個不同年紀、教育、社會階層，社會大眾對這個議題仍多視而不見，避而不談。也因為觀念的封閉，服務和防治工作遲遲無法展開，使得許多受害人只能私下轉求親友，甚至還可能求救無門，天天生活在恐懼中。不只是在台灣，即使在社會服務福利工作發展多年的歐美國家，婚姻暴力議題從家務事的層面被提升到社會問題的層面，也是近二十多年的事，英美等國約在一九七〇年代中以後，才陸續展開防治和服務工作，將婚姻暴力列入社會福利的新領域。

英國反男性暴力運動先驅首推成立於一九七五年的「全國婦女援助聯盟」（National Women's Aid Federation）。在該聯盟成立後，即積極推動各種活動，舉出各種婚姻暴力的事例和統計數據，喚起大眾的關心，並向國會提出三項立法建議：(1)擴展救援工作；(2)將婚姻暴力視為住宅問題，要求地方政府提供庇護所；(3)立法界定責任歸屬，落實婚姻暴力防治工作，讓受虐婦女和其子女可以得到庇護，遠離暴力環境和加害人

（Dobash and Dobash, 1992）。在「全國婦女援助聯盟」的積極推動下，英國於一九七六年立法通過了「家庭暴力法」（Domestic Violence and Matrimonial Proceedings Act）（Barron, 1990）。一九七七年再通過「住宅法」（Housing Act），這是英國歷史上首次認定婦女如因婚姻暴力而無家可歸，可以享有住宅優先權，由地方行政機構負責安置。一九七八年英國又通過「家庭保安法」（Domestic Proceedings and Magistrates' Courts Act），規定婦女如因配偶施暴，可向保安法院申訴以公權力介入，防止對方繼續施暴（Charles, 2000）。

美國的婚姻暴力議題在一九七〇年代，也因婦女運動、民權運動，和兒童福利運動的風氣趨勢帶動下，而逐漸受到社會的重視。美國婚姻暴力防治倡導者認為，婚姻暴力受害者也應和其他犯罪暴力受害者一樣，得到應有的保護和法律權利。但由於美國採的是聯邦政治由地方各別立法，因此一直到一九八三年，全美國仍只有十七州提供保護令給受虐婦女，以公權力保護受害婦女，免於加害人繼續騷擾和虐待。美國雖早在一九七七年即成立「全國反家庭暴力聯盟」（National Coalition against Domestic Violence），但美國一直到一九八四年才修改「兒童虐待法」（Child Abuse Act），立法規定聯邦提供經費救援婚姻暴力受害者。從立法精神的角度來看，美國的作法，主要是將婚姻暴力列為警政工作，而英國則是將婚姻受害者列入住宅和社會安全工作範圍，相較之下，英國的作法更有助於婦女離開加害人，建立個人獨立生活（Charles, 2000）。

參、我國婚姻暴力防治工作發展現況

婚姻暴力防治工作，首要目標就是幫助受虐婦女脫離暴力環境，保護其個人和子女的人身安全，免除恐懼。家庭暴力在我國社會工作專業的解釋中，包括：兒童虐待、老人虐待和婚姻暴力等家庭結構中所發生

之暴力行爲。受害者可能是家中任何一個成員，而以老弱婦孺居多。根據「家暴法」的定義，家庭成員指：配偶或前配偶，現有或曾有事實上之夫妻關係、家長家屬或家屬間關係者，現爲或曾爲直系血親或直系姻親，現爲或曾爲四等親以內之旁系血親或旁系姻親（家暴法第一章第三條）。從家暴法的界定而言，「婚姻暴力」被視爲家庭暴力中的一環，雖以「婚姻」爲名，但並不表示雙方一定有現存的婚姻關係或家庭關係。根據家暴法，「婚姻暴力」主要來自：配偶、前配偶、同居人、前同居人、關係等同夫妻的伴侶或已分手的伴侶等。雙方無論是否曾有，或現有正式婚姻關係，只要有暴力行爲，均可以「婚姻暴力」視之，同時也適用「家暴法」的處置。

台北市的婚姻暴力防治工作的發展經過幾個不同階段。早年以單純刑事案件視之，由警察單位主事。民國七十年代，在民間婦女團體如「婦女新知」的推動下，婦女服務工作逐漸成型，首先是由婦女新知等婦女團體成立女性問題熱線服務工作，並在服務過程中發現到婚姻暴力的嚴重性，而開始社會宣導工作。

政府提供直接專門服務始於北區婦女福利服務中心，民國八十二年，台北市政府社會局將當時已成立四年的北區婦女福利服務中心，由一般婦女服務工作轉而定位爲「婚姻暴力危機處理中心」，專職婚姻暴力服務工作，跨出台北市政府婚姻暴力防治工的一大步。民國八十七年，「家暴法」在立法院通過，於八十八年六月正式實施，爲我國家暴防治工作立下一個重大里程碑。「家庭暴力暨性侵害防治中心」（以下簡稱家暴中心）也於民國八十八年六月正式成立。家暴中心的成立整合了台北市家暴（包括婚姻暴力）的防治工作的各項資源，成爲台北市婚姻暴力的防治工作網的核心單位，婚姻暴力防治工作和福利服務工作也從此跨入新的紀元。

爲了建立婚姻暴力防治工作網，首先也是最重要的就是瞭解受虐婦女的特性和需要。在我國現有的實證研究中，陳若璋（1992）發現，婚姻暴力的受害者多有下列特質：自我評價低、和社會隔離、和娘家也多

不聯繫、經濟和情緒依賴丈夫、不確定自己的需求等。周月清（1996）也引述美國華盛頓特區婦女虐待防治中心資料指出，受虐婦女因受到身體、精神和情緒的傷害，嚴重影響到她對人的信任，和對自己的自信心，對周圍的社會環境也沒有安全感。英國學者Charles（1995）也指出，婚姻暴力雖存在每個階級族群，不同階級有不同社會資源、和其他社會福利所需一樣，中產階級的受虐婦女有自己的資源提供協助，社會資源也較多。以受虐婦女最立即需要的經濟救助和收容安置來說，中產階級婦女的出路最多。所以Charles認為，婚姻暴力的社會福利服務資源對中下階級的婦女幫助，遠重要於對中產階級婦女的幫助。但Schechter（1982）也指出，個人資源或許因社會階級不同，但就精神支持和個人自信心的喪失和重建，任何階級的婦女卻都面臨一樣的難題。另外，因為中產階級婦女可以尋求自己的資源，找私人醫生診治，自己找律師出面，所以實際去報警處理，被公開出現報端的案例並不多見。因此許多中產階級婦女同樣也面臨婚姻暴力問題，但因為沒有被公開，而未受到重視。社會上因而仍存有迷思，以為婚姻暴力只存在中下階層家庭而已（Rodriguez, 1988）。

從這些角度來看，婚姻暴力防治的工作可從不同層面探討，首先是全民性的觀念建立和政策宣導，讓社會大眾認知到婚姻暴力的法律性，讓更多婦女體認自己的人身權益，而不再生活在暴力下而不知如何尋求保護。其次是提供受虐婦女的精神支持和社會支持。這些包括：社工員的個案協助、成長團體的支持、法律諮詢服務、婦女團體的聲援等等。最後也是迫切的是提供受虐婦女的立即切身服務，包括緊急庇護，協助婦女和其子女脫離暴力環境，提供經濟支援，讓婦女生活有著落，最終的目標則是幫助婦女找回對自己、對人、對家庭和對生活的信心，協助婦女重建獨立的生活，解除暴力恐懼的陰影。

從以上這幾個角度，本文根據和家暴中心及四個婦女福利服務中心社工員的訪談結果，分析討論台北市現有的婚姻暴力防治工作服務的資源，包括：資源分配規劃、受虐婦女需求和處境、社工員的工作和挑

戰、未來防治工作的發展等。

一、資源分配規劃

台北市政府現有的婚姻暴力工作主要以家暴中心為主軸，再由行政區劃分，由四個婦女福利服務中心負責行政區內的個案。家暴中心設有二十四小時熱線，接到求助電話，或接到通報後，依受虐婦女所居住的行政區，交由就近的婦女福利服務中心社工員接案。婦女如需緊急庇護，則由庇護所暫時收容。另外家暴中心也負責來自警政單位、醫療單位等相關人員的通報，聯絡社工員和受虐婦女服務。

台北市現有四家負責婚姻暴力工作的婦女福利服務中心，其中大安和龍山兩個中心為公辦民營機構，大安婦女中心由「新女性聯合會」承辦，龍山婦女中心由「勵馨基金會」承辦。其他兩個中心：北區婦女及南港婦女中心則為市政府所屬。市政府另外也以公辦民營方式委託善牧會提供庇護所。

二、受虐婦女需求和處境

受虐婦女除了緊急庇護外，主要的需求是什麼？社工員接觸的個案主要以尋求法律協助為大宗，許多婦女想要瞭解自己的權益，如何蒐證、保障財產、子女的監護權、撫養費、如何申請保護令、如何求一個公道等等。一名社工員指出「我碰到的個案，許多還要求我們不要報警，否則對方會知道她來求助，會對她和子女不利。」四個婦女福利服務中心，目前都有法律諮詢服務，也開辦法律事務班。另有義務律師協助婦女處理法律訴訟等問題。但對許多受虐婦女來說，法律訴訟過程耗盡心力，也耗盡財力。一位社工員接到的案例，就是丈夫以各種方式和理由，提出對婦女的控告，使得這名受虐婦女疲於奔命，耗盡個人財產。

社工員的工作經驗也發現，大部分的婦女對婚姻暴力的觀念都不清楚，遭到暴力威脅時，第一個想到的多是求助警察。目前台北市十二個行政區，依家暴法規定都設有家暴官，但派出所的警員才是實際接到報案、直接面對受虐婦女的第一線人員。這些基層警員的態度和處理方法，對婦女的安全具重要關鍵性。如果警員將求助的受虐婦女草草打發，不僅將嚴重影響婦女接下來的求助意願，更使婦女又重回到暴力環境。

除了婦女自己來求助，有時家人或子女也會出面為婦女求援。有時候婦女會和家人一起來到婦女中心，多是家人看不下去，婦女才在家人堅持下鼓足勇氣出面尋求解決。但家人中也有很多是未成年子女，社工員目前多著力在救援婦女，對許多目睹家庭暴力的未成年兒童，仍無法多加照顧，這些目睹兒童，身心傷害的重建，也將是未來社會工作的一個重點。

在經濟協助上，目前社會局提供婦女緊急生活補助，每月約領一萬一千元，一次申請可領三個月。許多婦女會帶著小孩一起逃出來，社會局也提供庇護所供暫時居住。但短期的救助畢竟有限，「未來生活又將如何？」「大部分的婦女都沒有工作經驗，年齡也都已偏高，且多有在學子女。因此長期的就業輔導和生活安置，也是一個重要的工作重點。畢竟庇護所只能短暫居留，而政府的經濟協助也有限。」

三、社工員的工作和挑戰

對許多受虐婦女而言，社工員像是一個朋友也像是一個家人，一個幫她們出面說話，找資源的人。「許多時候，婦女都很無助，也沒有人出面幫她們說話，有社工員出面，情況就好一點。有時碰到警察態度不好，或是法官問話，讓她們很害怕，社工員如果也在場，婦女們的膽子就大一點，也比較放心。大部分的婦女都不是很有信心的人，也沒什麼社會地位，要有人幫她們說話，幫她們聲援，社工員就是一個代表。」

相較於其他性質的社工員，從事婚姻暴力防治工作的社工員面對的挑戰尤爲艱巨。由於工作本身可能影響到求助婦女的安危，所以許多社工員都和婦女都有特定的聯絡方式。「如果不是我的案主接電話，我都隨便說個號碼，假裝打錯電話，絕不留言。我如果說是她的朋友，或是同學，對方也會起疑，因爲大部分的婦女都沒有朋友，也沒有同學會和她聯絡。」

另一個挑戰是，婚暴防治工作的成效是一個多方行政單位的整體合作結果。在婦女求助的過程中，社工員是婦女在解脫暴力的過程中，一個最重要的聲援者和支持者，但社工員卻沒有判決婦女權益的權力（如法官），也沒有執行保護婦女安全的公權力（如警察）。如果沒有各方人員的有效配合，即使社工員和婦女本身再努力，也無法使婦女得到法律保障，遠離暴力環境。

一名資深社工員明白指出，「婚姻暴力防治工作是個團隊工作，需要各方人力參與，警察、法官、醫療人員。子女就學、婦女就業，這些相關人員如有一個觀念薄弱，就會影響婦女求助的意願和協助的效果，社工員只是其中是一環，很難也無法獨立完成這項工作，但社工員卻是走在前面的一個。」所以在力不從心的過程中，社工員的工作挫折感也特別高。「我有一個案主整整十年，才完全脫離丈夫的糾纏。而很多時候是，婦女來了又去，去了又來。有時她們重回丈夫身邊，又逃了出來。看到我時，都向我抱歉。我都告訴她們，不要放棄求助，只要記得她們要找我時，我都會在那裏，我都不會拒絕她們把門關起來，這樣子就好。」

另一個社工員說：「有時我們追得太急，她們反而不敢來。所以幫助婦女下定決心是我們工作的最大挑戰。我常鼓勵她們寫日記藏起來，記下自己的心情和當天發生的事，也算是一種心理療傷的過程。」

而除了婦女本人受到暴力威脅，有時社工員自己也會受威脅。「我碰到過一個案主的先生。他到處找我，恐嚇我，還到我上班的地方找我，寫信去我主管單位告我，嚴重影響我工作的情緒。」

而「人力不足」是所有社工員共同面臨的問題，平均每個社工員手上都有近百個個案量，讓許多社工員在許多求助的婦女需求時，都心有餘而力不足，只能依個人主觀認定的緊急狀況，決定處理的順序。「我常常不曉得，是不是有人很需要我，而我不知道而沒有幫助到她。」一個社工員無奈的表示。

經費的困難也是社工員共同面臨的困境，一名社工員形容說：「我們的工作需要有彈性應變的空間和能力，但法律限制很多，公家的規定也很多。比如說，有時候婦女身上一毛錢都沒有就逃出來，我們也要想辦法。有時甚至就自己先一、兩百元借用，但這畢竟不是辦法，我們也其實不應該這麼做，不過又想不出其他辦法。」

比較其他領域的社工員，婚姻暴力工作的社工員面臨的挑戰更加艱巨，在現有的資源下，每個社工員幾乎都是將時間、精力花在個案處理上，很少再有餘力從事其他相關的資源發展和公共宣導。

四、未來防治工作的發展

福利社會是個全民的事務，我國社會福利民間組織，受到社會環境和資源的限制，提供直接服務的民間機構數量有限，性質也以兒童福利為主，相對之下，婦女議題的發展時間較短，資源尤為短缺，因此許多婦女團體多集中心力在社會宣導和意識提升的工作上，直接服務多由政府行政部門負責。婚姻暴力防治工作即為一個重要例證。

以台北市資源來說，目前從事婚姻暴力防治工作的婦女福利服務中心共有龍山、南港、大安、北區等四個中心，而其中以北區婦女福利服務中心成立歷史最久，包括公辦公營和公辦民營兩種，都是由市政府編列預算執行，各有其優點和缺點。

公辦公營的機構，社工員由政府單位直接聘僱，因具公務員身分福利，人員流動較少，和案主建立關係的時間也較長，不會因社工員變動而使社工員和案主必須重新建立共識。但婚姻暴力工作不同於一般行政

工作，如果沒有一定的使命感和專業的社工訓練，不僅工作執行困難，也很難有所成效。但在公家機構，社工員的派任主要以任用資格為考量，很難兼顧到工作人員的意願。少數的特例是訪談中一個社工員曾有婚姻暴力實習經驗，後來考上高考，也希望到婚姻暴力工作機構服職，而當年剛好一個機構也有出缺，這是一個少見的適才適用的例子。但這樣的例子畢竟不多見，所以許多從事婚姻暴力的公務員，不一定有相關的訓練，也不一定對婚姻暴力工作的挑戰有心理準備。

而從公辦民營的角度來看，許多社工員的待遇因受限於經費，相較於公務員的待遇偏低許多，所以人員流動較大。但也因為在民間機構上班，資格限制較少，所以比較容易找到對婚姻暴力工作有訓練和認知的人。問題是公辦民營因是以承包方式執行業務，所以業務執行受到許多政府規定的限制，無法自由發揮。而且每次承辦時間以兩年或三年為一期，如果下一期沒有得到委託，幾年來的工作成果也將結束，許多經驗無法傳承。另外因受限於委託的規範限制，許多機構成立的理想也無法在公辦民營架構中實現，這是許多民間機構面臨的兩難處境。一方面因經費來源困難，募款不易，所以公辦民營可以減輕許多經費壓力，但也因為經費來自他人，也因此失去了設計和執行業務的完全自主權，必須受到委託單位的業務監督。

最後也是最重要的就是，由於家暴法執行的時間還不到兩年，目前能驗證的婚姻暴力防治工作之績效仍很有限，相關研究也有所不足。如一個社工員所言：「婚姻暴力防治工作是個價值的革命，以前以為是家裏的事，現在已成為社會的事。」「我們常常看到許多婦女被虐待而不知申訴、求助。」「許多人觀念上還認為女人有丈夫，小孩有父親總比沒有好，而不去想丈夫天天打她，小孩也天天活在暴力中。」「婦女要重新思考自己的角色，這是一種成長。」社工員句句所言，都明指家暴法的宣導仍有一段很長的路要走。今天台北市已形成一個由政府建立的婚姻暴力防治工作網，但更需要更多相關單位如法律、警察、醫療單位人員的認知和參與。社會的觀念提升是一環，相關工作人員的觀念提升

更是一環。本文限於研究時間和經費，以上的討論主要以社工員的訪談記錄爲主，對其他相關婚姻暴力工作的人員如社會團體、警察人員、法官、醫療等人員，在婚姻暴力的貢獻和工作的探討，仍有待未來作進一步的研究。

參考書目

陳若璋（1992）。〈台灣婚姻暴力高危險因子之探討〉。《台大社會學刊》，21。

周月清（1996）。《婚姻暴力——理論分析與社會工作處置》。台北：巨流。

Charles, N. (1995). Feminist politics, domestic violence and the states. *Sociological Review, 43(4),* 617-640.

Charles, N. (2000). *Feminism, the State and Social Policy.* New York: St. Martin's Press.

Dobash & Dobash, (1992). *Women, Violence and Social Change.* London: Routledge.

Rodriguez, N. (1988). Transcending Bureaucrazy: Feminist Politics at a Shelter for Battered Women. *Gender and Society, 2(2),* 214-227.

Schechter, S. (1982). *Women and Male violence: the visions and struggles of the battered women's movement.* Boston: South End Press.

5.2 〈建構婚姻暴力防護網——從台北市資源談起〉之回應文

紀惠容
勵馨基金會執行長

1. 引用最新資料指出英美家暴服務之不同：美國主要是將婚姻暴力列為警政工作，而英國則是將婚姻受害者列入住宅和社會安全工作範圍，相較之下，英國的作法更有助於婦女離開加害者。

2. 點出中產階級婦女受暴之需求與迷思：中產階級婦女同樣面臨婚暴問題，因大多自尋處理或未被公開，而未受到重視，也因此社會存在迷思，以為婚暴只存在中下階層而已。

3. 受虐婦女需求與處遇：指出婚暴婦女需要法律協助、第一線警察接案之專業度、目睹家暴的兒童身心重建、長期就業輔導……之需求。可再對照、檢視北市婦女保護工作之缺失。

4. 訪談第一線社工員之心聲極具價值：社工員無判決、執行保護之公權力，急需相關單位之團隊工作。另外，缺人、缺錢，社工員無力再從事相關資源發展和公共宣導。

5. 公辦公營與公辦民營之評估有待深入討論：已點出其間之不同與優缺點，但期盼有機會再繼續發展，成為另一個研究案。

6. 誠如結論所言，社會團體、警察人員、法官、醫療等人員在婚姻暴力的貢獻和工作探討，有待未來進一步研究。

6 身心障礙者的雇用與社會參與的問題

坂卷　熙

日本淑德大學社會學部社會福祉學系教授

中文翻譯 徐嘉隆

大綱

1. 「要如何因應身心障礙者的問題」——只要身心障礙者容易居住的社會，也是一般人好居住的社會。

2. 「創造『機會均等，全面參與』的社會」——克服四個障礙，建設無障礙的環境。

3. 「要如何克服心理的障礙」——無知會產生誤解。由誤解產生的偏見，會導致差別待遇。

4. 「獨立理念的變遷」——由身體的獨立、經濟的獨立、到精神上的社會性獨立。

5. 「日本身心障礙兒者的現況」——身體障礙類二百九十三萬人、智能障礙類四十一萬人、精神障礙者二百萬人。

6. 「日本的身心障礙者政策」——「新長期計畫」與「障礙者計畫」。

7. 「身心障礙者就業的意義」——如果人的價值是以工作能力來判斷的話，那麼馬兒應該會比認何人來得有價值，因為馬兒工作勤奮而且不會向人抱怨。

8. 「身心障礙者雇用的歷史與現況」——身心障礙者雇用促進法與職業復健。

9. 「雇用的整備條件」——政府、企業、市民各自的職責。

10. 「雇用的整備條件」——由戰爭所產生的障礙者。

二十一世紀的日本背負著大問題。有經濟景氣低迷、政治的不信任、龐大的財政赤字等各種問題。這些問題的背景之一，主要是受到急速演進的少子化、高齡化社會來臨所影響。

嬰兒出生人數每年持續減少，女性生涯的平均出產數，也就是總出生率，已經降至目前的1.34%。平均一位日本女性，一生中只生下三分之一的小孩。

另一方面，日本高齡化發展的結果，已經使得男女平均壽命成為世界第一位。男性平均七十七·一歲、女性為八十三·九九歲。二十年之後，國民三分之一的人口，將都會成為六十五歲以上的老人。若是世界上的老人比小孩多的話，相信大家應該都很清楚這個結果。

為了因應這個問題，非得加緊改革的腳步不可。當前無論是政治、經濟、社會等各種領域所面對的改革運動，也都是因此所產生。

例如以社會保障問題而言，目前關於國民年金、醫療保險制度與社會福利制度等標準方面的徹底改革行動，正在展開。

高齡化人口所產生的問題，也就是障礙者人口一定會增加的問題。人類任誰都會年老，行動也將會不方便，而且，視覺與聽覺變差的現象一定會發生。

這麼表示應該不言過吧：「要有充實的障礙者福利，需要先整備好高齡化社會。」

除了上述的課題之外，日本目前所面臨最大的問題，就是人心的問題。近來，虐待年老父母或是虐待幼兒的社會新聞，已經不再令人感到驚奇。

幾天前的新聞報導有這則新聞：心愛的寵物鼠，因為被同居女子二

歲及三歲的小孩玩耍，一氣之下拿熱水潑灑這兩個小孩，使之嚴重燙傷的三十五歲男子，才剛剛被警方逮捕。

另外，因不滿臥病在床的老爸失禁，勃然大怒的女兒，將濕棉被連同老爸丟到庭院，導致這個老人凍死的事件，也於不久前上演。

最近，青年成群結黨，專門搶奪大人財物的「獵中年人」事件，已經不足為奇。不久前，兩個年輕人共乘機車，從年事已高的女性路人身後強奪皮包，導致這位老婦因此摔倒，被後方駛來的汽車當場輾斃。

今年，由某地方政府所舉辦的二十歲「成人式」典禮，發生有史以來因酒醉大鬧會場造成混亂的「新成人」們的景象，才在二十一世紀初的一月八日新聞報導中出現。

過去在日本，老人受人敬重、小孩受人照顧，逆境互相照顧扶持的心，除了少數人外，過去的大部分的人都擁有此側隱之心。

如今，很可惜地，認為只要「自己好就好」的人，以及無論什麼事都先以「得失」作為判斷標準的人，好像越來越多。

半世紀前的一九五五年，日本國內當時的總生產額為八兆六千億日幣。四十三年後的一九八八年，則為四百九十四兆五千億日幣，總共成長了五十八倍。一九五〇年度國家一般會計預算為六千六百億日幣，一九九九年的國家一般會計預算，成長為一百二十四倍的八十一兆八千六百億日幣。

附帶說明一下，此預算中有關社會保障費用所占的比率，從過去的6.4％，增加至目前的34.3％。而上班族的平均月薪，也從一九五一年的一萬二千二百日幣，增加至一九九八年的平均額四十一萬五千七百日幣，其成長率高達三十四倍。

今天，經濟不景氣的狀況下，失業率較以往偏高，據瞭解目前已經高達5％。然而現在的社會，呈現平均壽命每年成長、死亡率逐漸減少的狀態。換句話說，日本過去五十多年以來，經濟大幅成長，人民生活品質與社會保障制度的水準也已經提升。

然而，在如此「得天獨厚」的環境之下，人們「荒廢的心」卻在成

長、演進著。爲什麼？

目前的工作，除了阻止「荒廢」的人心繼續繁衍，重要的是，我們將不得不努力地再次找回人們「豐富的心靈」。

這些努力，正被人們以各式各樣的形式表現出來。例如，教育方式已經改變過去以學歷與智力主義爲第一的看法，還有改善障礙者的問題等，都是顯著的證據之一。

話說回來，國民要如何面對障礙人士？是否障礙人士因爲與自己無關，所以無須理會？或者，障礙者是需要同情的可憐人，看看是否有需要我們幫忙的地方？

我們也會因年老而成爲障礙者，所以要將障礙者問題當成自己的問題來思考。但是，要如思考對才恰當呢？

一九八一年的國際障礙者年，給了我一個解答。

其行動計畫中寫著「身心障礙者容易居住的社會，也是一般人好居住的社會」。而且又寫著：「障礙人士並不是因爲身心有障礙，所以才被稱爲障礙者。而是因爲身心有障礙，所以無法如一般人般地過生活，所以才被稱爲障礙者。」

只要我們造出無論身心障礙者或一般人，都易於居住的社會。並且，人人都要接納「身心障礙者容易居住的社會，也是一般人好居住的社會」的理念，並爲實踐之而付出努力。

世界衛生組織WHO，對於障礙提到三個定義，相信諸位都耳熟能詳：

第一，Impairment；指沒有手、腳或是無法行動的狀態。

第二，Disability；指沒有手，所以「無法拿東西」、或者是腳的動作不方便，無法行動。這是指與能力有關的狀態。

第三，Handicap；因爲有障礙，所以受到社會性的障礙所影響。也就是說，例如因礙於眼睛看不見，所以無法進行運動的狀態。

若要將第一種障礙Impairment化整爲零，相信目前可能較難辦到。因爲，嬰兒若是生下來，一定會有某種比例的先天性障礙兒出現。而且

另一方面，因車禍而產生的障礙者也在增加中。

面對這些問題，重要的是我們千萬不可以將障礙視為不利於社會的事情來看待。因為，所謂的障礙，絕非特定的個人才有的問題。而且，障礙是因個人與環境間因素的關係才會產生。

以語言障礙為例吧！雖然，現在我在大家面前暢所欲言，沒有任何語言上的障礙。但是，事實上一離開翻譯人員的話，我是個如假包換的語言障礙者。為什麼？因為我不會說中文。唯一知道的幾個單字就只有「你好」、「再見」以及「謝謝」而已。沒有翻譯人員，我將無法與諸位進行溝通。若將我一個人放置於台灣的某個路上，一定會無法問路而成為迷路的人。

但是，這時候要是有一台中日文翻譯機的輔具，我將可以好好享受台灣之旅。也就是那時的我，所謂的社會性不利，將會因輔具的幫忙而消失。

戴眼鏡也是同樣道理。

因為我近視的度數很深，最近老花眼度數又加重，若是沒有眼鏡就無法過日子，也無法讀書、寫作、授課，做大學老師要做的工作。

可是，因為有眼鏡作為輔具，所以可以如年輕人般，過著不會感到任何障礙的日子。

跳過眼鏡的話題，若是那天我的腳行動不方便，必須坐輪椅時，怎麼辦？雖然最近的輪椅越做性能越好，操作也越來越方便。但是，若在現實生活想要坐著輪椅像一般人一樣來去自如的話，是不可能的事。

一個人若是無法以自己的力量乘坐巴士、電車或是飛機的話，很明顯地，他就有了社會性的不利。

事實上，沒有人會稱戴眼鏡的人為障礙者，但是大家確實都認為，需要坐輪椅的人為障礙者。

若是可能的話，把世上所有的環境，都作為能配合身心障礙者的結構，讓輪椅能來去自如的話，輪椅族一個人，就可以乘坐巴士、電車或是飛機，也可以工作，也可以外出購物，也可以談戀愛結婚。若是那天

我們的社會變得如此方便，就算行動不便需要坐輪椅的人，也不必要被當成障礙者看待。

因此，造出這樣的理想環境，也就是改善所謂的無障礙環境，是我們目前最大的課題之一。

可是至今爲止，我們沒有努力嘗試改善社會，只是在改變身心障礙者個人身上花費許多力氣。實際上，我們只針對障礙者的殘存能力予以訓練，促進其功能發展，使他有一般人或是接近一般人能力般地進行復健。

事實上，對身心障礙人士而言，除了求生存之外，努力實踐正常生活的工作，也是一件重要的事。因爲，如同健康人一般地過正常生活是應該的道理。但是，爲什麼障礙者爲此不得不付出多於一般人一倍以上的努力呢？

一般人或許會這麼想的，如果身心障礙人士努力以赴，就能擁有與一般人同樣能力的話，我們當然會將他視爲夥伴，雇用他。若是不行的話，他就不是我們世界的人，就應該送進障礙者養護機構。

雖然身心障礙人士個人的努力很需要，但是，社會對於「改善社會環境、一般人的誤解」的努力不足時，障礙者參與社會的夢想將無從實現。

面對高齡化社會的日本，目前大家都將焦點放在痴呆性老人問題上面。人類隨著年齡增長，其老化的現象之一，就是有可能會產生老年性痴呆症。在日本，六十五歲以上人口的老年性痴呆症率爲4.6%。大約一百位六十五歲以上的人口中，就會出現五位痴呆老人。

面對痴呆老人問題時，「你們已經不是社會上的一份子」，將之視爲累贅而予以排斥的社會，絕對不是易於居住的社會。

身心障礙者的應對理念，也是同樣的道理。社會不是只住著身體健康或者是有錢的人。我們的社會，事實上是由病人、窮人、身心障礙者、老人等各式各樣的人所組成的。

所謂的社會，目的不是要用來隔離老人或障礙者，而是要能讓老人

生活、障礙者工作、促使弱勢者易於在各式各樣場合參與社會的社會。

　　所謂身心障礙者工作的定義，不只在於一般的雇用、或是讓人在公司上班而已。障礙者工作的定義，包括福祉性的就業、與以生命意義為目地的就業形態在內。理想的社會環境，應該是要因應障礙類別及程度，配合各式各樣的工作方式，並且還要有個能認同障礙者的社會。

　　為此，我們不得不將以下四面障礙之牆破壞：

　　1.物理之牆。
　　2.制度之牆。
　　3.資訊之牆。
　　4.心理之牆。

　　第一個所謂的「物理之牆」。例如，在街道中有許多的物理障礙。輪椅族若在無人協助的狀況之下，想通行人行道以及天橋等讓人通行之設備時，會因為走道上的落差、高低不平的坑洞，使其無法獨自通過。同樣是在讓人通行的街道上，不但沒有能讓障礙人士使用的廁所，能自由通行的機率幾乎是不可能。

　　像這樣的硬體環境障礙，不早日解決是不行的。最近，日本因為無障礙環境法的施行，使得車站、公共場所與建築物等的無障礙環境因此改善許多。

　　接著談第二個「制度之牆」。在我國，拒絕讓身體行動不便者參加就業考試的公司，以及不承認點字試驗，使得視覺障礙考生無法參加大學入學考試的學校也很多。當然，我工作的淑德大學，是承認點字試驗入學的學校之一。

　　在日本，有所謂的「欠格條項」之法律。這是指不得將執照發給有某些障礙人士的法令。這項制度，已經徹底地將身心障礙者排斥於社會之外。

　　雖然，要眼睛看不見的人在馬路上駕車，可能辦不到。但是，這樣的法律已經超出實際需要，而且明顯地將身心障礙者，排斥於社會之

外。因此，目前這個法律正在改正當中。

第三個是「資訊之牆」。現實生活裏，資訊化社會所需的各種資訊，往往到達不了身心障礙者手裏。不知台灣是否也有專給視覺障礙者讀取的點字報紙。最近，日本增加許多點字出版刊物，政府也努力出版這類點字宣導刊物。

再來談第四個「心理之牆」。這是最大的障壁。這個障礙，就是認為身心障礙者與一般人不同的心態。對於可憐人、需要被幫助的人的同情心與憐憫之心，會產生這種障壁的出現。

過去以來，社會福利一直是將身心障礙者或是獨居老人視為社會弱者，或是需要人保護的弱者。

我們是否也是這麼認為？認為一般人應該為障礙人士，付出些什麼？好好對待老人，就是做到所謂的社會福利了？

曾經發生過這個故事——

有位婦人在十字路口等待綠燈時，身旁走來一位眼睛看不見，拿著白色枴杖的先生。「你也在等綠燈呀！」那位婦人問道。就在此時綠燈亮了，「來，走吧！」婦人突然抓著那位先生的手，就想大步踏出。可是，那位先生馬上將婦人的手給推開，「謝謝您的幫忙，但是我不需要！」馬上謝絕那位婦人的好意。

被拒絕後的婦人，惱羞成怒地想：好心要帶你過街，卻狠心拒絕人家的好意！大概是因為他身體有障礙、心理不平衡，所以鬧彆扭拒絕了我吧！

以後再也不幫障礙者任何事了，免得再看到這種不愉快的場面。婦人憤慨地表示。

「為什麼這位視覺障礙者會拒絕那位婦人的親切與好意呢？」當時正在報社擔任社論委員的我與另一位大學教授，在某個大型研討會上被主持人邀請來回答這個問題。

「錯在那位婦人！」大學教授表示。

婦人的心裏當時一定認為這位視覺障礙者是個「可憐人」。據瞭

解，眼睛看不見的人，感受能力異常敏銳，一定是當婦人拉著他的手時，感受到婦人認爲他是個可憐人；「因爲你是可憐人，所以要請你好好接受我的幫忙吧！」應該是發生這種的情形！

聽了他的解釋，一時間覺得很有道理。可是，稍微思考後，倒是覺得這番話有些奇怪。因爲，「就算感受力敏銳的視覺障礙者再怎麼厲害，不太可能一接觸他人的身體，就可讀取別人的心思吧！」當時，身爲新聞記者以來，被嚴格訓練出來的求證精神，馬上產生專業的反應。

我個人倒是這麼認爲。

「是不是這位婦人突然用力拉扯那位先生拿拐杖的手，才導致這樣的結果發生。就如各位所知，協助視覺障礙者是有規則的。首先要開口試問他是否需要幫忙，然後再牽著對方不拿拐杖的手，或是讓對方搭著自己肩膀，引導他過街。」

若要不知這個道理，光有善意想幫忙，往往只會讓對方嚇一跳，難怪對方要回答：「謝謝，我不需要您的幫忙！」，而且回絕了婦人的好意。

不瞭解協助規則→被拒絕→導致不愉快→以後再也不想助人→所以討厭身心障礙者→導致壞結果產生。

因爲，面對不瞭解的事情時，會容易產生誤解。不澄清誤解的話，當然會產生「障礙者總是拒絕別人幫助」的偏見，而且會演變爲：「像這樣的人，無法與我們生活在同一個世上。」的結論。

由上述情形可以知道，無知所產生的誤解，會醞釀偏見，而偏見會導致誤解的反應出現。

無知→誤解→偏見→差別待遇，這個連鎖反應不早點切斷是不行的。

爲此，我們有必要來思考身心障礙者的獨立問題。

雖然沒有什麼時間向諸位敘述日本身心障礙者的歷史，但是，有一部分需要介紹一下。

過去的障礙者，通常先是由自家人、父母、兄弟姐妹等來照顧。相

信，許多的國家應該都是同樣的作法。

在沒有任何有關於獨立生活思維的環境下，障礙者往往需要依賴家人才能生存。直到第二次世界大戰後，從美國引進了當時已經發展多年，所謂的復健的理念。這個將障礙者殘存能力加以訓練，促使回歸社會進行獨立的觀念，因此在日本展開了腳步。

現在，日本所謂身心障礙者的獨立，包括了身體的獨立以及職業上的獨立。也就是說，身心障礙者以自己的力量，處理周遭日常活動的瑣事，再進一步以工作賺錢，用自己的力量過著獨立生活的觀念。

可是，有許多人會質疑，就算重度障礙者想工作，但是事實上卻無法工作的情形下，所謂的獨立是否就無法成立？

因此，以重度的障礙者為中心的「新獨立生活概念」，因此產生了。

此時，所謂獨立的意義，已經不侷限於身體的獨立以及經濟上的獨立，而是已經擴大至精神上的獨立，以及社會性的獨立。

每位身心障礙者，都被視為成人，他可以活用社會上各式各樣的資源，並且以自己的意識，自由選擇生活方式，這就是所謂新獨立生活的詮釋。

一九八一年國際障礙者年主題：「機會均等、全面參與」的推動，加速了這個觀念的演變。

無論是多麼重度的障礙者，只要能用自己的意識選擇自己的生活方式，讓自己成為社會上的一份子，付出國民應付的責任的話，這就是成功的獨立。

障礙者工作的意義也是同樣道理。

有人說：「如果人的價值是以工作能力來判斷的話，那麼馬兒將會比任何人來得有價值，因為馬兒工作勤奮，而且不會向任何人抱怨。」

因此，對於身心障礙者而言，工作的意義不在於要求他們的工作效率。

讓我們再談論身心障礙者工作的意義。

每個人都是一樣的，工作的好處，首先在於它是一種「生活的手段」，是以勞力賺取金錢的具體表現。因為工作之故，「人際關係」得以擴展，因此使得「自我實踐」以及「生命的意義」的意識有了萌芽的機會。若是每天過著「有規律的生活」，不但可以對自己的障礙加以「機能訓練」，而且還可以付出勞力貢獻社會。而且能使自己產生「自信」，以及讓自己有發現未曾發現的「新能力」的機會。因工作而產生的「有規律的生活」，帶來有益身心健康的好處。

　　所謂身心障礙者的工作場所，並非侷限於一般雇用的場所。例如以保護雇用為主的「庇護工廠」、以福利性就業為目的「福祉工廠」，以及以生命意義為目的的「共同作業所」，或者是「自營業」等多樣化的就業形態，都適合身心障礙者。當然，這還要依障礙程度、部位以及障礙者本人的想法等，作為選擇工作場所的依據。

　　我國最早有關於身心障礙者的雇用法令，源自於一九六〇年（昭和三十五年）的「身體障礙者雇用促進法」。當時，為了勸導一般企業雇用1.3%比例的身體障礙者員工，政府曾付出不少努力。

　　一九七六年（昭和五十一年）此法被修改，不但將雇用身體障礙者，法定為義務制度，同時將原本1.3%的雇用率調高至1.5%。並且，對於未達雇用率的企業予以徵收罰金。這個財源，以促進雇用的名義，補助給雇用障礙者的企業，成為雇用障礙者補助金。如此軟硬兼施的法律，現在不光是身體障礙者，還包含智能障礙與精神障礙者在內，並改名為「障礙者雇用促進法」。目前，已將民間企業雇用率提升至1.8%、官方為2.1%。

　　此法的基本理念：「身心有障礙的勞動者，是構成經濟社會的一份子，關於他們的職業生活，有必要賦予能發揮其能力的機會」，以及「身心有障礙的勞動者，不得不擁有努力從事職業的自我意識，自我求進、努力開發自我潛能，使自己成為有為的工作者，目的為促進自我獨立」等兩大項目。其責任機關被認定在於企業雇主、國家以及地方政府。

雖然法律如此規定，但是，實際上被企業方面雇用的身心障礙人士，還不夠多。實際被雇用人數的平均比例，只有低於法定標準（1.8%）的1.48%，總人數為二十五萬多人。（如表6-1）

據推算，日本目前大約有身體障礙者二百九十三萬人，智能障礙者約四十一萬人，而精神障礙者大約有二百萬人之多。就業中的身心障礙人口，只不過占總障礙人數的一小部分。

為此，除了重要的職業復健以外，以「促進就業專戶基金」所發展出的補助款制度、職場適應訓練以及雇主減稅制度等許多政策，正在運作著。

特別是最近，活用（IT）知識科技的方法，以及通訊式上班為主的在家上班方式的身心障礙人口，日漸增多。

另一方面，民間與政府合作模式的「第三部門」，以及專門雇用重度身心障礙者的企業也逐漸增多。

日本的障礙者福利相關法律，主要是以一九九三年制定的「障礙者基本法」為主，以及分障礙類別的「身體障礙者福祉法」與「智能障礙者福祉法」、「精神保健福祉法」，以兩大方向的方式進行。

除此之外，其他的關係法規還有與所得保障有關的年金關連法、障礙者雇用促進法、福祉用具法、兒童福祉法、生活保護法、地域保險法、無障礙環境法等各形各色的法律。讓身心障礙人士得以實現「機會均等、全面參與」的目的。

上述法律的基本理念，被融合製成「障礙者計畫」，並公布於日本。其大綱如下：

1.為了在社區共同生活。
2.為了促使獨立於社會。
3.為了改善無障礙環境。
4.為了提升生活品質。
5.為了確保安全生活。

表6-1 民間企業雇用身心障礙者數以及實際雇用率的變遷

以每年六月為計算單位

年次	障礙者總人數			
	人數		實際雇用率	
	（人）	與前年比	（%）	與前年比
昭和52年	128,429		1.09	
昭和53年	126,493	～1,936	1.11	0.02
昭和54年	128,493	2,000	1.12	0.01
昭和55年	135,228	6,735	1.13	0.01
昭和56年	144,713	9,485	1.18	0.05
昭和57年	152,603	7,890	1.22	0.04
昭和58年	155,515	2,912	1.23	0.01
昭和59年	159,909	4,394	1.25	0.02
昭和60年	168,276	8,367	1.26	0.01
昭和61年	170,247	1,971	1.26	0.00
昭和62年	171,880	1,633	1.25	−0.01
昭和63年	187,115	15,235	1.31	0.06
平成元年	195,276	8,161	1.32	0.01
平成2年	203,634	8,358	1.32	0.00
平成3年	214,814	11,180	1.32	0.00
平成4年	229,627	14,813	1.36	0.04
平成5年	240,985	11,358	1.41	0.05
平成6年	245,348	4,363	1.44	0.03
平成7年	247,077	1,729	1.45	0.01
平成8年	247,982	905	1.47	0.02
平成9年	250,030	2,048	1.47	0.00
平成10年	251,443	1,413	1.48	0.01

註：障礙者數是指下述者的合計

　　　　～昭和62年　　　身體障礙者（重度障礙者1人可抵2人）

　　昭和63年～平成4年　身體障礙者（重度障礙者1人可抵2人）
　　　　　　　　　　　　智能障礙者

　　　　　平成5年　　　身體障礙者（重度障礙者1人可抵2人）
　　　　　　　　　　　　智能障礙者（重度障礙者1人可抵2人）
　　　　　　　　　　　　重度身體障礙者、短期工作
　　　　　　　　　　　　重度智能障礙者、短期工作

資料來源：日本勞動省調查結果

6.為了除去心理障礙。

7.為了進行合適的國際援助。

目前，以這七個視點為基礎的工作，正在緊急整備、調整當中的政策，我們稱之為「正常化七年戰略」（一九九六年至二〇〇二年）。（如表6-2）

接著為各位介紹我國障礙者福利演進的概要。

過去我國的障礙者福利，主要是由父母、兄弟姐妹等來照顧，當時也就是所謂的「家庭福祉」的時代。

接著的時期，障礙者的照顧是由政府負起責任，將障礙者保護於機構中，也就是所謂的「養護機構福祉」的時代。

現在，障礙者在社區中生活，目標為實踐獨立生活，也是所謂的「社區化福祉」的時代正在進行。

障礙者年齡老了以後，父母要親自照顧自家障礙的孩子，幾乎是不可能的事。目前，為了促進障礙者可以在社區活用各式各樣社會資源來獨立，正是大家努力製造、促使環境產生的目的。例如，以交通運輸為主的街道無障礙化，以及世界性標準設計的普及化、還有保障障礙者在社區生活權利之系統化組織的設立，與架構保障福利服務品質的系統化組織的設立等，許多嶄新的架構正在開始。

最後，我以「和平為貴」這個話題作個結論。

據瞭解，最容易製造出最多障礙者的因素，應該就是戰爭。

目前我在這裡說話的時候，世界上的某些地方，子彈正在你來我往，地雷正在爆炸。

過去越戰時所散佈的殺草劑殘留物，現在正導致產生許多的畸形障礙兒。

和平的珍貴性，對於學習障礙者問題的我們而言，更容易令人體會。

表6-2 「障礙者計畫～正常化七年策略～」當前障礙者政策中必須緊急整備之目標

（平成14年度末期目標）

1.住家及職場或是活動場所的確保　　　　　　（現狀）　　　　　（目標）
　（1）團體之家・福祉家庭　　　　　　　5,000人份　→　20,000人份
　（2）庇護工場・福祉工場　　　　　　　40,000人份　→　68,000人份
　（3）全新整備的公共租賃住宅、採輔助身體機能的設計。
　（4）提升小規模福祉作業所的補助措施。
2.在社區獨立的支持
　（1）整備障礙兒童的社區醫療體制
　　　重度身心障礙兒（者）的日間服務事業　　300所　→　　1,300所
　　　在全國地方政府充實障礙兒療育據點與強化機構之機能。
　（2）促進精神障礙者回歸社會
　　　精神障礙者生活訓練機構（援護寮）　1,500人份　→　6,000人份
　　　精神障礙者社會適應訓練事業　　　　3,500人份　→　5,000人份
　　　精神障礙者日間照顧機構　　　　　　370所　　→　1,000所
　（3）身心障礙兒療育、精神障礙者回歸社會、障礙者總合諮商、於約三十萬人口處，各設立二所社區生活支援事業。
　（4）於約五十萬人口處，實施促進身心障礙者參與社會之事業。
3.充實照護服務
　（1）居家服務
　　　居家照護員　　　　　　　　　　　　　　　　　45,000人以上
　　　臨時照護　　　　　　　　　　　　　1,000人份　→　4,500人份
　　　日間照護　　　　　　　　　　　　　500所　　→　1,000所
　（2）設施服務
　　　身體障礙者養護機構　　　　　　　　17,000人份　→　25,000人份
　　　智能障礙者更生機構　　　　　　　　85,000人份　→　95,000人份
4.促進障礙者雇用
　督促全國企業與地方政府合作，以設置第三部門方式雇用重度障礙者。
5.促進無障礙環境化
　（1）預定至二十一世紀初期為止，整修出寬幅三公尺以上人行道，十三萬公里以上。
　（2）計畫指導新建、大改建之車站以及落差超過五公分以上，每日出入

（續）表6-2　「障礙者計畫～正常化七年策略～」當前障礙者政策中必須緊急整備之目標 （平成14年度末期目標）

　　　乘客達五千人以上之既設車站建築，予以設置電梯之勸導計畫。

（3）於新設置及建設之公共場所服務櫃台一律為無障礙設備。

（4）於高速公路等道路休息處、停車場以及主要幹線道路等車站，一律設置無障礙廁所與障礙者專用停車場。

（5）於全國警局內設置傳眞緊急通報110系統設備。

7.1 我國身心障礙者就業輔導政策之研究——以障礙者就業基金之運用為例

黃旐濤

玄奘大學社會福利學系主任

摘要

　　為積極推動對身心障礙者的就業輔導，我國在一九九〇年修訂之「殘障福利法」明定公私立機關（構）應對障礙者定額進用。未依規定進用障礙者之機關（構），應繳納差額補助費。此項經費在一九九七年身心障礙者保護法中定為「身心障礙者就業基金專戶」，除用以補助進用身心障礙者機關（構）外，並作為辦理促進身心障礙者就業權益相關事項。本研究之目的即在瞭解各縣市本項基金之運用情形，期能得以分析本基金用以促進障礙者就業權益之設立目的，是否能正確達成；並進一步探討我國身心障礙者就業輔導政策，是否得以落實；其成效又為如何。

　　根據研究結果，吾人可以得知：定額進用制度實施十年以來，已為障礙者創造了四萬二千一百五十四個工作機會，仍有一千一百六十個職缺完全未依規定進用障礙者。大部分縣市都面臨基金經費枯竭窘境，甚至本業務執行愈力，基金減少愈速。本基金運用的情況，約有一半用於補助進用身心障礙者之機關（構），但至少有四分之一經費支用項目與

本基金之設立宗旨不符。在推動障礙者就業輔導工作上，大部分縣市只靠本基金的挹注，而未編列公務預算。許多縣市未做身心障礙者就業需求調查，或訂定促進身心障礙者就業之短中長期計畫。大部分縣市在推動身心障礙者就業服務及職業訓練方面，是透過補助障礙團體、機構的方式進行，但因缺乏補助審查標準，且未對執行績效予以評量，致使實施成效大打折扣。

是以本文針對研究結果，僅提出下列之建議：(1)積極催收積欠之差額補助費；(2)儘速規範本基金使用項目及內涵，以確保基金運用能有效協助身心障礙者就業；(3)中央政府及各縣市應辦理身心障礙者就業需求調查，並訂定促進障礙者就業之短中長期計畫；(4)訂定本項業務之經費補助標準及績效評鑑標準；(5)成立全國性之身心障礙者就業基金。

關鍵詞：定額進用、障礙者就業基金、就業輔導。

壹、前言

第二次世界大戰以後，隨著世界經濟的持續景氣，和自由、民主、人權等理念形成的普世價值，「福利國家」的理念，不僅是歐美工業國家追求的目標，也是開發中國家一心嚮往的境界。而對身心障礙者的扶持與協助，也從一種「恥辱」（stigma）的看法演變為「公民權」（citizenship）的一種體認，更進一步被視為一個現代化國家文明程度的指標。

我國自從一九八〇年公布「殘障福利法」以後，對身心障礙者的觀念，也慢慢從視為社會的依賴人口，轉變為「扶助其自力更生」（一九八〇年殘障福利法第一條），再進一步轉化為「維護其合法權益及生活，保障其公平參與社會之機會」（一九九七年身心障礙者保護法第一條），使其與社會其他人口共同形成社會進步的主流。復為鼓勵身心障礙者充分投入生產行列，並賦予企業「社會責任」，於是參考英國、日

本等國作法，於一九九〇年修訂之殘障福利法第十七條中明定：「各級政府機關、公立學校及公營事業等機構員工總人數在五十人以上者，進用具有工作能力之殘障者人數，不得低於員工總人數百分之二」「私立學校、團體及民營之機構員工總人數在一百人以上者，進用具有工作能力之殘障者人數，不得低於員工總人數百分之一」，「進用殘障者人數未達前二項規定標準者，應繳納差額補助費，……按月向殘障福利金專戶繳納，作為辦理殘障福利事業之用」，此即著名的「定額進用」制度。本規定實施以來，全國計因而產生四萬多個障礙者的定額進用職缺，為障礙者的就業輔導工作貢獻卓著。

以往公私機關（構）未依規定進用障礙者而繳納之差額補助費，均由各縣市政府自行保管。一九九七年「殘障福利法」經修訂為「身心障礙者保護法」，有關障礙者定額進用之差額補助費，改為「身心障礙者就業基金專戶」，並由各縣市政府勞工機構主管。此基金依同法第三十六條規定為專款專用，不列入政府年度預算，也不需經過地方民意機關之監督。是以各縣市雖均設有管理委員會予以保管運用，但此一高達上百億之基金，是否如原來之規劃，全部用在障礙者就業協助上？是否有不當使用，甚至挪用情形？各方早多有議論。是以本文即在藉探討各縣市身心障礙者就業基金之運用情形，進一步檢視我國身心障礙者就業輔導政策之推動成果。

貳、研究方法

本研究之研究方法，大致可分為文獻探討及實地參訪兩種，先是探討我國身心障礙者就業輔導政策所形成的歷史沿革，目前施行的障礙者就業輔導的相關措施，以及有關障礙者就業情形的相關調查文獻報告，並參考各縣市有關障礙者就業基金運用情形之自評部分以及相關報表、簡報。實地參訪除筆者本人參加訪視親身所見心得經驗外，主要參考

「各縣市身心障礙者就業基金運用情形」訪視報告之內容。

　　各縣市身心障礙者就業基金運用情形訪視活動，是由行政院勞委會職業訓練局委託連德發展基金會承辦，由學者專家六人、身心障礙團體代表二人以及職業訓練局、連德發展基金會派出代表共同組成訪視小組。進行施行方式包括：(1)各縣市政府自評；(2)訪視委員書面資料審查；(3)訪視委員實地參訪；(4)其他（含相關機構訪視）等；所用之表格爲因應本次訪視所設計之訪視表及評鑑表。訪視自二〇〇〇年八月開始籌備，十月開始各縣市之訪視，至十一月三十日全部完畢，十二月以及二〇〇一年元月撰寫研究報告及訪視結果。

參、相關文獻探討

一、身心障礙者的就業情形

　　在一般人的印象中，身心障礙者的就業條件，因爲受到身體（肢障等）、功能（聽語障）、精神（精障）以及才智（智障）等的影響，必然會相對正常人較爲不利，因此就業的狀況，也不會好到哪裡。但是障礙者就業的情形，到底有多糟糕呢？則由於以往障礙者多躲在家中不敢外出，甚至家族成員還會以有殘障者爲恥的觀念，因此很少有正式的報導。一九八四年蔡宏昭先生利用台灣省政府現有的家戶檔案資料分析，推估出障礙者已就業的大概占46.12%，台灣省政府一九九二年對各縣市障礙者作「生活及工作狀況調查」，得到的就業比例是34.70%，內政部在一九九五年對全國身心障礙者所做的生活狀況調查，其就業情形爲26.30%；黃旖濤在一九九六年對花蓮縣脊髓損傷協會會員，以電話訪談方式調查，得到的就業率是21.20%；二〇〇〇年由內政部、勞委會以及衛生署共同做的全國身心障礙者生活狀況調查，得到的就業率只有

19.05％。由此我們發現：障礙者的就業狀況，呈現依次遞減的現象，原因之一可能是障礙的類別加大，認定放寬，致使障礙者人數十年間從二十萬人激增到六十五萬人，但障礙者就業機會和就業人數並未呈等比例增加。但不管是46.12％或19.05％的就業率，與全國平均失業率3.5％（二〇〇一年二月）比起來，障礙者就業問題，確實是很嚴重。

二、障礙者就業輔導政策

障礙者雖然由於身心的限制，造成就業上的若干不便，但是他們的就業意願並不輸常人，而在敬業精神和工作穩定方面，更勝常人。根據美國的一些研究顯示，投資在身心障礙者就業輔導上的成本效益，是一比十六，可見如能好好輔導障礙者就業，使這些社會的依賴人口，轉化成國家進步的生產力，實在是一件刻不容緩的事。

目前最主要的障礙者就業輔導措施中，最重要的是身心障礙者保護法了，在第四章「促進就業」專章中共有無障礙個別化職業訓練及就業服務，職業輔導評量，創業貸款，就業輔具，支持性及個別化就業，庇護性就業，定額進用，障礙特考，獎勵績優進用單位，障礙者就業基金專戶，視障按摩業保障等條文（第二十六條至第三十七條）加以規範。

一九九九年訂定公布的「無障礙個別化職業訓練及就業服務」法中，第二十七條規定對障礙者應施以就業適應訓練，二十八條的就業追蹤訪問，以及二十九條的資遣障礙員工應先向公立就業機構通報等，都是對身心障礙者的就業輔導和權益保障，有正面之意義。

此外，行政院於一九九五年公布的「促進殘障者就業措施」中，亦有多項有利障礙者就業，如障礙者社區化就業服務、職務再設計、雇主座談會、雇用障礙者津貼、障礙者求才求職資料庫、障礙者就業服務員等，這些輔導措施或多或少，能促進障礙者的就業。

三、障礙者就業基金

　　一九八○年我國第一次頒布「殘障福利法」，身心障礙者之福利服務，正式邁入法制化的里程碑。不過其時由於主客觀情勢的限制，殘障福利法條文大多淪為宣示性效果，很難有什麼實質效益。一九九○年殘障福利法修訂，除了明訂公私立機關（構）應定額雇用障礙者（公立每五十人雇用一人，私立每一百人雇用一人）外，並在第十七條規定：「差額補助費……按月向直轄市或縣（市）主管機關設立之殘障福利金專戶繳納」。為了因應因而衍生之殘障福利金專戶的管理，內政部特於一九九一年公布「殘障福利金專戶設置管理及運用辦法。」辦法第八條「本專戶之支出範圍：一、補助進用殘障者人數超過規定比例之義務機關。二、其他經委員會決議推行之殘障福利事項」。其時殘障福利金專戶的經費運用，大多為補助雇用機關（構）及殘障福利事項。

　　一九九七年殘障福利法修訂為「身心障礙者保護法」，有關障礙者權益之保護以及就業促進推動，也有了更為周詳的規定，該法第三十六條規定「直轄市及縣（市）勞工主管機關……收取之差額補助費，應開立身心障礙者就業基金專戶儲存，除依本法補助進用身心障礙者機關（構）外，並作為辦理促進身心障礙者就業權益相關事項之用。」遂使殘障福利金專戶由推動殘障福利事項，搖身一變成為辦理促進身心障礙者就業權益相關事項之用。不過何謂「相關事項」並沒有相關規定，可謂相當模糊。

肆、研究結果

一、各縣市進用身心障礙者的人數

　　全國各縣市中，義務進用機關（構）超額進用人數為一萬一千六百零四人，足額進用二萬六千二百三十五人，未足額進用四千三百一十五人，是以此三項進用規定，為身心障礙者增加了四萬二千一百五十四個工作機會。值得注意的是，對身心障礙者的進用規定實施迄今已超過十年，全國仍有一千一百六十個工作職缺完全未依規定進用障礙者，且集中分布於兩個縣市（台北市五百五十二人，占47.59%，南投縣四百一十人，占35.34%）。

二、基金收入狀況

　　全國各縣市之身心障礙者就業基金專戶之餘額，已超過一百億新台幣，其中以台北市之五十七億最多，連江縣基金完全未收零元最少。值得注意的是苗栗縣、金門縣、花蓮縣、台東縣、嘉義市與新竹縣等六縣市之未收率皆為0%，表示應收金額完全收入基金。而未繳交基金的義務機關（構），依身心障礙者保護法第七十二條之規定：「如逾期未繳納者，移送法院強制執行」，此次訪視發現共有台北市、高雄市、桃園縣、台中縣、雲林縣、台北縣、台南市等縣市未繳家數均超過四十家，其中雲林縣應繳五十一家，實繳二家，台中縣應繳一百一十三家，實繳三十家，桃園縣應繳一百七十七家，實繳八十五家等，均宜加改善。

三、各縣市基金運作情形

除連江縣迄今尚未成立基金管理委員會外，各縣市皆已依法成立基金管理委員會，主要成員包括政府機關代表約33%，學者專家代表比例約10%，身心障礙福利團體代表比例21%，身心障礙福利機構代表比例約11%，企業代表約10%。此外尚有民意代表、社會公正人士等，是以組成上算是公正公開。

各縣市管理委員會除少數縣市未定期開會外，另定期開會縣市平均4.517個月召開一次，平均出席率為80.6%；除澎湖縣出席率偏低外，其餘縣市出席率至少都有69%，是以成員參與還算熱絡。縣市基金管理委員會開議目的主要以審議年度預算（95.83%）、審查補助案（91.63%）、審議年度計畫（83.33%）為主，此外尚包括人事聘僱（37.5%）、創業貸款審核（37.5%）等。

縣市之基金經費來源，以「當年度差額補助費收入」最多，占83.33%，其次為基金孳息（79.13%），而有三分之一的縣市，已動用到基金本身了。是以本基金之面臨日漸枯竭，亦可預期。

四、基金支用單位及支用項目

依身心障礙者保護法第三十六條之規定：本基金除依法補助進用身心障礙者機關（構）外，並「作為辦理促進身心障礙者就業權益相關事項之用」。由於倒底那些是「障礙者就業權益相關事項」法條規定得相當含糊，因此各縣市在支用項目上也出現甚大差距，我們分別從「支用單位」和「支用項目」方面來分析。

（一）支用單位

在基金支用單位的比例分配上，使用在「僱用單位」上比率最高，

其次為「身心障礙福利機構」、「政府機關」，「僱用單位」中平均比率為50.51%，亦即本基金有大半金額是用來補助超額進用單位，其中尤以屏東縣、台東縣、台中市、嘉義縣四縣市比率超過80%更是驚人。用在「身心障礙福利機構」中的平均比率為36.31%，其中金門縣、花蓮縣、宜蘭縣、基隆市、澎湖縣五縣市比率超過70%。用在「政府機關」單位之平均比例為12.75%，但苗栗縣、南投縣、台北縣、彰化縣、澎湖縣的支用比例超過20%，其中尤以南投縣更超過54.3%最高。由於許多縣市在促進障礙者就業這方面並沒有編列公務預算，因此所有的相關費用都由障礙者就業基金來挹注。也就是這項本來要用來「辦理促進身心障礙者就業權益事項」的基金，一半被用來補助政府公務支出了，與原先成立本基金之本意有出入。

(二) 支用項目

在基金支用項目上，使用在「其他有關促進身心障礙者就業之業務」（含超額進用獎勵金）之比率最高（48.93%），其次為「職業訓練」和「就業服務」，最低者為「非身心障礙相關業務」，而在「職業訓練」項目中，平均比率為11.56%，其中以屏東縣、宜蘭縣、基隆市、高雄市四縣市平均比率超過20%，尤以基隆市27.73%最高。在「就業服務」項目中，平均比率6.8%，其中宜蘭縣、台中縣、台北市、高雄市四縣市平均比率超過20%，尤以台北市37.66%最高。在「創業貸款」項目，平均比率為9.79%，其中南投縣、花蓮縣、台中市三縣市平均比率超過20%以上，尤以花蓮縣68.06%最高，在「其他有關促進身心障礙者就業之業務」項目中，平均比率為48.93%，其中金門縣、台東縣、彰化縣、高雄縣四縣市平均比率超過70%以上。在「福利服務」項目中，平均比率為10.15%，其中苗栗縣、台南縣、台北縣、嘉義市、新竹市、新竹縣五縣市平均比率超過26%以上，嘉義市40.73%最高。另在實際訪視發現有些縣市在此項目的服務項目，與專戶使用性質明顯不符的，如發紙尿片、奶粉等。

在「人事費用」項目中，平均比率為9.8％，其中宜蘭縣、基隆市、雲林縣、澎湖縣四縣市平均比率超過25％以上。尤以有些縣市或將此基金拿來聘用其他社政人員，或將此基金經費補助身心障礙機構聘任行政人員，都與原定的基金支用項目不合。而基金直接使用在身心障礙者就業方面之比例偏低，「職業訓練」、「就業服務」及「創業貸款」三者合計才28.15％；即使加上「其他有關促進障礙者就業之業務」（其中大部分用來補助進用單位）的48.93％，仍至少有四分之一的基金支用項目不符合規定。

五、各縣市推動定額進用業務情況

根據各縣市自評情形，以及訪視委員實地觀察結果，各縣市政府在本項業務之推動情形如下述：

1. 訂定基金收支保管及運用辦法：各縣市皆已訂定「身心障礙者就業基金收支保管及運用辦法」。

2. 編列公務預算推動身心障礙者就業：有七縣市（台中縣、嘉義市、基隆市、台北市、嘉義縣、高雄市與澎湖縣）另編列公務預算推動身心障礙者就業。而有十七縣市未編列公務預算推動身心障礙者就業業務，顯示障礙者就業之推動經費，本來本基金是用來「進補」的，卻變成三餐全賴本基金。在本基金日漸耗竭之情形下，業務推動勢必受到影響。

3. 辦理身心障礙者就業需求調查：有十二個縣市（苗栗縣、南投縣、金門縣、台南市、台北縣、台中市、彰化縣、基隆市、雲林縣、台北市、高雄縣、高雄市）有辦理地方身心障礙者就業需求調查，其餘縣市則未辦理。未做就業需求調查，則供需雙方無法取得均衡，本項業務成效可想而知。

4. 訂定促進身心障礙者就業之短中長程計畫：只有彰化縣填寫有訂定促進身心障礙者就業之短中長程計畫，其他絕大多數縣市則未

做此項計畫。

5. 要求各障礙機構、團體訂定其促進身心障礙者之就業計畫：有六縣市（宜蘭縣、彰化縣、嘉義市、基隆市、高雄市、澎湖縣）有要求各障類之機構、團體訂定其促進障礙者就業計畫，其他縣市則未與聞。

6. 申請案件訂定計畫補助評估標準：各縣市政府針對各社團、機構之申請補助要求，究係如何決定補助標準？有十三縣市（苗栗縣、南投縣、宜蘭縣、台南市、台東縣、彰化縣、嘉義市、基隆市、雲林縣、高雄縣、高雄市、澎湖縣、新竹市）會對申請案件訂定計畫評估標準，其他縣市則未訂定計畫審查標準。

7. 申請案件執行情形績效評量：各縣市政府對補助案件，是否有追蹤其施行成效呢？有七縣市（南投縣、宜蘭縣、台中市、彰化縣、基隆市、高雄縣、高雄市）有對其申請案件執行情形辦理績效評量，其他縣市則未訂定計畫評量標準。

8. 辦理身心障礙就業服務相關之專業訓練及研習活動：有十六個縣市（屏東縣、南投縣、花蓮縣、台南市、台東縣、台北縣、彰化縣、嘉義市、基隆市、台北市、嘉義縣、高雄縣、高雄市、澎湖縣、新竹市、新竹縣）有針對需求辦理身心障礙就業服務相關之專業訓練及研習活動，其他縣市則並未辦理。

伍、結論與建議

綜合以上結果，整體觀察所得，可略述如下：

一、各縣市共同性困難

在共同困難部分，除少數縣市如台北市、高雄市、桃園縣外，其餘

大部分之縣市都出現基金經費短缺的現象，甚至本業務推動得愈徹底，獎勵進用單位的經費就愈多，基金流失就愈快，而愈早面臨基金耗盡的窘境。

此外各縣市政府於推動身心障礙者就業促進業務時，缺乏身心障礙者就業需求之統計資料，因此無法對身心障礙者就業需求及就業市場予以正確之掌握；而且大部分縣市政府未做身心障礙者就業促進之短中長程計畫，因此無法有效進行經費及資源之分配，並對障礙者的就業輔導完成永續經營之效果。

各縣市政府在推動身心障礙者之職業訓練及就業服務工作，大都透過補助身心障礙者機構團體的方式進行，但又未對補助機構團體加以計畫評估及考核，甚或採取利益均霑，或來者不拒方式補助，而無法產生預期效益。

二、定額進用及基金收入情形

以各縣市定額進用之未足額進用率、完全未進用率及差額補助費未收率三項合併來看，定額進用制度施行十年，其成果尚差強人意。不過台中縣、台北縣、台南縣因過去缺繳差額補助費積欠金額較高，未能儘快催收消化。新竹市則未足額進用率高達59.68%；彰化縣差額補助費未收率達17.02%；雲林縣未足額進用率及未收率皆偏高；南投縣則完全未進用率高達37.61%；連江縣則本項業務推動明顯停滯，都是值得改進者。

三、基金運用情形

基金管理與運用良好之縣市有台北市、高雄縣、台中縣、彰化縣等四縣市，其中尤以台北市自去年起採用審查機構團體經費申請補助計畫之方式，有效避免關說及利益分配，值得參考。

基金管理與運用方面值得一提的是台東縣、花蓮縣，這二個地處東部的縣份，基金數額不多，卻能發揮極大之功用。有部分縣市或將基金挪支至福利服務用途，或將經費挪用至政府公務部門，甚至與身心障礙就業無關之人事費，均需進一步改善。不管哪一個縣市，真正用在身心障礙者就業服務工作上的經費，比例上均有待大幅提升。

四、業務推動情形

　　在業務計畫與推動部分，基本上大部分縣市都依規定訂定基金管理辦法，有十九個縣市政府表示有訂定年度計畫並依計畫執行，但並未訂定細部的工作計畫或是執行計畫；只有十二縣市表示有辦理地方身心障礙需求調查，只有十三縣市對申請案件訂定計畫評估標準，同時僅有七個縣市對申請案件進行績效評量，這些結果顯示各縣市政府對該項業務推動的觀念與方式，仍有相當大的改善空間。（如表7-1）

　　是以本文僅就研究結果，提供以下之建議：

1. 積極催收各機關構積欠之應繳差額補助費，藉以對未進用身心障礙者之機關（構）施加壓力促其積極進用身心障礙者，以符合身心障礙者保護法「定額進用」之立法美意。
2. 本基金之設置目的，在於積極推動障礙者的就業，但根據各縣市

表7-1　各縣市促進障礙者就業業務推動情形

項目	已實施縣市數
辦理障礙者就業服務之訓練研習	17
訂定計畫補助評估標準	13
辦理障礙者就業需求調查	12
編列公務預算推動障礙者就業	7
對申請案件辦理執行績效評量	7
訂定促進障礙者就業之短中長期計畫	1

施行結果，眞正用在障礙者就業推動、職業訓練等項目之經費所占比例甚小，效果亦甚有限。是以主管機關勞委會職訓局宜主動負起督導責任，可先行以行政命令規範使用範圍，以免有些縣市誤用或挪用本項基金。

3. 建議各縣市政府確實進行轄區身心障礙者就業需求調查，以正確掌握現況與需求，並依此調查結果訂定身心障礙者就業促進之短中長期計畫，確保資源之有效運用；中央政府亦應有全國性之障礙者就業需求調查以及短中長期就業促進計畫。

4. 建議舉辦各縣市身心障礙就業業務主管及工作人員研習訓練，以強化其計畫、執行及追蹤考核能力，確保經費補助計畫之有效分配與執行效果。

5. 爲有效確保基金確實使用於原設定目標，主管機關勞委會可邀集學者專家以及實務界代表，擬定補助經費之審查評量標準，以及績效評鑑標準，以收應有之效能。

6. 鑒於各縣市財力不一，本項基金餘絀差距甚大，爲求未雨綢繆，似宜將各縣市本項基金，提撥一定比例並由中央提撥一定金額，成立全國性之身心障礙者就業基金，以收統籌運用之效果，並帶動各縣市本項業務之推動。

（本文參考行政院勞委會職訓局委託連德發展基金會所進行之各縣市障礙者就業基金業務訪視之報告內容，特此致謝）

參考書目

王國羽（2001）。〈我國身心障礙福利政策與服務體系〉，載於「身心障礙者照顧服務體系學術研討會」手冊。

內政部（1995）。《台灣地區殘障者生活狀況調查報告》。

行政院勞委會職訓局（1999）。《身心障礙保護法暨就業服務相關附屬法規彙編》。

行政院勞委會職訓局（1998）。《身心障礙者職業訓練與就業輔導之理論與實務》。

行政院勞委會（2001）。《身心障礙者定額進用業務訪視報告》。

周月清（2000）。《障礙福利與社會工作》。台北：五南。

黃志成、王麗美（2000）。《身心障礙者的福利服務》。台北：亞太。

黃旐濤（1999）。《我國當前身心障礙者福利政策之分析》。雁山印刷公司。

台灣省政府社會處（1992）。《台灣省殘障者生活及工作狀況調查報告》。

其他：各縣市政府接受本項訪視之自評表、簡報及書面資料等。

7.2 〈我國身心障礙者就業輔導政策之研究──以障礙者就業基金之運用為例〉之回應

陳俊良
伊甸基金會執行長

　　由於一九八〇年我國第一次制定的殘障福利法基本上較偏向殘補性質，因此政府對於殘障者就業服務措施是抱持著救濟與消極的態度。隨著民主社會的進步、以及福利消費者意識的高漲，殘障者本身（或家人）及殘障福利相關團體與機構開始體認殘障者不是不能工作的依賴者，而是可以透過各種職業訓練或就業服務相關措施來提升其工作效能與產能；殘障者也是有基本工作權。

　　無奈社會大眾對於提升弱勢者社會權的觀念上有相當阻礙，有鑑於此，殘障團體（機構）便開始醞釀殘障福利法修法工作，一方面透過修法來導正政府與社會大眾的觀念，二方面進而掃除殘障者就醫、就學、就養、就業、無障礙環境等的障礙；定額進用政策便是在這樣的背景並參考英、日、德等國的經驗下引進的。

　　一九九〇年修定後的殘障福利法已納入公私立機關（構）的進用義務單位必須按一定比例雇用殘障員工的規定，實施幾年下來，卻也發現一些問題：如專戶主管機關雖為社政單位，然而社政單位並不是實際負責就業服務相關措施之主管機關，以至於發生專戶經費無法專款專用的

情形；又專戶年度預算需經過議會審議，以致常常發生議會審查程序耽擱的問題使得經常性服務無法持續、或是專戶成為議員挪用的荷包等缺失。

因此一九九七年殘福法再度修法改為身心障礙者保護法，並將專戶改名為「身心障礙者就業基金專戶」、主管機關改為勞政主管機關、並規定專戶不受年度預算的限制，這些改變均是為修正以上所述之弊病。然而，轉眼之間又過了四年，到底目前各縣市就業基金專戶運用的情形如何？以往的缺失改善的狀況又如何？似乎這次勞委會的訪視活動及作者的研究分析已有了些許的答案，筆者先針對此部分提出一些個人見解如下：

一、對身心障礙者就業基金專戶督導管考權責

基於地方制度法的精神，身心障礙者就業基金專戶應歸屬地方政府負責，然而根據本文分析發現，各縣市政府對於專戶的運用普遍缺乏計劃與與管考，根據實務經驗我們也有這樣的發現。專戶從一九九八年七月正是移轉給各縣市勞政單位時便發現其專業人員短缺與經驗不足的問題。因此，各縣市政府如何整合社政與勞政的資源有效移轉經驗，而中央主管機關如何有效對各縣市進行督導管考工作，實是當務之急。

二、差額補助費繳交分配問題

目前各就業基金專戶是由各縣市政府自行負責催繳與保管運用，作者在分析中也發現各縣市催繳情形多採被動狀況。如果台北市因為錢夠多而不想花力氣催繳還情有可原，但為何其他各縣市也發生這種現象，值得深入瞭解、探討。

目前差額補助費繳交方式確實有些問題，例如進用義務是以總公司為計算單位就不盡合理！以目前來說，幾乎所有企業單位總公司位於台

北市，工廠或子公司位於其他縣市，因此造成污染發生在其他縣市但差額補助費卻繳交至台北市的不公狀況。

筆者認為，基金專戶應全數繳交中央，再由中央依各縣市身心障礙人口數做比例分配，但此前提是與此相關的配套措施亦應妥善規劃，包括如何繳交和催繳差額補助費。

三、專戶運作狀況

作者在訪視中發現，各縣市專戶委員會組成比例大致多符合法令，但委員的遴聘是否符合民主程序？其模式是否呈有效議事運作？均有待進一步瞭解。

在基金運用方面，除了有未專款專用情形外，補助標準與評估標準多未建立也是相當嚴重的問題，此均會造成基金運用錯置或浪費的情況。若主管機關未能重視此問題的嚴重性，且相關公務預算未能反映需求編列，除了漸漸看著基金坐吃山空外，恐將迅速瓦解目前好不容易才建立起來，稍有基礎的身心障礙就業措施。

此外，針對本文內容與寫作方式，筆者提出幾點淺見：

■相關統計數字以表列方式呈現較清楚

文中之研究結果呈現許多寶貴數字分析，若能表列其分析結果應有助於讀者閱讀。

■分析項目與內容應更明確

文中對於定額進用率的分析發現台北市與南投縣未達定額進用的情形最嚴重，因此論斷此二縣市政府對障礙者就業權益漠視，但根據瞭解，目前定額進用率的計算是以行政區為劃分單位，因此位屬中央區域之台北市進用義務單位尚包括中央相關部會；同理，南投縣包括原省屬各進用義務單位均計算進去。因此驟然下此論斷有點危險。

又基金支用單位與項目分析文中，分析項目似乎不夠明確，如作者將支用單位分爲雇用單位、身心障礙福利機構、政府機關與創業貸款，然而「創業貸款」並不是單位，應是「身心障礙者個人」吧？在支用項目分析中，分爲職業訓練、就業服務、創業貸款、福利服務、人事費用、其他有關促進身心障礙者就業業務、非身心障礙者就業業務等，這樣的分類似乎有重複不清的地方，如福利服務是否可歸類於非身心障礙者就業業務還是其他有關促進身心障礙者就業業務？

此外，台北市在就業服務支用項目所占比例爲37.66%，這是否包括其建制之就業資源中心？若包括的話，其中心之人事費與設施設備費是否另有歸類？

因此筆者認爲此分類方式似乎因各單位主觀認知不同，而有相當變異情形。

又作者認爲「真正用來促進身心障礙者就業的創業貸款只占0.44%」，評論其「未免明顯偏少」，如此評論似乎有待考量，似乎應瞭解整體身障者就業情況與資源配置情形再做論斷較爲妥當。

■應加強著力於「身心障礙者就業輔導政策」的論述與分析

本文題目定爲「我國身心障礙者就業輔導政策之研究——以障礙者就業基金之運用爲例」，但全文均偏重於就業基金運用情形之分析，甚少著墨於身心障礙者就業輔導政策施行之分析，殊爲可惜。

8.1 我國現行身心障礙福利機構服務之省思及未來發展——以台北市為例

陳志章

台北市政府社會局三科科長

摘要

　　殘障福利的推展是現代國家的指標，民國七十年之「國際殘障年」活動後，喚起國內大眾對殘障人士的重視。從殘障福利法於二十幾年間，經過多次討論、修正為身心障礙者保護法的過程，可見政府部門對身心障礙者福利改善的決心。

　　有關身心障礙福利機構服務之部分，內政部因應身心障礙者保護法之修訂實施，陸續訂定公布身心障礙福利服務機構設施標準、身心障礙福利服務機構評鑑辦法、規範身心障礙福利服務機構的服務型態及設施標準，作為福利服務機構設置及獎勵輔導之依據。而台北市政府社會局除積極籌設各類型身心障礙福利機構外，並為對所立案之福利服務機構作深入的瞭解及輔導，於八十九年舉辦第一次之機構評鑑，由國內理論及實務界之專家學者組成之評鑑小組，對在社會局立案之身心障礙福利服務機構進行評鑑，評鑑的內容大綱為專業服務、權益維護、設備設施、安全衛生、健康維護、財務管理、行政管理、員工管理等八大項；進行的方式為各機構先針對評鑑大綱做自評，並準備相關的書面資料，供評鑑委員翻閱查詢；評鑑結果分為特優、優等、中等、輔導等級，針

對特優及優等機構，給予獎勵及機構觀摩，對中等及輔導機構則要求其提出改善並給予適當之協助。

關於身心障礙福利機構之省思及未來發展是見仁見智的問題，唯有依據身心障礙者之需求，積極規劃各類型身心障礙福利機構，以提供符合其需求之服務，更透過公開、公正的評鑑，始能獲得切實、可行之資料、發覺問題，作爲輔導及改善福利機構之依據。

關鍵字：身心障礙者、機構服務、機構評鑑。

壹、前言

殘障福利的推展是現代國家的指標，民國六十九年殘障福利法發布實施，且民國七十年之「國際殘障者年」活動後，喚起大眾對殘障人士之重視。從將殘障者關在家裡、與外界隔絕，到現今之與社會融合，這些改變是公、私部門共同努力的成果。從殘障福利法於二十幾年間，陸續經過多次修正，至民國八十六年修正爲「身心障礙者保護法」的過程中，可見政府部門對身心障礙者的重視及改善的決心。而其中之條文亦朝向切實化，顧及身心障礙者之各個層面（就醫、就學、就養、就業）的需求；使身心障礙者獲得足夠的照顧、提升生活品質，也使有心爲他們服務的人，有明確的法令依據遵循，使身心障礙者得到最妥善的處遇。

內政部因應身心障礙者保護法第六章福利機構的實施，於民八十八年五月二十六日發布障礙福利機構設施標準，六月十六日隨即發布身心障礙福利機構評鑑辦法，規劃身心障礙福利機構的型態及設施標準，亦針對身心障礙福利機構進行評鑑，作爲福利機構獎勵及輔導改善之依據。內政部針對身心障礙福利機構之評鑑，九十年度已進行第五次，而台北市則於八十九年度第一次舉辦，針對於社會局立案之三十八家公、私立身心障礙福利機構進行評鑑，評鑑的內容大綱分爲專業服務、權益維護、設備設施、安全衛生、健康維護、財務管理、行政管理、員工管

理等八大項、二百一十二小項評分；進行的方式爲各機構先針對評鑑大綱作自評，並準備相關的書面資料，供評鑑委員翻閱查詢；評鑑委員由國內理論及實務界之專家、學者組成，評鑑時，分組實地進入機構進行評鑑（包括夜間及日間）。再將評鑑結果彙整，評出特優、優等、中等、輔導之等級，針對特優及優等機構給予獎勵及辦理機構觀摩，對中等及輔導機構則要求其提出改善計畫。

　　針對我國身心障礙福利機構服務之省思及未來發展之議題，爲求內容之公信力且避免受到個人主觀意識之影響，故以機構服務之現況及機構評鑑之結果作分析，針對分析結果作適當之說明，期透過研討會之討論，使理論與實務合而爲一，並作爲日後機構評鑑之修正參考。

貳、法源依據

　　我國第一次專爲身心障礙者立法爲於民國六十九年六月二日，由總統公布實施之「殘障福利法」，殘障福利法中的服務對象共分七類，包括：視覺障礙者、聽覺或平衡機能障礙者、聲音機能或語言機能障礙者、肢體障礙者、智能不足者、多重障礙者、其他經中央主管機關認定之殘障者。在民國七十九年修訂後，增爲十一類，除前七項外，又增加重要器官失去功能者、顏面傷殘者、植物人及老人癡呆症患者、自閉症共四類。而在八十四年再度修正後，又增加慢性精神病患者一類。民國八十六年修法後，我國身心障礙福利服務對象共分下列十四類：視覺障礙者、聽覺機能障礙者、平衡機能障礙者、聲音機能或語言機能障礙者、肢體障礙者、智能障礙者、重要器官失去功能者、顏面損傷者、植物人、癡呆症者、自閉症者、慢性精神病患者、多重障礙者、其他經中央衛生主管機關認定之障礙者。

　　而殘障福利服務機構之條文亦由殘障福利法第八條之省（市）、縣（市）政府應按需要設立或獎勵民間設立下列各類殘障福利機構：盲人

教養機構、聾啞教養機構、肢體殘障者教養機構、智能不足者教養機構、義肢製造裝配所、傷殘重建機構、盲人讀物出版社及盲人圖書館、重殘養護機構、其他及育樂機構；且機構得就其所提供之設施或服務酌收必要費用。第九條之殘障福利機構之業務，應擇用專業人員辦理之。第十四條之直轄市社會局及縣（市）政府，對殘障者應憑殘障手冊予以下列輔導或安置：需要醫療者，轉介公、私立醫院或復健機構、需要重建者，轉介有關重建機構、需要就學者，轉介適當學校、需要教養者，轉介教養機構、需要就業者，由就業輔導機構轉介、需要養護者，轉介養護機構、需要社會服務者，轉介社會福利機構、其他適當之輔導或安置。修訂為身心障礙者保護法之成立專章（第六章）規定；包括第五十八條之各級政府應按需要自行或結合民間資源設立下列身心障礙福利機構：教育、醫療、護理或復健機構、視障者讀物出版社及圖書館、身心障礙庇護工場、職業訓練及就業服務機構、身心障礙收容及養護機構、服務及育樂機構、其他身心障礙福利機構；且機構之業務應遴選專業人員辦理，機構得就其所提供之設施或服務酌收必要費用；機構之設立辦法、設施標準及獎助辦法，由中央各目的事業主管機關定之。第五十九條之設立身心障礙福利機構，應向各目的事業主管機關申請許可。第六十條規定設立之規模以社區化、小型化為原則。第六十一條之主管機關應定期輔導與評鑑身心障礙福利機構，經評鑑成績優良者，應予獎勵；辦理不善或違反設立標準者，應限期改善，辦法由中央主管機關定之。第六十二條之鼓勵採購身心障礙福利機構所生產之物品及可提供之服務。由此可知，身心障礙者保護法更周延性的規範福利服務機構的類型以滿足身心障礙者多元化的需求，更期機構朝向社區化、小型化之原則規劃，以提供身心障礙者便利性、及時性的服務。

　　配合身心障礙福利服務機構的建立，內政部陸續於八十年六月二十四日發布，並於八十八年六月十六日修正身心障礙福利服務機構設立及獎助辦法，使身心障礙福利服務機構設立有所遵循，並鼓勵民間設立身心障礙福利機構，以維持身心障礙者之生活。又於八十八年五月二十六

日修正發布身心障礙福利機構設施標準，爲維護身心障礙福利服務品質，保障受服務者之權益，並規定身心障礙福利服務機構之設施目的、原則；及將身心障礙福利服務機構分爲住宿機構、日間服務機構、庇護工場、福利服務中心等四類，並針對各類機構工作人員之資格訂定、硬體設施做明確之規定。此外爲維持身心障礙福利機構的服務品質，並於八十八年六月十六日發布身心障礙福利機構評鑑辦法，以作爲福利機構獎勵及輔導改善之依據。

參、機構教養之發展

機構教養盛行於十九及二十世紀初期的西方國家，其發展的主要目的爲減低家庭照顧障礙者或行爲有偏差者的困難，是一種取代家庭教養功能的替代性服務。這種教養機構在西方國家即爲所謂的戶外安置模式，類似爲國內之失依兒童之孤兒院或育幼院、失依老人之仁愛之家、精神病患之療養院、少年輔育院或監獄、及障礙者之教養院，尤其是心智障礙者之啓智教養院。

十九、二十世紀初期，機構教養的服務哲學是建立在一種差別待遇的基礎，是一種病態學的觀點，對障礙者抱以負向、貶低、害怕、可憐、慈善的態度，主張將他們以集中管理的方式，與一般社區隔離，屬大型教養院、養護性的照顧服務模式。一九六〇年代，對障礙者的態度稍有改變，認爲他們的潛能有限、他們是低能、障礙的，他們只能安置在一個孤立、特殊的地方學習，對輕度及高智商者存有一些期待，但對重度障礙者及低智商者沒有期待，此時期以強調障礙之庇護所、重視特殊性、依靠硬體設備的服務模式（如教養機構及庇護工場興建）。隨著人權意識之興起，一九七〇年代發展整合式的服務模式，對障礙者抱著正向、尊重且相信他們有無法預知潛能的態度，對他們的期待很高，認爲他們能力上的限制是因爲缺乏訓練及適當的環境，強調個別化的安

排、個別性的協助及環境上的改善，以支持個人強處的服務模式，集中住宿型的教養機構已逐漸減少中。

　　國內的智能不足教育起步較晚，由民間之教會團體率先興起，如天主教聖母聖心會於六十年創辦智能不足的幼童班。六十九年殘障福利法公布實施後，台北市政府針對身心障礙者，於山明水秀的陽明山規劃成立一大型住宿、通勤教養機構，進行身心障礙者之復健醫療、教養、照顧之服務。民國七十年以後啓智教育有了突破性的發展，尤其聯合國推廣的「國際殘障者年」活動，帶來大量的資訊，不但機構紛紛設立，人權意識更逐漸抬頭。各類的身心障礙福利服務機構如雨後春筍地增多，擴充其服務型態及服務內容。

　　以台北市爲例，根據台北市政府社會局（民八十九年）之資料顯示，到八十九年止，共有身心障礙者福利機構（含通勤教養）四十家，其中公立機構三家、私立機構二十二家、公設民營機構十五家；服務對象包括各類身心障礙者，其中以智障者居多（三十家）、學習障礙者（一家）、自閉症者（一家）、視障者（一家）、植物人（一家）、腦性麻痺（一家）、顏面傷殘者（二家）；服務方式包括住宿教養、通勤教養、養護、職訓教養、早期療育及開放式服務等；表8-1中顯示出：從民國五十年至六十九年間，身心障礙者福利機構共三家（住宿、日間教養、開放性服務各一家），七十至七十九年增加五家（住宿一家、日間教養三家、開放性服務一家），占全部機構13%；民國八十年至八十九年間又增加三十二家（住宿十二家、日間教養十六家、開放性服務四家），占全部機構79%（其中公設民營的機構爲十五家占53%）；由上述之資料顯示台北市政府社會局對身心障礙者福利服務之重視，而未來在障礙福利計畫方案中，以小型、社區化的服務模式仍在繼續成長中，服務對象廣泛，包括各類身心障礙者，尤其是心智障礙者，亦陸續在每個行政區發展身心障礙者福利機構，以嘉惠每個身心障礙者。然而目前有關慢性精神病患者、聽障者之福利服務機構目前仍未設立，僅提供開放式之服務模式，這是目前需要努力的方向。

表8-1　台北市身心障礙福利機構一覽表

成立時間	所有機構	屬性			服務對象	服務量		服務型態
		公立	公設民營	私立		住宿	通勤	
56	1			1	各類障礙者			開放式服務
60-69	2	0	0	1	五個月至五歲以下腦性麻痺、多重障礙重度智障兒童	50	0	養護
		0	0	1	十五歲以上智障及合併智障之多重障礙者	0	50	通勤（教養職訓）
70-79	5	1			十五至六十歲中、重、極重度智障及合併智障之多重障礙者	344	156	住宿、通勤（教養職訓）
				1	學齡前智障及合併智障之多重障礙者		120	通勤（教養）
				1	視障者			開放式服務
			1		學齡前及十五歲以上中、重、極重度智障及合併智障之多重障礙者		150	通勤（教養職訓）
				1	三至十六歲有學習障礙兒童			通勤
80-89	32			1	學齡前智障及合併智障之多重障礙者		25	通勤（教養）
				1	學齡前智障及合併智障之多重障礙者		22	通勤（教養職訓）
				1	學齡前智障及合併智障之多重障礙者		30	通勤（教養）
				1	十五歲以上智障及合併智障者	7	19	住宿、通勤（教養職訓）
				1	十五歲以上智障及合併智障者	20	13	住宿、通勤（教養職訓）
				1	顏面傷殘及重大灼傷者	9	11	住宿、通勤
				1	顏面傷殘及燒、燙傷者	9	1	住宿、通勤及開放式服務
				1	低收入戶家庭植物人	24		安養
				1	中、重、極重度多重障礙腦性麻痺人士及家庭		35	通勤、早期療育、教養職訓

（續）表8-1　台北市身心障礙福利機構一覽表

成立時間	所有機構	屬性			服務對象	服務量		服務型態
		公立	公設民營	私立		住宿	通勤	
				1	十五歲以上智障者		25	通勤（職訓）
				1	各類障礙者（以肢障為主）			開放式服務
				1	各類障礙者			開放式服務
				1	各類障礙者			開放式服務
				1	設籍本市持有身心障礙手冊滿十六歲之心智障礙者		10	職訓
		1			各類障礙者			開放式服務
				1	十五歲以上中、重、極重度智障及合併智障之多重障礙者	43	48	住宿、通勤（教養職訓）
				1	學齡前中、重、極重度智障及合併智障之多重障礙者		28	通勤（教養職訓）
				1	十五歲以上中、重、極重度智障及合併智障之多重障礙者		100	通勤（教養職訓）
				1	十五歲以上中、重、極重度智障及合併智障之多重障礙者	20	50	通勤（教養職訓）
				1	中、重、極重度自閉症者		32	通勤（教養）
				1	學齡前及十五歲以上中、重、極重度智障及合併智障之多重障礙者	20	50	通勤（教養職訓）
				1	十五歲以上中、重、極重度智障、肢障及合併肢、智障之多重障礙者	45		住宿（教養）
				1	十五歲以上身心障礙者		60	通勤（教養職訓）
				1	學齡前及十五歲以上中、重、極重度肢障及合併智障之多重障礙者。對象不限。		80	教養、職訓

（續）表8-1　台北市身心障礙福利機構一覽表

成立時間	所有機構	屬性			服務對象	服務量		服務型態
		公立	公設民營	私立		住宿	通勤	
			1		十五歲以上中、重、極重度智障、肢障及合併智障之多重障礙者		100	通勤（教養職訓）
			1		十五歲以上中、重、極重度養護性之身心障礙者	50		住宿
			1		十五歲以上及六十五歲以下中、重、極重度肢障及合併其他殘障之多重障礙者	48		住宿
			1		十五歲以上中、重、極重度智障及合併多重障礙者		60	日間照顧早期療育
			1		十八至六十歲中重度肢障合併多障之脊髓損傷者	6		
				1	十五歲以上之身心障礙者(智障為主)		10	通勤、教養職訓
				1	○至六歲身心障礙兒童		13	日間服務、個案管理

肆、台北市身心障礙福利機構服務現況

　　台北市身心障礙福利機構總計三十九家，詳如「台北市身心障礙福利機構一覽表」，其中由政府編列預算辦理者有三家；由政府委託民間經營之公辦民營機構計有十五家；由民間自行經營之機構有十五家、服務性機構有六家。依內政部於八十八年公布之「身心障礙福利機構設施設備標準」，機構所提供之服務以功能作區分，劃分為住宿機構（又區

分為全日型住宿機構及夜間型住宿機構）、日間服務機構、庇護工場、
福利服務中心，以下就該機構類型簡述台北市身心障礙福利機構提供之
服務如下：

一、住宿機構

（一）全日型住宿機構

此類型機構日間提供教育訓練，內容包括職業技能訓練、庇護工
場、生活技能訓練、啓智教育訓練、早療服務、醫療復健；夜間則提供
生活自理、社區適應活動及住宿服務，然亦有部分機構以醫療照護為
重，而提供全日型之住宿服務，這些機構如表8-2：

表8-2　全日型住宿機構

屬性	機構名稱	服務對象	服務量	服務內容
公立機構	台北市立陽明教養院	十五歲以上至六十歲中、重、極重度智障及合併智障之多重障礙者	500	住宿服務、庇護工場、職業技能訓練、生活技能訓練、啓智教育
公設民營機構	弘愛服務中心	十五歲以上中、重、極重度智障及合併智障之多重障礙者	75	住宿服務、職業技能訓練、生活技能訓練
	城中發展中心	學齡前及十五歲以上中、重、極重度智障及合併智障之多重障礙者	70	住宿服務、早療服務、職業技能訓練、庇護商店、生活技能訓練
	鵬程啓能中心	十五歲以上重、極重度智障、肢障及合併肢、智障之多重障礙者	40	住宿服務、職業技能訓練、生活技能訓練、醫療復健

（續）表8-2　全日型住宿機構

屬性	機構名稱	服務對象	服務量	服務內容
	一壽養護中心	十五歲以上六十五歲以下中、重、極重度肢障及合併其他殘障之多重障礙者	48	住宿服務、職業技能訓練、生活技能訓練、醫療復健
	一壽照顧中心	十五歲以上中、重、極重度養護性之身心障礙者	50	住宿服務、職業技能訓練、生活技能訓練
	崇愛發展中心	十五歲以上中、重、極重度智障及合併智障之多重障礙者	91	住宿服務、職業技能訓練、生活技能訓練
私立機構	聖安娜之家	五個月至五歲以下腦性麻痺、多重障礙重度智障兒童	50	住宿服務
	陽光重建中心	顏面傷殘及燒傷及燒、燙傷者	59	住宿服務、醫療復健
	創世清寒植物人安養院	低收入戶家庭植物人	24	住宿服務
	陽光兒童中心	顏面傷殘及重大灼傷兒童	12	住宿服務、醫療復健

（二）夜間型住宿機構

該類型機構日間學員則在外就業或接受教育訓練，夜間則至機構接受住宿服務，這些機構如表8-3：

表8-3　夜間型住宿機構

屬性	機構名稱	服務對象	服務量	服務內容
公設民營機構	松德團體家庭	十八至六十歲中、重肢合併多障之脊髓損傷者	6	住宿服務
私立機構	心路社區家園	十五歲以上智障及合併智障之多重障礙者	33	住宿服務
	育成和平發展中心	十五歲以上智障及合併智障之多重障礙者	26	住宿服務

二、日間服務機構

　　日間服務機構包括提供早期療育、教育訓練及職業技能訓練等服務之機構，部分機構以提供早期療育之功能爲主，部分機構則採綜合性之服務，這些機構如表8-4：

表8-4　日間服務機構

屬性	機構名稱	服務對象	服務量	服務內容
公設民營機構	永明發展中心	十五歲以上中、重、極重度智障及合併多重障礙日間照顧、〇至六歲早期療育及外展服務	60	早期療育、職業技能訓練
	心愛兒童發展中心	學齡前中、重、極重度智障及合併智障之多重障礙者	60	早期療育
	弘愛自閉症復建及職訓中心	中、重、極重度自閉症者	32	早期療育、職業技能訓練
	博愛兒童發展中心	學齡前及十五歲以上中、重、極重度智障及合併智障之多重障礙者	150	早期療育、職業技能訓練、生活技能訓練
	萬芳發展中心	學齡前及十五歲以上中、重、極重度智障及合併智障之多重障礙者，科技輔具不限對象	80	早期療育、職業技能訓練、生活技能訓練
私立機構	佳音兒童發展中心	學齡前智障及合併智障之多重障礙者	22	早期療育
	育仁啓智中心	學齡前智障及合併智障之多重障礙者	30	早期療育
	育成裕民發展中心	十五歲以上智障者	25	職業技能訓練、生活技能訓練
	育成和平發展中心	十五歲以上智障及合併智障之多重障礙者	26	職業技能訓練、生活技能訓練

屬性	機構名稱	服務對象	服務量	服務內容
	同舟發展中心	學齡前中、重、極重度多重障礙腦性麻痺人士及其家庭	25	早期療育
	心路兒童發展中心	學齡前中、重、極重度多重障礙腦性麻痺人士及其家庭	25	早期療育
	第一兒童發展中心	學齡前、（五歲以上）智障及合併智障之多重障礙者	120	早期療育、職業技能訓練、生活技能訓練
	婦幼家園	○至六歲身心障礙兒童（含發展遲緩兒童）	15	早期療育、個案管理

三、庇護工場

　　該類機構以餐飲服務、糕餅製作、清潔打掃、成衣製作、禮品包裝、陶藝製作、網版印刷及代工等職種為主，部分獨立成立，部分附設於住宿型機構，這些機構詳列如表8-5：

表8-5　庇護工場

屬性	機構名稱	服務對象	服務量	服務內容
公立機構	台北市立陽明教養院	十五歲以上至六十歲中、重、極重度智障及合併智障之多重障礙者	500	餐飲服務、糕餅製作、清潔打掃、網版印刷、代工
公設民營機構	龍山啟能中心	十五歲以上中、重、極重度智障及合併智障之多重障礙者	100	餐飲服務、代工、成衣製作、清潔打掃
	恆愛發展中心	十五歲以上中、重、極重度智障及合併智障之多重障礙者	100	餐飲服務、糕餅製作、清潔打掃

（續）表8-5　庇護工場

屬性	機構名稱	服務對象	服務量	服務內容
	博愛兒童發展中心	學齡前及十五歲以上中、重、極重度智障及合併智障之多重障礙者	150	糕餅製作
	城中發展中心	學齡前及十五歲以上中、重、極重度智障及合併智障之多重障礙者	70	餐飲服務、代工
	萬芳啓能中心	十五歲以上中、重、極重度各類障別之身心障礙者	60	糕餅製作、陶藝製作
	崇愛發展中心	十五歲以上中、重、極重度智障及合併智障之多重障礙者	91	清潔打掃
	弘愛服務中心	十五歲以上中、重、極重度智障及合併智障之多重障礙者	75	餐飲服務
私立機構	育成裕民發展中心	十五歲以上智障者	25	抹布製作
	育仁啓能中心	十五歲以上智障及合併智障之多重障礙者	50	餐飲服務、代工、成衣製作
	喜憨兒社區照顧中心	設籍本市持有身心障礙手冊滿十六歲之心智障礙者	10	糕餅製作
	心路社區家園	十五歲以上智障及合併智障之多重障礙者	33	清潔打掃
	自立庇護工廠	十五歲以上之身心障礙者（智障爲主）	10	糕餅製作、代工

四、福利服務中心

該類型機構以提供個案管理服務、諮詢服務、就業輔導、休閒育樂活動等多元性服務，這些機構如表8-6：

表8-6　福利服務中心

屬性	機構名稱	服務對象	服務量	服務內容
公立機構	台北市身心障礙福利服務中心	各類身心障礙者	不限	個案管理、諮詢服務、休閒育樂活動
	台北市早期療育綜合服務中心	設籍並實際居住本市半年以上，未滿六歲之發展遲緩或預計會有發展遲緩之兒童或家庭	不限	早療個案管理、諮詢服務
私立機構	艾甸殘友關懷中心	各類身心障礙者	不限	諮詢服務、休閒育樂活動
	友好復健技芸社	各類身心障礙者	不限	諮詢服務、就業輔導、休閒育樂活動
	台北傷殘服務中心	各類身心障礙者	不限	諮詢服務、休閒育樂活動
	伊甸八德服務中心	各類身心障礙者	不限	個案管理、諮詢服務
	光鹽愛盲服務中心	各類身心障礙者	不限	諮詢服務、休閒育樂活動
	勝利身心障礙潛能發展中心	各類身心障礙者	不限	諮詢服務、休閒育樂活動

伍、機構評鑑結果分析

　　依身心障礙者保護法第六十一條之規定、內政部所頒布之「身心障礙福利機構評鑑辦法」之原則，為確保身心障礙福利機構依身心障礙者保護法提供服務，機構服務品質及標準的齊一，及保障身心障礙者於機構中獲得積極性的服務，台北市政府社會局於八十八年度邀集專家學者及實務界代表研擬機構評鑑指標，確立指標後制定「台北市身心障礙福利機構評鑑作業手冊」，通知台北市提供住宿服務、日間訓練、庇護工場之機構評鑑方式，並請機構自評，而後組織評鑑小組，於八十九年三月至五月展開評鑑作業，由評鑑小組依機構之自評書面資料，以一天時間至機構作初步評審，再召開會議複評，以評定機構之等次，其中評鑑指標包括八大項及二百一十二個子項，區分為專業服務（三十二項）、權益維護（十二項）、設備設施（三十四項）、安全衛生（四十一項）、健康維護（十五項）、財務管理（四十一項）、行政管理（十七項）及員工管理（二十項），評鑑結果計有特優機構八家、優等機構九家、中等機構九家及輔導機構二家。以下就各指標之評鑑結果及評鑑小組之建議事項加以分析，以說明此次評鑑結果的具體結論。

一、評鑑指標計分分析

評鑑等次	專業服務	權益維護	設施設備	安全衛生	健康維護	財務管理	行政管理	員工管理
特優等	92.9	91.8	95.2	92.8	96.4	87	88.1	94
優等	80	85	91	87.5	86.7	87	88	86.6
中等	66.6	68.6	86	88.8	71.2	82.3	83.4	79.7
輔導	32.3	19.2	67.5	70	59.4	74.8	86.8	65.7
總平均	68	66.2	85	85	78.4	82.8	86.6	81.5

以總平均來看，專業服務、權益維護及健康維護是最需要加強，而由評鑑等次來看，特優機構以財務管理及行政管理為須加強之重點；優等則為專業服務及權益維護；中等機構則為專業服務、權益維護、健康維護及員工管理（不滿八十分）；輔導機構則除了行政管理外則須加強。

二、評鑑小組建議事項分析

（一）專業服務

優點	缺點
1.具有專業的整合團隊（七家）	1.增加職訓種類（四家）
2.個別服務計畫完整（四家）	2.擬訂合適目標（四家）
3.表格齊全且實用（三家）	3.加強家庭輔導（三家）
4.評估作業詳盡（一家）	4.資料整合（三家）
5.教學模式佳（一家）	5.轉銜服務暨轉介指標（三家）
6.個案資料電腦化（一家）	6.加強社區融合（三家）
7.社會宣導完善（一家）	7.課程設計（二家）
8.服務方案例社區適應活動、專業醫療人員服務、融合教育、轉介照會、自立家園經營有特色（各一家）	8.教學成果評量（二家）
	9.表格設計（二家）
	10.增加生態資料（二家）
	11.增加服務方案，如親職教育、社區適應、住宿家庭氣氛（各一家）

由此可見，身心障礙福利機構在專業服務上以具有整合的團隊服務及完整的個別服務計畫最具特色，需迫切加強的部分則為增加職業訓練的職種，及擬訂合宜之個別服務計畫之目標，另轉銜服務及社區融合之措施亦待強化。

（二）權益維護

優點	缺點
1.家長會組織良好（四家） 2.院生薪資處理規則良善（四家） 3.申訴委員會組織良好（二家） 4.親職教育佳（二家） 5.尊重院民自主（一家） 6.維護個案隱私權（一家） 7.充分結合社會資源（一家） 8.主管主動關懷（一家）	1.成立申訴委員會（四家） 2.加強院生隱私權（三家） 3.生活空間（三家） 4.組織家長團體（二家） 5.學員上課時間拉長（一家）

在權益維護方面，家長會組織完善及庇護工場有良好的薪資處理規則最具特色，而最迫切需加強的為成立申訴委員會以保障院生權益及強化院生之生活空間及尊重其隱私權。

（三）設施設備

優點	缺點
1.專業人員規劃診斷輔具（五家） 2.空間多元運用（三家） 3.定期辦理輔具訓練（二家） 4.專業空間規劃完善（二家） 5.教具整理佳（二家） 6.設備維護佳（二家） 7.無障礙設施完善（二家） 8.緊急呼叫設備規劃佳（一家）	1.無障礙設施待加強（四家） 2.空間擁擠（三家） 3.添購教具教材（二家） 4.設置緊急呼叫設備（一家）

以延聘專業人員規劃診斷輔具之機構最有特色，而機構無障礙設施則有待加強。

（四）安全衛生

優點	缺點
1.膳食管理完善（四家）	1.加強膳食管理，如特殊菜單、廚房
2.定期消防講習（三家）	衛生（五家）
3.儲物分類明確（二家）	2.交通車工作人員急救訓練（四家）
4.各樓層設緊急聯絡訊號（一家）	3.落實消防演練（三家）
	4.儲物空間加強（二家）

　　機構之安全衛生以膳食管理及定期辦理消防講習最具特色，而爲院生擬訂特殊菜單及廚房衛生管理、爲交通車工作人員辦理急救訓練及落實消防演練則有待加強。

（五）健康維護

優點	缺點
1.設立緊急醫療轉介系統（四家）	1.藥品管理，如急救箱規劃、藥物期
2.院生休閒活動佳（三家）	限、用藥記錄（六家）
3.衛教課程完善（二家）	2.健檢資料建立（六家）
4.藥品管理佳（一家）	3.加強衛教課程（二家）
	4.建立意外傷害處理流程（一家）
	5.建立醫療機構合作模式（一家）
	6.增聘護理人員（一家）

　　在健康維護方面，以設立緊急醫療轉介系統及爲院生辦理休閒活動之機構最具特色，而機構有待加強的部分則爲藥品管理及健檢資料的建立，其中藥品管理則須注意急救箱的內容及藥物期限，並須有完整的藥物記錄。

（六）財務管理

優點	缺點
1.建立獨立帳冊（五家）	1.政府補助財產未列入資產帳（五家）
2.收支餘絀表齊全（四家）	2.未劃分行政管理及目的事業支出（五家）
3.按時結報（二家）	
4.憑證整理良好（二家）	3.固定資產平衡表不清楚（四家）
5.會計作業電腦化（一家）	4.未設獨立之平衡表及收支餘絀表（四家）

財務管理部分，以具獨立帳冊及齊全之收支餘絀表之機構最具特色，而有待加強的部分則爲資產管理及帳目登帳不清。

（七）行政管理

優點	缺點
1.組織建全（四家）	1.建立成果評估指標及制度（五家）
2.營運計畫周詳，並有詳細之評估指標（二家）	2.發展中長程計畫（四家）
	3.專業人力增加及專業團隊之整合（四家）
3.成果報告充實（一家）	4.會議決議事項之管考（二家）

機構有健全的組織即有完善的行政管理，而建議加強的部分則建立成果評量指標、增加團隊成員之人力及擬訂中長程計畫。

（八）員工管理

優點	缺點
1.完善督導制度（五家）	1.增聘社工、護理人員（四家）
2.建立服務手冊（四家）	2.建立員工申訴制度（三家）
3.員工管理制度健全（三家）	3.加強教保人員訓練（二家）
4.在職訓練完善（三家）	4.增加機構觀摩（二家）
5.外聘督導制度（一家）	5.督導及授權強化（一家）
6.員工申訴制度（一家）	

員工管理方面，機構有完善的督導制度及服務手冊的引導最具特色，然評鑑小組成對機構之專業人員數量及員工的申訴制度亦表關切，期機構能加強建構。

陸、機構服務之省思及未來發展

一、服務品質的提升

（一）評鑑結果之修正方式

■依評鑑結果進行觀摩及輔導改善

針對特優機構及優等機構除給予獎勵外，亦辦理觀摩讓機構能彼此學習所長，而對中等及輔導機構則分表要求其提出改善計畫，並由機構依其缺失自行延聘專家學者對機構工作人員提供在職訓練及建言。

■持續評鑑以確認改善結果

依據「台北市身心障礙福利機構評鑑作業手冊」之規定，在獎勵與輔導項下擬訂特優機構得於三年內免接受評鑑，優等機構二年內免辦，並可優先接受政府委辦業務或委辦續約，而中等機構則須每年接受評鑑，機構按所需接受輔導，而輔導機構或單項總分在七十分以下則必須於結果發表後三個月內接受追蹤輔導，並接受追蹤評鑑，若在限期之內未顯著改善者，將施予警告或終止契約或依法撤銷解散，因此可知評鑑輔導工作是持續進行，針對辦理優良的機構，則鼓勵其辦理創新方案及成為觀摩學習的對象，而中等機構單項輔導或輔導機構全面輔導則每年持續進行輔導工作，並以專案輔導的方式來提升機構服務之品質。

（二）服務品質提升方向

針對八十九年度之評鑑結果分析，就各項目之缺點，加以省思，擬訂輔導方向如下：

■專業服務

缺點包括加強家庭輔導、增加職訓種類、擬訂合適目標、課程設計、教學成果評量、表格設計、資料整合、轉銜服務暨轉介指標、增加生態資料、加強社區融合、增加服務方案——親職教育、社區適應、住宿家庭氣氛。

大多機構均為個案訂定個別化教養計畫進行教養，其中之教學課程設計、教學目標之擬訂、成果評量等之切實性、可用性堪慮，每個身心障礙者均具個別性、個別差異性大；為確實執行個別教養計畫所訂定之項目需花費大量人力及經費，實非每個機構所能應付？再者，機構中工作人員之專業背景不同、素質參差不齊，是否能勝任？

家庭輔導、親職教育、社區融合、社區適應等方面：目前針對身心障礙者家庭之服務大多仍為經濟補助，有關家中成員之身心方面之服務仍是空白；雖社會大眾對身心障礙者之認知及接納上較有改善，但仍有芥蒂，如何加強宣導身心障礙者、使社會大眾瞭解及接納他們仍是要務。

■權益維護

缺點包括加強院生隱私權、生活空間、成立申訴委員會、組織家長團體、學員上課時間拉長。

機構中的老師為了管理方便，常將學生們視為一整體，採取類似軍事化管理，較少顧及每位學生之個別差異，或許是經費、人力等問題。針對隱私權部分，有關文件資料上之保密能完善處理，但對個體之隱私權維護則較有困難，包括如廁、盥洗、更衣、睡覺、活動、做決定、時

間的安排、個人空間等，身心障礙者在機構中無法感受到在家之自在，其感受為何？

　　成立申訴委員會及家長團體：有關身心障礙者的各項權益，在相關的法令中均訂定清楚，故成立申訴委員會之必要性有待商榷。但組織家長團體則有其必要，除可作為機構與家長間之溝通橋樑外、尚可協助家長解決有關照顧身心障礙者之各種問題、爭取權益、也可作為家長紓解身心的去處。但若家長團體的角色功能發揮不當，則可能成為機構各項業務推展的阻力。

■設施設備

　　缺點包括無障礙設施待加強、空間擁擠、設置緊急呼叫設備、添購教具教材。

　　針對社會福利機構設立之相關法令中，對機構之空間、相關設施均有明文規定，尤其是無障礙環境設施。但對於法令未公布之前成立的機構，則此項規定可能成為問題，政府機關對這些社會福利機構應切實輔導改善，使這些身心障礙者能在安全、合適的環境下學習。

　　至於教養、訓練上所需之設備，則是必要之物品，不可以任何理由為藉口而減少，那會影響學生學習的權益。

■安全衛生

　　缺點包括加強膳食管理（例如特殊菜單）及廚房衛生、交通車工作人員急救訓練、落實消防演練、儲物空間加強。

　　膳食管理方面，除了公立編制有專任營養師為學生開設菜單外，其餘機構此項工作均屬兼辦，或由家長自行準備，且為團體伙食，如何依個別差異落實膳食管理，其中實有困難。

　　緊急救護訓練：醫療衛生相關法規明定，救護車隨車人員需領有急救技能訓練證明（此訓練需每年執行、證明需每年更換），且衛生當局每年均辦理此項訓練，但並未涵蓋交通車。為了身心障礙者生命權益著

想，實應加強緊急救護技能，而其對應擴及機構中所有工作人員及家中成員。

■健康維護

缺點包括加強衛教課程、藥品管理（如急救箱規劃、藥物期限、用藥記錄）、健檢資料建立、建立意外傷害處理流程、建立醫療機構合作模式、增聘護理人員。

這部分涉及機構的經費、人員編制、主事者之認知及重視程度，但這些對機構中的身心障礙者均是需要的，不得因任何理由而忽略。目前除了公立及公設民營機構之醫療保健工作較完善外，其餘機構對於學生之醫療問題均由家長自行就醫處理，遇有緊急狀況則送至附近之醫療院所處理，機構中僅準備簡單之急救藥物，對學生之醫療史也僅做簡單之記載，有關學生醫療之資料較不齊全。但隨著學生的年齡增大、醫療問題增加，很多機構亦陸續發展與醫療院所合作模式，維護學生的身體健康。

■財務管理

缺點包括政府補助財產未列入資產帳、未劃分行政管理及目的事業支出、固定資產平衡表不清楚、未設立獨立之平衡表及收支餘絀表。

公立及公設民營的機構，其組織人員編制有專任之會計人員，對財務管理部分一切依政府規定辦理。而私立機構，其財務管理的工作人員可能是兼辦或外聘，且其財務管理的主管單位為基金會或董事會，故各個機構之相關會計程序不甚一致。而財務管理常成為外界對此機構的詬病，如何落實機構之財務管理實是當務之急。

■行政管理

缺點包括發展中長程計畫、建立成果評估指標及制度、專業人力增加及專業團隊之整合、會議決議事項之管考。

此項目包括機構各項業務之行政管理及學生各項教學活動之行政管理，前者機構較可掌握，而後者則因機構之理念、目標、人員等有變數，發展中長程計畫、建立成果評估指標及制度等，是需專業團隊努力合作而成，而這也是某些小型機構的難處。為了達成這部分的目標，公立及某些組織完善的機構應挺身而出，協助他們，使身心障礙者能獲得合宜的服務。

■員工管理

　　缺點包括督導及授權強化、建立員工申訴制度、增聘社工及護理人員、加強教保人員訓練、增加機構觀摩。

　　組織編制完整，則很多工作均能達成，員工的抱怨相對地減低，何須申訴呢？應從問題的根源著手處理而非頭痛醫頭的做法。

　　員工在職訓練部分，中華民國啓智工作人員專業協會每年均向內政部申請經費，辦理教保人員之在職訓練及機構實習，這是教保人員加強在職訓練的好機會，各個機構應排除萬難讓工作人員參加；再則於平時應視需要隨時邀請專家學者到機構，為工作人員進行相關之指導，或多安排工作人員到相關的機構觀摩、見習，彼此意見交流，使教保工作更臻完善。

二、擴增機構服務型態及內容

（一）增加夜間型住宿服務，促進身心障礙者獨立自主於社區

　　依據身心障礙福利服務機構設施標準第十條第二項規定提供身心障礙者夜間型住宿之機構，包含本法第六十三條第一項之社區家園或團體家庭，目前提供此服務型態之機構公設民營有一家，私立機構有二家，而身心障礙者的住宿需求，一向居高不下，故本持機構社區化小型化之概念，持續規劃此類型之機構，預計於內湖區、萬華區、中正區、松山

區成立該類型機構。

（二）開擴身心障礙福利服務機構功能，建構社區服務網絡

目前身心障礙福利機構中，計分為直接針對身心障礙者教育、訓練。住宿服務之機構及以多元性服務為主之福利服務中心，前者在庇護工場部分則期盼多增加職種，以開擴身心障礙者的就業機會，另亦希望增加專業團隊的人力以發揮專業團隊的功能，提供身心障礙者全面的服務；後者則以提供個案管理、諮詢服務、就業輔導、休閒育樂活動等多元性服務，目前僅有公立機構二家，私立機構六家，期盼扶植更多的團體加入身心障礙的服務行列，亦能增加服務的內容。

針對居住在家中之身心障礙者，則期盼身心障礙福利機構扮演身心障礙者家庭社會支持網絡的一員，成為社區的資源中心，開展身心障礙者居家的服務，無論是機構之外展服務，或充分利用機構之場地開辦定點服務，使居家之身心障礙者能充分運用社區資源，解決家庭照顧之困境。

8.2 〈我國現行身心障礙福利機構服務之省思及未來發展──以台北市爲例〉評論

黃志成

中國文化大學社會福利學系教授

　　本文係以台北市政府社會局在民國八十九年針對全市立案之身心障礙福利機構進行評鑑後之結果，作爲分析資料，其特色至少有下列三者：

1. 內文對台北市身心障礙機構之介紹，包括：名稱、屬性、服務對象、服務量、服務型態、服務內容等有完整的介紹，讓讀者能清楚的瞭解到台北市身心障礙機構之服務狀況。
2. 評鑑係由評鑑小組組成（成員含國內理論及實務界之專家），故所公布之評鑑結果無作者主觀意識之成分，其分析資料之可信度高，且具公信力。
3. 就論文之寫作架構，本文分爲前言、法源依據、機構教養之發展、台北市身心障礙福利機構服務現況、機構評鑑結果分析、機構服務之省思及未來發展，應屬相當得體。

　　此外，本文之寫作方式及內文也有一些有爭議、有待重新思考或可以改進的地方，說明如下：

1.以本學術研討會所發表之學術論文，本篇之學術性顯然有所不
足，例如：
  (1)摘要部分未能對全篇作一簡要描述，尤其占全篇超過一半以上
    內容的「評鑑結果」，在摘要均未提及。
  (2)許多該註明資料出處之資料、文獻或數據，均未能說明資料出
    處。尤其對提供資料之台北市社會局以及辛苦參與評鑑之評鑑
    委員的智慧結果，均未有任何交代。
  (3)論文最後未附參考書目。
  (4)有的表格有附名稱及編號，有的表格沒有名稱及編號。而且表
    格之資料未附資料來源，不符論文寫作規定。
2.內文之敘述，有些文獻或數據可以做些修改者，例如：
  (1)內文之「殘障福利」與「身心障礙福利」兩個名詞一直混合使
    用，應統一。
  (2)內文所敘述之台北市身心障礙福利機構之家數不一，例如在第
    156頁提及「針對於社會局立案之三十八家公、私立身心障礙福
    利機構進行評鑑」、第160頁提及「根據台北市政府社會局（民
    八十九年）之資料顯示，到八十九年止，共有身心障礙者福利
    機構四十家」、第163頁提及「台北市身心障礙福利機構總計三
    十九家」。
  (3)內文第160頁文字敘述之智障者三十家、學習障礙者一家、自
    閉症者一家、視障者一家……顯然與表8-1所述之服務對象不
    符。
3.內文之敘述，有些涉及個人主觀意識，而未有實證資料印證者，
  例如：
  (1)隨著人權意識之興起，一九七○年代發展整合式的服務模式，
    對障礙者抱著正向、尊重且相信他們有無法預知潛能的態度，
    對他們的期待很高……（第159頁）
  (2)……由上述之資料得知，顯示台北市政府社會局對身心障礙者

福利服務之重視。（第160頁）

(3)而未來在障礙福利計畫方案中……服務對象廣泛，包括各類身
心障礙者，尤其是心智障礙者。（第160頁）

(4)目前除了公立及公設民營機構之醫療保健工作較完善外……。
（第178頁）

9.1 吸毒者的社會工作處遇模式
——談中國雲南經驗

張和清

雲南大學社會工作研究所副所長

壹、前言

　　隨著中國改革和開放的進一步深入，各種社會問題日益突出，特別是困擾世界各國的藥物濫用和吸毒問題。雲南因地處中國西南，與世界聞名的毒品中心相接攘，隨著國內社會、經濟、和文化環境的快速變遷，吸毒問題也成為雲南政府和民間關注的焦點。隨著政府大力倡導「減少毒品需求和愛滋病預防，以建立無毒社區」的呼籲，雲南大學社會工作系和研究所的師生也積極參與建立無毒社區的工作。

　　在中國境內，吸毒者經常和犯罪（像是偷、搶、或運輸毒品等行為）聯繫在一起，他們一旦被發現，經常會被家人排斥，或被關，或被趕出家門，有些甚至會被社區所孤立，並以「魔鬼」作為吸毒者的稱呼。在雲南，對吸毒者的處遇模式中，除了司法體系的勞教所和強制戒毒所外，尚有最新試辦成功的金碧社區禁吸幫戒模式和美國戴托普（Daytop Village）的治療社區（Therapeutic Community）模式。雲大社會工作系的師生因緣際會，有機會以社會工作者的身分，觀察並參與這兩種治療模式的運作過程，本文試圖就這兩種吸毒者的社會工作處遇做一些探

討，使國內對吸毒者的處遇能向更高層次發展，並期待與會專家和實務工作者不吝指正。

貳、治療模式概述

一、背景說明

（一）金碧社區禁吸幫教模式

金碧社區的地理位置正好處在昆明市盤龍區東南城郊結合部，有居民五百六十八人，常住人口一千七百九十人，流動人口一百零八人，有十三種民族，這個社區是一個商業網點多，交通便利，流動人口多，社會治安比較複雜的地段。此社區在一九九六年三月被選定為國家禁毒委員會與聯合國亞太經社理事會合作進行的「減少毒品需求、預防愛滋病」方案的國家試辦單位。作為全國唯一的城市試辦社區，在省、市、區各級政府、各級禁毒組織和公安部門的指導下，至今已經結出累累碩果。四年來，社區中原來的十四名戒吸學員中，戒斷鞏固三年以上者有三人，兩年以上者有三人，戒斷一年以上者有四人，一年以下者則有二人。兩年以上戒斷鞏固率為42.9%，因復吸送勞教的有二人，占14.3%。金碧社區則自一九九六年至今無任何新生吸毒者。

（二）戴托普（Daytop Village）治療社區模式

戴托普始建於一九六三年，其創始人是紐約的一名傳教士威廉・奧布萊。直到今天，戴托普已成為一個擁二十餘個治療中心的戒毒機構，每天約有四千餘人接受其所提供的居住或院外的治療服務，它也為歐洲、南美和亞洲各國提供技術援助，為相關機構設計預防和治療方案。

戴托普的復健方案包括了教育、家庭治療、醫療保健、HIV 預防教育、職業培訓和婦女服務方案等。「中美昆明戴托普戒毒康復村」設立已經有將近二年的時間了，它雖附屬於雲南省藥物依賴防治研究所之下，但幾乎完全按照戴托普原有的工作模式運作，目前社區中約有四十多名的居住者。

二、機構組織和工作方式

(一) 金碧社區的「五心工程」

金碧模式被稱為社區禁吸幫教「五心工程」，他們經過十多年的探索，在小南辦事處原有的群眾性幫戒經驗的基礎上，發展出真心、愛心、信心、耐心、心換心的「五心工程」金碧模式。強調用真心和愛心去教育、挽救吸毒者；用耐心、信心去點燃吸毒者的生命之火，揚起他們生活的風帆；用心換心去喚起吸毒者的信心和良心；使他們承擔起對家庭、社會的責任，幫助他們完成由「要我戒」到「我要戒」的主動轉變。

此外，結合社區委員會實際的狀況，制定了「二幫一」（即二名工作人員負責一名戒吸人員），三結合（與家庭結合、與本人結合、與單位結合）的幫戒方法。為了減少吸毒者對毒品的需求、提高戒斷鞏固率、降低復吸率，他們改變傳統的說教幫戒觀念，以提高心理素質作為矯正吸毒者不良行為的主要方法。為吸毒者創造了一個學習、交流、自由、和諧的場所；此外，他們也組織了戒吸學員學習班（也就是團體活動）。在活動中提倡互幫、互戒、互助、自尊、自強、自立；說真話，見行動；靠群體的力量達到戒斷鞏固的目的。

他們還推出「四個針對」的幫戒方法：針對吸毒者不同的家庭幫戒；針對吸毒者不同的行為和心理素質幫戒；針對吸毒者不同的成癮程度幫戒；針對吸毒者不同的環境幫戒。在此基礎上，他們還把幫戒工作

向五個方面延伸：把幫戒工作延伸到吸毒者的家庭；把幫戒工作延伸到吸毒者心靈中；把幫戒工作延伸到單位（有工作單位的）；把幫戒工作延伸到大牆（勞教所）；把幫戒工作延伸到社會。

　　金碧社區在各級組織的指導下，透過實驗摸索出了一套科學的組織管理模式和工作流程。（如圖9-1、圖9-2）

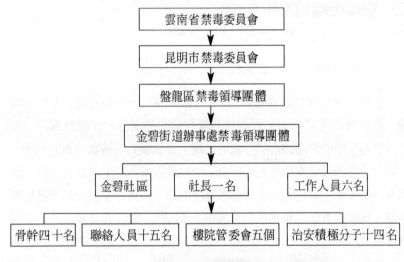

圖9-1　金碧社區禁吸幫教模式組織架構

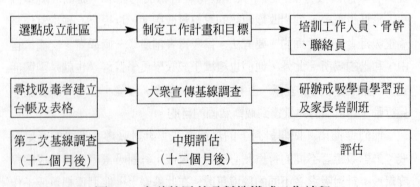

圖9-2　金碧社區禁吸幫教模式工作流程

(二) 強調人本精神的戴托普模式

　　戴托普哲學相信，人是可以改變，而且可以變好，甚至可以提高的，也就是說，相信每一個人都是有希望的。不管有多少的困難，不管過去和現在有什麼困難，相信社區是最有力的治療力量。強調透過社區中人與人之間相互的關心和支援，社區就能促成個人的改變。此外，整個治療社區就像是一個大家庭，有真正的愛和互動，能培養社區居民足夠的安全感和歸屬感，使社區中的每一個人學會對自己和他人負責。

　　在戴托普治療社區中組織架構，可以分成橫向和縱向二個方面來說明（如圖9-3）。橫向的職能分成由清潔工到協調員等五個方面的工作；縱向的層級，則分為由主任到組員，由高到低共分七個層次。在表面看來，這種組織結構似乎很複雜，而且等級分明，但深入分析後會發現，從事職能工作的全是居住者，從組員到工作人員都是在社區中經過艱苦努力，操守時間較長的戒毒者擔任。社區中的五個職能團體，依次分為是清潔組、廚房組、事務組、激勵組和協調員。社區中規定每個新進的社區居住者都必由清潔組幹起，然後逐步向上發展，在這裡你可以透過勞動，從清潔工變成協調員，甚至變成工作人員；也可以變成清潔員，能上能下，機會對所有的人是平等的。（戴托普治療社區模式之工作流程如圖9-4所示）

戒斷期（二十天）──→ 康復期（六至九個月）──→ 重返社會期（三個月）

解決身體對藥物的依賴	行為治療→情感治療→思想治療→職業技能培訓→精神鍛鍊	白天至職業復健洗車場工作，晚上回到社區居住

圖9-4　戴托普治療社區模式工作流程

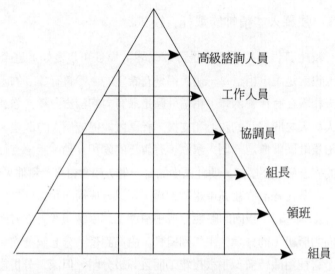

清潔組 → 廚房組 → 事務組 → 激勵組 → 協調員

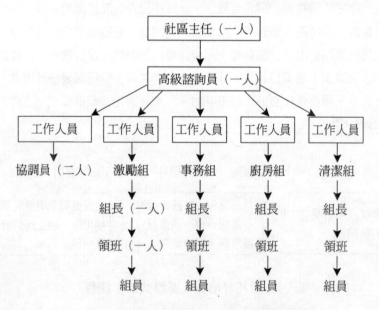

圖9-3　戴托普治療社區模式組織架構

參、社會工作方法的運用

在筆者親身實地進入這兩個治療社區調查後發現，雖然因社會工作專業人員在中國境內尚未普及，兩個吸毒者治療模式中的工作人員均非社會工作專業者，但在這兩個吸毒者治療模式的實際運作過程中，卻可發現許多社會工作方法的運用，筆者嘗試將之整理如下：

（一）金碧模式

金碧社區禁吸幫教模式的建立，主要是奠基在社區中原有的居民組織之上。主要的工作方法則是以個案工作為主，教育性和自助性團體為輔的社會工作模式。七名工作人員都是六十歲以上，居住於社區中的退休人員，他們的價值理念是用「父母般的關愛」不計報酬，無私奉獻，依據金碧模式的「五心」核心理念，幫助社區中的吸毒者。

他們或許未曾受過任何的社會個案工作或是助人技巧的訓練，但本著尊重人格和奉心獻愛的原則，使得學員對工作人員的接納和信任程度非常高。俗話說：「人心換人心」，學員把社區看成自己的第二個家，把工作人員視為自己的親人，對父母不想說的話願意與工作人員分享，願意在學員之間分享。

此外，社區也在工作人員自己的捐獻下，有一個固定的聚會場所，社區中每個月都會定期舉辦活動，也就是他們所謂的「戒吸班」。自一九九六年至今已經舉辦了一百一十多期。每次活動由學員自己主持，自己設計節目，學員在這些團體活動的過程中彼此分享，共同提升。

除了學員的團體活動之外，金碧社區的工作人員（或稱義工）也針對學員的父母親舉辦家長培訓班，作為家長和學員互動的橋樑，改善家長和學員間的關係，以強化學員的家庭支持系統。

（二）戴托普治療模式中的社會工作處遇

　　相對於金碧社區以個案和社區（或者稱爲義工對吸毒者）爲主的處遇模式，戴托普的治療社區的社會工作處遇模式中，則是以自助團體和教育團體（講座）爲主要的社會工作處遇模式。戴托普的居住者在居住期間，除了負責完成所分配的職能工作外，主要的生活內容都是參與不同的自助團體。這些團體依據討論內容的差異，分爲：對質小組、情感發洩小組、碰撞小組、耶穌小組、男生小組和女生小組等。

　　隨著雲南大學社會工作系的發展，專業的社會工作處遇模式也逐漸被引進戴托普戒毒康復村之中，這些處遇模式包括個案工作和家庭治療的工作方法。

肆、後記

　　社會工作是源於西方的社會慈善事業，在一個多世紀的發展歷程中形成了自己獨特的理論和方法技巧，它在助人自助的過程中效果明顯，已經被世界大多數國家作爲專業引進。國內近幾年的社會工作實踐中，非常注重對東西方文化的審視，並透過實務反思社會工作專業的本土化。在這一篇文章中，筆者試圖透過兩個典型的實務案例，一方面向廣大同仁介紹金碧模式和中美戴托普模式的戒毒工作狀況，另一方面藉此思考目前社會工作處遇模式在中國發展的狀況，並以此整合出一些適合中國社會文化環境的社會工作處遇模式。

　　夏學鑾教授把社會工作的價值體系分爲社會價值、專業價值、專業倫理和操作守則四個部分。筆者知道就自己的學識和對社會工作操作守則的粗淺研究而言，所提出的觀點一定還不太成熟，偏頗之處也在所難免，甚至會有許多錯誤；但筆者只想起到拋磚引玉的作用，引起學術界和實務界對國內社會工作專業發展的重視，想必學術界和實務界的前輩和專家們必會見諒我的謬誤。

9.2 〈吸毒者的社會工作處遇模式 ——談中國雲南經驗〉回應文

徐錦鋒
板橋地方法院主任觀護人

　　我針對這篇論文試作一些說明，不過很抱歉，這論文裡有很多的疑點，因為我沒有辦法與原作者討論，因而與談時，可能與事實會有所出入，因此以下建議，如有錯誤之處，還請見諒。談到戒毒的大陸模式，我本身不太習慣，因為從整個台灣戒毒的專業發展來看，此模式可能與我們十年前的模式大同小異；所以從戒毒的專業技術來看，台灣似乎領先大陸。文中談及兩個模式，所謂金碧模式、戴托普治療社區模式，應該是所謂治療性社區的戒毒方案；其中戴托普治療社區模式是屬於長期住宿式的處遇方案。因此如果不加思索地把一些專有名詞硬套在大陸制度的話，可能會不大合適。所以在我拜讀這篇論文的時候，我一直想去探討它的內容，而不是它所用的一些專有名詞，這是我覺得在看這篇論文之前，我們必須先要有的認識。

　　第二點，目前戒毒趨勢已由個人因素，慢慢轉向環境因素的探討；這篇論文選擇雲南，靠近金三角來做社區處遇的一個實驗對象，我覺得頗有遠見。昨天我和一些美國洛杉磯的觀護官在討論，今後戒毒的方向如何走？大家一致認為戒毒者除罪化已成為未來的趨勢，早期只要吸毒的話一律判刑，現在已經慢慢利用醫療處遇的方式來代替刑罰的處罰。

而在美國最近也在考慮一個問題，如果一個小孩從小被父母用毒品來養大的話，我們要怎樣處理？如果照整個刑事法觀念與未來趨勢，我們不應該對這個小孩做處罰。如果不對這個小孩做處罰那又怎麼辦？是不是就讓他自生自滅？我想這是蠻重要的一點，所以我覺得，中國大陸選擇雲南做它整個調查和實驗的對象，對整個大陸而言蠻有遠見的。我們也希望這兩個模式能確實落實並推廣在中國大陸，能夠在雲南的邊界、金三角、甚至是在中南半島的北部發生更大的功用。

文中有提到，所謂雲南的處遇模式，基本上有兩種：一種是司法體系的勞教所與強制戒毒所，上述強制戒毒所應該跟我國早期的煙毒勒戒所，或者現在的戒治所應該是相同的。不過，我所要討論的就是勞改所，因為有此一說，就是假設我們把一個吸毒的人，只要他不是戒斷症狀產生的時候，把他放逐在荒郊野外，過兩三年以後，他自然就會戒毒了；如果他又回歸到原有社會以後，可能他毒癮又要發作了。所以勞教所要怎樣來戒毒，可能要請教大陸的朋友才能知曉。第二種雲南的處遇模式，有所謂中國模式是金碧社區，中國大陸稱為禁吸幫教模式，還有所謂國外模式是戴托普治療社區模式，這是戒毒村，它比較接近國內晨曦會的戒毒村。但是上述兩種模式跟我國政府現階段採用的戒毒模式並不一樣。目前我國政府所採行的戒毒模式分為解毒期和戒斷期等兩個階段。在觀察勒戒所與戒治所未獨立設立之前，暫由看守所和少年觀護所來執行觀察勒戒一個月，一個月後，如果評估結果發現他沒有成癮的話就把他放出去，如果他再犯則再依法來處理。如果評估結果發現他有成癮就進入第二個階段，社會心理復健期。在整個戒治所未單獨設立之前，暫時由監獄來執行強制戒治，期間是三個月到一年。通常強制戒治一期是三個月，只要發現他沒有成癮的話，時間一到便可以釋放。釋放以後就改由警察機關、觀護人來做尿液篩檢及追蹤輔導。追蹤輔導最重要就是一個月要定期來驗尿，如發現有在吸，就要撤銷或停止戒治，這是我們國內戒毒的政府模式。事實上，我國政府也鼓勵初犯自行在醫療機構戒毒，而有鼓勵的除罪規定。民間的晨曦會，它是採用聖經戒毒

（福音戒毒），因此，只要有意願戒毒的人覺得他可以接受超自然的力量，來解決自己沒辦法解決問題的話，就可能成為他們收容的對象。進入晨曦會戒毒村以後，慣例上就是由一個人來陪伴，這點跟大陸戒毒村（Daytop Village）的方式蠻相近的。一般而言，戒毒適應期大概兩週到三週，其後在戒毒村內必須待一年半的時間。

第三點，如果我們將大陸兩個模式和國內的戒毒村做比較的話，在實質上還是有不太一樣，雖然同是戒毒村，實質內容卻是不太一樣。目前我國戒毒工作大概以政府為主，這點跟大陸可能一樣，文中強調金碧社區和戴托普治療模式係探社工模式，因此我試著去找它的社工概念在哪裡，以我個人看法，金碧社區的工作方法，比較強調組織力量，這是所謂二幫一，就是兩個工作人員來帶一個戒毒者，所謂三結合，就是他的資源整合要含括家人、本人和單位，戒毒方法是所謂四個針對，是針對他的家庭因素及行為心理特質因素、不同的成癮程度，還有第四個是不同的環境，那這些成果慢慢延伸到家庭單位，跟所謂勞教所、社會，進而達到金碧社區的輝煌成果。文中談到金碧社區對於在戒毒以後兩年的個案加以追蹤，發現戒毒率能夠達到42.8%，且從他們實驗這個社區之後，那個社區從來沒有人再吸毒。我們非常佩服，這個美麗的數字，故要建議國內衛生署宜儘速派人去考察。因為國內常流行一個笑話：曾經有十個人吸毒的人從監獄假釋，結果八個人再犯回籠，另外一個車禍死亡，另外一個到哪裡去我忘記了。可見國內吸毒再犯的比率相當高，因此我們認為只要達到兩成以上的話，算是績效蠻好的。大陸這一方面能夠有這麼好的成績可能跟他們現行的組織有很大的關係。然而大陸開放以後，整個社會結構已經發生重大改變，沿襲以往的做法，本人猜測勢將無法維持上述的戒毒率。

總之，這篇論文對我們來講，提供我國反毒戒毒制度一個新的省思。我很高興看到社會工作概念已經逐漸在中國大陸開始萌芽，雖然有談到所謂Daytop Village、團體工作等，但是我們關切在目前大陸的制度之下，團體成員的心靈宣洩會不會成為未來鬥爭的焦點，或者成為成員

間開玩笑的一個笑柄，文中有提到這一點，誠屬難得；未來中國大陸若要推廣社會團體工作，似乎應積極培訓人才。文中看得到中國大陸在戒毒的專業人員非常缺乏，甚至也有六十歲的老人擔任義工，以我的年齡來擔任少年觀護人慢慢都不適合了，可見專業工作如果沒有合適的專業人員，推展上將是行不通的。我覺得不管是中國大陸或者是中華民國，或者是其他國家，未來我們都需要在戒毒上多做些努力，否則毒品氾濫的問題，永遠都是個棘手的社會問題。謝謝各位，請多加指教。

10.1 縮短原漢差距——台灣原住民族社會福利政策規劃導向

邱汝娜
行政院原住民委員會社會福利處處長

壹、前言

　　台灣為海島型社會，所住居民一般界分為原住民、閩南、客家及外省族群。「原住民族」一詞，主要是指以南島語系為主的各個民族，共有阿美、泰雅、布農、卑南、排灣、雅美、魯凱、鄒族、賽夏等九個族群，在語言、文化、社會組織上有其獨特性。依據二○○○年六月的台灣人口統計資料來看，原住民族的人口數為四十萬四千六百三十一人，只占台灣總人口數的1.8%左右，屬於台灣地區的少數民族；在地理分布方面，原住民分布的區域雖占台灣地區的45%，但因為歷來外來政權與移民的進入，目前台灣原住民族則多散居在台灣的山地地區和台灣東部沿海地區。

　　正如地理位置的邊緣性，台灣原住民之生活亦處於相當不利之處境，其平均餘命、教育程度、平均所得皆比一般地區為低，因為現代化經濟社會發展的衝擊，原鄉部落人口、家庭、社會結構面臨解組危機，再加上原鄉地區各類資源缺乏，使得原住民族的劣勢情境不斷循環。

　　隨著原住民族意識的覺醒、政治發展的民主化及社會發展的多元

化，對於原住民族生存條件的弱勢處境，爲了扶植與創造相同的立足點，以謀求原住民族長遠的發展，政府不僅在立法上保障原住民族的權益，更於一九九六年底成立行政院原住民委員會，作爲倡導原住民權益，推動原住民地區建設工作，改善原住民生活條件，扶植原住民自立的專責單位，從教育文化、經濟土地、社會福利、政治參與等各面向謀整體之發展。

原住民族所面臨與非原住民生活差距的問題，不僅是個人或家庭層面的問題，也存在著社會結構性因素與社會發展因素的影響。本文將從問題面和社會結構面去瞭解原住民族所面臨的處境，說明原民會在策略上的規劃方向。

貳、台灣原住民社會福利政策理論觀點及社會福利政策回顧

一、原住民社會福利政策理論觀點

原住民委員會成立時，當時總統李登輝先生即指出「在開展原住民工作時，要重視原住民特殊需求，對於原住民教育、生活及就業問題的解決，不能以一般方式處理」（華加志，1997）。爲減少原住民因族群差異遭受機會不平等待遇及產生相對剝奪感，建構符合原住民族群及文化特色的福利措施有其必要性。而在社會福利政策觀點上，也應以「族群特殊需求」爲前提，避免過於簡化套用一般福利理論。行政院原住民委員會特委託專家學者研究原住民社會福利體系之規劃（李明政等，1998），對原住民福利觀點做了系統整理，提出六項原住民政策福利理論觀點（如表10-1），其中與台灣福利多元主義趨勢較相近者爲「文化多元主義的福利觀」及「抗文化剝奪主義的福利觀」。

表10-1　原住民社會福利理論觀點

福利觀	內容	作法	優缺點
自由放任政策的福利觀	沒有社會福利政策即是最佳的原住民社福政策	原住民較能忍受惡劣的生活條件，因此不需特別為他們做社會福利服務	容易擴大優、劣勢族群的社會資源分配不公情形
同化政策的福利觀	協助原住民族認同優勢族群的文化及適應大社會生活環境	在一般社會福利制度外，不需建構專屬原住民族的社會福利制度	損及原住民自尊心，造成原住民重要文化傳統破壞
強化競爭適應政策的福利觀	原住民社會生活的問題根源在於不能適應資本主義的自由競爭市場競爭體制	加強原住民勞動競爭適應、提升其勞動競爭能力	將族群與階級問題混同，不能看出弱勢族群在大社會中的特殊困境
相對自治政策福利觀	原住民社會生活問題有其特殊結構性，並非一般社會成員所能充分瞭解及代為解決	營造資源分配平等環境條件，設置專屬原住民的社會福利體系並培養原住民身分專業社福人員	
文化多元主義的福利觀	原住民社會生活問題、來自於優勢族群對少數原住民族群的文化欠缺認識及尊重，從而造成原住民族新生代對自族文化的疏離	最重要是要改變大社會成員對原住民文化的認知與態度，要改善問題應由一般學校教育、社會教育和原住民部落文化傳承著手	美好遠景，但需考慮現實： 1.教育工作者多不具原住民身分 2.原住民疏離感 3.權力條件配合
抗文化剝奪主義的福利觀	弱勢族群的壓抑，是原住民社會生活過程中不幸的根源	1.揭露壓抑實踐原住民文化生活模式的社會情境（結構面問題） 2.建構文化福利體系，營造原住民族文化生活模式之無障礙條件	改善原住民不利結構處境問題並非一蹴可幾。必須保持思考開放及彈性，衡量現實因勢利導，逐步改善

資料來源：整理自「原住民族社會福利體系之規劃」，原民會委託研究，1998。

文化多元主義觀點認爲原住民社會生活問題來自於優勢族群對少數原住民族群的文化欠缺認識及尊重，從而造成原住民族新生代對自族文化的疏離，原住民社會生活問題改善，最重要是要改變大社會成員對原住民文化的認知與態度，要改善問題應由一般學校教育、社會教育和原住民部落文化傳承著手。

雖然文化多元主義提供給原住民族群及社會其他成員美好遠景，但仍需面對一些現實問題，包括：(1)目前在校、社區或大社會中，從事教育工作者多非原住民，他們能否適切認識原住民文化是一個問題；(2)因爲以往原住民政策的疏忽及錯誤，造成原住民對自己文化形成疏離感；(3)推動文化多元主義福利政策所需權力條件能否充分具備，仍須考慮其現實性。

抗文化剝奪主義的福利觀點則認爲，社會福利的實施是以維繫或發展族群優良文化傳統爲前提，在現實大社會環境中，無法實踐自族優良傳統文化生活模式，這種弱勢族群的壓抑，是原住民社會生活過程中不幸的根源，原住民社會福利工作的根本要務是去揭露壓抑實踐原住民文化生活模式的社會情境，建構文化福利體系，在社會生活各種層面上，營造原住民實踐其自族文化生活模式之無障礙條件。此觀點要解決原住民結構性問題，但改善原住民不利結構處境問題並非一蹴可幾。但是保持思考開放及彈性，衡量現實因勢利導，逐步改善原住民社會生活條件卻是可期的（李明政等，1998）。

二、原住民社會福利政策的回顧

台灣原住民社會福利服務的演變，受到台灣政經環境轉變、政府的原住民族基本政策及社會福利服務價值理念與影響，大致可分爲三個主要的階段：原鄉原住民生活改進階段、都市原住民生活輔導階段、和現階段—原住民社會福利體系建制階段（李明政等，1998）。

（一） 原鄉原住民生活改進階段（四○至六○年）

民國六十年以前，以原住民為對象而類似社會福利服務者，以山胞生活改進業務是最具代表性。民國四十年針對山地山胞訂定之「台灣省山地人民生活改進運動辦法」，是制定生活改進辦法的肇始，之後民國四十五年參照前者也訂定「平地山胞生活改進運動辦法」。這個階段主要在推行國語、改進衣著、飲食、居住、日常生活、改善風俗習慣，並進行家政推廣教育、發展山地經濟等，從行為改變到理念改變。

（二） 都市原住民生活輔導階段（六○至八○年）

隨著台灣地區的都市化、原住民移居都市人數急速增加，原住民對原鄉仍懷著濃厚鄉情，但認同距離卻持續擴大；雖置身在都會都市現實中，卻無法真正認同或融入都市社會，而另一方面原鄉青壯年大量流失、傳統部落解組、老幼失依問題也呈現嚴重化的趨勢。這個階段主要政策在於針對都市原住民為對象的生活輔導、教育、救助、職訓就業、住宅，以及對原住民青年及少女保護從事輔導工作。此階段是政府的原住民基本政策由「同化政策」轉向「多元文化主義政策」的過渡階段，在各種以原住民為對象之社會福利服務相關辦法或方案中，可同時看到以往「同化政策」觀念的殘餘，和朝向「多元文化主義政策」的努力。

（三） 原住民族社會福利體系建制階段（八○年以後）

從原住民族菁英倡議行政院設置主管原住民事務之專責委員會，以至「台灣原住民保障基本法」草案的提出，便揭開了原住民社會福利體系建制的序幕。該草案係在民國八十年間，由當時的原住民籍立委向立法院內政委員會提出交付審查，該草案除建議中央設置主管原住民事務之專責委員會外，並建議政府應針對原住民特殊需求提供各種社會福利。

民國八十五年台北市政府原民會成立，編制為原住民社會福利專責

單位，開始原住民社會福利體系建制階段。同年年底行政院原民會的成立，設有社會福利處，原住民社會福利體的建制，更是向前邁了一大步。這階段政策主要工作在於建構社會福利網絡、促進就業與衛生保健。

行政院原住民委員會為主責原住民事務之中央機關，其以謀求原住民整體福祉之目標，致力於推展社會福利，主要社會福利措施為：

■規劃社會福利體系

由於原住民族之文化、語言、生活習慣以及居住環境有別於一般地區居民，一般社會福利措施並無法滿足原住民之特殊需求，因此行政院原住民委員會於一九九七年委託專家學者根據原住民之民族特性就社會福利、就業促進及衛生醫療三方面進行政策發展方向之規劃，之後便朝著建立原住民社會福利體系的目標執行各項措施。

■制定相關法律明確原住民社會福利政策

透過法律的規制力量，將使國家政策更加明確、人民的權益更受保障，因此原民會在成立幾年間便致力推動原住民權益相關之重要法令，包括一九九八年研訂的「原住民族發展法」，此法之第五章與第七章對原住民醫療保健及社會福利就業促進提出明確的政策方向，已於二〇〇〇年九月經行政院通過送立法院審議中；另於二〇〇〇年再研擬「原住民工作權益保障（法）」，針對原住民就業促進、就業保障、及失（待）業保障提出政策方向，此法於二〇〇〇年十月經行政院通過後送立法院審議。

■研訂相關措施推動社會福利、就業促進及衛生保健

於一九九七年訂定「都市原住民生活輔導計畫」、「原住民老人及兒童照顧六年計畫」、「原住民就業安全三年計畫」、其中結合各相關部會共同推動原住民福利服務、就業促進與衛生保健，並於二〇〇〇年提

出「原住民多元福利四年計畫」，上述之福利措施基本上都依照兩項原則辦理：(1)尊重原住民既有社會結構及其文化價值，努力建構符合其生態觀點的福利體系；(2)培養原住民專業人力，以原住民服務原住民，提升福利服務的自主性。

參、台灣原住民面臨的困境——原住民與非原住民之生活差距

隨著整體社會結構的現代化變遷以及歷年來不同原住民政策之影響，原住民族特殊之語言、文化、社會組織已出現變化：部落組織瓦解、傳統經濟不具競爭力、青壯人口外流，以致失業、家庭脫序、老人兒童失依等社會問題嚴重，原住民與非原住民之生活有相當大的差距，因此使原住民居於台灣社會中的劣勢地位。以下敘述原漢之生活水準差距以及原住民之生活困境：

一、原住民教育程度低

台灣原住民的教育程度普遍偏低，而不足的人力資本往往造成就業上的困難、產生經濟危機，這是目前原住民失業問題嚴重、老年經濟依賴的重要原因。民國八十八年行政院原住民委員會「台灣原住民就業狀況調查報告」中顯示，非原住民專科以上學歷者占總人口數有22%，國中以下學歷者則有45%，但原住民專科以上學歷者僅占9%，國中以下學歷者則超過五成為61%，原住民較非原住民大專以上學歷者少13%，國中以下學歷者多16%，相差頗為懸殊。

二、原住民平均所得低

　　根據行政院原住民委員會八十七年「台灣原住民生活狀況調查報告」，非原住民家庭每月平均收入爲八萬七千元，而原住民家庭每月平均收入則僅爲三萬八千零八十七元，非原住民所得約爲原住民的2.3倍之多，原住民普遍爲經濟弱勢。

　　原住民傳統農林狩獵之經濟活動因受法律限制無法維生，而在工商經濟活動上，原住民卻又因爲教育程度較低、缺少專業技能而競爭能力弱，只能從事低技術、低報酬之職務，因此平均所得普遍低落。在八十八年「台灣原住民就業狀況調查報告」中，個人每月平均收入來看，原住民每人每月平均收入爲一萬一千元，相較於同年台灣地區每人每月平均收入爲三萬二千元，仍有近3倍的差距（行政院原住民委員會，1999）。

三、原住民失業率高

　　原住民受教育時程短，因此投入就業市場的時間相對較長，整體勞動參與率高於一般民衆，失業率也持續居高不下，民國八十八年原住民委員會「台灣原住民就業狀況調查報告」顯示，民國八十八年非原住民失業率爲2.84%，原住民失業率則爲7.55%，原住民失業率約爲非原住民失業率之2.6倍。原住民的人力資本不足、以及職場的歧視皆是原住民失業率高的重要原因。

四、平均餘命低

　　民國八十九年「原住民健康情形之研究」（行政院原住民委員會，2000）顯示，原住民男性之平均餘命少於漢人男性十一歲（六十二歲：七十三歲），女性少七歲（七十二歲：七十九歲）。原住民標準化死亡爲

台灣地區的2倍，死亡原因以意外事故占第一位，其他慢性病如肝硬化、肺結核罹患率均比一般地區嚴重許多。除了工作職種影響意外事故的發生之外，族群生活習慣及居住環境衛生也是影響原住民健康狀況的重要原因，原住民之菸酒、檳榔盛行率過高，再加上原鄉地區環境衛生落後、自來水不普及等，都對原住民族之健康造成威脅。

五、原住民地區自來水普及率低

依據原民會民國八十八年「原住民居住地區簡易自來水規劃」報告指出，非原住民地區自來水普及率為90%，而原住民地區自來水普及率僅為44.38%，原住民地區較非原住民地區自來水普及率低45.62%。此項差距可能影響原住民生活、健康情形及社會發展。

六、原住民自有住屋率低

原住民的平均所得低，自有屋的擁有比例也較低，尤其是由原鄉至都會區工作之都市原住民，因為低工作收入無法負荷高房價，因而以違建群居的方式，居住安全令人擔憂。原民會於民國八十七年所做「台灣原住民生活狀況調查報告」顯示，非原住民自有住屋率平均為84.5%，原住民自有住屋率平均為76.83%，而居住都會區者則僅有58%，原住民較非原住民自有屋率平均低7.6%，居住都會區者差距更大。

七、原住民部落建設落後致城鄉差距大

台灣非原住民地區已是高度發展，交通建設發達、社區環境品質高尚。但原住民地區地處偏遠，高山峻嶺，道路闢建艱難，每遇到災害，道路崩坍，部落聯外交通中斷，加以部落地形特殊，公共設施不足，易生洪災、土石流等災害，造成原住民生命財產極大的威脅。

八、原鄉地區社會資源缺乏

　　由於原住民多居住於偏遠的山區，與外界資源的聯繫較不易，社會資源相當缺乏，以致原住民之權益往往被忽視。醫療資源是關係生命健康的最重要資源，原鄉地區卻僅有衛生所、巡迴醫療所提供的基本保健，對於專科醫療、急診醫療，及重大傷病診療則必須赴外就醫，並且平均需要二到四小時車程，就醫相當不便。由於原鄉醫療資源的不足，再加上原住民之經濟狀況不佳，使得原住民全民健康保險之納保率僅有92%，與全國國民之96%的納保率有一段差距（行政院原住民委員會，2001）。另外，原鄉地區之依賴人口照顧問題也因為部落之互助組織解組，以及外界資源無法到達而出現困境。

九、原住民人權及相關族群關係亟需改善

　　非原住民社會人權及族群文化，普遍獲得大社會之尊重與認同，相對原住民社會人權及相關族群關係，則未普遍獲得大社會之尊重認同，此差別影響族群關係和諧與民族尊嚴甚鉅，因此亟需進行族群教育與宣導，以提升國家之國際人權形象與地位。

　　以上原漢差距之項目及內容，筆者將可量化之部分整理如下（表10-2）：

表10-2　原漢生活水準差距比較表

項目	非原住民	原住民	差距
教育程度（專科以上）	22%	9%	13%
（國中以下）	45%	61%	16%
平均所得	87,000元/月	38,087元/月	2.3倍
失業率	2.84%	7.55%	2.6倍
平均餘命（男）	73歲	62歲	11歲
（女）	79歲	72歲	7歲
自來水普及率	90%	44.38%	45.62%
自有屋率	84.45%	76.83%	7.6%

肆、縮短原漢差距——原住民社福政策之現況檢討 及多元福利體系發展

原住民和非原住民生活水準之差距,多為結構環境之不利所致,因此若欲縮短差距,必須從改變結構著手,而原住民整體生活包含教育、經濟、衛生、水利、住宅、社會福利等,則需要政府部門及民間團體跨部門共同合作方有可能改變,本會為原住民事務主責單位,除了在職掌範圍規劃政策之外,也積極對相關部會進行協調與倡導,以及對民間單位宣導。以下就本會主責之社會福利,作現況檢討,並說明縮短原漢差距之策略規劃。

一、原住民社福政策現況檢討

原民會推動的原住民福利政策目前已稍具雛形,但總括而言仍有部分困境必須加以突破。包括:

(一) 法令規章需整合及修訂

老人福利法定義的老人年齡高於原住民男性的平均餘命;社會救助法中的資產調查是城市主義的產物,位於鄉村及偏遠山區的原住民家庭保留地難有市場經濟剩餘價值卻反而限制其請領救助;健保費率一致,原住民地區卻無法得到足夠醫療設施與醫療水準;部分福利相關法規為考慮原住民特殊性,需要整合及修訂。

(二) 經費資源分配不合理

從經費補助而言,民國八十八年度內政部補助社會福利經費用於原住民地區僅占全國0.75%,可知政府在經費配置上仍有欠公平,另方面

從社福機構數量來看，因地處偏遠且人口不如都會區集中，民間社福機構在原住民地區設立數目有限，且經營管理也較不容易。

（三）人力資源質量不足

從人力配置方向調查，可知原住民鄉鎮因人口不足所分配到公部門的專業社工人力非常有限，目前原住民地區五十五個鄉鎮，僅有社工員十一名、生活輔導員三十六名，尚不敷分配每鄉鎮一名，與都市地區專業人力資源充裕顯得比較不合理；原住民地區也因為地處偏遠且工作量大，難以吸引具有專業背景人才投入工作。

（四）福利資源不足

以兒童福利為例，目前台灣三十個山地鄉及原住民兒童比例超過50%的平地學區，為設有托兒所或幼稚園學區者，占原住民地區應設的學前教育機構數33.9%（陳枝烈，1998），可見原住民地區福利資源缺乏；而不管是民間社會、福利機構、醫療資源、就業服務機構資源等都明顯不如平地，此也造成政府政策無法落實在原住民地區因素之一。

（五）福利輸送管道不夠順暢

政府補助地方政府的社會福利經費均訂有一套統一標準，供地方政府及民間團體申請，但目前社政主管單位補助地方推動社會福利的項目及標準全國均同一準則，並未考量原住民地區的特殊福利需求與偏遠地區的福利成本，造成原住民福利資源取得困難；也因為地處偏遠，福利資訊經層層傳遞，至原住民地區已緩不濟急；另專業人士缺乏，地方認知不足、無自籌款、缺乏撰擬計畫能力等問題，也都使福利服務的輸送產生困難。

二、原住民多元社會福利體系的建構

我國現行社會福利措施對於較大集體或聚體間結構性的生活差距問題，如族群間、省市（或縣市）間、區域間、職域間、階級間、兩性間生活機會與資源差距問題，在社會福利服務供給過程，缺少具體考慮。因此在社會環境不斷快速變遷的情況下，現有的社會福利制度無法改善各種結構性之生活水準落差問題。

原住民不僅是弱勢族群的成員，在生活機會與資源相對較為匱乏的縣市、區域、職域、或階級的成員，在多重不利的環境條件下，加上不習慣個人主義的制度或行為模式，及對既有社會福利設施的生疏或空間上的隔閡，使原住民在運用社會福利服務資源的效率相對偏低，要透過目前一般社會福利服務的提供，而提升其生活福祉並不容易。

由於大多數原住民的生活水準相對偏低問題成因複雜，欲改善原住民生活水準結構性落差問題，仍不能缺少一般社會福利體系的支持。但除一般社會福利體系的支持外，針對原住民族特殊需要而建構的社會福利體系也不能不加以發展，因此中央政府對原住民族社會福利體系的建構，是要在一般社會福利體系外，建構能滿足原住民特殊需求之特殊的社會福利體系，從而相輔相助致力於改善原住民生活水準結構性落差問題，進而真正有助原住民族群的存續與文化的發展。

原民會為尊重原住民文化、考慮原住民需求之前提所進行之福利規劃，目標即在補充現有一般福利，並建立原住民福利制度，已於二〇〇〇年提出「原住民多元福利計畫」，便期待針對原住民特殊需求，解決原住民的社會福利問題，縮短原住民與非原住民的社福差距。此計畫的目標如次：

1. 建構原住民服務體系：加強托育與安老、關懷婦女成長與保護、調整福利措施合理性、保障原住民的福利公民權。
2. 加強原住民部落就業促進：建立原住民就業統計、加強訓用合一

職業訓練、增進部落產業技藝研習、推動就業服務、擴大就業機會、提供工作保障、降低原住民失業率。

3. 推行原住民部落健康促進模式：培植部落健康自助團體、增強部落醫療資源、促進醫療服務可近性、提高原住民平均餘命。

而具體的社會福利措施則包含兩個部分，一為部落福利體系之建構，另一為都市原住民多元福利服務之措施。

（一）原住民部落福利體系之建構

■建構原住民部落福利服務體系方面

1. 推動部落福利服務：建立福利人口群基本資料並建立原住民族社會福利統計要覽。
2. 辦理原住民急難救助與法律扶助。
3. 建立原住民社會工作人力資源體系。輔助原鄉（鄉、市）公所約聘原住民社會工作員，輔助大學院校社會工作系所提供原住民籍學生保障名額並開設原住民族學分班。
4. 落實部落老人及兒童照顧措施，如辦理老人居家及送餐服務、兒童托育津貼與家庭托育制度、普設托兒所等。
5. 加強婦女權益保障及家庭福利服務，對於原住民婦女特殊境遇進行調查，提供婦女就業機會。

■加強原住民部落就業促進

1. 職業訓練方面：鼓勵青壯年的原住民參加訓用合一職業訓練，發展當地所需職種技術從事文化產業與社區照顧服務。
2. 就業服務方面：建立原住民失業人口通報系統，以掌握失業人口之現況及需求，培養原住民正確的職業觀念和工作倫理。
3. 工作保障方面：提供臨時工作，使失業原住民可在待業期間能維

持並保障其生活，為開創原住民工作機會，輔導原住民成立各類合作社；提供未投保勞工保險之原住民勞工意外保險。

4. 通過「原住民工作權益保障法」立法，針對原住民就業促進（職業訓練、就業輔導、保障就業機會、保障原住民適性工作等）；在職保障（免於就業歧視及輔導職場適應等）；及失（待）業保障（提供臨時工作），期落實原住民之就業安全。

■推行原住民部落健康促進模式

1. 組織原住民部落健康自助團體辦理健康促進活動：委託醫療機構或地方政府辦理志工訓練，成立服務隊制度。

2. 推動菸、酒、檳榔防治教育部落化：訓練當地衛生教育種子教師，建立酒癮轉介及輔導系統，執行原鄉特殊衛生教育。

3. 推動生活健康教育：針對部落不同年齡層級對象辦理生活健康教育，培育健康嬰幼兒身心、減少成人意外傷害率、減少老人慢性病之危害。

4. 推動部落心理健康教育：針對部落原住民心理健康高危險群進行篩檢，並結合教會等當地民間團體給予適當輔導、轉介。

5. 建立原住民健康資料庫及辦理原住民健康狀況調查，掌握部落原住民健康狀況及需求。

6. 補助原住民疾病防治及醫療補助：如就醫交通費、原住民住院費及家屬照顧生活費、結核病治療獎助等。

（二）都市原住民多元福利服務措施

台灣地區都市原住民人口，從民國六〇年代末期占總人口數的10%（李亦園，1982），至民國八十七年已達原住民總人口數之27.2%（行政院原住民委員會，1998），此高成長率並不包括在都市就業、求學未設籍之原住民，因此，真正在都市裡的原住民人口，應超過四分之一人口。

有鑑於都市原住民人口的攀升，以及都市原住民所具有「遷移者」（migrants）與「少數群體」（minority）的雙重資源弱勢身分，都市原住民生活適應、經濟等問題，也普遍受到社會各界關注，因此，民國八十一年內政部即統合台灣省、台北市、高雄市各地區之都市原住民生活輔導工作，制訂「都市原住民生活輔導計畫」，並在八十六年度起，行政院原住民委員會成立會後，繼續擴大辦理第二期都市原住民生活輔導計畫。其中在社會福利相關政策部分與第一期相較，增加保護原住民婦女、少女免於受害及解決雛妓問題及輔導都市原住民發展經濟事業，協助其創業。並修正輔導職業訓練辦理、加強辦理原住民急難救助、醫療補助及法律服務等工作，重要工作事項如下：（行政院原住民委員會，2001）

1. 辦理急難救助、醫療補助及法律服務：
   (1) 辦理遷住都市原住民遭遇急難或貧病醫療事故時，發給急難救助金或醫療補助費。
   (2) 選任或推薦律師協助，解決原住民法律問題。
2. 輔導參加職業訓練與就業服務：
   (1) 辦理職業技能競賽。
   (2) 針對市場需求之職種委託辦理短期訓練提升謀生技能。
   (3) 加強都會區原住民正確之職業觀。
3. 保障原住民婦女、少女權益及輔導：
   (1) 協調取締檢調警單位，嚴格取締人口販賣行為，防範不法份子，在原住民地區從事不法活動。
   (2) 透過廣告媒體，製播公益廣告，加強宣導。
   (3) 積極扶植原住民婦女自助團體，暢通原住民婦女緊急醫護欲生活扶助之服務資訊網。
   (4) 提供原住民婦女保護申訴窗口，由生活輔導員、原住民籍或熟悉原住民文化者擔任工作人員，加強與縣市家庭暴力暨性侵害

防治中心聯繫，建立婦女保護及資源轉介網絡。

(5)結合宗教、民間關懷團體，加強辦理原住民少女、婦女賣淫之預防、救援、收容、安置、輔導及心理復健工作。

伍、結論

永續發展爲當前國際社會普遍認同的價值，並認爲其應基於所有社群的同步發展，在相關會議與國際條約中，原住民均被視爲永續發展的重要夥伴，而且應針對原住民社會的特殊性，訂定適合發展方針，朝向多元化社會發展正是維持台灣文化多樣性與多樣民族的良方。

台灣原住民的問題基本上是結構性的問題，原住民問題的根源也是基於部落解體與文化失落使然，政府體認這一點，特別在一九九七年憲法增修條文明確表達「國家肯定多元文化，並積極維護發展原住民族語言及文化」及「國家應依民族意願，保障原住民族之地位及政治參與，並對其教育文化、交通水利、衛生醫療、經濟土地及社會福利事業給於扶植保障並促其發展……」。原住民百年來歷經外力介入，歷經不同政策，造成原住民與非原住民生活水準大幅的差距。縮短原漢差距，必須從經濟面、文化面及社會面努力，而在社會福利方面，正應以多元文化的觀點來規劃，協助原住民族自我潛能的發揮，增進其自主、自信的生活。如此，原漢生活差距的情形才可獲得改善，國家永續發展方向也才能確立。

參考文獻

行政院原住民委員會（1998）。《台灣原住民生活狀況調查報告》。台北：自印。

李明政等（1998）。《原住民族社會福利體系之規劃》。行政院原住民委員會委託研究計畫。

行政院原住民委員會（1999）。《八十八年台灣原住民就業狀況調查報告》。台北：自印。

行政院原住民委員會（1999）。《八十八年跨世紀全國原住民行政會議》。台北：自印。

行政院原住民委員會（2000）。〈依政府採購法繳納原住民代金之分析〉。未發表報告。

行政院原住民委員會（2000）。《原住民族部落多元福利四年計畫（草案）》。

行政院原住民委員會（2000）。《原住民權益手冊》。台北：自印。

行政院原住民委員會（2000）。《政府採購法與原住民權益》。台北：自印。

行政院原住民委員會（2001）。《都市原住民生活輔導計劃第二期九十年度執行計劃》。

李亦園（1982）。《台灣土著民族的社會與文化》。台北：聯經。

吳聖良等（2000）。《原住民健康情形之研究》。行政院原住民委員會委託研究。

邱汝娜（2000）。〈金融風暴下弱勢族群的就業問題與解決策略——以台灣的原住民為例〉。第二屆亞太地區社會安全會議發表論文。

邱汝娜（2000）。〈原住民就業問題之現況與展望〉。未發表報告。

邱汝娜（2000）。〈台灣原住民族的社會福利〉。收錄於郭靜晃等編《社會問題與適應》，601-619。台北：揚智。

孫瑞霞（1992）。〈都市山胞的社會流動〉。國立政治大學社會學研究所
　　碩士論文。

陳枝烈（1998）。《原住民地區學前教育現況之調查研究》。行政院原住
　　民委員會委託研究。

陳宇嘉（1990）。〈遷移與職業流動──台灣山地原住民遷移與代間、代
　　內流動之研究〉。東海大學社會學研究所碩士論文。

梁秋紅（1996）。〈原住民教育與職業成就的相關〉。國立政治大學教育
　　研究所碩士論文。

華加志（1997）。《迎向新時代──跨世紀的原住民政策》，中國國民黨
　　中央常務委員會專題報告。

10.2 〈縮短原漢差距——台灣原住民族社會福利政策規劃導向〉之回應

葉漢國

台灣世界展望會社工處處長

　　原住民社會過去由於傳統生活及文化與大環境經驗差異，加上政府當局對於原住民族習性之特殊性未有特殊考量，以一般需求加諸於原住民族群，致使原住民族群之發展陷入停滯狀態，亦形成原漢差距日漸擴大，成為與一般族群之相對弱勢族群，並在各項政策不利原住民生存情況下成為「黃昏民族」。如何來挽救原住民目前居於劣勢處境及根本解決原住民需求、問題，乃當前首要工作。

　　從論文題目內涵來看，該文主要談的是「如何透過社會福利政策之介入縮短原漢之間的差距」，希望透過該文之發表引起更多回響及重新省思原住民社會福利現況。

　　該文發表內容，對於原住民族社會福利政策過去與未來均有論述，在文獻資料方面之佐證相當豐富，清楚交待過去與現在在政策上優、劣觀點與努力方向，有助於對原住民族相關政策之思考及重新定位。

　　該文重點是從行政院原住民委員會（以下簡稱原民會）目前推動之施政策略，來探討原住民族問題面及社會結構面並瞭解其所面臨的處境；原民會為原住民事務最高主管機關，為因應施政規劃依據委託學術

單位辦理相關調查、研究以建立完整資料，故在原住民族之問題、需求呈現上有具體資訊，固無庸置疑。惟該文在內容上偏重於問題和需求之著墨，相對於因應措施方面措辭較少，若能提出創新性策略為佳，在縮短原漢差距之探討及在回應方面，必有良好果效，此乃為該文之缺憾。

僅就該文在闡述原住民之現狀與文中提及之政策不完全配合處，提出一些意見：

文章中提到的狀況	建議與期待
·原住民文化有其特殊性及其族群人權未獲尊重	·在制定新的原住民福利體系中以原住民族的立場來看其需求。特別是部落之文化，例如：社區安置計畫（原住民寄養） ·能夠幫助整個社會來看待原住民人權不被重視之現狀。例如：就業歧視
·原住民教育程度低、自來水普及率非常低，導致健康疾病問題不斷	·希望原民會就此現況提出改進之配套措施
·在具體措施中，列出多項業務	·文中列出事後之補救性措施，如果能就如何整體提升原住民福利，特別是對原住民文化、社會之特殊性提出全面性計畫更佳
·原住民社福經費偏低	·政府的具體改善措施為何？例如：如何結合民間團體之力量
·原住民失業率高	·目前政府之外勞政策與原住民之就業狀況之相關性值得探討
·原住民之醫療問題	·全民健保之費用為許多原住民所關注的負擔，政府之對策為何

原住民族社會福利未來之建構，在短短的時日內尚未能臻於至善，但願早日實現此理想。鼓勵原住民族群勇敢表達意見、主動參與福利政策之決策，並「以原住民服務原住民」之服務理念，期待未來政策規劃之導向朝向有利原住民族自立發展及更具多元化福利服務功能，以實現原住民族永續發展目標。

11.1 防治少女性交易之福利服務輸送與省思——一個社會工作專業服務品質管理的觀點

胡慧嫈

中國文化大學社會福利學系助理教授

摘要

　　自一九九五年立法院通過並實施「兒童及少年性交易防治條例」之後，則國內對從事性交易或之虞的兒童和少年所有救援、處遇及預防的相關事宜，已經大體上勾勒出一個防治工作模式的藍圖，以及當中所包括的福利服務輸送流程。值得深思的是，從一些防治工作的實務經驗顯示，福利服務的團隊和模式，並不必然意味著目標人口群可以從福利政策所設定的體系那裡，得到這些服務來滿足其福利需求，或者產出的服務品質能導向政策實施所要的結果。福利服務成敗與否的關鍵，其實是維繫在福利服務的輸送過程與過程之後所呈現的服務品質。本文就品質管理的觀點，提出社會工作者和機構在福利服務輸送過程當中，應當注意服務品質的變異因素，以此反省社會工作專業服務進行品質管理的問題，並試圖找出社會工作專業可以努力的方向。

　　關鍵字：服務品質、福利服務輸送、信託、性交易少女。

壹、前言

順宜是一個民間單位的社會工作者，她很肯定自己所做的後續追蹤輔導服務，對協助不幸少女（違反性交易防治條例者）的重要性。這個服務工作是對那些安置輔導返家後的少女，給予有關社會適應方面的輔導和協助。但是此刻她正坐在自己的座位上，長長地嘆了一口氣。她才在半個小時前和玉花結束會談。

玉花今年十七歲，她已經從強制安置的輔導機構出院，現在是順宜後續追蹤輔導的個案。一個月前，她主動向順宜坦承，因為經濟不景氣加上自己國中肄業，根本找不到工作。後來朋友介紹，她到一家俱樂部擔任脫衣陪酒女郎。不但經濟狀況獲得改善，就連父母親也會跟她調頭寸。令玉花感到前所未有的成就感。當然玉花明白這項工作根本不合法，一旦被警察臨檢查獲，很可能又再度被裁定強制輔導，這是玉花自己最不願看到的。因此，她要求順宜為她的職業行為保密。

順宜對玉花的坦白告知，雖然有被案主信任的欣喜，但隨即對自己在工作上所負的法律舉報和向委託單位報告（這項業務是以購買式服務契約的形式，由公部門委託給順宜所屬的機構來執行）責任，感到困擾不已。特別是玉花現在的狀況，完全不是委託服務所想要的處遇結果。順宜考慮到自己對玉花的保密承諾，決定不主動找督導討論，而把玉花的情形寫在個案記錄以及每個月彙整給委託單位的報告中，期待督導和委託單位能夠給她一些建議或指示。在過去的這一段時間當中，順宜覺得這個問題仍然沒有進展，玉花繼續在脫衣陪酒，而她的處遇一直無法「撼動」玉花的選擇，也沒有足夠的資源（工作機會）可以引發玉花轉換工作的動機，督導和委託單位一直沒

有回應，順宜只能假定督導和委託單位認同她提供的處遇——持續澄清玉花從事這份工作的動機。現在順宜嘗試安慰自己（雖然知道那不是真的）：只要再過幾個月，玉花滿十八歲，那麼即使還有法律上的問題，也就不再是順宜的責任了。更何況社工員不是應該要尊重案主的自我決定嗎？

檢視台灣本土防治未成年少女性交易的工作，則一九九五年立法院通過並實施的「兒童及少年性交易防治條例」[1]是一個關鍵的影響因素。此法不僅將台灣的反雛妓運動推展至法治化階段，更由於法令將所有救援、處遇及預防從事性交易或之虞的兒童和少年等相關事宜，納入統一規範，也就使得之後的兒童及少年性交易防治工作均以此法的內容為實施的依據。大體上，由「兒童及少年性交易防治條例」，我們可以勾勒出一個防治工作模式的藍圖，以及福利服務輸送的流程。而且在法令當中也載明此一問題牽涉的不同體系，如司法、警政、教育、社政、醫療衛生等所應負之職責，其中的福利服務團隊已儼然成形。值得深思的是，福利服務的團隊和模式，並不必然意味著目標人口群可以從福利政策所設定的體系那裡，得到這些福利服務來滿足需求，或者這些體系所產出的服務品質能導向政策實施所要的成果。例如，當福利服務輸送的結果導致那些違反性交易防治條例的少女集體自安置機構脫逃，或者毆打機構輔導人員[2]時，便顯示福利服務輸送的結果無法完成福利規劃

[1] 隔年，一九九六年公布「兒童及少年性交易防治條例」施行細則。在一九九八進行修法，並於一九九九年通過「兒童及少年性交易防治條例」增修部分，包括增加觀光從業人員為責任通報者、加入管制電子訊號與電腦網路散播色情訊息、公告嫖客姓名及照片等。

[2] 經媒體報導（邱俊福，2000；唐秀麗，2000；陳文正，2000），在台北廣慈博愛院、桃園兒童少年庇護中心，均分別發生過少女圍毆生活輔導人員及逃脫事件。在筆者過去訪問的機構中，也有一些機構表示也曾發生過類似事件，只是未經媒體披露。追究其根本原因是少女本來就不希望被安置在機構裡，但依據法令，卻必須被強制安置。

期待的成效，甚至產生一些預期之外的負面效果。因此，防治網絡或機構福利服務的輸送與所呈現的服務品質才是關係福利服務成敗與否的關鍵。

　　所謂的福利輸送是指將福利服務從福利項目設計者送到需要者手中的過程（萬育維，1996：145）。當輸送的過程有不當、疏失之處時，則縱然是設計立意良好的福利服務，依然無法展現該有的功能出來。*Total Quality Management in Human Service Organization*的作者Martin（1993）就曾經指出，對於一般性的社會服務或是由政府主辦的特殊性社會服務，民眾的支持度都不高。Martin引用Lipset和Schneider的看法，認為民眾支持度不高的關鍵，並不是因為民眾覺得不需要這些社會服務，或是懷疑這些社會服務的功能，而是質疑社會服務組織運作產出的服務品質與表現（Martin, 1993）。也就是說，雖然人民認同在社會福利體系裡所規劃的服務項目與內容，但是卻對於福利體系所輸送出來的服務品質或者效果感到不滿。當我們回頭再去審視案例當中順宜對玉花問題的處理過程，其實正是一個福利體系輸送「兒童及少年性交易防治條例」相關服務，卻無法達成服務效果的縮影。因此，如何提升福利服務的品質，控制輸送過程的準確度，便是機構服務獲得社會認可，維持專業權威地位的重要課題。

　　有鑑於社會工作專業在社會福利體系裡，是一個重要的服務生產者與提供者。另一方面，考量社會工作專業服務的特殊屬性：生產與消費同時進行（鄭讚源，1997；鄒平儀，1999），服務輸送過程也是立即性的（鄒平儀，1999：3），案主所經歷的輸送過程和得到的福利服務，大部分就是社會工作者或其他專業體系的工作人員所表現的專業能力、知識與態度。而且實務情境的不可預期性與複雜性，往往需要依賴實務工作者當下的判斷與決策，使得實務工作者有不少的自由裁量權，更加難以掌控專業輸送的服務品質。因此，本文將先說明服務品質對社會工作專業服務的重要性，並對服務輸送品質與過程的課題做探討，配合實務的情形，提出社會工作專業服務與品質管理的省思，企圖找出可確保專

業服務品質的方向，以供實務機構在從事防治少女性交易工作時的參考。

貳、服務品質對專業服務的重要性

整理國內對於少女性交易防治工作的服務品質議題，則可透過蕭建民、曾平鎮（1993）和陳宇嘉、姚淑芬（1995）對雲林教養院，傅世賢（1994）對廣慈博愛院裡所做的需求調查，窺知一些機構學員對服務品質的滿意度。但是這些研究的調查時間均在「兒童及少年性交易防治條例」立法通過之前，而且法令所建構的福利服務網絡並不僅限於強制安置的教養機構，因此，調查結果只能作爲福利服務品質參考。倒是曾華源在1996年完成的「強化不幸少年教養輔導方案」的研究報告裡，可以稍稍瞭解實務機構在「兒童及少年性交易防治條例」實施初期所提供的服務品質情形確實有許多待努力強化之處。但是由於此份研究所界定的不幸少年除了從事性交易的少女之外，還包括行爲偏差、失依、逃學、逃家、受虐等問題之少年，訪問之機構以安置機構爲主，也不限定在性交易防治工作範疇內，因此，該份研究的評估結果也僅能提供參考。

事實上，對社會工作者與其所屬的專業而言，在防治少女性交易的工作裡，我們至少可以從下列幾方面舉出表現專業服務品質的重要性與急迫性：

一、爭取並強化團隊的認同與支持程度

在「兒童及少年性交易防治條例」的要求裡，社會工作者是與其他福利體系的工作人員一起工作，是一個工作團隊。社會工作者依法必須參與並提供中輟生、關懷中心、緊急短期收容中心、中途學校及後續追蹤等緊急庇護、諮詢、聯繫與輔導的福利服務。除此之外，還包括救援

時，在警政體系裡的陪同偵訊；在司法體系內，陪同少女出庭應訊和以專業者的角色提供法官裁定處遇方向的參考依據，甚至展現專業判斷的有力證據好對法官的裁定提出抗告；向教育體系為少女爭取復學與改善就讀環境的機會等。這些服務的產出，都是社會工作者必須與其他體系做資源的協調與整合，方能完成。雖然在國內並沒有十分充足的資料，幫助我們清楚瞭解這些體系的人員如何評價社會工作者的表現，但是在一個由不同專業體系人員組成的團隊裡，如果我們無法強化團隊成員的認同、信賴與支持，只是依法取得了進入團隊的身分，那麼許多資源的協調與統整，將會顯得十分困難。因此，社會工作者有必要在工作中表現專業的能力與素質，以其專業權威爭取並強化其他專業體系的信賴與支持程度。

二、維持與鞏固和案主建立的信託關係

從專業的觀點來看，案主因為相信工作者會以受服務對象之最佳利益為工作的首要考量，而接受處遇。工作者運用這樣的信任情感為協助的媒介工具，透過有意義的互動過程來協助案主。所以社會工作者與案主互動所形成的關係是一種信託關係（fiduicary relationship）。一旦案主對於社會工作者在過程當中的表現有所疑慮時，自然工作者的協助工作就無法進行。何雪鳳（2000）在分析中輟生接受社會福利服務過程時，就發現案主與助人者之間的關係，不僅僅是因為助人者所表現的態度，案主也會因為問題在協助的過程裡，沒有獲得較大改善而產生變化。其實不論工作者的態度和實質的問題處遇成效，都是專業服務品質的一種呈現方式，特別是從娼少女們因為問題的特殊性，導致他們比一般人更難以建立信任而穩定的人際關係（胡慧嫈，1996；陳皎眉，1994、1995；游淑華，1996），所以，社會工作者如何掌控自己所輸送出去的服務品質，將會是維持與鞏固信託關係的一個重要影響因素。

三、確立專業權威，爭取社會資源

　　從在外在環境層面來看，社會工作專業和福利機構（尤其是民間單位）必須承認，國內社會福利的環境結構正在改變。消費者意識抬頭使得長久以來社會工作雖然被認為是一種慈善，但是社會大眾已漸漸地不因社會工作助人善心的特質，而容忍社會服務產生的負面影響（曾華源，1999）。另一方面，社會工作者因為國內一些福利法案的規定和要求，如「兒童及少年性交易防治條例」、「少年福利法」、「兒童福利法」和一些陸續通過的新法案，逐漸由過去一個「好心的」協助者，演變為有法律後盾的強勢介入者。工作者為了因應驟然增加的福利服務需求，和機構的行政要求，以及工作壓力導致的工作倦怠（劉蕙雯，1997），常會麻痺了社會工作者對服務適當性的察覺，致使目前社會福利機構的工作者在輸送服務時，很容易忽略了服務過程中所隱含的效果（Manning, 1997；劉蕙雯、范麗娟，1999）。當工作者不夠關心、瞭解與掌握案主需要的協助，不僅使得服務品質不盡理想，破壞了專業與案主的信託關係，更會產生不被大眾信任的危機（Martin, 1993）。加之，少女性交易的防治工作在國內不是由公部門負責，就是公部門以公辦民營、購買式服務契約等福利服務模式進行為多。所以福利機構（特別是民間單位）若能改善服務輸送過程的管理，呈現良好的服務品質，將是爭取福利服務資源的一種有力的憑據。

參、服務品質管理相關概念之探討

一、服務品質的概念探討

　　「品質」（quality）並沒有一個廣為人們通用的定義，因為品質涉及

許多明顯不同的面向（Martin, 1993；梁慧雯、施怡廷，1997）。例如
Garvin（1984）（翁崇雄，1991：30）就曾以哲學、產品、使用者、製造
和價值等五個不同的面向來說明什麼是品質（如表11-1）。

　　大多數人對品質的解釋，則是選擇幾位品管大師的定義（翁崇雄，
1991；張英陣，1994；楊錦洲，1993a）：

1.Juran認為品質是「適用」的（fitness for use）。

2.Feigenbanum則說品質是使顧客滿意的產品。

3.Deming說明品質是會讓顧客滿意地去購滿的產品。

4.Crosby則以為品質是順從顧客的要求（conformance to
　specification）。

　　也就是說，大多數的觀點均同意品質的好與壞，有無品質是由顧客
來評定的。

（一）社會工作專業服務品質特性之主張

　　將這些對品質的定義引用到社會工作領域來思考服務品質的界定

表11-1　不同面向對品質的定義

面向	對品質的說明
哲學觀點	品質是一種直接上的優良，只有接觸該物體時才能感受得到
產品觀點	品質的差異係來自可衡量屬性的差異，產品在某些屬性的水準上愈多或愈高級表示產品愈好
使用者觀點	品質乃取決於使用者，即最能符合消費者需求的產品或服務，即是高品質
製造為主的觀點	品質為符合規格的程度。當產品與規格的差距愈大，則表示品質愈低劣；因此強調按照規格生產，並且「第一次就做對」
價值為主的觀點	係以價格或成本的觀念來定義品質，即品質乃在一可接受的價格或成本範圍內，提供消費者效用與滿足。

時，是有一些困難的。因爲Juran、Feigenbanum、Deming和Crosby其實是採用了製造業、生產部門或是企業部門的位置在思考品質，而這與社會工作專業服務所站的思考位置並不相同。首先，在社會工作專業裡，依據專業倫理的要求，則社會工作者在提供處遇時，必須以案主的最大利益爲優先考量。這就是社會工作專業評量服務品質的最高指標。社會工作專業服務的品質必須符合專業價值與倫理的要求，不可以任何理由，偏離專業的基本信念，或從事不道德、不合法的服務輸送，這些要求也不會因爲案主的問題是什麼而有所差別。所以，社會工作的專業服務品質，並不完全以案主要求的問題解決與否來作判準。社會工作服務品質的評斷依據，是以工作者所提供的服務，能否站在案主最大利益適當性的立場，維護案主最優利益來提供正當合法的協助爲準則。

例如，工作者不會爲了幫助案主與男友復合，而使得助人關係以外的第三者受到傷害的威脅，或是鼓勵案主使用不正當、不合於專業價值與倫理的方法，如以自殺要脅對方復合。相對地，以案主最大利益適當性來思考專業服務的提供時，工作者引導案主正向思考異性交往與分手對自己的啟示，協助案主減少負面情緒等，瞭解自己和對方的相處模式等處遇內容，將比前者更具成長意義，也有助於案主根本問題的解決。但是，如果服務的品質必須交由消費者（即案主）來決定時，案主在當下會滿意社會工作者的服務品質嗎？或許經過一連串的互動之後，案主可以改變原本的需求動機，而體認出自己得到另一種更好的收穫，但是，也有可能認爲社會工作的服務根本無法滿足他的需要。

其次，因爲社會工作專業服務的屬性，許多時候，機構並不能等待顧客（案主）完成消費行爲（處遇服務），再因爲案主的不滿意，重來一遍。例如案主想決定普通高中或者職業學校入學，我們不能等到案主已經在普通高中就讀之後，覺得後悔，再重新選擇進入職業學校就讀。這與消費者購買電冰箱之後，覺得不滿意可以退貨或者轉抵購其他商品的情形是不一樣的。更何況大多數的案主對專業知識和技能的認識，無法與專業人員相比擬。例如病人與醫生對於醫治病痛所具備的專業知識

便有很大的差異。

正因如此，Mudrick、Render和Russell（1990）就指出，「服務」擁有特定的特質，這使得它們有別於「產品」。Mudrick、Render和Russell（1990）提出服務有四個特質：

1. 服務的產品是無形的成果：例如，從娼少女從與社會工作者的互動當中，感受到被接納、被關懷，覺得自己是一個有價值、被尊重的個體，而這些情感性的體會是無法以如同「產品的」質和量的方式來具體化的。

2. 服務的產品是非標準化的成果：社會工作的服務對象，往往有許多個別的差異，其需求也不盡相同，所以在專業上很難訂定一個標準化的成果。

3. 服務時與消費者有高度的接觸：如前所述，社會工作者大多時候是以和案主的信託關係為協助的媒介工具，工作者必須運用與案主在協助過程當中的互動，來影響與協助案主。所以，自然與消費者（案主）有高度的接觸。

4. 服務品質的控制主要是過程的控制：Feigenbanum（1983）曾分析影響產品最重要的一個因素，其實就是製作產品的過程。也就是說，不論我們如何設計產品生產的動線或者設計服務的運作流程，但是一旦過程有所更異，那麼最後出來的產品，必定會有品質的問題。對照到社會工作服務來看，則社會工作者和案主的互動情形，就是形成助人過程最重要的因素。實務工作者執行工作的方式、態度，與所應用的知識和技巧，正是決定產品與服務品質的重要因素。霍桑效應的研究發現，其實正回應了Feigenbanum的主張。

統合上述的說法與討論，則筆者以為可以歸納出社會工作專業服務品質的幾項特點：

1. 社會工作服務品質的最高判斷原則，就是案主的最大利益是否被優先考量與處理。但是，案主最大利益適當性的立場，並不完全等同於案主要求的問題解決。
2. 案主的最大利益必然存在著許多不同的評價觀點，社會工作專業倫理是社會工作者權衡「案主最大利益」的依循指標，也是社會工作者必須遵行的專業服務規範。
3. 社會工作的許多服務無法因為案主的不滿意，再重頭來一次。
4. 社會工作服務品質的影響因素是服務的過程。因此，若能注意在服務輸送過程的變異情況，便能降低服務品質可能產生的問題。
5. 因為服務必須由社會工作者產出，所以其與案主的互動情形，是服務輸送過程最關鍵的因素。

二、社會工作專業服務輸送過程的解析

(一) 社會工作處遇過程的階段目標與工作任務

社會工作的專業服務輸送過程，其實就是社會工作的處遇過程。在此筆者引用Hepworth、Rooney和Larsen在*Direct Social Work Practice*一書，所界定的三個處遇階段來做說明（Hepworth, Rooney, & Larsen, 1997；張宏哲等，1999）：

1. 探索、訂契約、評鑑和計畫：此階段的目的在於為往後處遇的實施、解決問題的行動策略和案主解決問題的過程，提供必要的會談基礎。在此階段當中，工作者必須要完成的職務包括對案主及其問題進行探索與評估，建立互動式的溝通模式（establishing rapport），簽訂服務契約等。當然，如果有必要的話，工作者也必須考慮將案主做適度的轉介。
2. 履行和目標達成：此階段是問題解決過程的核心，也就是實施行

動策略和達成目標階段。其主要的任務是將社會工作者與案主所擬訂的計畫，轉化為具體的行動計畫。這當中包含了實務工作者促進案主個人功能、追蹤案主的進步、協助案主排除達成目標的障礙、增進案主的自我覺察等幾個工作。同時在過程當中，Hepworth、Rooney和Larsen（1997）（張宏哲等，1999）還強調了實務工作者與案主之間互動模式反應可能帶來的影響。他們指出工作者應該敏銳察覺案主與身邊其他重要他人的偏差互動模式，特別是工作者自己對案主的不適當反應（如情緒即是一個重要的影響因素），幫助案主、其他重要他人和工作者避免陷入有害於問題解決的關係當中。

3. 結案和評估：此階段是助人過程的最後一個階段。工作者所要完成的工作有四項，包含：(1)評估案主達成目標的狀況，且適時地擬訂結案計畫；(2)有效且成功的結束助人關係；(3)在助人關係結束後，擬訂維持案主改變和持續成長的計畫；(4)評估助人過程的效果。

因此，以管理服務品質的角度來作思考，則讓工作者瞭解自己在提供專業服務的過程中所應負有的職責有哪些？這些職責所包含的具體行為是什麼？同時在專業服務裡，針對案主問題的程度和類型，提供適當的處遇計畫，並且這些協助也能達到專業的助人目標，都屬於在處遇階段裡，可著手進行品質管理的項目。另外，對於案主的問題改變，挑選適當（即足夠專業能力和經驗）的工作者來提供處遇，也將使輸送服務的過程能夠較為順利，降低或消除產生變異情形的可能性。也就是說，工作者對於處遇過程工作任務的認知與執行，和社會工作專業服務品質是有其一定的關聯性的。

（二）社會工作處遇過程的互動要素──特殊變異因素

理論上來說，當工作者依據這樣的處遇過程來提供協助時，應該是

符合專業要求的。而且只要將過程當中，不同階段的工作目標及工作任務劃分清楚，似乎社會工作專業提供的服務品質應該沒有什麼問題了。但是就實務的情境來說，其實任何一個個案的協助過程都是充滿著變數的。這些變異依據Martin的分析，大致上可以分為兩類（Martin, 1993）：

1. 一般性原因的變異：所謂的一般性原因，即變異的因素原本就存在過程中，並且影響所有的工作者、產品生產及服務的提供（Martin, 1993）。例如電話線路故障，導致工作者無法即時與案主聯繫，或者辦公室的空調設備損壞，使得室內的人覺得悶熱，也可能因為機構外所舉辦的節慶活動聲量過大，致使工作者與案主的談話受到影響等。

2. 特殊原因的變異：另一個則是特殊原因的變異，它並非存在於過程中，是特殊環境所造成的（Martin, 1993）。例如不同的工作人員對同一件事情產生不同的處理方式。而這正是社會工作專業服務最難掌握的地方。一些學者認為，這種特殊性的變異，仍然可由降低工作者對工作的掌控程度，或者經由加強監督管理而被控制（Martin, 1993；張英陣，1994）。但是社會工作服務提供方式的特性，並不若製造業有其制式化的標準動作或規格，所以這些方法的實施層面，在社會工作專業的服務裡仍有所限制。

針對特殊性變異所提到的問題，則在前面順宜與玉花的案例裡，就可以推測到，如果今天是另外一個社工員處理玉花這個個案，很可能今天順宜所遭遇的問題並不存在。也可能玉花脫衣陪酒的問題被另一個社工員以舉報的方式做處理了。再者，如果以Hepworth、Rooney和Larsen對實務工作者與案主之間互動模式的討論來看，則似乎處遇過程裡，還有一些是在上述的說明裡未被指明出來的。例如從案例裡，玉花對順宜的信任度似乎很高，那麼假設順宜對玉花的處遇方向是正確的，為什麼沒有顯現出效果？在服務輸送過程的議題裡，我們有必要再進一步去瞭

解工作者和案主之間的互動要素可以如何分析？案主是如何被社工員影響的？或者社工員在處遇的過程中，知不知道自己要如何表現出影響案主的要素？等問題。

回應上述的問題，在此，筆者引用Hovland和Janis、Kelley等人在一九五三年開始從事的說服性溝通和態度改變之研究，提出社會工作者在服務輸送過程應當思考的要素。首先是工作者的部分應當要注意與思考的項目（Brigham, 1991; Baron & Byrne, 1991; Myers, 1993; Lippa, 1994；李茂興、余伯泉，1995）：

1. 可信度（credibility）：指工作者表現出的行為能使接受服務者感受到專業程度。這可以分為兩個部分，一是專家性（expertness），即工作者的專業程度。但是在與案主互動一段時間之後，這個專家性的影響力有可能會漸漸變小（Brigham, 1991）。另一則為可靠性（trustworthiness），是工作者整體對案主的一個可信任程度。而這有賴於實務工作者在與案主互動的過程裡，慢慢累積。比如對玉花而言，順宜就具有很高的可靠性。

2. 吸引力（attractiveness）：包括工作者生理上的相似、令案主愉快的、可愛的、相似等因素（Brigham, 1991）。當社工員越具吸引力時，則越有可能使案主做出一些改變。另外，當討論的議題有關個人價值觀時，比起有關事實的議題，則相似性因素便顯得較為重要。

3. 權力（power）：就是能影響別人或改變他人的能力。Brigham（1991）分析權力的種類與來源有六種（如表11-2）。

這三種要素，雖然都個別存在，但有時是相互依存的。例如順宜的舉報義務，是一種法定權力，與社會工作者依據「兒童及少年性交易防治條例」擁有對案主提出評估報告、進行處遇服務的權力是一樣的。但相對玉花，就是一種懲罰權力。又例如資訊權力不相對等的情形並不因為社會工作專業要求實務工作者善盡告知義務，就能夠消弭。相反的，

表11-2 社會工作者對案主所擁有的權力

權力種類	來源
懲罰權 （coercive power）	藉著懲罰或威脅來強制改變人們行為的能力
法定權 （legitimate power）	來自某種角色或地位所附予的權力
酬賞權 （reward power）	能夠給予某種正向增強物，如金錢、禮物，來改變行為的能力
專家權 （expert power）	指擁有別人所沒有的重要知識，所具有的權力。所以，社會工作者之所以是專家（專業），正是因為他擁有一些案主所不能相比的知識和能力
資訊權 （informational power）	因為擁有別人無法支配的資訊，而擁有的權力。當社會工作者對於案主問題所知道的相關訊息越多時，特別是案主並不知道這些訊息時，其實對案主所擁有的權力越大
參照權 （referent power）	來自別人所喜歡或羨慕程度而來的權力。例如，當案主對社會工作者的喜歡多過於他所屬的同儕團體時，則社會工作者對案主就擁有較多的權力

當社會工作者善盡告知義務時，可能更加顯現實務工作者的專家權力，因為工作者藉由其專業知識和能力所做的分析遠比案主強得多。另外，對案主善盡告知，也可以增加工作者的可靠性（即可信度）。所以，不論面對的案主有哪些特質或問題，工作者都應先辨別自己擁有的權力在互動過程裡會有哪些影響。

當然，既然服務輸送的過程是互動的，我們也不能忽略了案主的部分。限於篇幅的關係，以下將就實證研究的一些發現，簡要說明一些影響案主互動反應的要素（何雪鳳，2000；林武雄，1996；溫文慧，1992）：

1.案主的動機與意願：案主為什麼接受服務的動機，會深深影響著案主接受服務的意願，以及在過程之中的投入情形。

2. 問題的切身性：當社會工作者與案主所討論的問題，愈和案主關係密切，則案主愈能專心和工作者互動，也愈能將工作者所提供的論點納入思考的體系，甚至接受工作者的論點。所以，工作者在提供案主處遇服務時，務必要先和案主對於處遇目標達成共識，尤其這個目標也必須是案主確實想要的。

3. 案主對事物的態度：案主的態度可以由認知、情感和行為三個部分組成。它是指案主對人、事、物、理念等的持久性評價。這些評價並不一定是案主親身經歷而得到的，有時是來自於其他資訊而組成的。例如從娼少女對自我、金錢、婚姻與人際的價值評定可能來自於親身經驗，也可能是觀察經驗。

4. 案主的自尊心：當案主的自尊心越強時，對於改變的抗拒可能就越大。當實務工作者提供處遇時，必須先評估案主的自尊心，與其抗拒意願的相關性，以便衡量自己在互動過程當中可能要採取的互動方式或策略。

5. 案主的開放度：當案主的開放度越高時，則處遇達到效果的可能性越高。

6. 談話場所的隱私性：一般而言，案主喜歡在較具隱密性的場所個別會談，而不願暴露在辦公室或公開地點。延伸思考，則當案主認為自己與工作者所談論的事情越能被工作者保密時，越可能接受工作者的會談和處遇。

三、社會工作服務輸送的品質管理架構

總結上述對社會工作專業服務品質的主張和輸送過程的解析，筆者嘗試提出一個架構，說明品質管理所應考慮的面向（如圖11-1）。這個面向包含三個向度：

1. 服務品質標準：即判斷專業品質的指標，這是以社會工作專業倫

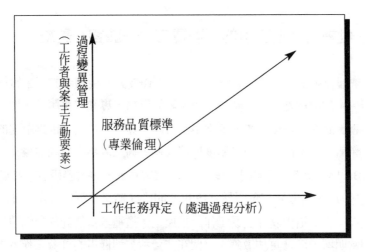

圖11-1　社會工作服務輸送的品質管理架構

理來做判斷的。

2.工作任務：也就是社會工作者提供處遇服務時，應完成的基本工作任務指標。這可以經由社會工作的處遇過程來分析與界定。

3.過程變異因素：主要指的就是社會工作者和案主在整個處遇過程的互動情形。這可由社會工作者和案主各自擁有的要素來做分析，以進行服務品質的變異管理。

肆、邁向服務品質管理——對少女性交易防治工作服務品質之省思與出路

對照前述所提出的服務品質管理架構，則對於目前防治少女性交易的工作，筆者認為有幾個問題值得省思，並且找出可以努力的方向：

一、社會工作要面對的「消費者──顧客」是誰？

依據社會工作倫理的要求，工作者不僅要對直接服務的案主履行信託關係中的種種義務，同時也要對所屬的機構、專業和整體社會履行信託義務。處在多重受託的對象當中的實務工作者，往往會因為遭遇的阻礙、矛盾，而不得不與現實制度環境妥協，甚至放棄案主利益優先的原則（Banks, 1995；周海娟，1999）。根據國內的一些實務研究，如陳耀崑（1997）、潘淑滿和葉明昇（1999）的研究結果都可以發現這樣的決策傾向。在防治少女性交易工作的推展上，這種多重信託對象的情形不僅相當明顯，而且更加敏感。一個在非營利福利機構的社會工作者不僅要以案主的最大利益來進行處遇，同時還要以符合機構要求的方式來提供給案主。如同本文案例的工作者順宜對個案的處遇服務不僅要由機構監督指導，還要呈報給委託單位的情形是一樣的。倘若所屬機構和委託單位的觀點與「指示」不一致時，社會工作者應該如何處理？更加複雜的情形是，如果案主又與上述兩者有不同的看法，而且提供直接服務的工作者又有不一樣的評估判斷時，試問，案主（性交易少女）的最佳、最適當的利益──服務品質的評定究竟由誰來認定？社會工作者要如何解決多重信託對象所帶來的矛盾或衝突，將必然需要討論工作者主要面對的「服務消費者」是誰的問題。

對社會工作來說，品質是依據使用服務的消費者──顧客的最適當利益來做評斷的。直接接受服務的對象是案主，也就是服務的直接消費者。自然，工作者所考慮的服務品質──最適當利益，自是以案主為主體考量。但是就以購買式服務契約的形式所輸送的福利服務而言，則服務的消費者似乎應該是服務的購買者，也就是委託單位，工作者當然必須要考慮委託單位的「利益」。就國內現實環境而言，許多從事性交易防治工作的非營利福利機構，在推行工作時，委託單位購買服務的費用大約占去機構全年度預算的30%至100%（公辦民營形式）不等，委託單

位真的是機構服務一個很重要的顧客。Martine（1993）就指出在契約關係中，服務品質的控制變得十分棘手：上游的委託單位無法控制受委託機構的部分運作系統和最終的服務品質，但是下游的非營利福利機構也無法掌控自己所提供的服務品質，因為他們的行動被上游政府契約需求的主從關係所限制。

出路：一個減少這種產生的爭論與衝突的可能方式，是減少服務提供者在過程中的自由裁量權。委託單位在訂立委託業務契約時，必須要包含一份工作說明書。工作說明書裡，陳述此項業務所欲評估的服務品質面向，包含服務提供的架構、可能使用的技巧、在每一個服務階段裡，必須要完成的工作任務、每一個工作任務完成的服務品質指標、遭遇不同問題時，委託單位可以接受的處理方式（或容忍度）。所以委託單位不是僅止於要求承約單位在處理一個個案時，必須家訪幾次、會談幾次或撰寫什麼樣的報告等處遇結構上的要求，而是至少依據處遇的流程，說明工作者對從娼少女在流程每一個階段需要做什麼樣的會談，這些會談裡要做些什麼樣的事情，報告裡要撰寫哪些內容。另外，對於案主的表現，工作者應當要做哪些基本的回應，例如對於案主的需求或問題（如離家出走、吸食迷幻藥或者未婚懷孕等），哪些要做緊急的回應，甚至委託單位最好能將緊急回應的指標（如行為、處置步驟）做明確的條列記載，提供實務判斷說明。如此一來，將可以降低服務過程的變異程度。

二、社會工作者對專業倫理的知行合一情形如何？

既然倫理守則是規範專業服務品質的指標，那麼實務工作者對專業倫理的認知態度與行為將會是影響專業服務品質的關鍵。國內的調查也證實，社會工作的專業倫理態度確實對其工作品質有直接的影響力（詹火生、王麗容，1993）。研究結果更顯示，工作者大都知道這些專業責任與義務，甚至出現「一致性專業倫理認知」的現象（詹火生、王麗

容，1993；潘淑滿、葉明昇，1999）。但是因爲社會工作的實務運作具有極大的變異性：每個協助對象的情況不同，需求與滿足的方式也可能因爲時、空、地、物轉變和交疊產生種種不同的可能性。Gerhart 和Brooks（1985）（轉引自Kutchin, 1991）就以爲，這些管理督導專業行爲的合法性規範，在提供服務的過程中，仍然有著無法相互貫通及抽象的情形。這使得工作者常常面臨如何履行信託義務，維持服務品質的挑戰。廖秋芬（1997）和胡慧嫈（2000）的研究也顯示，當實務工作者無法將倫理的認知轉化爲清楚的概念來操作，又處在種種的衝突或兩難時，實務工作者便會轉向以自己的價值觀來做服務提供的判斷。對照到性交易防治工作的服務對象——少女，其從娼歷程對少女造成的自我評價、扭曲的價值觀、和生活適應問題的交互影響，確實會對實務工作者造成不小的服務衝擊。

出路：要扭轉這些情況，則強化實務工作者專業倫理知行合一的能力是確保專業服務品質的重要途徑。不過，通常我們會認爲這樣的專業素質表現，是一種個人將專業倫理內化出來的結果。它涉及的層面甚廣，是一個一連串的過程：從學校專業教育的課程設計，到實務工作的在職訓練。筆者認同專業培養過程的重要性，但筆者也認爲一個比較能夠快速降低專業倫理未能知行合一的方式，是將每一個倫理守則轉化爲實務操作上的施行細則說明，甚至指出不符合倫理要求的情形或指標，幫助實務工作者瞭解並確認自己的表現方式是否符合倫理的要求。這樣的工作有賴於專業組織（如專協、公會）的介入，或者機構內也可以先行就其內部的情形先做整理與界定。

三、社會工作者對處遇過程的工作任務與行爲準則認知情形如何？

雖然，我們對於專業處遇流程的階段性任務有一定的熟悉度，也知道在不同階段要做些什麼事情，但是實務工作者卻不一定會如此執行。

胡慧嫈（2000）的研究裡，曾經詢問實務工作者有關個案處遇計畫的目標是如何設定的。結果發現，大部分的受訪者坦承並沒有針對該個案情形設定處遇計畫的目標。另外，在詢問有關與案主訂定契約一事時，也發現工作者和案主已經有過一些口頭約定，但是工作者卻未意識到自己和案主在訂立契約（胡慧嫈，2000）。顯然，工作者從理論概念知識所獲得的處遇操作流程、當中的工作任務和行為表現的認知情形，並不理想。這也會造成服務品質輸送的一個變異項目——服務的製造者不清楚自己生產服務應當表現與承擔的責任。

出路：幾個可以改善此問題的方法，如借用委託單位的工作說明書來做控制和提供實務工作者的在職訓練。但是，要掌控服務品質，則有賴機構先做自己內部的工作分析，確立一套符合專業要求、合理、安全與合法的處遇程序。機構可以運用過去的服務資料，如個案記錄，將機構的服務流程先做規劃，仔細載明工作者在每一個階段要做些什麼工作，表現哪些行為。並將性交易少女可能會出現的問題或需求做出整理，特別是機構曾經處理過的所謂複雜個案（trouble case），做成案例分析，列出需要特別注意的事項，形成一份機構的臨床工作指導手冊。但是，要監督工作者能夠遵循程序的要求，就必須在機構的臨床工作指導手冊裡，一併說明機構、督導和工作者分別需要負擔的責任，甚至任何一方未做到時，可能需承受的罰則（例如行政或法律上的責任）。如此一來將有助於提升社會工作者對處遇工作任務與行為準則的認知。

四、社會工作者對於和案主互動的掌握情形如何？

我們自許社會工作是一個專業，社會工作者是一個專業工作者。那麼，我們可以對與案主互動的情形有多少程度的掌握力？或者研判影響案主可能接受處遇與否的因素（如前述所討論的互動要素）要如何處理的能力有多少？順宜與玉花的處遇互動情形，並不只是一個個別案例。它正說明了許多實務工作者亟欲想突破的限制。許多互動情形的掌握

力，需要有大量的實務經驗作後盾，但因為防治少女性交易工作的負荷量不輕，造成工作人員的快速流動性，以及工作敏銳度的麻痺，實務經驗並不容易累積。

出路：互動情形其實很難如同前面的問題，以完全制度化的方式來控制服務品質的變異。在職訓練（如工作坊或研討會、個案研討）是目前在一般機構裡已經實施的方法。還有個別督導會談與前述機構指導手冊裡的特別注意事項，也是提升掌握互動能力的方法。另外一個需要花費較多時間的方法，是機構訂定實務工作者的專業能力儲備時間表。針對實務工作者的年資、領域來做不同的規劃，使得工作者知道自己在不同的階段必須要達到什麼樣程度的專業能力表現。鼓勵並監督社會工作者培養處遇互動過程的敏銳力，避免工作者對與個案的互動造成無力感，甚至產生不必要的處遇失當。

伍、結語

在討論與省思防治少女性交易工作的服務輸送時，筆者認為在肩負著多重信託而來的責任之下，不僅在現有的服務輸送過程裡，國內尚有許多有待努力改善的空間，同時也促使我們不得不正視突破提升服務品質，控制輸送過程變異的環境限制議題。本文試圖從服務品質的課題，找出社會工作服務品質在防治少女性交易工作上的可能架構，並建議從服務的購買者（政府部門）、福利機構和實務工作者三方面著手，利用制度的建立來提升服務輸送的品質，以供關心少女性交易防治工作者的參考。

參考文獻

王明仁、孫海珊（1999）。〈不幸少女緊急短期收容方案之推展暨面臨專業倫理兩難問題與處置——以CCF家扶園之服務為例〉。《社區發展》，86，168-175。

何雪鳳（2000）。〈國中中輟生接受社會福利服務過程之因應行為與探討〉。東海大學社會工作研究所碩士論文。台中：東海大學。

余坤東（1998）。〈影響績效評估品質之因素探討——認知的觀點〉。《東吳經濟商學學報》，22，101-122。

宋國業、鄭麗燕、費玲玲、高鳳仙（1999）。《兒童及少年性交易防治條例Q&A》。台中市：中華兒童暨家庭扶助基金會。

李茂興、余伯泉譯（1995）。《社會心理學》。台北：揚智。

李清泉（1995）。〈「兒童及少年性交易防治條例」內容與特色初探〉。《社區發展季刊》，72，189-195。

周海娟（1999）。〈社會工作倫理的兩難：保密問題的考量〉。《社區發展》，86，38-46。

林武雄（1996）。〈偏差行為青少年在輔導情境中抗拒行為之研究〉。東海大學社會工作研究所碩士論文。台中：東海大學。

林照眞（2000）。〈廣慈窗外有藍天，收容少女可望飛〉。《中國時報》，四月十八日，第九版。

邱俊福（2000）。〈廣慈收容少女，社團毆輔導員〉。《自由時報》，四月十日，第六版。

施怡廷、梁慧雯（1997）。《社會服務機構組織與管理——全面品質管理的理論與實務》。台北：揚智。

胡慧嫈（1996）。〈社會工作者協助未成年從娼少女之途徑——未成年從娼少女之認知處遇方案探討〉。《社區發展季刊》，76，102-112。

胡慧嫈（2000）。〈社會工作專業化之信託制度研究〉。東海大學社會工

作研究所博士論文。台中：東海大學。

唐秀麗（2000）。〈兩收容少女，痛毆輔導員〉。《聯合報》，二月二十
　　六日，第十一版。

翁崇雄（1991）。〈服務品質管理策略之研究（上）〉。《品質管制月
　　刊》，27（1），26-42。

高迪理、陶蕃瀛（1998）。〈服務輸送：一個充滿變數的社會工作過
　　程〉。於《邁向二十一世紀社會工作管理專題研討會手冊》。台中：
　　東海大學。

張宏哲、顧美俐、張振成、劉曉春、林桂碧、曾蓮紅、陳怡如譯
　　（1999）。《社會工作直接服務：理論與技巧（上）》。台北：洪葉。

張紉（1998）。〈規劃青少年福利需求的另類思考〉。《實踐學報》，
　　29，17-36。

張英陣（1994）。〈全方位品質管理的基本概念〉。《福利社會》，94，
　　38-41。

張隆順（1982）。《社會工作倫理》。台北：國立編譯館。

張碧琴（1997）。〈女性主義與防治雛妓問題的民間行動之關係〉。《思
　　與言》，35（1），119-144。

陳文正（2000）。〈庇護中心六少女，商人脫逃被追回〉。《自由時
　　報》，六月二十六日，第十一版。

陳宇嘉、姚淑芬（1995）。〈不幸少女生涯期待報告〉。雲林：省立雲林
　　教養院。

陳明璋（1981）。〈企業環境、策略結構對其組織績效關係之研究：機
　　械、電子、石化三種產業之實證探討〉。政治大學企業管理研究所
　　博士論文。台北：政治大學。

陳美伶（1996）。〈不幸少女淪落色情行業之行為研究——以省立雲林教
　　養院收容對象為例〉。《社會福利》，124，55-56。

陳皎眉（1994）。〈台北市少年福利服務網絡建構之研究——雛妓心理特
　　質及其對策之探討〉。台北市政府委託研究案。台北：台北市政府

社會局。

陳皎眉（1995）。〈「機構工作模式——雛妓的團體輔導」研究成果報告〉。行政院內政部社會司委託研究案。台北：行政院內政部。

陳慧女（2000）。〈性剝削問題的本質與處遇——兒童及少年性交易防治工作的省思〉。《社區發展季刊》，91，316-325。

陳耀崑（1997）。〈社會工作專業人員倫理判斷傾向之調查研究〉。台灣師範大學公民訓育研究所碩士論文。台北：台灣師範大學。

陶蕃瀛（1999）。〈社會工作專業發展的分析與展望〉。《社區發展季刊》，88，190-196。

傅世賢（1994）。〈從娼少女對處遇需求研究〉。東吳大學社會工作研究所碩士論文。台北：東吳大學。

曾華源（1995）。〈青少年福利政策之研究〉。行政院內政部社會司委託研究案。台北：行政院內政部社會司。

曾華源（1996）。〈強化不幸少年教養輔導方案之研究〉。行政院內政部社會司委託研究案。台北：行政院內政部社會司。

曾華源（1999）。〈社會工作專業倫理困境與信託責任之探討〉。《社區發展》，86，54-65。

游淑華（1996）。〈從事色情工作雛妓生活現況之分析〉。東海大學社會工作研究所碩士論文。台中：東海大學。

黃淑玲（？）。〈未成年少女從事色情行業的原因與生活狀況之探討——「自願」與「被賣」、原住民與漢人的差異〉。《律師通訊》，187，8-11。

楊錦洲（1993a）。〈服務品質的探討〉。《品質管制月刊》，29（1），20-26。

楊錦洲（1993b）。〈影響服務品質的特性〉。《品質管制月刊》，29（2），25-29。

溫文慧（1992）。〈強制性輔導之案主受輔態度研究——以受保護管束少年為例〉。東海大學社會工作研究所碩士論文。台中：東海大學。

萬育維、王文娟（1999）。〈從社會工作基本倫理來分析教養機構管理與案主權益維護之間的困境〉。《社區發展》，86，123-130。

萬育維、賴資雯（1996）。〈專業認同與工作滿意之間的關係探討——以從事兒童保護社會工作人員為例〉。《東吳社會工作學報》，2，305-332。

萬育維（1996）。《社會福利服務——理論與實踐》。台北：三民書局。

鄒平儀（1995）。〈社會工作專業責信制度之探究：醫療服務體系績效契約模式的建構〉。未出刊。

鄒平儀（1996）。〈醫療社會工作服務績效之成本效益分析〉。未出刊。

鄒平儀（1999）。〈醫療社會工作績效評估模式之建構〉。東海大學社會工作研究所博士論文。台中：東海大學社。

廖秋芬（1997）。〈社會工作員對兒童保護案件處遇計畫的價值抉擇之研究〉。東海大學社會工作研究所碩士論文。台中：東海大學。

趙善如譯（1999）。《社會服務方案績效的評量：方法與技術》。台北：亞太圖書出版社。

劉常勇（1991）。〈服務品質的觀念模式〉。《台北市銀月刊》，22(9)，2-16。

劉蕙雯、范麗娟譯（1999）。〈社會工作者的道德職責：行動的倫理〉。《社區發展》，86，329-335。

劉蕙雯（1997）。〈高雄市兒童保護社會工作人員工作疲乏探討〉。高雄醫學院行為科學研究所碩士論文。高雄：高雄醫學院。

潘玲莉譯編（1996）。向社工人員之業務過失索賠：初步探討。未出刊。

潘淑滿、葉明昇（1999）。〈精神醫療社會工作者專業倫理之探討〉。《社會工作學刊》，5，53-93。

鄭麗珍、陳毓文（1997）。〈「兒童及少年性交易防治工作服務模式之研究」——以台北市經驗為例）。台北市政府委託研究案。台北：台北市政府。

鄭讚源（1995）。〈福利機構組織績效之分析（上）〉。《社會福利》，120，35-43。

蕭建民、曾平鎮（1993）。〈不幸少女對機構需求之研究——以雲林教養院的習藝學員為例〉。雲林：省立雲林教養院。

韓文瑞譯（1992）。〈信託關係：社會工作者對案主所負責任的合法性基礎〉。《社區發展》，60，172-180。

Bank, S.（1995）. *Ethical and Value in Social Work*. London: Macmillan.

Baron, R. A. & Byrne, D.（1991）. *Social Psychology: understanding human interaction*（6th ed.）. U.S.A.: Allyen and Bacon.

Brigham, J. C.（1991）. *Social Psychology*（2th ed.）. U.S.A.: Harper Collins.

Feigenbaum, A.（1983）. *Total Quality Control*（3rd ed.）. New York: McGraw-Hill.

Garvin, D. A.（1984）. What Does Product Quality Really Mean？ *Soloan Management Review, 26*（1）, 25-43.

Gerhart, U., & Brooks, A.（1985）. Social Workers and Malpractice: Law Attitudes and Knowledge. *Social Casework*, 66, 411-416.

Hepworth, D. H., Rooney, R. H., & Larsen, J. A.（1997）. *Dircect Social Work Practice: Theory and Skill*（5th ed.）. New Jersey: Brooks/Cole Publishing Company.

Hepworth, D., & Larsen, J.（1985）. *Dircet Social Work Practice*（2nd ed.）. Homewood, IL: Dorsey Press.

Kettle, D. F.（1988）. *Government by Proxy-（Mis？）managing federal programs*. Washington, D. C.: The Congressional Quarterly Press.

Kutchins, Herb.（1991）. The Fiduciary Relationship: Social Workers' Responsibilities to Clients. *Social Work, 36*（2）, 106-113.

Lippa, R. A.（1994）. *Introduction to Social Psychology*（2th ed.）. U.S.A.: Brooks/Cole.

Manning, Susan. (1997). The Social Worker as Moral Citizen: Ethic in Action.

Martin, Laerence L. (1993). *Total Quality Management in Human Service Organization*. London: Sage Publications, Inc.

Mossard, G. R. (1991). A TQM Technical Skills Framework. *Journal of Management Science & Policy Analysi*s, *8*, 223-246.

Mudrick, R., Render, B., & Russell, R. (1990). *Service Operations Management*. Boston: Allyen & Bacon.

Myers, D. G. (1993). *Social Psychology* (4th ed.). U.S.A.: McGraw-Hill.

11.2 回應〈防治少女性交易之福利服務輸送與省思——一個社會工作專業服務品質管理的觀點〉

張姵文

台北市政府社會六科安置保護股股長

　　運用「防治少女性交易之福利服務輸送與省思」為例，來看社會工作對不幸少女的專業服務品質，其實就是檢視「兒童及少年性交易防治條例」的執行情形，文中提到的也是條例中最被重視的部分：「工作流程」與「工作團隊」。尤其民間對此條例之立法特色所含括的：

1. 體認到單一部門無法有效處理複雜的社會問題（將少女從事性交易視為複雜的社會問題），進而採用多重機關主管的概念。

2. 設定各機關間辦理法定工作與完成期限，以防各部門因循推責。

3. 對於觸犯該條例的犯罪者，其處罰一律採公訴，主要目的：排除處罰犯罪者的障礙外，更可保障被害者心裡安全的目標。

4. 以社會福利的視野出發：改善了兒童福利法及少年福利法對兒童安置上的缺失。

　　就工作流程而言：建構從宣導、預防、救援、安置輔導到後續追蹤等流程。

就工作團隊而言：參與之部門包括司法、警政、教育、社政、醫療衛生等部門，更擴及民間之參與。

縱向、橫向間形成很龐大之網絡。

所以法例在制定時所設計的機制就是要動員所有可能的資源來參與，以協助及因應不幸少女問題的特殊性。

從服務輸送流程看：(1)預防：包括建立中輟生通報系統、設立關懷中心；(2)救援：陪同偵訊；(3)安置輔導：包括緊急中心、短期中心、其他適當處所、中途學校；(4)後續追蹤：包括返家、獨立生活者。

從參與服務團隊看：結合了政府各部門包括法務、教育、衛生、國防、新聞、經濟、交通等單位全力配合及運用購買服務方式邀請民間共同參與，並透過督導會報的方式來檢視團隊合作之情形。

以台北市政府之團隊參與不幸少女防治工作之實務為例，其參與之情形如下：

・警政單位：救援保護、場所查察。
・衛政單位：正確性觀念之宣導、安置對象之性病檢查。
・教育單位：性侵害防治、兩性教育、正確性觀念之建立。
・新聞單位：對刊載色情廣告媒體之處罰。
・交通單位：對觀光業從業人員作宣導防治工作。
・勞工單位：提供不幸少年就業機會。
・建設單位：反雛妓之教育宣導、八大行業之稽查。
・社政單位：防治工作教育宣導、建構資源網絡、陪同偵訊之執行、兒童少年之安置、籌建關懷中心及緊急短期收容中心、聘用專責人員及編列專門預算等。

所以為加強各服務體系之間連結，建立周延之服務網絡及服務輸送模式，有效遏止兒童及少年性交易氾濫情形，並確保兒童及少年基本權益，創造無色情污染之生活空間，必須建立各單位之共識與工作模式，以發揮特別制訂本條例之基本精神。

因爲不幸少女的小小歲月，已背負著難以負荷的傷害，色情場所的生活，不似殺人般易奪人生命，卻扭曲了整個人的信念、態度與行爲。因爲他們來自暴力家庭、被性侵害、被騙、放棄自己、放縱自己、享樂……已然成爲他們的共同命脈。所以爲協助他們，需要有完整的資源來投入。

　　所以，以台北市政府爲例，即動員了各相關部門共同參與與投入，因爲不幸少女的議題，絕非單一部門所可解決，從預防、宣導、救援、安置輔導、後續追蹤需要有完全的配套資源，方得以協助不幸少女重返社區及適應新生活。

　　本文從單一部門（亦即單一專業）——社會工作的角度，來談不僅複雜且深沉的不幸少女問題，而沒有談及其他專業體制的支持，從所提之案例中就不難看到工作過程中產生的無力，也影響到服務品質以及服務效能，因爲——社會工作仍需要其他專業來支持才能完成任務。

12.1 政黨行銷之初探——以二○○○年總統大選扁陣營選舉行銷策略為例

王順民

文化大學社會福利學系副教授

摘要

　　Peter Drucker認為非營利組織的有效經營必須同時兼備四件利器，它們分別是：人才、金錢、計畫以及行銷。這亦足以顯示「行銷」對於非營利組織的永續經營與否，是具有舉足輕重的關鍵性。晚近，隨著台灣地區政治的民主化、經濟的自由化以及社會的多元化，這使得在民主選舉以及政黨對決的環境氛圍裡，如何妥善地設計、執行和控制一個能使選民迅速地接受新理念以及將此理念轉化成為具體行動的社會行銷策略，就顯得更形重要。當然，扣緊台灣社會特有的政治結構與選舉文化，這使得社會行銷策略之於政黨選舉的效能性還是有其一定程度的限制，不過，即便如此，面對著瞬息萬變的選舉情境，社會行銷的運用將會是日後政黨選舉時不可被忽視的策略性手段，因此，本文透過以政黨來作為非營利組織一員所從事的社會行銷的論述分析當中，當可獲致若干值得深思的課題，不過，即便如此，社會行銷的概念內涵及其策略運作如果是要被進一步地擴及到所有不同類型的非營利組織身上，它還是

有其不可迴避的內在限制。

　　關鍵詞：非營利組織、社會行銷、總統選舉、阿扁。

壹、前言：社會變遷與非營利組織的發展趨勢

　　基本上，就人類社會福利的歷史沿革來看，社會福利的發展本身就不是一種單線連續的演進過程，相反地，它是由包括家族親人的家戶服務（domestic services）、非營利組織的志願服務（voluntary services）、政府公部門的法定福利（statutory welfares）以及商業營利部門的市場服務（commercial services），這四者彼此交錯地出現在某個特定的歷史時空脈絡之中，藉此進行不同形式的福利分工。（官有垣，2000a）然而，相應於福利國家所面臨到的「需要管理」危機，這使得八○年代的西方國家開始大幅度地修改以往擴張性的公共政策，而改採取貨幣學派的經濟理念與政策。亦即，宣告一個「反福利主義」（anti-welfarism）的後福利國家時代的來臨。（Pierson, 1991）總之，隨著福利國家的各種危機以及福利私有化理想類型的傳播，這使得各種世俗性的非營利組織（non-profit organizations）所扮演的職能，再度地大力地介入公共事務之中，一舉翻轉銳變成為社會福利分工的重要參與者。（張世雄，2000）

　　事實上，相應於近年來台灣社會快速變遷所衍生各種不同的福利需求，非營利組織不僅在數量上有所增長，同時亦適時地提升其專業的知能與服務的品質，就此而言，從變遷的角度來看，當代台灣地區非營利組織呈顯出來的發展特色以及未來的變遷趨勢則包括有：（王順民，1999）

1. 自然人關係取向與法人關係取向的非營利組織同時並存：當代台灣地區的非營利組織情境裡，除了以自然人關係為主的血緣、地緣性的組織以外，晚近具有特定目的現代非營利組織亦快速擴張成長。事實上，這種兼具法人行動者特質的新型態非營利組織，

即便不一定取得法人地位甚或未曾立案，但是，這些非營利組織已經箝入基層社會而成爲人民日常生活的一部分。

2. 非社會運動取向與社會運動取向相與結合而成的新改革主義：亦即，非營利組織將擺脫以往過於偏重在慈善與獎助學金活動的發展格局，而轉向爲以公共事務作爲關懷旨趣。就此而言，這些非社會運動取向的非營利組織（nonsocial movement sector）自然會與強調社會運動取向的非營利組織（social movement sector）相互結盟而成爲一種新的改革主義（new reformism），藉此提供作爲市民社會與公民自覺的不同思考。就此而言，非營利組織除了維持原有的功能以外，將更著重在非營利組織本身所兼具反映與匯集民意的精華功能（the quintessential function）上，藉以強化非營利組織議題倡導的功能。

3. 托拉斯規模與小眾規模分立並存的現象：亦即，隨著組織規模的擴張程度而出現大型的非營利組織或基金會。不過，秉持著奉獻、服務使命的小眾團體，也不斷地散落在台灣各地，藉此推動兼具社區化與本土特色的濟眾事業。擴大來看，也就是說，全球化與草根化自然會是上述分立並存情況底下所可能預見得到的發展性後果（intended consequences）。

4. 非專業模式與專業模式的相互融合：除了慣以較常出現的以志工、義工或同工來作爲運作主體的非專業模式，專職工作人員以及專業知能的採借，亦成爲未來非營利組織的運作特色。

5. 企業捐輸與小額捐款的同時併存：除了社會大眾的小額捐款以外，來自民間企業的大筆捐款或專案補助，亦成爲未來台灣社會非營利組織的重要財源。不過，這裡面也不排除企業體所自行設置專屬的基金會，同時，終極來看，這種民間企業的資助往往還是出自於企業主事者個人的理念與背景而非是基於企業體的社會責任。值得注意的是結合消費者、募款者、受助者以及企業體四方共贏的善因行銷（caused-related marketing，或稱joint-venture

marketing）亦是晚近台灣地區非營利組織新興的募款策略。

6. 福利與營利的混同思考：除了少數贊助型的基金會以外，基本上，現行台灣社會大多數的非營利組織均面臨到財源經費匱乏與穩定性不足的現象，就此而言，援引市場的運作邏輯就成爲未來非營利組織生存策略的不二法門。連帶地，援引企業經營的計畫與管理的各種理念（諸如組織績效、募款策略、人事管理、勞務管理、服務管理、財務管理以及行銷管理）勢必是未來非營利組織生存契機的所在。準此，福利與營利就不僅僅只是一字之差或一線之隔而已，其本身隱含著更爲深邃的互動關係。

7. 既競爭且合作、既依賴又自主的弔詭現象：不論是從福利多元主義的理論思維抑或福利服務輸送的現實考量，非營利組織與政府公部彼此之間的互動關係都應投以更多的注目。就此而言，這樣的互動內涵已經跳脫出委託辦理與購買服務契約等純屬於工具性層次上的思考，而是直指應該是要建立在何種條件與基礎上的互動關係（自然還是應要擴及到與兼具有競爭意涵的市場營利部門的互動關係）。擴大來看，也正是建基在以公民參與爲基礎的政府與民間社會資源彼此之間開發與運用的互動關係上。

總之，非營利組織各種的發展現象已經作爲一種整體性的社會事實（total social fact），而具現在當代台灣社會裡，就此而言，思索有關非營利組織如何生存？怎麼競爭？行銷組合的策略爲何？行銷網絡爲何？以及面對環境的應變對策爲何？諸如此類的議題論述，自然是兼具有學術研究的正當性以及實務應用的迫切性。準此，本文的關懷旨趣包括有：

1. 陳述行銷與社會行銷相關概念的釐清與討論。
2. 說明行銷組合之於政黨行銷與總統選舉的論述意義及其內在限制。

貳、文獻探討：行銷與社會行銷發展經驗的討論

一、基本概念的釐清

　　誠然，非營利組織存在的終極任務固然是為了殲滅自己，但是，非營利組織在成功地達成目的以前，非營利組織亦不能自外於整體社會環境而獨自運行，就此而言，行銷、社會行銷、非營利組織何以也需要社會行銷、以及非營利組織的社會行銷等等概念的釐清，自然都是用以拆解非營利組織作為所有組織一員的集體性意涵（universalities）以及非營利組織個別性的分殊意義（particularities）時，所不可迴避的基本課題。

（一）行銷

　　傳統的觀念認為行銷（marketing）主要是企業體用在營利的產品與服務的一種策略性手段，藉以滿足消費者的需求並創造企業的利潤。（Bennett, 1988；轉引自劉忠耿，1985：13）依據Kotler對於行銷的定義：行銷指的是分析、規劃、執行與控制一套精心製作的計畫，使其目標市場與吾人所從事的志願性的價值交換，藉以達成組織所預設的目標。而為了達到這個目標，組織本身也必須根據目標市場的需求以及願望來提供產品，同時組織也要運用有效的定價、溝通以及分配技巧，告知、刺激和服務目標市場。（Kotler, 1991）以此觀之，行銷的最終目的固然是在於使參與交換的兩造雙方都得以獲得各自需求與期望的滿足，不過，這種需求也不只侷限在物質層面，而這也使得有關行銷的觀念被視為是一種廣泛性（pervasive）的社會活動，同時更進一步地從工商營利部門擴及到政府以及其他非營利組織上，藉以提供像是服務、理念等

社會性產品的促銷。（Bailis, Stone & Bailis, 1990; Kotler, 1989；謝儒賢，1997；劉忠耿，1995；黃嘉斌，1993）

　　事實上，有關行銷的定義與時俱變，同時行銷的概念內涵亦不斷地被擴充、衍生，像是：大量行銷（mass marketing，係指行銷的目的在於提供單一產品以一網打盡網羅所有的顧客群）、目標市場行銷（target marketing，係指只針對一個或多個市場區隔，而非針對整個市場）、個體行銷（micromarketing，係指調整行銷策略以滿足地理、心理、人口、利益等因素所定義的狹窄市場的需求與欲望）、集中行銷（concentrated marketing，係指公司只專注於爭取一個或幾個次級市場的高占有率）、機構行銷（institute marketing，係指藉由行銷來提升組織的知名度）、知識行銷（knowledge marketing，係指藉由行銷來提供某種重要的資訊）、行動行銷（action marketing，係指藉由行銷來使顧客有實際的參與）、事件行銷（events marketing，係指藉由有創意性的活動或事件來吸引民眾的參與，藉此達到銷售商品或企業形象的目的）、行政行銷（administrative marketing，係指具有準備與執行穩健行銷計畫的能力）、網路行銷（Internet marketing，係指透過網際網路來達到促銷商品或理念的目的）、極大化行銷（maxi-marketing，係指面臨著電訊電腦新世紀所採取新的行銷策略）、人際網絡行銷（network marketing，係指根據人脈社會關係所進行的行銷工作）、游擊行銷（guerrilla marketing，係指以打帶跑和先求穩當再求變化的叢林戰術在市場的夾縫中生存）、電話行銷（telemarketing，係指完全放棄代理商制度而改採直接通路的行銷方式）、顧客化行銷（customized marketing，係指賣方從無到有地為買方準備新的製品）、關聯行銷（affinity marketing，係指在將某一群體設定為目標群的同時，並試圖向他們出售符合他們需求的一系列產品或服務）、賣場行銷（field marketing，係指舉辦陳列競賽、店頭活動、提供商情分析、產品組合分析所構成的一個新的行銷領域）、大量訂製行銷（mass customized marketing，係指運用公司已經建立起來的基本常模，以提供每位消費者不同的組合選擇）、共存行銷（concurrent marketing，

係指從需求性的角度切入，將產品、銷售和服務這三種在顧客面上彼此衝突的重要功能緊密結合）、口碑式行銷（the marketing on word of mouth，係指重視來自於口碑式行銷免費廣告的無窮價值）、價值行銷（value marketing，係指以合理的價格來提供適當的產品和服務組合，而不再只是以高價格販賣高品質的產品，或以低價格販賣較差品質的產品）。

除此之外，諸如國家行銷（marketing of nations，係指分析國家競爭的優勢與劣勢，掌握最好的機會，並以全球性競爭策略來發展國家的長期利益）、政治行銷（political marketing，係指任何一種以政治主張為訴求的運動，以試圖改變選民的認知、態度或行為）、選戰行銷（election campaign marketing，係指運用行銷的原理原則從事選戰，並將行銷的戰略戰術移植套用於選戰中）、票房行銷（marketing the performing arts，包括定位、市場區隔、廣告行銷、公關、配銷系統、資料庫、直效行銷、義工組織計畫）、多層次行銷（multilevel marketing，係指直銷員與公司並無僱傭關係，而傳銷人員除了銷售商品獲得業績以外，同時也致力於招攬他人加入銷售行列以建立起一層層縝密的銷售網）、整合行銷傳播（integrated marketing communication，係指由專人來管理並整合所有的傳播事務，包括對與顧客進行溝通的一切事宜提出建議）、行銷公關（marketing public relations，係指由一組包括出版品、事件、新聞、社區參與活動、身分媒介、遊說活動以及社會責任活動所共同組成的工具）、內部行銷（internal marketing，係指重視員工、尊重員工並以員工滿足為其主要的努力目標，藉此作為提高顧客滿意度的一種行銷方式）、互動行銷（interactive marketing，係指行銷公司所認知的服務品質，端賴服務發生時購買者與銷售者之間互動狀況的品質而定的一種行銷方式）、體驗行銷（experiential marketing，係指強調專注心力地去為消費者塑造一份包括感官、情感、思考、行動與關聯在內的全新體驗）、開明行銷（enlightened marketing，係指公司的行銷活動應該要支持行銷系統的最佳長期利益，這其中包括消費者導向行銷、創新行銷、

價值行銷、使命感行銷以及社會行銷五大原則)、低行銷 (demarketing 係指以行銷的方式來暫時或永久地降低需求,其目標不是摧毀需求而是降低或轉移需求)、善因行銷 (cause-related marketing,係指非營利組織與企業組織透過合作的關係來共同行銷某一產品或服務)以及社會行銷 (social marketing,係指設計、執行以及控制計畫,以尋求目標群體增加接受社會理念、理想和作法),亦是晚近被快速開發的行銷概念內涵。(Kotler, 1991;王育英、梁曉鶯譯,2000;高登第譯,2000;張逸民譯,1999;張美慧,1995;鄭自隆,1995;張永誠,1993、1992、1991)

　　至於,如果是從總合市場行為／個別行為以及經濟觀點／非經濟觀點,則可以將行銷觀念的發展分成四個不同的典範階段。(Sheth & Gross, 1988;轉引自鄭淑娟,1998:44;林東泰,1996;林義屏,1995:7)這其中傳統的行銷觀念是以經濟學典範為主要的準軸,其組織目標乃是以強調利潤極大化與經濟效益極大化作為決策的目標;一九六○年代對於行銷的觀念則是由生產者的行為研究轉移至購買者的行為研究;之後,則是逐漸凸顯生產者本身的社會責任與社會連帶關係,藉此凸顯出消費者需求和社會成本與福祉等問題;到了一九七○年代,則是透過社會科學理論建構的方式,以期能夠準確地預測組織成員的行為,連帶地,組織處於此一適應行銷的階段不僅要達成內部的整合,更應重視組織外部環境的適應,換言之,組織不再被視為是一個封閉系統,而是處於開放的狀態之中,並且強調與環境資源彼此之間的互賴關係。(如表12-1)

　　最後,行銷的分類亦可以細分成目標市場型、產品型以及行銷工作者型三種不同的行銷類型。(叢萍,1995:13-14)其中目標市場型係指根據一個組織的行銷活動是針對該組織有影響的群眾、顧客來加以區分;產品型的行銷則包括有財貨行銷、勞務行銷、組織行銷、個人行銷、地方行銷以及觀念行銷,換句話說,這裡的產品不再侷限於財貨與勞務等一般性的產品;最後,行銷工作者的行銷包括有屬於公司行號營

表12-1　行銷思想的典範演進及其相關內涵

行銷階段	古典行銷	管理行銷	行為行銷	適應行銷
盛行年代	1900-1950	1950-1970	1965-	1970-
基礎理論	經濟學	管理科學	行為科學	社會科學
行銷典範	微觀經濟典範	微觀經濟典範	行為科學典範	資源互賴典範
決策目標	利潤極大化	經濟效益極大化	滿意的利潤	組織長期生存
決策準則	市場供需法則	行銷管理策略	個體行為規範	群體協商談判
目標與任務	大量生產產品	追求產品品質及功能	滿足買方需求	滿足個人及社會福祉的產品
交易重心	生產	產品	消費者	生產、消費者、社會福祉
行銷手段	被動銷售	主動促銷	整合行銷	整合行銷
行銷目的	利潤	創造利潤	創造利潤與滿足消費者	兼顧利潤、消費者需求和社會責任
行銷內涵	產品導向	生產導向	顧客導向	社會行銷導向
相關學派	商品學派 功能學派 區域學派 體制學派	實用論者學派 管理學派	購買行為學派 行動論者學派 組織動態學派	系統學派 宏觀行銷學派 社會交換學派

資料來源：修改自鄭政宗，1998：16-17；鄭淑娟，1999：47；黃俊英等，
　　　　　1997：202。

利事業單位所生產最終產品或中間加工產品的行銷以及各種的非營利組
織。總之，隨著行銷觀念一再地擴充，因此，諸如產品、服務對象、服
務目的、以及提供服務的組織等概念內涵的研討，已經是擴及至非營業
機構（non-business organizations）的範疇上，連帶地，與社會行銷相關
的議題論述便成為拆解非營利組織重要的切入點。

（二）社會行銷

　　社會行銷（social marketing）指的是將行銷的原則與技巧應用在社

會單位，藉以提升社會目標、理念和改變行為模式。（Kotler &
Andreasen, 1991；謝儒賢，1997）就此而言，社會行銷應當涵蓋一套有
計畫的設計、執行和控制的程式，用以評估人們接受社會觀念和認同產
品設計、價格以及傳播通道的行銷與研究，不過，如果是從社會、集體
性層次來看，那麼，社會行銷的目標除了是要將社會大眾各種陳舊的信
念、價值和行為轉變為有利於社會變遷的行為取向或具體目標以外，社
會行銷的概念本身亦隱含著組織在追求組織目標與利潤的同時也要兼顧
到消費者與整體社會的福祉，因此，社會行銷往往也被視為是「一種社
會變革的管理技術」。（蕭崑杉，1998；駱淑女，1997）準此，社會行
銷的觀念被拋列出來的真義在於說明：社會行銷作為改變人們行為模式
的一種策略，其目的除了在於試圖替企業、消費者以及社會利益三者之
間取得某種程度的平衡，同時亦隱含著社會性的責任，至於，這種修正
後的行銷，則是除了實體產品（physical product）以外，更加地凸顯社
會理念（social idea）與無形服務（intangible service）的概念，連帶地，
社會行銷所研究的市場與行銷活動，亦擴充涉及到整個社會系統。
（Kotler & Roberto, 1989；Kelley, 1973；轉引自林義屏，1995：7；鄭政
宗，1998：17；劉忠耿，1995：16）

　　至於，這種將行銷概念、程序運用在交易活動上而形成的社會行
銷，相較於傳統的行銷（即commercial marketing）兩者之間的差異，隨
著關懷旨趣而有所不同，像是：社會行銷將傳統行銷組合（marketing
mix）中的4P〔Product（產品）、Place（配銷）、Price（價格）、
Promotion（促銷）〕增改為7P〔Product、Place、Price、Promotion、
Probing（調查）、Producer（生產者）、Purchasers（購買者）〕（Fine,
1990；蕭崑杉，1998；蕭富峰，1990）；或是針對專業人群服務業的特
性像是宗教，為了增加該宗派在信眾選擇信仰時的優勢所強調的8P
〔Product、Place、Price、Promotion、Personnel（服務人員）、Physical
Facility（實體設施）、Process（流程管理）、Position（定位）〕（Shostack,
1987）；或者是更加重視以買方顧客為導向的4C〔Customer Value（顧

客至上）、Communication Channel（溝通傳播管道）、Cost to the
Customer（顧客成本）、Convenience（通路取得便利性）〕的整合性行銷
觀念（鄭淑娟，1999：16；關尚仁、鄭如雯，1998；張金鳳，1996：
232）；或者是為了有利於推展與服務有關的產品所增加的3P〔Personal
（個別的）、Presentation（呈現的）、Process（過程的）〕（叢萍，1995：
18）；或是為了適應各方面的劇變與挑戰所出現的Event Marketing（事
件行銷）（洪淩君，1997）；由原來行銷組合的4P再加上3P〔Public（群
眾）、Partner（夥伴）、Positioning（定位）〕，以構成社會工作服務行銷
組合的7P（Bailis, Stone & Bailis, 1990; Kotler & Roberto, 1989）；以及針
對全球化行銷議題所特別增加的2P〔Politics（政治經濟）、Public
Opinion（公眾意見）〕（高登第譯，2000：141-142）。最後，有關傳統行
銷理論與社會行銷理論的對比情形我們歸納如表12-2。

　　總之，就某方面來說，社會行銷可視為是行銷觀念的擴大與延伸，

表12-2　傳統行銷與社會行銷的差異

	傳統行銷理論	社會行銷理論
任務	營利趨向	非營利趨向
目的	產生購買行為	造成學習
目標	公司利潤極大化	強調組織使命
管理焦點	短期利潤	注重生存與長期穩定發展
執行重點	造成易於銷售	使命核心價值問題
管理哲學	經濟面向	心理、社會面向
產品	有形的商品或勞務	觀念、態度、行為的社會產品
價格	經濟價格	非金錢價格
通路	大眾傳媒與人際傳播管道	人際管道為其特色
促銷	大眾傳媒、個人行銷與公共關係	與傳統行銷相似
公眾監督	低	高
內在限制	找不到足夠經濟誘因	對使命理念的陳義過高

資料來源：修改自Barach, 1984；鄭淑娟，1999：61；劉忠耿，1995：17。

基本上乃是一種結合顧客導向的行銷，再加上對於社會公益的關懷，因此，其行銷的重點是在於設法瞭解顧客的眞正需求，然後再針對需求來設計「社會產品」，同時以最有效率的方法將產品傳達給顧客，而在顧客需求滿足的同時組織的使命也獲得了實踐。（鄭淑娟，1999；陳正男，1992）對此，像是包括產品、價格、通路以及促銷的行銷組合（marketing mix）；不同目標人口特性所採行的市場區隔（market segmentation）；目標採納者（target adopter）各種消費行爲在內的分析討論；以及對於市場環境變動的警戒和應變能力等等，在在都是社會行銷研究的重要內涵。

對此，在本文裡我們將政黨行銷的操作性定義界範如下：

「係指執行的組織是非營利性質的（本文初探的對象爲政黨），並且其所行銷的社會性產品既是有形的（總統候選人），也是無形的（理念、價值觀）；同時非營利組織（政黨及其候選人）必須環顧整體環境的變化以及社會心理的動態過程，運用行銷的手段獲得大衆（或選民）的認同和支持，藉此達到銷售目的（當選並取得政治權力）的一種過程。」

（三）非營利組織何以也需要社會行銷？

除了傳統消極地依賴政府的經費補助以外，非營利組織亦會受到組織外部因素的影響，像是公共組織民營化的聲浪、政府解除管制和禁止獨占所牽動的市場競爭、大衆傳媒和公共輿論的普及、以及電腦網際網路科技技術的創新，這使得非營利組織除了要兼顧組織的專業導向以外，同時還必須重視到捐贈者和被服務者等以需求爲主的顧客導向。連帶地，非營利組織行銷所能帶來的利益往往是超乎經濟、物質層次，而是直指無形的、社會性的以及心理性的利益，這也使得非營利組織在實踐組織使命以及推動社會改變方案（social change campaign）的同時，採借商業概念以及市場運作邏輯的社會行銷技術，自然就成爲非營利組織永續發展的重要課題。（Sheth, 1993: 380; Kotler & Roberto, 1989；鄭

淑娟，1999：47-48）

　　當然，就客觀的現實壓力來看，諸如義工的招募、募款的管道、財物的健全、組織的知名度以及服務對象的市場區隔等的議題，這多少點明出來非營利組織何以需要以社會行銷的觀念來有效地推廣其相關的組織業務，連帶地，直接攸關到資源的吸納（resource attraction）、資源的配置（resource allocation）、非捐贈者的說服（non-donor persuasion）、公共關係（public relation）的維繫以及社會大眾對於非營利機構認可與信任的正當性（legitimation）等等基本的生存課題，這使得行銷之於非營利組織的構造影響就誠屬於一項預期性的後果。（Shapiro, 1990；劉忠耿，1995：19）

二、當代台灣地區非營利社會行銷的研究情形

　　即便對於社會行銷觀念的擴大使用依然還是存在著某種程度的爭論，但是，當代台灣地區非營利組織運用社會行銷的概念以推動相關社會議題的努力一直都是廣泛地被探究的，像是拒吸二手菸活動、無住屋運動、聯考招生、捐血運動、器官捐贈、骨髓捐贈、喜憨兒、聯合勸募、政治選舉、教會行銷、都市行銷、藝術表演、反雛妓社會運動以及公益彩券等等。（鄭淑娟，1999；劉于禎，1998；關尚仁、鄭如雯，1998；洪淩君，1997；駱淑女，1997；鄭政宗，1998；謝儒賢，1997；張金鳳，1996；黃慶源，1996；林義屏，1995；劉忠耿，1995；叢萍，1995；黃俊英，1993；黃嘉斌，1993；曾芳瑩，1993；陳逸潔，1991；任宜誠，1989；許榮達，1989；蘇斌光，1988；曹常鴻，1987；黃均銘，1984；黃再德，1984；張廣福，1982）事實上，這種採借行銷的觀念、技術及策略，用以改變社會關係及策變對象的理念或行為、解決實際的社會行為、建立社會的公共價值觀與理念，藉此以達成社會改變的目的，就這個層次而言，社會行銷之於社會福利工作的推動以及非營利組織的生存和永續發展，是有其重要的貢獻。（鄭政宗，1998）

總之，現有國內對於非營利組織相關研究主題的深入論敘還是相當的紛歧，包括有免稅政策、策略管理、績效評估、市場導向、公共關係以及資源整合，換言之，對於非營利組織的探究尚未形成明顯的發展主軸，僅以國內的博碩士論文爲例，這其中有的是著眼於行銷觀念本身的變遷，像是有從生產、生產銷售並重、行銷以及社會行銷的變遷來探討的（黃志文，1995；郭崑謨，1984）；另有的則是探究從生產、銷售、行銷、社會資源、競爭以及策略性行銷等等不同行銷發展階段的變遷（黃志文，1995）；有從市場分析、區隔問題、產品、定價、通路、促銷以及組織等觀點來探討的（張廣福，1982）；有從資源的吸引、資源的分配、說服工作（曹常鴻，1987）；有從目標市場及行銷組合作爲非營利組織的行銷策略依據（葉仲任，1996；林義屛，1995）；有從市場區隔的觀點出發，探討是否能成功地以地理人口統計、心理、行爲等變項，來區隔台灣的慈善市場（曾芳瑩，1993）；有從政治行銷的立場，試著來釐清選舉行銷策略規劃的基本涵義（任宜誠，1989）；有從由傳統的4P來建構社會行銷的模式（蕭崑杉，1998）；有著重在非營利性機構市場導向與產品策略的研究（劉俊英，1995）；有從事於非營利組織社會行銷策略的分析（鄭政宗，1998）。

　　至於，國內直接扣緊非營利組織社會行銷相關的研究情形及其研究的結果，我們彙整如表12-3：

表12-3　國內與非營利組織社會行銷相關的博碩士論文研究情形

研究生	研究主題	研究摘要與結論
鄭淑娟（1999）	非營利組織社會行銷之研究：以花旗銀行聯合勸募計畫為例	1.聯合勸募的特色包括有：具免稅優惠地位、提供政府所忽略福利功能的輸送、以全國單一組織方式來統籌各種款項審核與分配、在經費補助的提供功能上與美國尚有一段差距 2.聯勸在社會行銷過程中，透過新聞議題的設定功能和倡導，這對於非營利組織向社會大眾宣示具有相當的助益 3.行銷技術仍是營利組織的專長，而這也是聯勸還是必須仰賴花旗銀行的原因所在 4.花旗與聯合勸募計畫不僅替聯勸有系統地募集到社會資源，並且也為花旗的企業形象達到加分的效果
劉于楨（1998）	非營利組織行動暨訊息研究：以勵馨社會福利事業基金會「反雛妓社會運動」為例	1.在活動策略方面：活動愈多，框架頻次愈多；活動策略需生動，才易被報導；掌握議題框架最好的方式是投稿 2.在訊息策略方面：框架與社會環境和新聞事件息息相關；不同的框架會產生不同的框架方向
鄭政宗（1998）	非營利組織之社會行銷策略分析：以農業基金會為例	1.農業基金會組織特性為彈性與機動的組織優勢、社會行銷決定外在威脅 2.農業基金會的產品策略為無形的社會性產品 3.農業基金會的定價策略為改變策變對象生活方式之定價策略 4.農業基金會的通路策略為不完全的雙向傳播 5.農業基金會的靈活應用促銷策略為策變對象的促銷對象 6.農業基金會社會行銷策略原則為因應組織生命週期之行銷策略

（續）表12-3　　國內與非營利組織社會行銷相關的博碩士論文研究情形

研究生	研究主題	研究摘要與結論
洪淩君（1997）	公私協力推動地區行銷之研究：以高雄市八十四及八十五年都市行銷事件爲例	1.市政府應盡力改變得利做多的形象 2.可以利用不同的都市行銷事件來達成不同的目標 3.應由成本面的分析來說服各部門投入都市行銷的工作 4.對高雄市未來都市行銷方向的建議包括有、善用產業與媒體的力量、成立規劃與推動都市行銷的專責單位、事件行銷與都市建設並行、參考國內成功的經驗、針對目標市場進行行銷
陳顯忠（1997）	非營利組織關係行銷策略之研究：以社會福利慈善事業基金會爲例	1.關於行銷策略的應用程度會因成立年限、宗教背景、專業背景、募款活動、服務範圍、組織規模與決策者年齡之不同，而有所差異 2.目前社福基金會經常應用目的較屬於基金會機構本身內部處理事件應有的程序及禮節方面的事項，然對於捐贈者需求的瞭解與分析以及與捐贈者接觸、互動等溝通方面的事項都不常運用。亦即社福基金會之行銷觀念仍很薄弱，市場導向程度不高，這使得在關係行銷策略之應用程度上也不高
駱淑女（1997）	社會行銷模式之研究：以公益彩券行銷爲例	1.公益彩券符合社會產品的定義，由政府來發行彩券應該是解決社會問題的一種方式 2.爲公益彩券設計一套包括社會行銷計畫目標、目標群分析、社會行銷策略分析以及社會行銷組合的行銷方案；並依此給政府和彩券業者提出建議
謝儒賢（1997）	策略性行銷在社會服務輸送應用之初探：以台北	1.使命對於機構遠景的規劃，扮演舉足輕重的角色 2.機構會透過需求調查、服務過程、理監

研究生	研究主題	研究摘要與結論
	市殘障福利機構為例	事會議決和服務回饋等途徑，來開發潛在的市場 3.藉由社會形象的建構以確立機構的形象，並降低服務使用上的障礙 4.全面品質管理、使用者付費以及多元化的傳播管道，這都是社會服務行銷組合的運作策略 5.社會服務行銷的障礙包括有反商情結、對行銷知識不足以及擔心社會服務不足等
張金鳳（1996）	社會行銷公益活動之傳播效果個案研究──以台北地區大學生對1996「把愛找回來」公益活動之認知、態度及行為為例	1.電子媒介仍是社會行銷公益活動的最佳利器 2.大學生和傳播媒介訊息的接觸程度，和對於舉辦社會行銷公益活動的企業以及非營利事業機構，兩者的評價並沒有關聯性 3.受訪者對於社會行銷公益活動的認知、態度與行為之間的關聯性，並無法從單一個效果理論來檢視
黃慶源（1996）	非營利組織行銷研究：以國立科學工藝博物館為例	1.設立行銷部門，並加強擴展國際行銷 2.發展兼具本土化與國際化的產品組合 3.強化科學教育與社區關係功能 4.做好市場需求調查，分析目標市場，並進行市場區隔，再行擬訂行銷組合 5.應針對不同的目標市場採用不同的產品策略和促銷活動 6.可採差別取價的彈性定價方式 7.針對不同產品或目標市場採用不同的通路方式
詹雪蘭（1996）	公益行銷對非營利機構的影響	1.探討企業施行公益行銷策略（CRM）後，透過消費者購買行為、捐贈行為以及反應狀況，以找出公益行銷對非營利

（續）表12-3　國內與非營利組織社會行銷相關的博碩士論文研究情形

研究生	研究主題	研究摘要與結論
		機構的影響 2.研究結果顯示：性別、年齡、職業、教育程度、宗教信仰、個人年收入的不同對CRM的參與程度有顯著的差異；而無經驗且將捐贈方便性視爲重要量因素的消費者則比較支持CRM 3.對非營利組織而言，透過CRM可使一般消費大眾對非營利機構的成立主旨和活動內容更加瞭解；但CRM並非是穩定且長期的捐贈來源
林義屛（1995）	社會行銷市場區隔之研究：以骨髓捐贈活動爲例	1.從社會行銷的角度瞭解慈濟功德會所運作現況，並對於潛在的目標市場做更深入的瞭解，而非一味地以推動者的角度來設計產品及任何的活動，如此才能在同樣的資源付出之下，得到更大的成效 2.在媒體宣傳的訊息上，應更進一步去研究，如何讓社會大眾對骨髓捐贈活動及慈濟有更正面的看法及印象，以吸引更多的潛在目標顧客 3.在推廣活動上，可考慮以義務性及學習性的活動型態，來吸引更多的潛在捐贈者的參與 4.可使用直接郵寄的方式，針對這些潛在的捐贈者加強傳遞訊息，激發其捐贈的行動，並使這些人成爲資訊傳播的通路
劉忠耿（1995）	社會行銷對象特性暨方案設計的研究：以捐贈運動爲例	1.分析捐髓運動所在的種種背景因素 2.在媒體選擇方面以電視、廣播和報紙作爲主要的傳播媒介；而活動則以義賣晚會和骨髓現象活動，來作爲推展捐髓運動的策略方案
叢萍（1995）	社會行銷在台灣捐血事業的應	1.依據社會行銷及說服傳播理論效果模式指出：大眾傳播與人際傳播會影響個人

研究生	研究主題	研究摘要與結論
	用：以中華血液基金會爲例	的知曉 2.大部分的捐血人都曾在大眾媒介上接觸過捐血宣傳的訊息，且捐血人對大眾傳播訊息媒介報導注意程度愈高，則愈有可能捐血 3.捐血人對捐血訊息人際傳播愈頻繁，則愈有可能捐血 4.捐血人愈喜歡捐血廣告及文宣，則愈有可能捐血 5.捐血人愈傾向正面的捐血態度，則愈有可能捐血
黃嘉斌（1993）	非營利事業行銷：以高雄市天主教爲例初探	1.教會與商業組織行銷最大差異在於教會不違反教會、神學前提下，方可顧及到顧客的滿意 2.傳教較佳教堂在提供產品、通路與行銷研究上，通常較強調顧客活動行銷導向 3.宗教活動的競爭者是工作、升學、運動與其他休閒活動
陳逸潔（1991）	行銷取向之公共關係研究：非營利機構之個案分析	1.對消基會的期望愈高，對其表現尚稱滿意 2.「心滿意足型」的人口特質爲：多爲庭主婦；對於保障安全的需求較高；對耐久性產品的消費抱怨行爲較高；傾向於公開抱怨
任宜誠（1989）	選舉行銷策略規劃理論、實務與應用：以國內主要政黨及增額立委爲例	1.國民黨政治屬性爲自由略帶中庸保守色彩 2.民進黨和所屬增額立委政治屬性則爲激進反動 3.工黨、民社黨、青年黨及其所屬黨籍增額立委政治屬性則不顯著 4.一般國民政治態度取向仍以溫和漸進爲主，希望體制內的改革

（續）表12-3　國內與非營利組織社會行銷相關的博碩士論文研究情形

研究生	研究主題	研究摘要與結論
許榮達（1988）	理念行銷策略之研究：台北區基督教會實例	1.可以依人口統計變項（年齡與性別）以及居住地區來區隔信徒 2.教會在行銷組合上產品具無形性、價格上以非貨幣為主要成本、推廣上人員是以口碑和溝通較有效、通路上包括教堂與家庭
蘇斌光（1988）	醫院行銷研究的應用：病患選擇醫院的因素分析	1.病患選擇醫院的因素為：醫院設備、醫生聲譽與態度、收費、醫院內部環境、醫護人員 2.夜間門診是最大潛在需求 3.服務態度是病患最期待改善的事項
曹常鴻（1987）	行銷在非營利機構之應用：消費者文教基金會實例研究	1.訂閱動機：以支持消基會保護運動為主 2.訊息來源：以親友介紹為主 3.訂戶屬性：女性、三十至三十九歲且子女在六歲以下、家庭收入為二萬五千元至三萬元者 4.機構形象的構成因素為：專業素質、客觀公正與積極主動 5.消費者月刊應改為週刊或半月刊，價格可訂在成本價附近，並配銷至各書店銷售
林昆宏（1986）	吸菸者的生活型態與吸菸動機之研究	1.公賣局應可採行較新與較佳的生活型態變數來區隔市場，並利用品牌名稱、包裝、廣告以及公共報導，來塑造不同的產品形象 2.過去反菸團體成效不佳的原因，乃是很少仔細去探討吸菸者的心理，從行銷觀點來看，這完全是「生產導向」，因此，反菸運動絕非單靠健康訴求就可成功，必須把戒菸觀念當做一種產品來行銷，而且要設計不同的產品來滿足不同目標市場的需要

研究生	研究主題	研究摘要與結論
黃再德（1984）	行銷觀念應用於大學科系招生之研究	1.考大學的主要動機為：求學問、父母期望、對大學生活嚮往、可獲得較佳工作機會 2.對大學校系的評估標準：學習環境、大學生活、明星校系、就業機會、學校地點 3.市場區隔利益：學習與就業取向者、學習與生活取向者、就業取向者、地點與明星學校系取向者、無偏好者 4.同時使用多個區隔變項可有效區隔市場 5.瞭解大學科系訊息的主要來源：學長、老師和大學簡介
黃均銘（1983）	行銷觀念在非營利事業之應用：以捐血協會為例	1.經常捐血者的人口特性為年紀輕、家庭人口數較少以及多為男性 2.以利益區隔法將捐血者區隔成利他主義、習慣和關心自己健康者
張廣福（1982）	非營利事業行銷之應用：台北市國民消費協會之實例	1.協會會員和潛在會員的群體特性包括有教育程度較高；家庭生命週期偏向前期；職業多為行政主管、監督、佐理人員與服務業工作人員 2.各區隔市場的需求並無顯著差異，對產品屬性重視程度依序為品質、功能、價格 3.建議利用郵寄血液檢驗單來提醒捐血者 4.建議利用公共報導以影響潛在的捐血者來捐血 5.建議考慮付費給捐血者

資料來源：本研究整理。

參、政黨行銷之分析：以二○○○年總統大選扁陣營選舉策略爲例

一、總統選舉與社會行銷

基本上，總統選舉採取的是直接選舉的「相對多數決制」，它與立委或國大選舉所採行的「單記非讓渡投票制」最大的不同點是在於：在單一選區的相對多數決制度底下，候選人競選的最佳策略便是儘量向中心靠近藉以吸引多數中間選民（median voter）的支援與認同。(Johnson, 1991；彭懷恩編，2000；薄慶玖，1995）就此而言，在這種凸顯贏者全拿（winner- take- all）的零合賽局選舉裡，如果是根據公共選擇的理論觀點（public choice theory）來看，那麼，候選人在政見內容設計上的行銷策略自然是鮮少會特意地標榜強烈的意識形態，而多半是以中間選民或大多數獨立的流離選民（floating voter）所關切的公共事務來作爲主要的政見訴求。（王順民，2000；張美慧，1995）連帶地，也由於一般的選民在競選活動展開以前，均未有特定的投票偏好，如此一來，更形凸顯出選舉行銷的重要性。（陳鴻基，1995：5）

事實上，就選舉與社會行銷兩者之間的對應關係來看，那麼，這種內含著目標（cause）、策變者（change agent）、目標採納者（target adopter）、通路（channel）、產品（product）以及行銷策略（marketing strategy）等等社會行銷過程的要素（Kotler & Roberto, 1989），其主要的思索點還是在於：這種攸關到被策變對象的目標採納者（像是特定選民抑或其他中間選民的游離選票），在其行動上或價值觀念上（change in action or change in values）的轉變，則是除了涉及到策變者（競選總部、候選人或其他的助選團隊）與目標採納者兩造雙方之間的溝通以

外，最終的目標還是在於如何將該政黨或候選人各種的社會性產品（理念、態度、認知、行為或者價值觀），透過不同的行銷策略傳達出去，藉以使得多數要被策變的選民能夠在有限且短暫的時間內完成特定的行動（亦即去投票圈選該一候選人）。以此觀之，這種強調說服民眾去改變或接受某種特定觀念、態度或行為的社會行銷導向（social marketing oriented），自然是政治候選人在從事選舉行銷時重要的運用策略。（Kolter, 1975；張美慧，1995；陳鴻基，1995；張永誠，1993）最後，如果是進一步地將有關商業性質行銷活動的相關內涵採借擺放在選舉活動上，那麼，兩者之間的對比情形我們歸納如**表12-4**。

表12-4　選舉活動與商業活動的對照

選舉概念	商業概念
政治市場	經濟市場
選票、席次	占有率、獲利率
開拓選票、爭取民心	開發市場、創造顧客
民意至上、選票第一	顧客至上、消費者為主
選民、候選人	消費者、銷售者
投票行為	購買行為
承諾、偏好	產品、服務
競爭政黨	競爭產品
黨籍標籤	企業識別
施政評估	環境變數分析
選區劃分	細分化戰略
政黨定位	產品歧異性
政治形象	品牌形象
政黨特性	品牌個性
識別標幟	品牌命名
選情分析	市場調查
環境評估	市場分析
民意調查	消費者行為分析
黨內初選	產品試銷

（續）表12-4　選舉活動與商業活動的對照

選舉概念	商業概念
提名策略	產品線
競選總幹事	產品經理
競選口號	產品包裝
候選人條件	品質特性
聯盟連線	產品組合
共同政見	定位策略
政見競爭	定價競爭
政見訴求	服務保證
競選組合	行銷組合
造勢活動	促銷活動
競選組織	銷售組織
形象塑造	商品包裝
文宣	廣告
造勢活動	事件行銷
媒體運作	推拉戰略
動員系統	流通路線
輔選方式	資源分配
配票作業	資源管理
賄選買票	促銷活動
選民區隔	市場區隔
選民導向	消費者導向
投票分析	銷售分析
投你一票	指名購買

資料來源：整理自張美慧，1995；陳鴻基，1995；鄭自隆，1995；王淑女，
　　　　　1992；張永誠，1991。

　　以此觀之，政黨就像是公共事務的專業經理公司，必須定期向所有
投資者的股東（選民）爭取經營或繼續承租的權利（執政機會），因
此，就整個選舉的政治行銷過程來看，競爭性的政黨政治彷如競爭性的
商業市場、候選人就如同商品，而選情的分析即是市場調查，至於，那

些附屬於候選人的人格特質、社會地位、操守能力以及政治思維等等，就構成了候選人的整體形象（total image）；最後，就如同產品的品牌形象一般，候選人的形象塑造就有如商品的包裝、選舉的宣傳也有如媒體廣告一般、而選民亦猶如消費者同時也是一種目標市場，至於，這種所謂的競選組合（campaigning mix）其終極的意圖無非是為了分享或壟斷市場的占有率並且說服選民去投票，準此，當選民投下神聖一票的剎那，其用意就彷如誘使消費者從自己的口袋裡掏出鈔票購買商品一樣。（如圖12-1）總之，從政治傳播的觀點來看，競選活動對於選舉的結果具

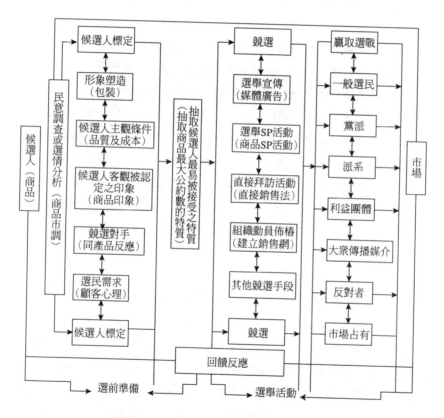

圖12-1　候選人政治行銷概念架構

資料來源：修改自張美慧，1995：14。

有舉足輕重的地位，就此而言，與競選活動相關的行銷策略，其本質即是一種「說服」的過程，包括有刺激選民的潛在偏好、強化政黨的屬性以及改變選民的參考架構，如此一來，對於政治選舉中競選行銷策略的探究自然是有其論述上的正當性。（Mauser, 1983；張美慧，1995；王淑女譯，1992；張永誠，1993、1992、1991）

二、民進黨總統候選人的競選行銷分析

政黨（political party）指的是：在以民主氣候作為先決條件底下，一個自主且具有組織性的政治團體，並且是為了共同努力增進國家的利益而從事候選人的提名與競選，以期能夠獲得對於政府的權力職位和政策控制，連帶地，選舉不僅是政黨最重要的政治競賽場所，它也是政黨用以定期檢驗民意和攫取政治正當性（political legitimacy）的重要機制設計。（彭懷恩編，2000：176；張美慧，1995：147-148；游盈隆，1993）以台灣地區為例，政黨是否被視為是一種人民團體的非營利組織成員，仍然還是有所爭論（官有垣，2000b），不過，隨著動員戡亂時期人民團體法的公布實施以後，組黨已採取從寬和備案的籌設原則，致使台灣地區的政黨數量急遽增加，截至民國八十七年為止，台灣地區備案的政黨數量已有一百一十九個。（內政部網站，2000）至於，現任陳水扁總統所隸屬的民主進步黨則是正式成立於民國七十五年九月二十八日。

底下，我們將分別從人物行銷（person marketing）、組織行銷（organization marketing）、地方行銷（place marketing）以及理念行銷（idea marketing）等等行銷組合的界面（邱宏仁譯，1997），試著來拆解第十屆總統選舉扁陣營所採取的競選行銷策略，不過，必須要說明的是在這一次的總統選舉過程當中，陳水扁雖然是以民主進步黨總統候選人的名義出征，但是，整個選戰的進行仍然還是以陳水扁個人過去的競選班底為核心，此外，競選活動和競選策略的推動主要還是扣緊以陳水扁

這個人為主的「候選人為中心」（candidate-centered）的競選模式，因此，本文中的論述主體乃以扁陣營作為分析單位。

（一）人物行銷

人物行銷指的是包含從事創造、維持或者改變對於某特定人物的態度或行為的所有活動（張逸民譯，1999：297），以選舉為例，政治人物自然是必須極力地推銷自己以爭取選票，但是，大多時候還是要透過若干少數重要指標性人物的站台相挺，藉以吸引不同層次和特定目標群體（target population）的選民，因此，就整個選舉策略而言，這些政治、社會等等意見領袖（opinion leader）的推薦，同時就兼具有分殊與彙整的雙重性意義。以扁陣營為例，像是以李遠哲為首的國政顧問團的組成，除了象徵著社會清流以及認同改革的施政企圖心以外，更是兼具有激化選情（「李遠哲效應」）和降低民眾對於陳水扁個人長期以來疑慮、不安等等總括式的情感評價（summary affective evaluation）；至於，諸如美國索拉茲眾議員和彭敏明、李鎮源、辜寬敏、高俊明以及北美教授協會等人的仗義直言，則是多少兼具有收編台獨選票的意味；連帶地，張榮發、許文龍的護盤對扁陣營來說除了擔負李登輝路線繼承人的正當性以外，更是達到催化「棄連保扁」的策略性投票效應。總而言之，上述這些證言人扮演著類似商業廣告發言人（spokesperson）的角色，而他們相繼推薦陳水扁此一商品的舉動，除了有助於不同選民市場區隔（阿扁鐵票、態度傾向友好之選民、中間游離之選民）的開拓以外，在這樣一場選民涉入感（involvement）極高的總統選舉當中，李遠哲等專家名人們的背書（endorsement），更可以發揮對於陳水扁該一商品順從與認同的光暈效應（the halo effect），如此一來，自然是得以在瞬間快速地提高對於陳水扁個人的支持率。底下，我們節錄若干的對話，從這些公眾人物的言談中多少佐證了這些證言人所代表的催化效果（activation effect）與改變效果（conversion effect）。（資料來源：中時電子報，2000）：

「……我（註李遠哲作者自加）知道他（註陳水扁作者自加）有爭議性，但我也看到他的進步，我來支援他，他還是有可為的。」

「阿扁和我（註李遠哲作者自加）在一起，就不是極端、台獨的阿扁。」

「至於我（註李遠哲作者自加）為什麼選擇民進黨？因為民進黨勝選機率不小，如果因為民進黨對大陸的瞭解不夠用心，而導致兩岸的戰爭，這是很令人遺憾的事。萬一有什麼狀況，我若能幫忙而不幫忙，事後追悔莫及，我會很後悔，很遺憾。」

「……張博雅致詞從頭到尾都沒有說出『支援陳水扁』……他（註陳水扁作者自加）相信張博雅不是支援他，也不是支援呂秀蓮或民進黨，而是支援公平、正義、真理。雖然張博雅擔任嘉義市選委會委員，必須行政中立不能說出支持誰，不過大家心裡有數就好。」

「……索拉茲認為，三位參選人的兩岸政見都大同小異，因此無論誰當選，都不致招來北京反對，而且，台灣人民對於兩岸問題的解決有高度共識，所以無論誰當選，在兩岸政策上應該不會有太新的方向。」

事實上，台灣社會近年來的選舉已經出現「形象取向」而非全然「政黨認同」的投票趨勢（吳統雄等，1994；張永誠，1993），就此而言，在人物行銷方面攸關到總統候選人本身個人魅力、個性特質、政治人格、領導模式、意識形態以及過去的具體政績等等的候選人概念（candidate concept），這亦是政治選舉中人物行銷的最佳武器之一（張美慧，1995：121；鄭自隆，1994：17-18），對此，像是《台灣之子》個人自傳的出版，便是將陳水扁本人此一台灣底層農村社會三級貧戶個別的生命奮鬥史，擺回到整個台灣社會的發展變遷之中，藉此軟性、溫情的

訴求以達到「候選人取向」（candidate-orientation）的行銷目的；連帶地，「阿扁」這個綽號的創造，除了有效地建立起陳水扁平易親切「台灣之子」個人的柔性形象以外，「阿扁」綽號廣泛地的一再被傳播、引用，更是達到凸顯與其他候選人歧異不同（differential）的政治性效用。

> 「……在選戰中，我看到了許年輕人瘋狂地信仰著陳水扁，首先透過『扁帽』先改變外在的身體服飾，塑造你的政治認同，隨之以『年輕台灣、活力政府』的口號成為青年人簡明的政治信仰……對陳水扁的情感信仰從熱情地購買扁帽、阿扁娃娃、阿扁徽章可以觀察得到，甚至如競選晚會上熱情洋溢的『扁舞』，青年人對陳水扁的狂熱是一種『用理想和理性包裝的情緒』……」（引自網路「寫在陳水扁當選之後」）

除此之外，扣緊陳水扁個人魅力與光環所設置的任務編制的行動小組還包括有阿扁網站（虛擬競選總部）、小扁帽俱樂部、扁帽一族、挺扁青年軍、陳水扁之友、陳水扁國際網友會、全球阿扁網路後援會以及扁帽工廠等等，事實上，上述兼具扁平、彈性和簡化等等功能性組織（functional organizations）的編制亦同時考量到這些特定選民求新、善變與愛炫的身心發展需求，這自然使得扁陣營這項採取以年齡作為市場區隔策略（market segmentation strategy）的目標行銷（target marketing）方式，能夠迅速地鎖定年輕學子的焦距並且贏得這些人對其組織和候選人個人的認同感與忠誠度，藉此達到在短期內擄獲年輕選票以及快速滲透擴散（rapid penetration diffusion）的傳布目的，連帶地，這種集體認同社會心理機制的建構，所激盪出來的是另外一波的選舉狂熱以及自發性的助選行為。（《中國時報》，1999.12.13）至於，陳水扁這種將年輕選票的工作交由青年人來做的慣常思維模式（林淑玲，1998），我們從陳水扁競選副總幹事羅文嘉接受平面媒體訪談的摘錄中可以略窺一二：

> 「……從選舉的角度來看，四十歲、五十歲以上的選民，

很難去改變他對產品忠貞度、他對自己信仰的堅定，但是，年輕選民的可塑性較高，能夠接納新的事物，比較不會受到傳統思維或包袱的限制。」

再者，從政治行銷的角度來看，全省各地扁帽生活館的設置並不是以攻擊式或防禦式的口水爭論爲主，相反地，它探取的是一種透過開發不同造型產品的積極性的探勘者策略（positive prospector strategy），至於，這種扁帽一族（We are BianMao Family）的銷售型態除了兼具識別系統（identification system）和視覺認同（visual identity）的品牌命名規求，並且免除了中介通路以符合零階通路（zero-level channel）、獨家配銷（exclusive distribution）和延伸商品線擴張的運作方式，而這些都有益於掖助選舉經費，除此之外，競選總部同時也可以直接掌控到提供實體行銷管道（utilities provided）的先機（Johnson, 1993），事實上，扁帽系列這種延續一九九八年台北市長競選手法的行銷策略早已是凝聚選舉人氣的重要手段，當然，促銷活動（selling promotion）期間阿扁的親自簽名會以及其所匯集的人氣更是提供了強而有力的宣傳效果，這也使得扁帽系列這一種生命週期最長的選舉產品就成爲大選期間（甚或日後的選舉）扁陣營「行銷中的行銷」，並且直接牽動著選戰商品與行銷認同彼此之間高度的內在關聯性。

「……扁帽工廠從去年開幕迄今當然賺錢，但賺錢不是唯一的目的，更重要的是在凝聚阿扁的支持者，『扁帽工廠』存在的是在做阿扁『公益代言人』。」（《民生報》，1999.12.09）

（二）組織行銷

組織行銷指的是從事創造、維持或者改變目標顧客對於一個組織之態度與行爲的所有活動（張逸民譯，1999：297），以選舉爲例，組織行銷的最終目標還是在於扭轉選民對於某一政黨或競選團隊的既定印象，

以扁陣營為例，除了中央競選團隊的設置以外，全國各縣市所成立的水蓮競選總部，其目的便是希望能夠透過這些總部的設置而將各個地區的選舉作業和地方資源的配置運用，做有效的分工和協調，藉此達到流通路線以及行銷網絡統合的目的。除此之外，在非民進黨執政的縣市以及客家票源較弱的地區，扁營也特別設置了客家競選總部和不同性質的中央助選團，至於，回應弱勢婦女族群龐大的選票市場，民進黨不僅成立了「水噹噹」婦女助選團，陳水扁亦提出兩性共事、兩性共治以及社福政見的訴求，諸此種種作為，無非都是為了強力推銷民進黨。（《中央日報》，1999.09.13）

總之，整個選舉過程的每一個環節本質上都是競選總部（策變者）與選民（策變對象）彼此之間相互溝通、對話的過程，就此而言，即便是在促銷組織的基本前提底下，因應不同的選民結構以及選區的人文條件所採行不同的行銷策略模式，藉以建構一套縝密的銷售網絡，如此一來，自然是有助於爭取到特定選民的認同與選票的支援。

（三）地方行銷

地方行銷初始的用意是旨在於創造、維持或改變人們對於某一特定地方的態度或行為的所有活動（張逸民譯，1999：298），至於，將這種重視或開發某一區域的地方行銷概念，直接衍引到政黨對決的選舉過程，在本文則是特指各個政黨或候選人為了要爭取某一地區的選票所做的各種努力，藉此達到拉攏特定區域的選票以及政黨關懷宣示作用的雙重目的。以這次的總統大選為例，除了對於原住民區域所承諾的像是宗主權、行政參政權、生存發展權、社會福利權以及教育文化權等等基本人權的政策規劃藍圖以外，中部九二一的災區便成為一個顯目且兼具細分化戰略的選舉攻防場域，對此，陳水扁除了針對中央政府的運用效能提出政府改造政策白皮書以及防災白皮書以外，更是提出當選之後會特別成立九二一災後小組的選舉承諾。連帶地，扁陣營亦開出各種九二一災民福利政見訴求的區域行銷策略，比如有設立五百億元的信用保證基

金；成立「銀行單一服務視窗」，簡化行政程式；災民購屋及重建，每戶最高三百五十萬元，一百五十萬元以上免息，逾一百五十萬元部分，固定年息3%，前四年免息，利息差額共二百四十億元；由中央銀行提供補助，修繕貸款每戶最高一百五十萬元，固定年率3%，貸款期限爲二十年；延長免繳健保費一年；以及同時推動民宿法以結合觀光農業。（王順民，2000）

不過，這種區域性地方行銷的選舉策略雖然有助益於選舉市場的區隔，但是，它是否能夠增加選票率，以南投地區的情況而言，兩者之間倒沒有相互對應的內在關聯（扁陣營在南投災區的得票率僅占34.49%，落後第一名近十三個百分點），除此之外，在客家票源區所採取的地方行銷策略至少在得票率方面扁陣營依舊沒有奏效。（資料來源：http://e2000.yam.com.tw/realtime）

（四）理念行銷

理念行銷也稱之爲社會行銷，它包括方案的創造與執行，以促使目標群體對社會理念、主張及做法之接受度的增加（張逸民譯，1999：298；陳宏銘，1993），準此，社會行銷的最大特質乃是注重到社會大眾的長期福祉，並且傳達其對於社會整體環境關懷的理念，就此而言，屬於大位格局的總統選舉，候選人自然是必須在這一場競爭劇烈的政治市場中善用大眾傳媒、民調統計、競選廣告、造勢大會、感恩晚會、政見發表會、政策白皮書、電視辯論會、競選文宣、競選標誌、人物傳記、音樂歌詞以及網際網路等等不同訊息的整合行銷傳播通路，藉此將候選人個人的施政理念、政策作爲傳遞告知給社會大眾，以便於透過這種說服性傳播（persuasive communication）的方式來開拓這些隱性或中間選民的票源，進而提升對於該候選人的支持率。（陳水扁，2000；黃佳華，1990）

事實上，在這一場嘉年華會式的大選裡，選舉熱度的維持一直都是總統候選人急於想要炒作的，對此，選舉口號的設計以及聳動式的選舉

語言，自然就成爲傳達候選人個人理念最快速與最有效的方法。至於，如果是從行銷策略的角度來看，像是「年輕台灣、活力政府」、「志工台灣」以及「三三三安家福利方案、五五五安親照顧方案」等等類似商業宣傳標語（selling line）的選舉口號（slogan），除了吻合記憶測試（memory test）、聯想測試（association test）以及注意度（awareness）等等品牌命名的規求以外，這種將政治廣告語言與一般流行語言相互連結所形成的一種新的比喻式語言（figurative language），其主要的用意還是爲了使得扁陣營所標榜以「全民政府」作爲競選的主軸（campaign theme）有著更爲清楚的定位，同時亦以所挑起重大的民生議題策略，藉此達到選民利益和服務保證雙重性的選舉訴求目的。（如表11-5）連帶地，受限於競選的經費，這使得當政黨不能全面地在媒體上大做政治廣告（political advertising）時，則可以改採取創造出吸引大衆關心的公共新聞報導或政治性造勢活動的事件行銷（event marketing）方式，來提高其新聞的曝光率。

總之，由於政黨所從事之社會行銷的產品除了實體的總統候選人以外，多半是屬於理想與信仰的宣揚，因此，上述種種簡明扼要的理念行銷就極需要與宣導造勢活動和大衆媒體傳播促銷相互緊密地配合，藉此達到成功促銷的目的。對此，包括付費廣告（pay advertise）、報導（report）以及人際網絡關係的人員推銷（man promotion）在內的各種促銷策略（promotion strategies），自然就成爲選戰期間各個政黨用以推動理念行銷的重要傳播管道。

表11-5　陳水扁的競選口號與選舉語言

範疇類型	選舉語言順口溜
競選主軸	年輕台灣新的風帆、活力政府新的希望
政治性	台灣新政治、百年好根基
	政黨輪替，台灣才有機會
	黑金共和國
	連宋談錢，模糊不清

（續）表11-5　陳水扁的競選口號與選舉語言

範疇類型	選舉語言順口溜
	新中間路線
	阿扁做事你做主、全民入股好政府
	效率政府、活力民間
	福利政府、三效合一政府、全民政府
	兩性平權、政府共治
	水蓮共治
	年輕領袖、世界潮流
	阿扁全民政府，照顧妳的一生
	阿扁媽媽的水晶餃
	亞太和平新世紀、兩岸歡喜看未來
	寧願落選，絕不挑起省籍情結
經濟性	和平新世紀、安定賺大錢
	綠色矽島
	阿扁當選，保證股市上萬點
	十萬就業方案
社會性	向上提升、向下沈淪
	人文台灣、知識台灣、志工台灣
	台灣新家庭、世界新希望
福祉性	三三三安家福利方案
	五五五安親照顧方案
	善待女人、台灣最美
	政策水水水、開銷扁扁扁
	照顧的重擔，阿扁替妳分擔
勵志性	對進步團隊的無情，是偉大城市的象徵
	是什麼、做什麼；做什麼、像什麼
	對社會失望是年輕人的特權
	有夢最美、希望相隨

資料來源：http://www.vote2000.com.tw；　http://www.abianwin.cjb.nte；
　　　　　http://www.chinatimes.com；陳水扁，2000。

總之，社會行銷所關心的是無形的理念與服務的銷售，其目的是為了達成認知、態度以及行為上的轉變，據以建立或改變消費者心中對於某一事件的印象（Kolter & Andreasen, 1991），以此觀之，這套行銷策略之於政治選舉的論述意義，就最終的預期性後果來說，可能還是停留在僅止於希望透過選民行動的改變以使該政黨獲致贏得執政機會的表象與戰術層次上，至於，社會行銷背後所極欲傳達的社會連帶、社會責任和社會改造等等以倫理（ethic）和價值判斷（value judgment）為主的「社會的行銷」（societal marketing）的議題討論（Backer, Rogers & Sopory, 1992; Fox & Kotler, 1980），則可能還是有待進一步地研讀；抑有進者，大選期間所充斥黑函、耳語、攻訐、漫罵、暗諷以及其他文宣等等的負面競選（negative campaigning）及其所造成的社會成本並沒有得到相對的討論（張美慧，1995），連帶地，對於選舉策略規劃中所標舉使命宣言（mission statement）實踐的可能性，本文亦欠缺對於扁陣營的翔實論述。終極而言，無論是媒介擴張還是行銷擴張之於選舉過程的內在批判，在本文還是缺乏充分的交待說明。

　　再者，社會行銷之於選舉過程時所牽動的內部、外部環境因素的互動關係（高登第譯，2000），在本文亦有所偏廢；連帶地，初級資料的缺乏、變項不易精確衡量以及績效指標難以界定，在在這都是採借社會行銷分析論述當中所不可迴避的問題；至於，扁陣營選舉公關、行銷實際操盤者的深入訪談，本文也僅能採取二手資料的論述方式進行；最後，相同的社會行銷策略、不同的競選廣告組合（advertising mix）與傳播效果、不同的行銷戰略與戰術、整合行銷傳播、行銷稽核（marketing audit）、競選效能（campaign effectiveness）以及環境因子不確定的變異性（像是民進黨的台獨黨綱、李遠哲的表態、李登輝的總統牌效應、宋楚瑜的興票疑案、股市的暴起漲跌、兩岸局勢的緊張對峙以及美國的觀望態度）等等之於各個政黨候選人選舉效果的比較性論述，也不應該因為選後成敗輸贏的後見之明而予以漠視，顯然，在此一論點上，本文是沒有作適當的呈顯。總之，本文的目的不在於企圖充分地想要解釋這一

表12-6　陳水扁的競選行銷策略分析

人物行銷	組織行銷	地區行銷	理念行銷
李遠哲 國政顧問團 許文龍、張榮發 、張博雅、索拉 茲、呂秀蓮、李 鎮源、吳念真、 小野 台灣之子自傳 阿扁嫂自傳	各縣市競選總部 客家總部	九二一災後小組	年輕台灣、活力政府 發表十七個政策白皮 書 三三三安家福利方案 五五五安親照顧方案 全民政府 水蓮共治 新中間路線

場兼具「奠基性選舉」色彩（founding election）的總統大選，相反的是，「行銷」之於這場選舉的策略運用及其可能所內蘊的論述意義，這會是本文努力著墨的地方。

　　最後，民政黨總統選舉整個競選行銷的策略分析，我們則歸納如表12-6。

肆、結論

　　Peter Drucker認為非營利組織要經營的有效必須同時兼備四件利器，它們分別是：人才、金錢、計畫以及行銷。（余佩珊譯，1994：73）這多少顯示「行銷」對於非營利組織的永續經營與否，是具有舉足輕重的地位。晚近，隨著台灣地區政治的民主化、經濟的自由化以及社會的多元化，這使得在民主選舉以及政黨對決的環境氛圍裡，如何妥善地設計、執行和控制一個能夠說服選民並且使選民迅速地接受新理念以及將此理念轉化成為具體行動的社會行銷策略，就顯得更形地重要。連帶地，在選民的投票行為被等同於商品購買行為的思維邏輯底下，對於這

一場叢林肉搏的選戰，如何透過諸如民意測驗、產品定位、選民區隔、事件行銷以及選舉造勢等等不同行銷組合策略，藉以達到攫取選票、勝選執政的最終目標，在政治選舉裡社會行銷的重要性更是不遑多讓。總之，扣緊台灣社會特有的政治結構與選舉文化，這使得社會行銷策略之於政黨選舉的效能性（efficacy）雖然還是有其一定程度的限制，不過，面對著瞬息萬變的選舉情境，社會行銷的運用將會是日後各個政黨從事政治選舉時不可被忽視的策略性手段。

最後，政黨選舉行銷基本上應該是要融合政治學、大眾傳播理論、行銷學、社會心理學及策略規劃和管理等等各門學術的綜合性論述，因此，本文在以政黨作為非營利組織一員所從事的社會行銷的論述分析當中，固然是獲致若干值得深思的課題，不過，政黨的選舉行銷策略與選民的投票行為，兩者之間的貫通與落差（consistency & gap）仍然有待翔實地論述，至於，有關非營利組織社會行銷外部環境的研析以及行銷績效指標的建構亦有其論述研究的必要性。除此之外，社會行銷的概念內涵及其策略運作如果是要被進一步地擴及到所有不同類型的非營利組織身上，它還是有其不可迴避的內在限制；連帶地，社會行銷活動的適切性與可欲性、社會行銷組合內部要素彼此之間的牽動關係、從行銷組合到策略性行銷兩者之間的連結關係以及跨學科彼此之間的綜合性論述亦有其進一步援引的必要。對此，在這裡更為根本的提問還是在於：透究商業營利市場以及社會福利市場兩者之間的差異所在。

表12-7　商業營利市場與社會福利市場的理想類型一覽表

對比向度	商業營利市場	社會福利市場
組織任務	追求利潤、以營利爲目的	達成使命、以非營利爲主
管理哲學	市場、經濟層面	心理、社會層面
運作重心	重私人利益	重社會價值、社會連帶
運作原則	供需法則、成本效益、對價原則	正義法則、權益極大化、無償原則
內在機制	商品關係、競爭倫理	去商品關係、互助倫理
生產來源	廠商營利機構	政府、NPO、廠商
標的消費群	顧客	案主、志工與捐助者
財務來源	私有財、收益大於支出	混合財、收支不一定對等
消費市場	資訊較爲對稱	資訊較爲不對稱
銷售產品	有形勞務及產品	無形的理念、態度及行爲
定價準則	產品的價格	服務的價值
交易媒介	多以貨幣	多爲非貨幣
銷售對象	有需求且有消費能力者	有需求但不一定有消費能力者
市場區隔	有利可圖、大眾化的市場區隔	無利可圖、特定對象的市場區隔
市場型態	自由競爭關係、規模經濟	夥伴合作關係、經濟規模小
聯盟形式	異業同盟、異質同盟、異國同盟	善因行銷
公眾監督	低、公司機構內部控管	高、社會大眾公共監督
終極目標	獲取最大利潤、消滅競爭者	滿足福利需求、保障人民社會權

資料來源：本研究整理。

參考文獻

王育英、梁曉鶯譯（2000）。《體驗行銷》。台北：經典傳訊。

王冠翔（2000）。〈政治行銷：候選人形象定位及認知差異之研究——以台灣2000年總統大選爲例〉。元智大學管理研究所碩士論文。

王淑女譯（1992）。《政治行銷》。台北：桂冠。

王順民（1999）。〈非營利組織及其相關議題的討論——兼論當代台灣地區宗教類非營利組織的發展意涵〉。《社區發展》，85，36-62。

王順民（2000）。〈第十任總統候選人社會福利政見的初步觀察〉。《社區發展季刊》，90，216-235。

任宜誠（1989）。〈選舉行銷策略規劃理論、實務與應用——以國內主要政黨及增額立委爲例〉。中興大學企業管理研究所碩士論文。

余佩珊譯（1994）。《非營利機構的經營之道》。台北：遠流。

邱宏仁譯（1997）。《行銷學——創造顧客價值》。台北：華泰。

邱映慈（2000）。〈整合行銷傳銷傳播在選舉行銷上之運用——以1998年台北市選舉爲例〉。輔仁大學大眾傳播學研究所碩士論文。

官有垣（2000a）。《社會福利：結構與實施》。台北：雙葉。

官有垣（2000b）。〈非營利組織在台灣：社團法人與財團法人基金會之現況分析〉，發表於「兩岸第二屆公共事務跨世紀」研討會。北京市國家行政學院。

吳統雄等（1994）。〈「形象投票」預測模式在台北市實施之效果研究〉，《民意季刊研究》，189，41-67。

林昆宏（1986）。〈吸菸者的生活型態與吸菸動機之研究〉。政治大學企業管理研究所碩士論文。

林東泰（1996）。〈社會行銷的理論與實務〉，《社會教育學刊》，25，49-75。

林淑玲（1998）。《陳水扁武功心法》。台北：時報。

林義屏（1995）。〈社會行銷市場區隔之研究——以骨髓捐贈活動為例〉。中山大學企業管理研究所碩士論文。

周逸衡（1998）。〈台灣地區非營利組織管理之研究——非營利組織捐助成員關係行銷之研究〉。國科會專題研究計畫。

洪淩君（1997）。〈公私協力推動地區行銷之研究——以高雄市84及85年都市行銷事件為例〉。中山大學公共事務管理研究所碩士論文。

高登第譯（2000）。《科特勒談行銷》。台北：遠流。

張永誠（1991）。《選戰行銷》。台北：遠流。

張永誠（1991）。《選戰造勢：造勢是選戰成功的不二法門》。台北：遠流。

張永誠（1993）。《非營利行銷——選戰實務篇》。台北：遠流。

張世雄（2000）。〈志業主義、自願主義、專業主義與管理主義——從宗教慈善到非營利事業〉。收入於鄭志明主編《宗教與非營利事業》，437-490。嘉義：南華大學宗教文化研究中心。

張在山譯（1991）。《非營利事業的策略行銷》。台北：授學。

張金鳳（1996）。〈社會行銷公益活動之傳播效果個案研究——以台北地區大學生對1996「把愛找回來」公益活動之認知、態度及行為例〉。中國文化大學新聞研究所碩士論文。

張美慧（1995）。〈國內主要政黨政治傳播之研究〉。中國文化大學中山學術研究所博士論文。

張逸民譯（1999）。《行銷學》。台北：華泰。

張廣福（1982）。〈非營利事業行銷之應用：台北市國民消費協會之實例〉。政治大學企業管理研究所碩士論文。

陳水扁（2000）。《台灣之子：我的成長歷程、經營哲學和國家願景》。台中：晨星。

陳正男（1992）。《行銷管理》。台北：三民書局。

陳宏銘（1993）。〈競選策略與競選效能：1994年台北市長選舉三黨候選人行為研究〉。《東吳大學政治學報》，1，103-131。

陳秋旭（1997）。〈一九九二年美國總統大選柯林頓競選策略之分析——政治行念與實踐〉。淡江大學美國研究所碩士論文。

陳鴻基（1995）。《選舉行銷戰：知己知彼、百戰百勝》。台北：正中。

陳逸潔（1991）。〈行銷取向之公共關係研究——非營利機構之個案分析〉。輔仁大學大眾傳播研究所碩士論文。

陳顯忠（1997）。〈非營利組織關係行銷策略之研究——以社會福利慈善事業基金會〉。中山大學企業管理研究所碩士論文。

黃再德（1984）。〈行銷觀念應用於大學科系招生之研究〉。中山大學企業管理研究所碩士論文。

黃均銘（1983）。〈行銷觀念在非營利事業之應用：以捐血協會為例〉。政治大學企業管理研究所碩士論文。

黃佳華（1990）。〈大眾傳播與政治說服：七十八年三項公職選舉之政見內容分析〉。台灣師大三研所碩士論文。

黃俊英（1995）。〈社會行銷——台灣的成功個案〉。國科會專題研究計畫。

黃嘉斌（1993）。〈非營利事業行銷——以高雄市天主教為例初探〉。中山大學企業管理研究所碩士論文。

黃慶源（1996）。〈非營利組織行銷研究——以國立科學工藝博物館為例〉。中山大學公共事務管理研究所碩士論文。

許榮達（1988）。〈理念行銷策略之研究——臺北區基督教會實例〉。中原大學管理研究所碩士論文。

曹常鴻（1987）。〈行銷在非營利機構之應用——消費者文教基金會實例研究〉。台灣大學商學研究所碩士論文。

曾芳瑩（1993）。〈台灣地區社會福利基金會之捐贈人行為與市場區隔之研究〉。中央大學企業管理研究所碩士論文。

游盈隆（1993）。〈政治信念、競選策略與選舉動員：台灣地區二屆立委候選人競選模式之研究〉，《東吳大學政治學報》，2，375-395。

彭懷恩編（2000）。《政治學：Q&A》。台北：風雲論壇。

劉于禎（1998）。〈非營利組織行動暨訊息研究——以勵馨社會福利事業基金會「反雛妓社會運動」爲例〉。中正大學電訊傳播研究所碩士論文。

劉忠耿（1995）。〈社會行銷對象特性暨方案設計的研究——以捐贈運動爲例〉。中國文化大學新聞研究所碩士論文。

詹雪蘭（1996）。〈公益行銷對非營利機構的影響〉。交通大學管理科學研究所碩士論文。

鄭自隆（1994）。《競選文宣策略——廣告、傳播與政治行銷》。台北：遠流。

鄭自隆（1995）。《競選廣告——理論、策略、研究案例》。台北：正中書局。

鄭政宗（1998）。〈非營利組織之社會行銷策略分析——以農業基金會爲例〉。台灣大學農業推廣研究所博士論文。

鄭淑娟（1999）。〈非營利組織社會行銷之研究——以花旗銀行聯合勸募計畫爲例〉。東海大學公共行政研究所碩士論文。

樓永堅（1997）。〈非營利組織行銷之研究——資源取得與應用之系統觀點〉。國科會專題研究計畫。

蔡佳垣（1999）。〈候選人競選策略之研究——以1998年台北市長選舉馬英九爲例〉。政治大學政治學研究所碩士論文。

蔡培村（1996）。〈行銷組合在非營利成人教育機構推展教育活動上的策略分析〉。高雄師範大學教育研究碩士論文。

駱淑女（1997）。〈社會行銷模式之研究——以公益彩券行銷爲例〉。東海大學管理研究所碩士論文。

關尙仁、鄭如雯（1998）。〈公共電視社會行銷初探研究〉。《廣播與電視》，3（4），45-69。

蕭富峰（1990）。《行銷組合讀本》。台北：遠流。

謝儒賢（1997）。〈策略性行銷在社會服務輸送應用之初探——以台北市殘障福利機構爲例〉。東吳大學社會工作研究所碩士論文。

叢萍（1995）。〈社會行銷在台灣捐血事業的應用——以中華血液基金會為例〉。政治大學新聞研究所碩士論文。

薄慶玖（1995）。《地方政府與自治》。台北：五南。

蘇斌光（1988）。〈醫院行銷研究的應用：病患選擇醫院的因素分析〉。中國醫藥學院醫務管理研究所碩士論文。

Bailis, S. S. J. P. Stone & L. N. Bailis（1990）. "Marketing Social Work Services" in J. M. Atkins & K. R. Greenhall（eds.）*Encyclopedia of Social Work,* 218-255. Maryland: NASW.

Barach, Jeffery A.（1984）. "Applying Marketing Principles to Social Issues", *Business Horizon, 27 (4),* 66.

Fine, Seymour H.（1990）. *Social Marketing.* New York: Allyn & Bacon.

Fox, Karen F. A. and Philip Kotler（1980）. "The marketing of social causes: the first 10 years", *Journal of Marketing, 44 (4),* 24-33.

Johnson, David B.（1991）. *Public Choice: An Introduction to the New Political Economy.* Bristlecone Books.

Kotler, Philip,（1975）. "Overview of Political Candidate Marketing", *Advance in Consumer Research, 2,* 761.

Kotler, Philip,（1991）Kotler, Philip, *Marketing Management: analysis, planning, implementation and control.* Englewood Cliff NJ.: Prentice-Hall Inc.,

Kotler, Philip and Eduardo L., Roberto,（1989）. *Social Marketing: Strategies for Changing Public Behavior.* New York: The Free Press.

Kotler, Philip and A. R. Andreasen,（1991）. *Strategies Marketing for Nonprofit Organization.* New Jersey: Prentice Hall ,Inc.

Mauser, G. A.（1983）. *Political Marketing: An Approach to Campaign Strategy.* New York: Praeger.

Pierson, Christopher（1991）. *Beyond the Welfare State? the New Political Economy of Welfare .*Cambridge: Polity Press.

Shapiro, B. J. (1990). "Marketing for nonprofit organization", in D. L. Gies, J. S. Ott & J. M. Shafritz(eds.) *The Nonprofit Organization Essential Readings*, 262-270. Pacific Grove, California: Brooks/Cole Publishing Company.

Sheth, J. N. (1993). "User-Oriented Marketing for Nonprofit Organizations", in David C. Hammack & Dennis R. Young (eds.), *Nonprofit Organizations in a Market Economy*. San Francisco: Jossey-Bass Publishers.

Sheth, J. N. and Gross, B. L. (1988) "Parallel Development of Marketing and Consumer Behavior: A Historical Perspective", in Terence Nevett & Ronald A. Fullerton (eds.) *Historical Perspective in Marketing*. Lexington: D. C. Health and Company.

Shostack, G. Lynn, (1987). "Service Positioning through Structural Change", *Journal of Marketing*, 34-43.

12.2 回應〈政黨行銷之初探——以二○○○年總統大選扁陣營選舉行銷策略為例〉

孫健忠
台北大學社會工作學系

　　傳統社會福利的推動著重於努力的工作，至於如何有效率與有效能的達成組織目的，則較未受到重視。直至近年來，管理的知識與策略在社會福利機構中的運用才成為重要的討論議題，影響所及，社會工作師的考試也有「社會工作管理」的科目。在社會工作管理的活動中，最常探討的就是所謂規劃、組織、人事、領導、協調、公共關係、預算與評估等功能活動，至於在商業部門中的行銷概念與活動，在國內社會福利界的引用也是近期的事。特別是由於非營利組織面臨競爭的環境，在資金、人力、服務，甚至在使命的宣導上，都藉助於行銷活動以獲得社會的認同與支持。

　　作者全文係以二○○○年總統大選扁陣營的選舉為例，來探討行銷在其間的運用，特別是從人物行銷、組織行銷、地方行銷與理念行銷等四個界面說明，並對每一個界面中的行銷策略作整理，並歸納於表12-6，不過有差異的是表12-6中的財貨勞務行銷在文中並未提及。就社會福利領域而言，其目的應是在說明行銷或更明確的說應該是社會行銷對於非營利組織的重要性，並進而以個案為例討論社會行銷策略在非營利組

織中的應用。若就此而言，本文在目標的達成上有下列的限制：

1. 個案的選擇與主題之間較難契合：本文基本上是以非營利組織爲主軸，作者在文中亦質疑將政黨列入非營利組織的適當性，但爲何又要以此爲個案，並未再加以說明。其次，本文強調的是非營利組織的社會行銷，但是在個案討論中，社會行銷策略與選舉行銷策略是否一致，會讓讀者產生困惑。
2. 社會行銷的過程並未能積極呈現：作者在文中以扁陣營爲分析單位，討論人物行銷、組織行銷、地方行銷與理念行銷，如文中所言，僅有理念行銷爲社會行銷。作者在文中所呈現的只是產品，或是選舉訴求的口號，至於行銷過程中的其他面向並未能有所分析，作者事實上有認識到資料與動態掌握上的限制。在此情況下，社會行銷的過程面分析較爲缺乏，也因此要衍生對非營利機構的啟示也就受到限制。

再者，本研究的選舉運用相較非營利機構的行銷或社會行銷而言，有基本的差異之處：

1. 政黨的選舉以人爲產品取向，而非營利機構較著重於使命爲取向。
2. 選舉追求的是政黨的利益，而非營利機構則爲社會利益的追求。
3. 政黨行銷所能擁有的資源較爲龐大，而非營利機構則無法全面性的動員。
4. 選舉的策略行銷爲擴大中間選民，特別是游離選民，而非營利機構則是建立其特定的擁護群。
5. 政黨的行銷強調迅速性，以勝選爲考量，而非營利機構則是長期永續性的。
6. 政黨的行銷有負面的作法，而非營利機構則否。

雖然如此，選舉行銷對非營利機構行銷，特別是社會行銷有何可參

考的呢？就本文的資料可以發現在(1)形象的塑造；(2)市場區隔策略；(3)選舉口號的設計；(4)扁帽工廠等方面均有可參考之處。

此外，作者在文中對國內非營利組織社會行銷相關的博碩士論文的研究作了詳細的摘要整理，但較可惜的是最後缺少簡要的綜合分析，也就是這些研究所呈現的意義及重要性為何？發現了什麼？對後續的研究有何啓示？這方面的資料相當寶貴。

在社會福利或社會工作的實施中行銷仍是一個相當新的觀點，其實際的運用對社會工作實務工作者而言，仍是些許的陌生。作者這篇文章雖仍有可討論之處，但喚起了社會福利行政界對此議題的重視，並帶動討論的風潮，有其引導的貢獻。

13.1 兒童福利行政管理的現況與未來

廖靜芝

內政部兒童局主任秘書

摘要

兒童福利已由問題取向（problem orientation），發展至以發展取向（development orientation）為主的模式。兒童福利行政管理也應由以傳統的設計、組織、用人、指揮、協調、報告、預算，到介於企業管理與公共行政之間的第三條路「公共管理領域」。本文的重點乃是根據公共管理的觀點，來檢視兒童福利行政組織在面對組織內、外部環境因素變遷時，應該將未來的兒童福利行政管理重點放在需求評估、決策參與、領導風格、與民間建立夥伴關係、重視績效評估、跨專業合作、資源整合、人力發展等方向。

關鍵字：兒童福利、兒童福利行政管理。

壹、前言

兒童是人生發展的重要階段，從第一次世界後，各項的國際兒童權利典章，均強調基本權利與特殊兒童的保護。究其原因，乃是由於兒童的生理、心理、社會能力均在發展階段，須受到照顧，以使之健全所

然。因此，透過相關法規、專業的保障和協助，都是必要的。事實上，貧窮家庭的兒童問題是社會工作起源的最初關懷（萬育維，1998）。

　　兒童福利的發展，早期以問題取向（problem orientation）為主，針對有特殊需求的兒童，如貧困失依兒童、受虐兒童、行為偏差或情緒困擾兒童、身心障礙兒童等，所施與之救助、保護、矯正、輔導或養護等措施；到目前以發展取向（development orientation）為主，關懷的對象擴及至一般兒童的健全生活所需之服務，包括福利措施、衛生保健、兒童托育教育及司法保護等領域。簡單而言，發展的脈絡是從貧困無依到一般兒童的健全生活，從機構收容到家庭為基礎的服務方案，從以兒童本身為主到以家庭生態考量。這些關懷透過政策、法規和社會工作專業的運作，設計其父母不能協助或改善兒童發展時，透過國家與專業的力量以支持、補充或替代，來保障兒童的需求滿足（萬育維1998；郭靜晃1998）。

　　兒童福利行政，是社會行政的一環，是現代國家公共行政之一部門，並為社會工作專業方法之一。兒童福利行政，一方面是指一國政府，根據其立國主義及兒童福利政策，順應世界潮流並參照其當前社會需要與狀況，所從事的有關兒童福利各種措施及活動，其目的在發揮政府福利工作的功能，與完成國家福利工作的責任，以保障兒童權益；另一方面兒童福利也是社會工作中間接服務（secondary services）的專業方法，是透過行政程序以確保服務的功效，實現社會福利的目標。因此，從事兒童福利行政者，不但需瞭解行政的技術，同時也需瞭解兒童福利工作的內容（白秀雄，1992：1-2）。

　　傳統的行政管理標榜「POSDCORBP」(P代表planning為設計；O代表organization為組織；S代表staffing為用人；D代表directing為指揮；CO代表coordinating為協調；R代表reporting為報告；B代表budgeting為預算），但自一九八〇年代以來，由於資訊技術（information technology）的發達、全球化（globalization）以及強調顧客至上（customer driven）等，這些因素使得其內容已經不敷公部門或政府機關的使用。一些行政

管理學者及實務界人士爲了使政府能應付急劇變化的環境，同時能加速及促進政府的改革與創新，以及突破行政管理的困境起見，開發一個新的領域，也就是所稱的「公共管理領域」。A. Gunn認爲，公共管理乃是一種介於企業管理與公共行政之間的第三條路（third way），其乃是結合兩者而成的（Gunn, 1988；引自孫本初，1999）。公共管理的重點（focus）是將公共行政視爲一種專業（profession），將公共管理者（公經理人）視爲專業的執行者，其不僅重視內部運作程序的精進有效，同時也重視組織與外部環境的關係；公共管理是在民主過程、公共責任及政治系絡下運作，因此強調策略與領導之藝術，並藉由擴大公共場域，將非營利組織（或稱爲第三部門）納入，以強化管理能力，來達成降低施政成本、克服財政危機、提升工作生活品質（Quality of Working Life，簡稱QWL），以及提高政府績效與服務品質的目標（孫本初，1999）。

　　本文擬根據公共管理的觀點，來看我國兒童福利行政管理的發展方向。

貳、我國兒童福利行政現況

一、兒童福利政策與立法

　　社會政策是社會行政的指導方針，社會行政是社會政策之執行與發展，沒有政策指導的行政，將沒有施政目標與理想。因此，實施社會行政必須有明確的社會政策，且須各種社會政策相互配合，共同促進人民的福利。我國兒童福利宣示性的政策計有，兒童保育政策等九個（詳如附錄一）；這些年來的政策方針，有其變有其不變。變的是照顧兒童的責任，由完全責付家庭，視之爲家庭的責任，到「照顧兒童的責任應由家庭、政府、社會共同擔負之」，視之爲社會福利服務網絡的連結。在

福利服務提供的作法上，逐漸趨向獎勵民間參與經營，具有節省公共部門的經費支出、擴大服務提供層面的優點。不變的是，對於特殊、不幸兒童的關懷、兒童福利專業人才的培訓、優生保健以及堅持「除非必要，否則兒童應生長於親生家庭」的理念（郭靜晃，1995）。

社會立法之制定，亦是推進有效的社會行政之要件之一，社會政策要能有效的、強有力的執行，亦即是說社會行政要有效實現社會政策目標，必須制定成立法，這種立法稱爲社會立法。現代社會是法治社會，因此綜觀世界各國經驗，在確定社會政策之後，均立即透過社會立法的制定，以利社會行政之推進（白秀雄，1992：54-55）。民國八十二年修正通過之兒童福利法，爲目前兒童福利推展之主要藍圖。

現行兒童福利法具備之精神及特性，包含昭示政府主導性角色、兒童福利政策之全面性、兒童爲社會之資產與責任、兒童最佳利益與權益保障之原則、家庭與雙親之權利義務等。在具體措施上，兒童福利法對於行政組織的調整、兒童專業人員的專業位能、經費預算之編列及相關制度的建立等立下法理上之依據，亦使得兒童福利法成爲國內兒童福利奉行之圭臬（彭淑華，1995；郭靜晃，1995）。

但是處於目前科技整合、牽一髮而動全身的動態變遷的環境中，談兒童福利法規應不限於一個兒童福利法，仔細探討我國相關法規，謝友文（引自馮燕，2000）將我國兒童福利法規分成八大類別，包含有關兒童的基本權利與保護的規定；兒童福利服務與救助的規定；兒童受教育、學習權益及保護規定；兒童健康、醫療保健的規定；兒童司法保護的規定；童工勞動條件、權益保護的規定；兒童聽閱權益及保護的規定；其他有關兒童安全及保護的規定（詳如附錄二）。在更細緻地處理兒童的生存與發展的過程中，不免發現其作爲是散在其他的法規中。同時，也由這些法規的增刪過程中，將兒童的特殊需求考量在內，可以看出我國兒童福利，已由狹隘地認爲只有問題解決的福利措施，到兒童基本生存、身分等權益的維護及發展問題的預防。

二、兒童福利行政體系

我國兒童福利行政體系，受民國八十八年七月精省、八十八年十一月二十日成立內政部兒童局及地方自治法之實施三方面的影響，現今的體系與以往有許多差別。

（一）中央兒童福利行政組織

目前中央主管兒童福利的行政機關爲內政部兒童局，下設四個業務組，三個行政室，編制爲三十五人。其主要的職掌內容，依「內政部兒童局組織條例」（八十八年七月十四日公布）第二條規定爲：

1. 兒童福利法規及政策之研擬事項。
2. 地方兒童福利行政之監督及指導事項。
3. 兒童福利工作之研究及實驗事項。
4. 兒童福利事業之策劃與獎助及評鑑之規劃事項。
5. 兒童心理衛生及犯罪預防之計畫事項。
6. 特殊兒童輔導重建之規劃事項。
7. 兒童福利專業人員之規劃訓練事項。
8. 兒童福利機構設立置標準之審核事項。
9. 國際兒童福利業務之聯繫及合作事項。
10. 兒童之母語及母語文化教育事項。
11. 有關兒童福利法令之宣導及推廣事項。
12. 其他全國性兒童福利之策劃委辦督導及與家庭有關之兒童福利事項。

其中第5.、6.、10.所定事項，由行政院衛生署、法務部、教育部會同兒童局辦理之。此外，內政部社會司仍然負責對於低收入戶兒童之補助、社會保險、兒童性交易防治等，與兒童福利有關的業務。另外，內政部家庭暴力防治委員會負責家庭暴力及性侵害犯罪防治的工作。

（二）地方兒童福利行政組織

台北市及高雄市政府社會局下設兒童婦女福利科，負責兒童福利業務；在二十三縣市部分，則有六縣市設婦幼課（股），二縣市設兒童少年課，十三縣市納入社會福利課，二縣市納入社會行政課。編制的社會行政人力84.5人，社會工作人力為89.2人。（表13-1）

表13-1　地方政府辦理兒童福利工作現有社政、社工人力一覽表（89.9）

縣市別	科、課（股）	社會行政人力	社會工作人力
台北市	兒童婦女福利科	35	22
高雄市	兒童婦女福利科	7.5	4
基隆市	社會福利課	1.5	2
台北縣	兒童少年課	1.5	10
桃園縣	社會福利課	3	6
新竹縣	社會福利課	1.5	4
新竹市	婦幼課（股）	2	1.5
苗栗縣	社會福利課	1.5	2
台中縣	婦幼課（股）	3	7
台中市	婦幼課（股）	3	3
彰化縣	婦幼課（股）	2	2.5
南投縣	社會福利課	1.5	2.5
雲林縣	社會福利課	1.5	2.5
嘉義縣	社會福利課	1.5	3
嘉義市	社會福利課	1.5	2.5
台南縣	社會福利課	1.5	4
台南市	兒童少年課	2.5	0.5
高雄縣	社會福利課	3.5	2
屏東縣	社會福利課	2	2.5
台東縣	婦幼課（股）	2	1
花蓮縣	婦幼課（股）	2	2.9
宜蘭縣	社會福利課	1.5	1
澎湖縣	社會福利課	1	0.5
金門縣	社會行政課	0.5	0.15
連江縣	社會行政課	0.5	0.15
合計		84.5	89.2

資料來源：內政部兒童局。

註：社工人力之推估以每位社工服務內容之比例為計算標準。

在全球的去中央集權化（de-centralization）的風潮衝擊下，「回歸地方自治」是我國政府中央與地方分工重新調整的走向。以往政府採中央集權式的管理，一切人員配置由中央政府掌控。因此，也相對地減輕民選縣市長競選政見與施政間差異的責任。但自「地方自治法」實施之後，人事權回歸地方政府，民眾事實上已經要學習如何檢視其施政，來決定是否再投票，跳脫出「政見內容不是決定當選人當選與否的重要因素」，這一個台灣地區特有的選舉生態（王順民，1998）。本此，未來兒童福利行政組織及人力的配置，就是選民檢視其當選人兒童福利政見的指標，因為組織與人力對於服務的輸送與品質有絕對的影響。

三、兒童福利經費

在內政部兒童福利經費，近十年來大約都只有維持在社會福利支出的2%上下。九十年度的預算因為補助款的結構改變，加上新增發放幼兒教育券及低收入兒童之醫療補助反而使得兒童福利支出驟增至6%以上。至於地方政府所編的經費，沒有歷年完整的資料，僅有九十年度預算數約為新台幣6,446,374,177元。二者合計為9,690,765,177元。（表13-2）

表13-2　八十至九十年度社會福利支出與兒童福利一覽表

單位：千元

年度別	社會福利支出	兒童福利	百分比
80	11,125,025	1,016,100	9.13%
81	20,397,776	728,230	3.57%
82	24,646,770	478,776	1.94%
83	26,757,828	828,000	3.09%
84	50,594,427	995,663	1.96%
85	36,727,745	894,713	2.43%
86	37,041,955	829,202	2.23%
87	37,964,231	849,202	2.23%
88	28,487,966	969,202	2.51%
89	80,782,674	1,365,553	1.70%
90	50,869,005	3,244,391	6.4%

資料來源：內政部兒童局。

自從八十八下半年及八十九年度起「財政收支劃分法」修改後，據行政院主計處統計有五百多億的預算，已由中央移轉至地方政府的財源，可是地方政府依然是宣稱沒有錢。九十年度中央的經費補助，又由以往的計畫申請方式改為統籌分配方式，將一百零五億餘元原透過內政部補助計畫補助地方政府的經費，直接分配給地方。這樣大的變革，無異凸顯隨著人事、組織的自主性增加後，財政的自主性也增加，未來地方政府有更大的權限，相對地也有了更大的責任，去滿足轄區內的福利需求。這樣的變革，也應該會帶來中央與地方的重新分工。

四、現行措施

我們將以處理兒童問題的三道防線，來看目前的兒童福利措施：

(一) 支持性服務兒童福利服務

1. 兒童保護：針對目前兒虐通報案件逐年增加，除了繼續加強對一般民眾宣導外，並設置二十四小時免付費通報專線，訂定兒童受虐研判指標，落實責任通報制度，定期舉辦橫向整合工作研討會，加強強制性親職教育之施行，並建立完整之緊急安置、長期安置之後送處理系統，以落實兒童保護工作。

2. 早期療育：加強宣導早期發現早期治療的觀念，設立每一縣市一個通報中心，掌握個案需求，研發發展遲緩評估指標，成立早療推動小組，結合衛生、教育等專業人員，為發展遲緩兒童提供一套完整之發現、評估、轉介、療育之服務。

3. 兒童與家庭諮商服務：目前全國有二十八個兒童福利服務中心，為各縣市兒童提供全方位的諮詢諮商服務。

4. 親職教育：透過兒童福利中心、各地社教館及相關團體，舉辦親職教育活動，為父母親加強親職能力；而針對需強制親職教育者，也培訓更多師資，以備需要時做一對一的教育。

5. 出生通報：出生通報可以避免嬰兒被遺棄或販賣牟利的不法行為，也是兒童基本身分權的保障，落實通報需有戶政、醫療系統的配合。據統計（內政部統計處，2000），我國出生未通報之人數雖然每年遞減，由八十三年的54,506人，減至八十七年的13,520人，仍然需要再努力。

6. 兒童休閒育樂：由調查資料顯示，台灣兒童最主要的休閒方式是看電視。（郭靜晃，1995：96）但是近年來，我國公立圖書館、社區公園及遊樂設施、風景特定區、乃至國家公園的設置，已逐漸增多休閒的空間。社會上亦有許多公益社團，參與兒童休閒活動、親子活動的提供，已經豐富了我國兒童的休閒育樂生活。

（二）補充性兒童福利服務

1. 托育服務：爲建構社區化、普及化的托育政策，積極鼓勵興建托兒所；目前全國已有三千一百零二所托兒所，收托三十萬名幼兒；並實施保母技術士技能檢定，廣爲培養專業保母人員，目前領證人數有二萬二千八百零七人；繼續辦理托兒所保育員培訓及在職訓練，並建立社區保母支持系統；另外並有課後托育中心，提供下課後國小學童的照顧。

2. 兒童津貼與生活扶助：對於低收入戶兒童提供生活費用之補助外，對於低收入戶及寄養家庭兒童就托於托兒所者，補助其每月一千五百元的托育津貼。自八十九年下半年起，對於就托的五歲以上兒童，每人每年有一萬元的幼兒教育券的補助。

（三）替代性兒童福利服務

1. 兒童收養：在不孕的夫婦漸多的情況下，兒童收養案件數一直是穩定的每年約有四千人（郭靜晃，1995），目前均由公立機構、育幼院及宗教機構辦理。

2. 兒童寄養：需要寄養之兒童由當地社會行政主管機關調查許可

後，辦理家庭寄養，每月有寄養費發給寄養家庭，補助兒童所需的生活費用。目前寄養家庭計有六百六十四家，寄養人數約有九百四十六人（內政部兒童局，2000）。

3.機構安置：全國公私立育幼院計有四十二所，收容約二千多人，長久以來均屬保守與消極照顧失依兒童，目前他們也已經開始轉型收容受虐、或是少年事件處理法所轉介的個案。

參、我國兒童福利行政所面對的主要情境

一、組織內部環境因素

（一）組織精簡

為有效抑制政府部們之不當膨漲，避免冗員充斥，精簡政策實有必要。然而，就兒童福利行政主管機關而言，雖然已經成立內政部兒童局，地方政府也相繼在地方自治法之下提高社會局的位階，但是不可諱言的是，現在的兒童局與當初規劃的組織層級不同，不但影響人力配置，也影響其與其他政府部門的協調工作（馮燕，1998；郭靜晃等，2000）。目前的經驗是，成立兒童局與未成立之前，在與其他政府部門的協調問題上，並沒有改善多少。同時因為組織精簡，使得兒童、少年的福利工作分屬不同行政機關，反而增加內部協調的成本。

（二）人力精簡

以往我們一直強調人力精簡，是將業務縮減之部門減少人力員額，移至業務增加的部門，本此政府機關就不會一直虛胖。簡而言之，是塑身不是減肥。但是，目前的實施結果是一體精簡。兒童局或地方社會局

的成立，主要目的乃是要解決以往人力不足的問題，整體而言，兒童局人力是增加了，但地方政府卻只將職等提升，人力部分並沒有多大的解決，例如兒童少年保護熱線中心的規劃，是工作人員二十四小時在辦公室待命，救援緊急個案，但是由於社會工作人力的不足，無法落實此項作法（萬育維，1998）。此外，對於在職的工作人員也會因為工作量大，而造成人員流動率大，增加組織的招募人員成本；同時，服務品質也大受影響。

（三）經費成長有限

由以往的經費分配的狀況可以看出，兒童福利在社會福利中並不是屬於優先順位，再加上其人口數與其他如身心障礙者、老人人口一直增加相比，我們知道兒童的人口數是呈穩定下降的，因此經費的成長，可以說是很難提高。此外，經費使用的重點，也是可以探討的空間；由於近幾年來我國經濟成長有限，因此社會福利的經費受限主計單位的觀念，認為政府的投資應以資本門為主，使得軟體的服務如保護熱線、專業人員訓練、保母支持體系等不易取得經費支持，而使得服務網絡架構只能停留在點的分布。但在民主化的壓力下，政府行政組織卻要面對民眾需求的不斷增加。

（四）分工的變革

在民主化的過程中，中央與地方的分工也隨之變動，由中央集權逐漸變成地方分權，隨著法規的增修隨之而來的是實質權力的拉扯。隨著「地方自治法」、「財政收支劃分法」，再加上九十年度中央對地方補助方式的變革，未來地方大中央小的時代即將到來。問題是，地方政府是否做好了準備？民眾瞭解如何去做監督嗎？雖然時間還短，但是我們現在觀察到的是，地方政府拿到實質的權力（包含權與錢）後，仍然集體向中央喊窮。雙方的較勁，民眾是不是一頭霧水並不重要，重要的是福利是否縮水。因此權力下放之後，如何確保責任也被承擔是目前政府行

政組織最嚴格的考驗。

（五）績效評估之要求

國家競爭力要力爭上游，政府部門的行政效率的提升是不可忽視的。傳統的績效評估，大都採納上司對下屬的單軌方式進行，沒有加入外界的壓力。目前有所謂三百六十度績效評估系統，基本上包括員工的上司、部屬、同儕、本人及顧客等多方面的評估者（徐木蘭，2000）。雖然，目前因為這種評估尚未在政府行政組織中成形，但是現在的公務員也要面對本機關所做的或由一些學術單位、相關團體、新聞媒體所發表的各種施政滿意度調查的結果，作為個人與組織績效的指標。

（六）專業合作之需求

兒童福利應強調從兒童本身出發，基於兒童的人權與發展需要，找出服務輸送的介入策略與入手處。專業的分化與科層化的分工是社會發展必然的趨勢，而這種專精的走向，對於一個需要靠專業整合與科層協調才能得到整體服務的弱勢群體，相當的不利。因此，兒童福利行政組織需要扮演協調者之角色，來發展全面性、協調及專業整合的跨專業服務體系（萬育維，1999）。目前國內雖已有跨專業的訴求聲音，而法規也提供合作的空間，但是專業之間的對話卻不多。

二、組織外部的環境因素

（一）兒童人口減少

台灣地區的人口出生率逐年降低，民國七十八年十二歲以下的兒童人口共計4,377,647人，至民國八十八年為3,785,640人。根據行政院人力規劃處（1999）的預估，至民國一四○年時，兒童人口數將再降為3,417,000人，占總人口的13.6%。

兒童的出生數雖然減少，但所受到的關注卻因之而更甚於以往，再加上老年人口逐漸增加，平均壽命亦增長，未來人口依賴比率亦逐年增加，兒童成年後之負擔比率逐年加重，是以社會及政府更應重視兒童福利服務質的提升（郭靜晃，1998）。

（二）家庭結構與功能的變遷

家庭是人類生活中最基本的初級團體，因之家庭的任何變動，都將會對依附家庭而生長的兒童有很大的影響。八〇年代因應離婚率的增加、婦女勞動參與率的增加、男女平權觀念的興起，家庭的型態已經是多樣化了；現在更因生物醫學技術的進步，如人工授精、代理孕母、試管嬰兒、基因篩選、複製生命、突破基因限制，使得不只是美國社會，我們也跟著產生新的家庭型態，如頂客族、專業父母、系列式或契約式婚姻、開放的婚姻、團體式婚姻、同性戀者結婚與領養、領養不同種族的小孩子、交換配偶、單親、混合式家庭等（張英陣譯，1998：27-41）。面對這些多樣的家庭型態，及家庭功能的逐漸式微，兒童的問題也就跟著複雜了。

（三）政治民主化

政治民主化所帶來的衝擊，可分三個部分呈現：

1. 日益增加的福利團體：民眾期望參與公益活動，推己及人，提供多樣性的服務給需要的人；並進而形成壓力團體，影響政府的公共政策。
2. 授權（empowerment）（或有人稱之為充實權力）觀念的興起：決策已經不再只有由上而下的一種模式，由下而上更是目前企業界、民間團體機構所採取的模式，對於公共政策的決策過程也應如此。
3. 擴大參與的廣度：包括專業工作者、基層工作者及案主，都有參

與決策討論的必要，當決策形成是由多數人所討論的，在實施上會更具效益。

（四）經濟成長

我國台灣地區近十年來，國民所得已經超過一萬三千美元，富裕的生活使得一般國民希冀更精緻的生活品質，所帶來的結果也呈現在以下三個方面：

1. 足夠的經濟力使得社會更有能力照顧生理、心理上障礙及父母無能力養與育的兒童，因之兒童福利日益受到重視。
2. 經濟的成長帶來貧富差距的加大，使得貧苦兒童家庭的經濟需求也就相對顯得重要。
3. 經濟成長對於社會福利不只是政府福利經費的增加，也增加民間的捐輸能力，而造成福利的責信（accountability）要求。福利服務不能避免的會被要求量化成果與績效。

（五）法律的規定

近年來隨著民主化的腳步加快，我國法治的觀念也跟著成長，社會立法的增加，使得法定的福利工作增加很多，而且一定要推行。政府面對福利項目增多，經費、人力卻沒有與之增加時，需要考量加入另一供給者，以滿足案主的需求。

（六）科技知識的進步

專業知識、資訊科技的一日千里，使得行政組織需要隨時加入新的刺激，例如，現在網路的發達，使得政府機關都需要設立專屬的網站，讓民眾可以在線上申請或領取福利給付；同時，也可以取得所需的資訊，以免讓自己的權益睡著了；更可以透過網路，表達意見。

（七）文化之影響

　　我國現代的社會福利服務發展較晚，許多的措施在初始設計之際，都會參考其他西方國家的做法。但是，基於國情、文化、歷史、政治、經濟的不同，我們應該考量自己的文化價值觀，以之爲基礎，才不會失去方向。

肆、我國兒童福利行政管理的重點

一、需求評估

　　需求是最爲政策與措施的基礎，但是現在有許多的研究，都是以實證分析的問卷調查來探求兒童福利的需求，多數的受訪者只有在有限的選擇下，來表達其需求，這未必是眞正的聲音（張盈堃，1998）。因此，需求評估需要加入底層社會工作人員與福利需求者的參與。另外，因爲資源的有限，優先順位的排列也是評估所要獲得的共識。

二、決策參與

　　決策可以由個人決定，也可以由團體來制定。以往的行政組織較爲偏向個人決定，而未來應走向應擴大參與者，以團體來決定。參與管理是目前公私部門組織生存的主要議題，可以讓社會組織增加彈性及改變的能力，分享組織一致的目標與價值，造就一個永久活水（permanent whitewater）的環境（Pine et al, 1998）。

三、領導風格

　　以往的領導風格較傾向於權威式的，但是新時代的領導，應該是傾聽、支持、妥協、開通、創造力；也就是作爲專業工作人員的後盾，支持其在工作崗位上努力向前。

四、與民間建立夥伴關係

　　政府的力量有限，而民間的資源無窮。在政府經費、人力有限下，運用民間的輸送系統是現代所稱之「民營化」。目前民營化的對象，僅限非營利機構，其實如果要擴大選擇對象，以達成民營化的競爭與選擇環境，才能達到降低成本的要求。某些服務，如果其服務基準確定，成本易於計算，是可以考量委託營利機構來做（郭登聰，1999）。

五、重視績效評估

　　對於委託服務，應建立一套績效評估的準則。一面可以使受託機構較有方向，減少爭議；也可以據以評量績效，盡到責信的要求。

六、跨專業合作

　　目前兒童福利有許多服務是要跨專業的，如早期療育、兒童保護、兒童少年轉向制度之合作等，應加強合作的雙方對話機制，使得案主可以獲得較佳的服務。

七、資源整合

　　就組織學的觀點來看，僅靠垂直體系的資源與力量，很難獲取足夠

達成組織設立目標所需的資源。據此，開拓體系外之資源，並整合相關平行體系的資源，勢在必行（郭靜晃等，2000）。兒童福利行政機關應與司法系統整合，使成為少年事件的後送單位，並提供專業人員來輔導偏差行為的兒童少年；與教育系統合作，從出生前、出生後、嬰兒期、幼兒、兒童、少年期，作周全之照顧、教養與教育；與衛生系統結合，由早期發現、早期治療、兒童身心衛生照顧，使兒童身心得以正常發展；與經濟部主管企業及勞工行政系統結合，建立企業內兒童福利體系，使就業工人無後顧之憂，而提高勞動參與率，減少流動率，增加生產率；與原住民事務單位合作，確保原住民兒童的基本權益；與警察系統合作，使能快速處理家庭暴力、兒童虐待事件（楊孝榮，1998）。

八、人力發展

人是最大的資源，良好的員工，可以減少耗材、留住客戶。員工素質高，才會造成學習型的組織。因此，員工的發展不只增進員工知識、強化其專業態度、提升與人共事及協助人群之技巧與能力，更能直接或間接地透由對他人之瞭解與工作人員互動，而提高組織之服務效能（蔡啟源，1998：308）。因此，應鼓勵員工進修，並舉辦在職訓練，加強其知能。

另外，增加員工的工作滿意度，才能留住員工，減少員工流失的成本和案主的負面觀感（Poulin, 1995）。因此，如何增加工作人員的福利、專業發展及組織內的支持力，也是未來可以努力的目標。

伍、結語

兒童福利是以兒童為關懷核心，以家庭為服務對象的社會福利領域；兒童福利行政機關，是將國家的兒童政策付諸實踐的組織，期望她

是個能因應環境變動的變形蟲，將有限的資源做最充分的使用，以符合社會工作的價值期待。

陸、附錄

一、兒童福利宣示性的政策

1.兒童保育政策（民18）。

2.四大社會綱領（民34）。

3.第一次全國兒童福利會議宣言（民35）。

4.民生主義現階段社會政策（民54）。

5.現階段社會建設綱領（民58）。

6.兒童福利政策（草案）（民59）。

7.中華民國兒童青少年發展方案綱要（民59）。

8.中華民國人口政策綱領（民72）。

9.社會福利政策綱領暨實施方案（民83）。

二、兒童福利法規之八大類別

（一）一般基本法規（有關兒童之基本權利與保護的規定）

1.中華民國憲法（包含增修條文）。

2.民法第一、四、五編（總則親屬繼承）。

3.中華民國刑法。

4.性侵害犯罪防治法。

5.性侵害犯罪防治法施行細則。

6.家庭暴力防治法。

7.家庭暴力防治法施行細則。

（二）福利服務與救助類法規（兒童福利服務與有關救助的規定）

1.兒童福利法。

2.兒童福利法施行細則。

3.兒童及少年性交易防治條例。

4.兒童及少年性交易防治條例施行細則。

5.內政部兒童局組織條例。

6.內政部兒童及少年福利促進委員會組織規程。

7.兒童福利專業人員資格要點（含訓練課程）。

8.保母人員技術士技能檢定規範。

9.發展遲緩早期療育服務實施方案。

10.社會工作師法。

11.社會工作師法施行細則。

12.身心障礙者保護法。

13.身心障礙者保護法施行細則。

14.社會救助法。

15.社會救助法施行細則。

16.社會救助機構設立標準。

17.社區發展工作綱要。

18.中華民國立案托兒所標誌。

19.安親班定型化契約範本。

（三）教育類法規（有關兒童受教育、學習權益及保護規定）

1.教育基本法。

2.幼稚教育法。

3.幼稚教育法施行細則。

4.國民教育法。

5.國民教育法施行細則。

6.強迫入學條例。

7.強迫入學條例施行細則。

8.特殊教育法。

9.特殊教育法施行細則。

10教師法。

11.教師法施行細則。

12.師資培育法。

13.師資培育法施行細則。

14.原住民族教育法。

15.原住民族教育法施行細則。

16.幼稚園課程標準。

17.幼稚園設置標準。

18.私立幼稚園獎勵辦法。

19.教師輔導與管教學生辦法。

20.學校衛生保健實施辦法。

21.國民小學學生健康檢查實施辦法。

22.校園事件通報管理系統實施要點。

23.加強維護學生安全及校區安寧實施要點。

24.中小學性侵害防治教育實施原則及課程參考綱要。

25.中小學各級學校兩性平等教育實施要點。

26.教育部辦理兒童及少年性交易防治教育宣導要點。

27.公私立各級學校校車顏色及標誌標準圖。

28.國民中小學中途輟學學生通報及復學輔導辦法。

29.少年矯正學校矯正教育指導委員會設置辦法。

30.大學院校教育學程師資及設立標準。

31.高級中等學校以下學校及幼稚園教師資格檢定及教育實習辦法。

32.特殊教育課程、教材及教法。

33.特殊教育相關專業人員及助理人員遴用辦法。

34.特殊教育設施及人員設置標準。

（四）衛生保健類法規（有關兒童健康、醫療保健的規定）

1.優生保健法。

2.優生保健法施行細則。

3.食品衛生管理法。

4.食品衛生管理法施行細則。

5.精神衛生法。

6.精神衛生法施行細則。

7.全民健康保險法。

8.全民健康保險法施行細則。

9.全民健康保險預防保健實施辦法。

10.煙害防治法。

11.煙害防治法施行細則。

（五）司法保護類法規（有關兒童司法保護的規定）

1.少年事件處理法。

2.少年事件處理法施行細則。

3.少年保護事件審理細則。

4.少年不良行為及虞犯預防辦法。

5.少年輔育院條例。

6.少年輔育院條例施行細則。

7.少年矯正學校設置及教育實施通則。

8.少年矯正學校學生累進處遇分數核給辦法。

9.少年矯正學校學生申訴再申訴案件處理辦法。

10.少年矯正學校學生處遇審查委員會會議規則。

11.少年矯正學校學生接見規則。

12.少年矯正學校辦理校外教學活動實施辦法。

13.少年保護事件執行辦法。

14.少年觀護所條例。

15.更生保護法。

16.更生保護法施行細則。

17.更生保護會設置兒童學苑實施要點。

18.財團法人台灣更生保護會兒童學苑收容學生言行考核要點。

19.財團法人台灣更生保護會兒童學苑與少年輔育院協調聯繫要點。

（六）勞動法規類（有關童工勞動條件、權益保護的規定）

1.勞動基準法。

2.勞動基準法施行細則。

3.勞工保險條例。

4.勞工保險條例施行細則。

5.勞工安全衛生法。

6.勞動健康保護規則。

7.童工女工禁止從事危險性或有害性工作認定標準。

8.勞工教育實施辦法。

（七）新聞傳播類法規（有關兒童聽閱權益及保護的規定）

1.電影法。

2.電影法施行細則。

3.電影片分級處理辦法。

4.電影片檢查規範。

5.廣播電視法。

6.廣播電視法施行細則。

7.電視節目分級處理辦法。

8.電視廣告製作規範。

9.廣播廣告製作規範。

10.廣播電視廣告內容審查標準。

11.有線電視廣告製作標準。

12.電視節目製作規範。

13.廣播節目製作規範。

14.錄影帶節目製作規範。

15.有線廣播電視法。

16.有線廣播電視法施行細則。

17.衛星廣播電視法。

18.衛星廣播電視法施行細則。

19.衛星廣播電視廣告製播標準。

20.印製發行中小學課外讀物輔導要點。

21.兒童及少年性交易防治條例教育宣導辦法。

（八）其他類法規（其他有關兒童安全及保護規定）

1.兒童遊戲設備安全準則——設計與安全。

2.兒童遊戲設備安全準則——檢查與維護。

3.玩具商品標示基準。

4.經濟部防治兒童及少年性交易教育宣導辦法。

5.手推嬰幼兒商品標示基準。

6.各類場所消防安全設備設置標準。

7.道路交通安全規則。

參考文獻

白秀雄（1992）。《社會行政》。華視文化事業股份有限公司。

萬育維（1998）。〈社會工作專業與兒童福利〉。《社區發展季刊》，81，49-65。

孫本初（1999）。〈公共管理發展的新趨勢〉。《行政管理論文選輯》，13，37-55。銓敘部主編。

彭淑華（1998）。〈兒童福利政策立法過程之探討——以我國兒童福利法修正案爲例〉。《社區發展季刊》，81，82-101。

馮燕（2000）。〈我國兒童人權現況之分析〉。我國踐行兒童權利公約研討會，內政部兒童局主辦，a3-27。

郭靜晃（1995）。〈兒童福利政策之研究〉。內政部社會司委託研究。

郭靜晃（1998）。〈兒童福利政策之研訂〉。《社區發展季刊》，81，65-83。

郭靜晃、曾華源（2000）。〈建構社會福利資源網絡策略之探討——以兒少福利輸送服務爲例〉。《社區發展季刊》，89，107-118。

楊孝榮（1998）。〈中央兒童局與兒童福利資源之整合〉。《社區發展季刊》，81，115-122。

內政部統計處（2000）。《中華民國八十八年內政統計分析專輯》，48。

內政部兒童局（2000）。成立週年成果報告。

徐木蘭（2000）。〈360度績效評估是政府的胎盤素〉。《行政管理論文選輯》，14，239-245。公務人員月刊社。

內政部社會司編印（2000）。《社政法規彙編》，1245-1258。

行政院經濟建設委員會人力規劃處（1999）。中華民國台灣地區民國八十八年至一四〇年人口推計。

張英陣等譯（1998）。《社會福利與社會工作》。台北：洪葉。

張盈堃（1998）。〈從福利國家到基進民主——談兒童福利的新思考〉。

《社區發展季刊》，81，221-231。

郭登聰（1999）。〈福利與營利的對話──社會福利民營化的另類思
　　考〉。《超越福利國家──社會福利的另類選擇》，275-296。台北：
　　亞太。

王順民（1998）。〈兒童福利的另類思考──以縣市長選舉兒童福利政見
　　為例〉。《社區發展季刊》，81，130-147。

Pine B. A., Warsh R. & Maluccio A. N.,（1998）"Participatory Management
　　in a Public Child Welfare Agency: A Key to Effective Change",
　　Administration in Social Work, 22 (1), 19-32.

Poulin J. E.,（1995）. "Job Satisfaction of Social Work Supervisors and
　　Administrators", *Administration in Social Work, 19 (4),* 35-49.

13.2 對「兒福行政管理的現況與未來」之回應——應然與實然間的迷思

余漢儀

台灣大學社會學系教授

　　由本文標題編排的邏輯，作者似乎嘗試結合現象描述（description）及對症下藥（prescription）的策略，來處理兒福行政的現況，認為面對組織內外部環境變遷時，兒福行政管理的未來應有幾個重點。個人認為作者若能在資料彙整後，進一步探索資料背後的意義，全文會展現不同的風貌，也較能凸顯作者的見解，就不會有如一篇施政報告，以至於作者最後提出的未來兒福行政管理重點顯得說服力不足，似乎只是另一項遙不可及的夢想。

　　第一部分的前言，談到傳統的「行政管理」，再對照現今著重組織與環境關係的「公共管理」。其實這正反應組織理論由早期靜態的法理學派（rational-legal model），視組織為封閉系統（closed system），到後期不論是政經學派（political economy）、制度學派（institutional）或生態學派（population-ecology）視組織為開放體系（open system），學者對組織的面貌有不同的詮釋及更動態的瞭解，自然也影響管理理論的發展。

　　在第二部分的我國兒福行政現況，作者由兒福政策與立法、兒福行

政體系、經費、現行措施四方面來呈現，可惜缺乏資料間的對話及分析。例如在大篇幅的引用謝友文八大歸類的兒福法規後，作者到底想說什麼？是讓讀者知道我國兒福政策無所不在，散見於一百二十六項各式法規中？還是想向讀者說明兒童福利法有規範不足之處，需借助其他法規？資料分析可於本文暢所欲言，但引用資料則何妨放在其後附錄中。至於「兒福行政體系」，則是談兒童局的組織及職掌，在表列二十三縣市的兒福行政組織及編制；「兒福經費」則表列近十年中央兒福經費占中央社福支出之比例。組織結構及預算會具體的影響服務輸送，然而縣市層級無疑扮演較重角色，地方與中央互動的層面也是關鍵，這些資料卻是文中缺漏的。至於以支持性、補充性、替代性服務來歸類現行兒福措施，是否有對比以上的意涵？例如各類型在質、量上的發展是否呈現集中趨勢？是政策規劃的結果，或只是不知其所以然的現象？

在第三部分討論到組織內、外所面對的環境變遷，似乎稍嫌浮泛。就內部環境因素，作者提到組織精簡、人力精簡、有限經費成長、績效評估要求、專業合作需求等，但作者並沒有具體點出特定的政府措施，例如所謂行政革新、政府再造等宣示有何實質影響？人事政策從何時起遇缺不補？至於以所謂的施政滿意調查來代表績效評估，也算是本土政治的特色吧？Osborn及Gaebler（1992）的鉅作《政府再造》（*Reinventing Government*）無疑對九〇年代的美國政府運作影響深遠，為了提高政府效能，美國國會在一九九三年通過「政府績效及結果法案」（Government Performance and Result Act），規定自一九九八年會計年度起，所有聯邦政府部門需提交其成果績效測量，強調服務品質及消費者滿意。由於接受聯邦政府補助的福利方案也被如此要求，民間社會福利機構繼七〇年代之後又再面對量化評估的風潮，這是由公部門延伸到民間部門的評估效應。台灣地區民間部門所面對的挑戰又是什麼？個人認為影響縣市政府權責並改變整個政治生態、資源分配甚鉅的「地方自治法」不可不提，而由九十年度開始主計處將中央統籌分配款以「block grant」的型態整筆撥付地方政府，由縣市首長全權做資源分配，如此一

來福利發展就難逃地方政治角力的影響。年底選舉在即，我們可以預期地方的硬體建設將會比弱勢群體福利更易受青睞，公辦民營或委託民間辦理可能是更進一步擠壓民間部門的資源。

至於政府組織面對的外部變遷，作者列舉：兒童人口減少、家庭結構與功能變遷、政治民主化、經濟成長、法律規定、科技進步、文化影響等，雖不致有太多爭議，但作者不防更細緻來看這些衝激的不同面向，例如經濟成長下的貧富差距拉大、法律多如牛毛後的宣示效應，本土化與國際化的分際拿捏等等。

第四部分是作者企圖對症下藥，提出兒福行政管理的重點應包括：需求評估、決策參與、領導風格、夥伴關係、重績效評估、跨專業合作、重資源整合及人力發展。這些看法似乎並不陌生，讀者的疑問會是，行之有年的科層運作（實然）如何能脫胎換骨（應然）？組織面對環境變動，自有其生存之道，不必然是因應案主需求、提高服務品質，在整個「福利暫緩」的政治氣氛中，「形式主義」似乎會是無可避免的策略。個人認為要挽回這樣的形勢，除非是第一線的民間實務機構能為其弱勢案主請命，有系統的呈現政府兒福措施如何影響其服務的案主，成為政府兒福行政組織外部環境的壓力之一，將其合法性扣緊在弱勢案主處境的改善，或許才能打破科層組織運作的習慣。

14 〈社會服務「民營化」再探：
迷思與現實〉之評論

萬育維

慈濟大學社工系副教授

　　文章內容豐富，引述完整，可見作者學理深厚且參與公部門決策經驗之寬廣，非一般人所能及。承如作者所言，民營化在台灣的推行夾雜著太多的矛盾性格與浪漫迷思，也因此與競爭、創新、效率與品質的原創本意相去漸遠。民營化運用在台灣社會福利界就如同古早以前指腹為婚的一對男女，從小就被安排送做堆的命運，只因為父母親的一廂情願。這樣的一廂情願不僅出現在民營化，更在社區照顧以及現今當紅的知識經濟的口號中，這樣的一條只准往前不要回頭的不歸路，嚴重的、明顯的顯示台灣本身的主體性尚未產生；以全球化的發展為依歸，這種依附關係不僅在福利政策，更出現在經濟政策、衛生政策和外交政策。當政策追求國際步調的同時，地方的民主自治和自重由於長久以來的另一種關係依附——「望中央」，因此仍停留在蹣跚學步的階段，在完全無法討論和共事的情況下，地方與中央之間是父子關係，而且是緊張的不健康的父子關係，中央的任何政策到了地方只成了繡花枕聊備一格。民營化的執行在資源不足的「鄉下」地方（北、高市以外），成了核銷手續，「委辦不出去，所以不辦」，成了推諉責任的最佳藉口。在這樣的解釋下，民營化對於大部分的縣市而言成了空等待的「無言的結局」，中央與地方的父子情結轉換成另一個舞台，則展現在委託和受委託單位

之間的官民關係，前者是資源分配者，後者是申請者；前者是遊戲規則的制定者，後者是遵守者；前者是監督查核者，後者是執行者，前者是官，後者是民。國外所謂的夥伴關係，在官與民的依附情結中根本蕩然無存，遑論定型化契約、契約管理……等專業概念。民營化在台灣的實施應該有新的意涵與前提，當地方民間的資源充足到某一程度，當官方與民間的地位能真正的對話，當中央與地方的關係能真正的平等，當台灣在全球的發展脈絡中能真正的自主，民營化的時機才算成熟，否則，小而美的政府變成了一個轉包站，肥了別人苦了民眾，誰到底從民營化的政策中得到好處（Gainer/Loser），捫心自問答案在心裏。

（編按：原由銘傳大學廣電系劉淑瓊副教授執筆之〈社會服務「民營化」再探：迷思與現實〉一文，因故未收錄於此，惟仍保留此回應文，以饗讀者！）

15 發展福利產業的前提和議題——以香港的經驗為例

吳水麗
香港基督教社會服務處總幹事

壹、前言

　　社會福利服務的輸送模式一般可分爲公營、民營（非營利）、公辦民營（非營利）以及福利產業。不同模式的組合會因應各地的社會政策、社會福利發展的歷史、文化等而有所不同，但由於社會福利本身具備的特質（例如，它的必需性，既涉及個人福祉但同時也關係到整體社會福祉，以及需要社會福利服務者往往未必有能力購買等）。在大部分地區，福利產業這種輸送模式往往是發展得較晚和在整體福利服務中占較小比例（市場）的。也正由於社會福利所具的特質，發展福利產業也必須具備一些特有的前提，而相對於其他的產業，福利產業也有些特有的議題要面對。本文將以香港的經驗爲例，提出發展福利產業的前提和議題以探討福利產業在整體社會福利的輸送中的位置及方向。

貳、香港的福利產業

社會面對市民福利方面的需要，一種做法是建立一套社會保障制度，例如包括了退休制度、入息保障、對有特別需要人士（例如失業、傷殘人士、單親家庭等）的公共援助，以保持他們的基本生活水平和讓他們有能力去「購買」所需的社會服務。另一種做法就是直接提供社會服務項目，讓有需要的市民可以直接去使用。香港的制度基本上是傾向於後者。香港在針對市民社會福利的需要上，基本上是注重提供直接的項目而不注重整體發展社會保障（吳水麗，1999）。到目前為止，香港只有一個「綜合援助」的制度對那些最不能自助的人以及有需要的人士提供現金的援助。退休保障方面，只有政府公務員以及少數大公司有退休制度或公積金制度，直至到二○○○年十二月才推行全面的強制性的公積金制度。

香港社會福利制度既然是較傾向社會服務的提供，因此，由政府推行的社會服務目非常的多，包括的範圍也很廣。那香港提供社會服務的方式是怎樣的？這就帶出了香港社會福利的另一個特色：香港社會服務的提供是以官辦民營的方式為主。所謂官辦民營，就是由政府負責政策的釐定、提供所需經費、以及監察服務提供的情況，而有關服務的實質推行，包括企劃、人事及財政的安排和服務成效的評估等則由承辦服務的機構負責。

以二○○一年一月份為例，香港政府的社會福利經費（社會保障經費除外）有76%即六十二億是透過公辦民營的方式由非營利機構經營各種服務，在所有社會福利的單位中，超過90%，亦即有三千一百多個單位是由一百八十一間非營利機構經營的。

香港社會福利的特色是以服務為主，而推行的基本形式是公辦民營。香港社會福利具有這些特色可溯源自社會福利在香港發展的歷史。

雖然有些志願機構在香港已有超過一百年的歷史，但志願機構全面的發展主要是在五○年代開始。當時由於有大量人口從中國大陸移居到香港，大量的志願機構因應而成立，提供急需的社會服務給這些人，而當時香港政府在社會福利方面的工作幾乎等於零，社會福利署也尚未存在。這些志願機構很多都是國際性的，而且很多都是有基督教或天主教背景的。直到六○年代，香港政府才成立了社會福利署，但當時香港的社會福利服務已形成了以志願機構作為主流去提供服務，政府當時所做的只是酌量撥款給這些機構以示支持。

到了七○年代，香港政府推行公共援助計畫，提供現金援助給那些最不能自助的人，志願機構因而停止了現金救濟的工作。與此同時，政府也開始了社會福利方面的規劃，釐定政府的承擔，但由於早年志願機構在提供服務方面已奠定了一個很穩健的基礎，而志願機構在倡導社會福利服務的發展上更占有很重要的位置，因此政府在釐定社會福利的發展上，因循這個歷史的事實，採用公辦民營的方式去推行社會福利服務。

由於社會的需要日增而政府以公帑資助的項目遠追不上需求，因此，福利產業也開始在香港形成，不過發展很慢，其中以安老院舍服務為多。目前香港缺乏有關福利產業的全面統計的資料，以下將會就目前兩種較具規模和發展潛質的福利產業作一概括性的介紹。

參、安老院舍

香港的長者住院服務一向按提供照顧的不同程度而有不同的分法，大致可分為老人宿舍、老人院和護理安老院。近年的趨勢是在同一院舍包括上述不同的類型，在此以安老院舍統稱之。

一直以來，私營安老院已存在，但在量和質方面都難以與公辦民營的安老院相比，但因政府資助的安老院供不應求，所以除公辦民營的院

舍外，政府在一九八九年推行「私營安老院買位試驗計畫」向私營安老院買位，於一九九七年推行「改善買位計畫」，加以更嚴格的監管，要求買位的私營安老院達到與政府資助的安老院相同的服務標準。目前上述的兩個買位計畫共有三千四百零五個宿位。政府的買位計畫是促進安老院舍作為福利產業可以運作的一個重要因素，它可以確保安老院有某個數量的穩定收入。其後政府制定「安老院條例」，於一九九六年六月一日起全面實施，更為安老院舍作為福利產業提供了一個重要的標準和規範的工具。

香港目前共有五百一十六間按上述條例領有牌照的私營安老院，提供三萬八千四百九十七個宿位，而公辦民營的安老院（政府資助）及民辦非營利（自負盈虧）的安老院舍，則只有一百三十四間共提供一萬九千零四十九個宿位（二〇〇一年一月三十一日數字）可見老人院舍服務中，福利產業已占有很大的市場。

私營老人院的規模很參差，經營者有很小的公司，也有集團式的大公司，從私營老人院發展的速度和所占市場的比例來看，說明了因為香港人口老化的趨勢劇增，市場有這需求，另方面也說明了老人院舍作為一種產業經營是有利可圖的，業者才會投入。

從其中一間經營者的發展，可以顯示出老人院舍作為福利產業發展的潛力。

卓健亞洲有限公司是一間在香港上市的公司，公司主要業務是醫療保健，該公司在一九九八年十二月開始經營首間護老院，有三百零五個宿位，至二〇〇〇年十一月短短兩年間透過擴展和收購已增至二千二百個宿位。該公司護老服務之營業額亦大有增長，是該公司增長最快的項目，從表15-1可以清楚看到。

該公司溢利雖然不是很大，但亦有溢利，同時也有增長，可從表15-2顯示出。

表15-1　卓健亞洲有限公司二〇〇〇年及一九九九年半年營業額比較

	二〇〇〇年 （上半年）千港元	一九九九年 （上半年）千港元	變動 %
醫療服務	259,123	130,898	+98%
護老服務	28,182	3,339	+744%
護理、物理治療、牙科	27,360	19,586	+40%
醫療設備	16,322	4,794	+240%
總額	330,987	158,617	+109%

資料來源：卓健亞洲有限公司二〇〇〇年中期業績公布

表15-2　卓健亞洲有限公司二〇〇〇年及一九九九年半年溢利比較

	截至六月三十日止六個月	
	二〇〇〇年 （港元）	一九九九年 （港元）
營業額	331,000,000	158,600,000
股東應占溢利	5,400,000	2,500,000
每股盈利		
基本	0.7仙	0.4仙
攤薄	0.6仙	0.4仙
每股中期息	5.0仙	無

資料來源：卓健亞洲有限公司二〇〇〇年中期業績公布

肆、僱員輔助計畫

　　另一項具有發展潛質的福利產業是僱員輔助計畫。

　　僱員輔助計畫是一項透過與僱主合作去協助和發展僱員的服務。僱員輔助計畫的目標是發展僱員個人及其工作能力，從而提升機構的生產力以及士氣、減少缺勤及流失率。為切合不同機構以及員工的需要，僱員輔助計畫提供不同種類及形式的服務給個別機構選購；如個人諮詢及

輔導服務、不同類型的培訓課程、危機處理服務以及企業附設幼兒園服務等。

這種服務首先在美國開始，提供服務者以私營公司為主，但也有非營利機構，一九九一年香港基督教服務處首先把此項服務引進香港，現在共有七間非營利機構以產業運作的原則提供此項服務。（表15-3）

此外，還有一間私營的公司從事僱員輔助服務，也有幾位個人提供服務。在香港從事此類服務的大多數都是非營利機構，但此項服務都是以產業原則來營運。香港的法例是容許非營利機構從事這類經營的。

現從香港基督教服務處所經營的僱員發展計畫來瞭解一下此項服務作為福利企業的潛力，該計畫包括以下的內容：

個人諮詢及輔導服務主要針對機構員工在遇到個人、家庭以及工作上的困擾時，需要尋求專業的諮詢及輔導而設。僱員可透過二十四小時電話熱線求助，個人諮詢及輔導服務的專業人員可透過電話提供服務。另外，員工更可與輔導員安排於辦公時間之內或之外提供面談服務。機構的管理人員也可轉介員工使用這項服務，幫助他們更有效管理員工表現，以促進機構的生產力。個人諮詢及輔導服務強調資料的保密性，一切諮詢及輔導內容絕對保密。

培訓課程是全面的僱員輔助計畫裡不可缺少的一環。僱員發展服務自成立以來曾經舉辦了數以百計的培訓課程給各階層員工，目的在於提升員工個人能力以應付個人、家庭及工作上的不斷挑戰。課程內容包括

表15-3　香港提供僱員輔助的機構

機構名稱	服務名稱
基督教家庭服務中心	僱員服務計畫
聖匠堂社區中心	人力資源發展計畫
香港基督教服務處	僱員發展服務
香港社會服務聯會	職業輔導社—僱員發展計畫
香港基督教女青年會	機構僱員服務計畫
循道衛理中心	企業發展服務
聖公會麥理浩夫人中心	僱主網絡及發展計畫

員工輔導技巧、壓力處理、化解衝突、團隊精神、處理工作上的轉變、退休前準備以及健康講座。僱員發展服務所舉辦的課程一向深受參加者歡迎。

危機處理服務為一些在工作環境內發生意外、傷亡、搶劫等事件的機構提供即時援助。危機處理服務可以向受害者、受害者家人、受影響的員工等提供心理解說、小組及個別輔導等，以減低創傷對他們的傷害，從而讓他們的身心儘快回復健康。

企業附設幼兒園主要由有關企業與僱員發展服務合作提供，目的是為員工的適齡兒童提供教育。家長（員工）把子女交予企業附設幼兒園教導會更感安心、可以更加專注工作，生產力自然也得以提高，而僱員對機構的歸屬感也因此而加強。

該計畫的僱客主要包括各大、小型本地與外資機構及其員工，如香港上海滙豐銀行有限公司、中華電力有限公司、萬力半導體有限公司及衛星電視有限公司等。近年來，僱員發展服務更將其服務推廣至不少公營機構以及政府部門，如九廣鐵路有限公司、香港房屋委員會、香港郵政及運輸署等。

一九九一年該計畫開始時只由兼職人員負責，其間也經過多次編制上的重整和改變，一直以來都有赤字，至一九九七年才以完整的產業方式營運，直至一九九九年才有盈餘，從表15-4可見該計畫是經過一段長時間的發展才成熟的福利產業。二○○○年的支出增加主要是該計畫作出了一些發展。

表15-4　僱員發展計畫收支趨勢（港元）

	1997/1998	1998/1999	1999/2000
收入	1,495,729	2,734,775	2,910,950
支出	2,191,710	2,390,131	2,877,848
盈利（虧損）	（695,981）	344,644	33,102

資料來源：香港基督教服務處核數師報告

伍、發展福利產業的前提

從上述兩項福利產業在香港發展的例子，我們看到發展福利產業必須具備一些前提。

首先，社會福利屬於公共事業的範疇，因此不能任由市場去運作。社會福利屬於政府公共服務的範圍之一，因此政府要在社會福利的輸送模式上有一個清楚的政策，究竟公營、民營、公辦民營或者福利產業所占的比重及範圍爲何呢？假如沒有了這個前提，福利產業很難發展。

另外一個前提是社會上必須要達到某個程度的購買力，社會福利的「僱客」往往未必具有購買能力，很多時候是由政府直接提供服務，或者是由政府「購買」服務給有需要者，上述香港政府向安老院「買位」的做法，就是由政府「購買」服務給有需要者的例子，這是促使安老院發展成爲福利產業的重要因素。另一種方式是政府以外的第三者購買服務，從已發展國家的經驗，第三者通常爲僱主或保險公司，上述僱員輔導計畫的例子，僱主成爲購買者，對此項服務發展成爲可持續的福利產業至爲重要。當然最直接的是接受服務者同時也是購買者，在自由經濟的社會中，社會福利是有一定的市場的，但是也與一個地方的經濟和社會情況有關。

以香港爲例，一如上述，香港尙未有一個成熟的全面退休保障制度，因此，退休人士或年長者購買社會福利的能力不高，可是這班人士也正是最有需要的人，所以爲長者購買服務，除了那些低收入符合接受政府直接提供的服務或政府爲其購買服務者外，往往是由長者的家人負責，但一般社會人士可用於福利服務的購買力並不高，香港的國民平均收入雖然名列高位，但分配卻很不平均，堅尼系數由一九七一年的0.43一直上升至一九八一年的0.45，一九九九年的0.48和一九九六年的0.52，顯示出貧富懸殊愈來愈嚴重。一九九九／二○○○年接受綜合援助的個

案有二十二萬八千零一十五人，領取高齡津貼的有四十四萬五千八百三十五人，超過26%就業人士每月收入低於港幣八千元，月入超過三萬元的低於10%，一般市民除去房租及衣食的支出外，已所餘無幾。所以，一般市民可以購買福利服務的能力不高，這就說明何以香港從經濟及社會發展上可視為已發展的地區，但福利產業的發展卻仍然很緩慢。

要發展福利產業，政府必須要有一個明確的政策，確定在社會福利的輸送上福利產業應扮演什麼角色，這樣才能有相應的措施，創造一個營商的環境，同時又保障接受福利服務者的權益。而社會福利的購買力必須要達到某種水平才有承托力去發展社會福利產業，這兩者是發展福利產業的前提。

陸、發展福利產業的議題

福利產業的運作異於公營，民營非營利和公辦民營非營利福利事業的運作，公營是一種政府行為，自然受政府行政規例所規範，因為隸屬於公共服務的項目，因此也不存在利潤的問題，雖然也要講求成本效益，但基本上不受市場機制所規範。民營和公辦民營大體上和公辦相若，可是福利產業則主要受市場機制規範，但福利產業也有別於其他產業，因為福利產業所處的並不是一個完全的市場，因此發展福利產業必須要面對一些重要的議題。

1. 政府必須要有整體的規劃，不能任由市場機制自行決定了福利產業的發展，由於社會福利是一種市民的必需品，如果任由市場決定了供給，一些低利潤和沒有利潤的項目將沒有人去提供。因此在整體的規劃上除了要釐定福利產業在整體福利服務的輸送上所占的比例外，也要考慮如何鼓勵福利產業提供低利潤的服務，同時沒有利潤的一些福利服務如何去發展和提供也要有清楚的政

策。

2. 福利服務的性質涉及市民的基本需要，不單是個人福祉的問題，也與整體社會福祉有關，所以公眾必須對他進行監管。公辦或公辦民營的福利事業，政府可透過行政措施或撥款的合約條款進行監管，這種監管方式卻不能適用於福利產業，所以，如何對福利產業進行監管是一個重要的議題，這種監管一方面要保證福利服務的質素，但也要讓業者可以按市場規律運作，因此監管的鬆緊度必須要適中，對不同類型的福利服務立例加以規範是一個普遍的做法，如果沒有法例的基礎，就很難進行有效的監管。

3. 福利是一種特殊的產品，既是市民必需的，也涉及公眾利益，對特殊產品或商品，為平衡整體社會的利益，政府往往要在價格上加以管制，以免市場被操縱而導致個人受損以及社會不安，而由於需要福利服務的人有很大部分不能自己購買，福利產業的廣泛發展，會發展到一個地步政府可以運用公帑向福利產業購買必需的福利服務給那些不能自付費用者，因此價格更加是一個重要的議題了，要發展福利產業必須要有一個為公眾及業界所能接受的釐定價格的機制。

4. 與釐定價格相關的一個議題是利潤管制的問題，除了上述討論價格時提出的一些考慮外，由於福利的提供很大程度上是政府的責任，容許福利產業的發展是把部分的政府作為和功能給予產業界辦理，這種情況類似政府對專利的管制，因此不宜任由市場機制運作而必須要有一種機制去管理利潤，這是另一個重要的議題。

5. 福利產業另一個重要的議題是對消費者權益的保障，現代社會大多有保障消費者的法規和組織，但福利產業的消費者大部分是社會上的弱勢群體，一方面可能比較不懂保障本身應得權益，另方面社會環境也會對他們造成較多的阻力，影響了他們的權益，因此在發展福利產業的同時，必須要重視福利消費者的充權（empowerment），政府和社會團體必須要留意這問題，攜手進行

社會教育，在必須時也要成立一些中介機構代民（福利消費者）
請命。

6. 發展福利產業最後一個重要的議題是應急措施，一如上述，社會
　福利有其特有的性質，因此很多福利的項目一旦突然停止，會對
　個人或社區帶來不能恢復的損失，同時這些損失往往是涉及人身
　或心理方面的。公營、民營非謀利和公辦民營的問題是效率或經
　營不善的問題，對服務的素質或有影響，但很難想像會關閉或停
　止服務，可是福利產業是按市場規律運作，因此不能排除因經營
　失敗而倒閉，服務便會完全停止。政府必須要有一套應急措施，
　在這種情況發生的時候可以有替代者立刻進場，以免引起接受服
　務者的損失。

以上六點是發展福利產業時必須要考慮的最主要議題，當然其中的
細節，要因應不同地方的情況而定。

柒、總結

社會福利服務的輸送模式趨勢是走向多元化，而福利產業是較遲發
展的一種輸送模式。上文以香港的安老院舍和僱員輔助計畫為例，說明
發展福利產業必須建基於兩個重要的前提，其一是要具備一個清楚的有
關社會福利輸送模式政策，其二是社會上需要達到某個程度的購買力。

福利服務具有本身的特質，因此發展福利產業時必須要就整體規
劃、監管機制、價格釐定、利潤管制、消費者權益的保障以及應急措施
等議題作出詳細的考慮和定出有效的辦法。

只有在這些前提下，詳細考慮和研究上述議題並作出適合社會的措
施，福利產業才能得到健康的發展，發揮其功能。

參考資料

吳水麗（1999）。〈香港官辦民營之推展及未來發展〉。《東亞社會福利
　　暨社會工作實務研討會論文集》，高雄縣：高雄縣政府。

香港政府網頁：www.info.gov.hk/eindex.htm

卓健亞洲有限公司網頁：www.qualityhealthcare.com.hk

16.1 從分齡文化談預防性兒童福利產業

劉克健

中華民國分齡教育學會理事長

壹、何謂「分齡文化」及「預防性兒童福利產業」？

「小孩在幾歲的時候，應該有怎樣的發展和行為呢？」這應該是全天下父母很關心的一個話題。事實上，人類行為的發展是有一定的模式可循的，我們可以清楚地預測每一個階段中，孩子在動作、語言、社會行為和情緒發展等各方面的特色和表現，於是乎，分齡施教日益成為學前教育的主流概念，換句話說，就是提供每一年齡層孩子分齡適性的學習需求，這便是「分齡文化」的精髓所在。當然，每一個孩子都是獨一無二的，沒有一個孩子足以代表所有的孩子，即使是雙胞胎，也會有所差異。當我們給予分齡施教的學習過程中，必須配合孩子多方面發展特色。所以千萬不要誤會，以為任何一個孩子到了那個年齡，「就會」或是「就應該」表現我們所期待的那個樣子。有些孩子發展比我們預期來得快，另外有些孩子則發展得較慢。因此，分齡文化的教育理念，不僅重視分齡的學習發展，更強調適性、適能的完整學習空間。為了精準瞭解孩子的發展狀況，定期專業的評量是必須的。

我認為所謂「預防性兒童福利產業」便是透過分齡的概念，積極的

提供孩子分齡適性學習環境與空間，讓孩子身心腦發展健全，以培育出健康的下一代。我們可以發現，目前的兒童福利產業屬於比較消極，例如兒童的醫療補助、學習上的補助、或是特殊教育等，都是在問題發生之後，再提供解決的方案。再看看兒童福利法，都是因為父母的不當管教或虐待等因素才使用得到，只能做些亡羊補牢的工作，無法採取事前預防的措施，這是很可惜的。我建議政府和相關單位對於兒童福利產業應該採取更積極的態度，因為與其消極的等問題出現，付出龐大的社會成本來解決問題，還不如積極預防問題的產生，這便是「預防性兒童福利產業」的意義。分齡文化便是朝這樣的目標進行中，我們從孩子一出生，就推廣分齡的重要性、家庭教育的重要性、親子互動的重要性，因為這些都是啟發孩子的重要元素；同時，我們也體認到「大部分的父母是當了父母後，才開始學習做父母」，所以很多父母對教養孩子方面產生許多疑惑，卻不知道該怎麼辦，因此，分齡文化提供了全省評量會館、分齡雙月刊、父母成長教室、分齡家族網站，這些都是教育父母如何做父母，我們希望教育父母如何在現今不足的環境下，透過定期的到會館接受專業評量，瞭解孩子的發展情形，並提供一個良好的環境來協助孩子健全的發展，預防性兒童福利產業就是應該提供父母這些資訊。其實孩子需要的是快樂的、被瞭解的、被互動的、被啟發的環境。每個孩子在不同的年齡需求也不同，我們必須針對孩子的發展年齡作不同的規劃。就當今環境而言，我們是口頭上重視兒童教育，實質上執行在孩子身上還是不夠的。

貳、生長在科技發達社會中的孩子面臨什麼樣的處境？──從青少年問題著手探討現今學前幼稚教育

翻開報紙，我們不難發現現在的青少年問題實在不少，他們有的自

認為有個性──標新立異、奇裝異服；有的自命為勇士──故意違反校規、挑戰權威；有的自以為有膽識──翹課、逃家、抽菸、飆車；有的自我意識強──認為只要我喜歡有什麼不可以、不喜歡受父母管束、對父母態度冷淡；更嚴重的是青少年犯罪率是節節升高，他們不僅打架鬧事、涉入不正當場所、因為錢不夠用而搶劫的新聞更是時有所聞。面對這樣的現象，我們不禁納悶，到底是什麼原因讓這群原本應該快樂享受他們青春歲月的青少年，如今卻成為令社會頭疼的青少年問題呢？其實愈來愈多的專家學者相信，現今社會所面臨的青少年問題，都是由於十五到二十年前沒有照顧好幼兒的結果，因為沒有提供早期良好的成長環境，以致問題也在十五到二十年後一一浮現。舉例來說，如果父母太忙沒時間陪小孩使得親子關係疏離，孩子得不到家庭溫暖便不想待在家裡，也就容易受到社會大染缸的污染而學壞。

美國密蘇里州的高領域教育研究基金會曾做過一項追蹤調查，研究人員將一群來自低收入家庭，還在學走路的幼兒分為兩組，讓其中一組接受良好的托兒教育。他們發現，沒有上托兒所的另外一組幼兒，在二十二年以後變成連續犯罪者的機率，竟高達五倍（轉自《天下》雜誌1999教育特刊）。可見早期的成長環境與後來的行為表現是息息相關的。然而，現今的社會上卻充斥著不利孩子成長的環境，以下我們列舉三項造成不利孩子成長的因素：

一、學習環境的剝奪

由於當前社會環境的變遷及生活型態的改變，使得孩子學習環境漸漸被剝奪。過去大自然便是孩子的老師，孩子們可以在溪邊玩水、在山中爬樹，孩子的腳是接觸大地的，他們可以盡情的奔跑，在與大自然互動的過程中也讓孩子得到許多快樂的成長回憶。然而，現在社會環境的變遷，都市化的生活使得居住空間愈來愈小，兒時我們在塌塌米上滾動、跳躍，在溪邊玩水、在山中爬樹的童年，現在的孩子是再也享受不

到。由於活動量與活動空間愈發的不足，所以都市孩子很喜歡藉跳床和跳沙發來抒發過剩的精力；當然這馬上會被父母所禁止，所以現代的孩子在身體發展期間，常常是只長體重卻沒有體能。再者，現今生活型態的大幅改變，以往是大家庭的生活型態，所以孩子出生後不愁沒有玩伴，然而現在的家庭結構已轉變成小家庭，這樣的生活型態讓孩子童年時期最重要的玩伴消失了，嬰幼兒學習說話和生活獨立能力、團體規範的最有效學習管道也消失了。現在小家庭成長的孩子幾乎是一對一式的照顧模式且過度保護下，許多孩子都成了家中的小霸王，等到上托兒所或幼稚園時，這些小霸王們便出現對團體生活的適應不良。

　　不當的學習環境也是一種學習上的剝奪。傳統的教育觀念是教導通才，換句話說，也就是要求孩子對每一個領域的知識都要瞭解，師長們只是執著「教導」他們認為孩子應該學得的知識，卻忽略孩子內在自動自發的學習驅力。對於孩子而言，其實有許多知識是他們一輩子也用不到。教育體制希望每個孩子是博學，這樣的觀念是錯的。現代的教育應該是培養孩子有一項自己有興趣的專精領域，其他領域適度教育即可。我們認為培養生活能力是必要的，孩子有興趣的領域更值得我們花心思教導，而不是強迫孩子依照我們的希望來學習。舉例來說，專攻理工科系和人文科系，他們都應當學習化學課程，但是內容應該是不一樣的，而不是使用同一套教材。目前正統學校過於重視「教」的學習方式，是有著非常嚴重的盲點的，畢竟，學習必須完全靠自己，師長們只能協助學生一個最可能的學習環境，如果一味勉強學生作任何學習，是無法收到任何學習效果。有許多父母怕孩子輸在起跑點，在孩子上小學前就忙著送他們去上各種才藝訓練班，卻忽略孩子是否有興趣或有需要，專家也曾提出警告，過度刺激小孩，反而會拉長他們的學習時間，換句話說，更多的學習刺激不見得帶來更好的效果，甚至會呈現反效果，讓孩子喪失學習的動力與興趣。

二、父母的教養方式

　　許多父母是在當了父母之後才開始學習做父母的，因此許多父母也出現了教養知識不足的情形。由於每位爸媽看自己的孩子，總覺得自己的孩子是天底下最棒的，往往也不知道孩子哪些方面是需要調整的，經常是上了幼稚園，老師的經驗告訴父母孩子有些什麼不對。面對這種情形，有些父母因教養知識的不足，會將孩子發展比別人慢的情形，例如，比較慢說話、比較慢會爬等，解釋為「大隻雞慢啼」（大器晚成之意），或者孩子的發展等時間一到自然就會，沒關係！的確，每個孩子發展速度不盡相同，有的快一點，有的卻慢一點，但是如果與正常發展狀況相差太多，父母就不宜太過樂觀，以免延誤了早期療育的時機。所以現代的父母應該隨時補充自己的教養知識，以免錯失孩子成長的關鍵期。

　　現今社會中，雙薪家庭愈來愈普遍，托育的需求愈來愈高，爸媽和孩子相處的時間可能比孩子實際上的照顧者還少。在台灣，不少父母找保母、菲傭、（外）祖父母照顧孩子。然而，不論是哪一類的照顧者，他們所抱持的教養方式與父母的教養方式必定不同，因此混亂的教養方式也產生了不利孩子成長的因素。例如，（外）祖父母在照顧孫兒時，總是呵護備至，甚至溺愛，一不小心，就容易養成孩子驕縱的個性，孩子仗著（外）祖父母的寵愛，也讓父母很難教孩子；這些教養上的觀念，如果父母無法和（外）祖父母溝通清楚，會因為長輩與父母教養立場的不同，產生混亂的教養方式，影響到孩子的發展。

　　不當的教養方式，例如，過度的保護、過度的溺愛、補償式的教養，這些也是會影響孩子的成長。專家認為「疼愛的心人皆有之，只是疼愛要有建設性」，常言「愛之適足以害之」，父母常常不察自己是溺愛寶寶，因為「疼愛」、「溺愛」常是在一線間，我們常會覺得有些人弱不禁風、有些人大小姐脾氣、有些人我行我素、有些人自我照顧能力低

……，探究原因，就是父母太寵，「愛之適足以害之」，專業的說法是「寶寶養育不恰當」。常見的例子有過度保護──寶寶多脆弱，媽媽要給你最好的保護，所以不讓寶寶出去玩，怕感染感冒、腸病毒、怕被野狗咬等，結果卻造成小寶寶缺乏陽光，抵抗力差；另外一個例子是補償心態──因為媽媽忙，沒有時間陪寶寶，但是媽媽買好多玩具、糖果，以為物質就可以彌補，寶寶要什麼給什麼，結果造成孩子長大後以物質彌補心靈的空虛的偏差觀念。

雖然已經進入二十一世紀，許多父母仍抱持著傳統的教養方式，無法理解遊戲中學習的重要性，他們甚至認為孩子終日嬉戲是不對的，所以父母急著幫孩子安排上才藝班、學語文，似乎這樣才是對的。我們必須呼籲這些父母「大人不玩，請讓小孩盡情玩」，因為孩子的成長，不論是學習知識、塑造人格、鍛鍊體能、建立人際關係等，並非是靠才藝班或是言語教授就能學會，而必須讓孩子全力以赴進行活動與體驗──玩，才能真正體會與養成。所以孩子是透過遊戲玩耍來學習的，千萬別因為傳統的教養觀念而限制孩子的發展。

三、缺乏分齡適性的教材教具

現在市售的教材教具常是一票玩到底的教材教具，例如，常見玩具上標示是適合三歲到五歲的孩子，我們必須瞭解一個觀念，那就是同樣的玩具不見得都適合所有的年齡層。因為每一個年齡的發展過程都不一樣，在每一個發展過程中都有不同的執行能力，而不同的執行能力也帶動孩子的發展能力，所以根據分齡適性的原則來選購教材教具是一個基本的觀念。如果選購一個不適當的教材教具，當然孩子無法從中得到啟發，自然也無法達到教材教具所具有的教育目的。

我們也觀察到市面上缺乏系統性的分齡適性之教材教具，一般的教材教具可能只是單獨的存在，它所能提供的教育意義有限；但是分齡文化的教材教具則是具有系統化的，分齡的教材教具是我們根據兒童發展

所設計出符合零到六歲3Q（EQ、PQ、IQ）發展的教材教具，為了節省忙碌父母的時間，我們設計了進度表讓父母能有效使用這套教材教具，我們定期舉辦父母成長教室、發行雙月刊、成立分齡家族網站，隨時隨地充實父母最新的育兒資訊。此外，我們全省設有評量中心，有專業合格的評量師可為父母定期評量孩子的各項發展狀況，並根據評量結果給予家長教養建議及活動設計，分齡文化提供父母是一個完整的教養系統，協助父母教育他們的下一代。

一般來說，父母可能會缺乏選擇分齡適性教材教具之能力，也就是不瞭解教具與玩具之間有什麼分別，這也常常讓父母感到迷惑，不知該如何選擇。其實，基本上玩具和教具對孩子都有啟發性，只是教具的教育目標比較強烈，也較具教育意義。一般父母在選購玩具，可能只著重孩子覺得好玩而已，其實我們考量點不應該只是好玩而已，反而是它是否具備有目標性的啟發是比較值得深思的，當然還必須注意是否符合孩子的年齡層。

在瞭解到現今環境充斥不利孩子成長的因素，我們必須提出呼籲，零到六歲是孩子的EQ（群能）、PQ（體能）、IQ（智能）發展的關鍵時期，因為打從出生開始，他們的感官便已經開始作用，而且具有學習的能力。此時孩子除了對環境做反應外，還主動參與環境的改變；他們透過自己天生的求生行為：觸、聽、嗅、味、視將刺激轉成學習，學習累積成經驗，再將經驗反覆修正成為智慧。因此早期的學習可以儲備幼兒日後所需的能量。我們已經知道學前教育對孩子日後發展的重要性，也就更突顯預防性兒童福利產業的必要性與急迫性。

參、預防性兒童福利產業

近年來，科學研究證明了零到六歲是影響一生最重要的階段。歐美等先進國家紛紛將關注的焦點，轉向學齡前的幼兒。各國政府不但修正

政策、增加預算、補助各種針對學齡前幼兒與家長的學前教育計畫,希望從教育、福利等方面著手,讓國家未來的主人翁獲得更好的照顧。因為他們相信當做好預防性的兒童福利產業之後,將可在未來降低許多社會成本。所以投資今日的學齡前幼兒,預防明日的社會危機,漸漸成為歐美等先進國家的主流思考。當各國競相把養兒育女當成是國家大事時,台灣也要加快腳步跟進,與先進國家同步。對此,分齡文化有三點建議,希望對我國預防性兒童福利產業有所幫助。

一、學習環境的營造

(一)家庭環境的營造

家庭是零到六歲的孩子最早接觸的環境,對孩子的影響是很深遠的;父母更是孩子的第一個老師,根據研究顯示,幼兒期父母對待孩子的態度與教養方式,對於孩子日後各方面的發展,包括智慧、情緒、人格、人際關係等,都有關鍵性的影響,因此家庭環境的營造、父母的教養方式與父母的身教可謂是非常重要。根據《天下》雜誌的調查,在台灣已有七成的父母認知到「零到六歲是影響孩子一生最重要的階段」,但是仍有許多父母以忙碌為藉口,犧牲與孩子相處的機會,也造就許多電視兒童,殊不知電視對這時期的孩子傷害很大,不僅會影響孩子的視覺與聽覺發展(過度刺激),更會讓孩子的想像力與思考力結凍(電視已提供所有答案),同時也失去培養親子關係的時機。其實現代父母只要有效的掌握與孩子相處的品質,每天固定與孩子互動三十分鐘到一小時,陪孩子有系統、有目標、和有方法的玩遊戲,就能讓孩子在幼年時期感受到父母源源不絕的愛意,像是陪孩子玩積木、念床邊故事、或只是專心聆聽孩子說話,這些都是培養親子關係的好方法。研究也證實,從小就有密切親子關係的小學生,將來面對壓力時,較不容易發生行為問題。我相信時有所聞的青少年因無法承受壓力而自殺或高IQ低EQ的情

形也會大為下降。不僅家庭環境是很重要，父母的態度、身教也是很重要的，因為零到六歲的孩子模仿力是很強的，幼兒可是無時無地觀看父母的一言一行，如果父母很友善，孩子就學會關懷；父母很正直，孩子就學會判斷；反之，父母不斷批評，孩子就學會責難；父母不斷嘲弄，孩子就學會膽怯……。孩子很早就具備了模仿能力，當孩子認為這些行為動作是有趣好玩的時候，他便會嘗試模仿爸爸媽媽的動作，透過這樣的模仿能力，寶寶是可以學習很多事的，所以爸爸媽媽要多注意自己的一舉一動，提供良好的示範。此外，所謂家庭內學習環境的塑造是著重於讓孩子有解決問題的能力、計畫動作的能力、有創造的能力，所以別做萬能父母，強著幫孩子做好所有事，這可是會剝奪孩子學習的機會。所以父母要做孩子的引導者而不是指導者，指導者是不斷對孩子下指令，讓他依父母的標準做事；引導者則是以開放的態度，聆聽孩子的心聲、體會孩子的需要，鼓勵孩子勇於表達真實的感受，這對孩子的學習才是有正面的助益。

（二）公共環境的營造

　　社區文化的推動便是一種很好營造孩子學習的公共環境。隨著都市社會型態的轉變，家庭與社區之間的關係愈來愈淡薄，首先是大人對社區環境漠不關心，影響之下，使得同年齡的孩子無法玩在一塊兒，而且與鄰居叔叔、阿姨互動的機會也減少，漸漸地使得孩子人際關係變得疏離。然而，社區文化的出現，對於這樣的情形可以稍稍緩解。不可否認的，家庭是孩子學習的首要生活場所，但是只以父母作為學習目標，是非常不足的，過去大家庭的生活型態及熟識的左鄰右舍適時彌補了父母的不足。現今社會小家庭是主要的生活型態，孤鳥般的教養方式，讓孩子過度依賴電視學習，也缺乏學校之外的生活教育，光靠父母與學校是不夠的。現代的社區文化可以彌補父母與學校的不足，社區內所舉辦的各式活動，對於孩子的學習有不錯的成效，首先年紀相仿的孩子之間的相互刺激，是激發孩子創造力的絕佳時機；其次是社區大人與孩子的互

動，提供了父母所不足的知識交流，從兒童發展的觀點來看，愈是生活中就有的刺激，愈是能發揮促進心智發展效應；愈是多元的接觸，愈能開發多元智慧。除此之外，公園、遊戲場也都是公共環境，像以前這些設施都只是適合五至六歲以上，現在則漸漸改善有適合三至四歲的公共設施。我們建議應該推動適合零至六歲的公園設備，而且要標明其適合之年齡，給予家長分齡的觀念。學校不是只給予好的硬體設備或是智育的教導，其實像EQ教育也是很重要，我們應該多有些兒童劇場、兒童的藝文活動、或教導孩子如何控制情緒的講座等；有關體能教育，像現在許多孩子肌肉張力不足、不愛運動、體力差等，所以公共環境也要提供讓孩子活動的場所。

(三) 幼稚園環境的營造

　　台灣父母送孩子進幼稚園愈來愈爲普遍，因此幼稚園在孩子學習環境上也占了相當重要的一環，而幼教師資是幼稚園學習環境營造的關鍵人物。但現在的幼稚園裡的老師常常是二十出頭的大孩子來帶四、五歲的小小孩，他們的教育程度與專業知識也參差不齊，再加上政府資源也未投入，長期以來，幼教老師的地位與待遇普遍都不理想，當然也間接影響了台灣幼教的品質。在現在愈來愈重視學前教育的今天，我們要提升台灣學前教育的品質，首先便是要提升幼教老師的品質，這需要從改善幼教老師的福利與政府資源的投入著手。我們需要從改善老師們的福利待遇開始，留住經過正規幼教體系訓練出來的老師，政府也應該撥出更多的經費用於改善我們學前教育的各種計畫、提供幼教人員在職進修及專業訓練的機會。學前教育對於孩子的影響是很深遠的，不能因爲訓練不足的老師而影響孩子接受教育的整體品質。

二、教育父母正確的教養知識

（一）專業評量掌握孩子3Q分齡的發展

　　由於每個成長階段的成長特色都不盡相同，所以父母必須先充分瞭解孩子的發展狀況，才能提供符合孩子需求的良善教育。如果有一套專業的評量體系來協助父母親瞭解寶寶在身、心、腦三方面的發展，那是再好不過的！分齡文化透過專業的3Q評量，協助父母瞭解孩子的發展表現並傳達正確的教養知識，同時對孩子加以訓練及改善，讓每個零至六歲的孩子都能擁有分齡適性、EQ、IQ、PQ三頭並重的發展。其實，每一位孩子都需要分齡適性的發展，當然也就更需要專業的評量，專業的分析與建議除了讓您提早瞭解孩子成長進度是否適切外，同時更讓您藉由評量看見孩子潛質的展現，經由分齡適性的教育，栽培孩子往適切的方向發展。

（二）獨特的3Q發展年齡

　　每一個孩子都是依照自己獨特的成長藍圖在發展，他們發展的速度也不盡相同，有些孩子發展比我們預期來得快，另外有些孩子則發展得較慢，所以別認為每一個孩子到了那個年齡，「就會」或是「就應該」表現我們所期待的那個樣子。所謂分齡便是以他的發展年齡為基準，例如，你的孩子三歲，但精細動作發展只有二歲，應該針對二歲的精細動作發展來幫助孩子學習，而不是強迫他學習三歲的精細動作發展。當父母不瞭解孩子應有的發展時，常會出現下述情形：例如，因過度的保護，孩子一哭就抱，也不敢放心讓孩子嘗試探索外界，結果養成孩子依賴習慣；四歲的孩子應建立同理心，卻因父母過度寵愛而沒有建立，所以只有本我、自我的觀念，沒有超我的觀念，養成孩子自我意識強烈；孩子很喜歡跳床跳沙發，其實孩子在發展他粗動作發展，父母卻覺得他

太皮而限制孩子，卻也阻礙孩子的發展。如果父母瞭解到這些是孩子應有的發展狀況，就不會有這些情形出現。

（三）3Q分齡適性的教育

每一個孩子都是獨一無二的，沒有一個孩子足以代表所有的孩子，即使是雙胞胎，也會有所差異。當我們給予分齡施教的學習過程中，必須配合孩子多方面發展特色。因此，分齡文化的教育理念，是透過專業3Q評量瞭解孩子的發展狀況，並設計出符合孩子發展的教育方式，不但是分齡適性，更兼顧EQ、PQ、IQ三方面的均衡發展。

三、針對孩子獨特的發展年齡規劃3Q分齡適性的學習活動

（一）父母對評量孩子的認知

一般來說，父母都沒有能力判斷發展的情況，甚至可以說，有不少孩子的問題發現的晚了。過去傳統的觀念是，孩子的毛病長大自然就會好了，沒關係！可是卻忽略了一件事，現在的環境和過去大不相同，以前的孩子是在自然的大環境成長，現在卻都在大樓內的小空間活動，光是這點就對孩子的生理發展是不利的。因為這種差異，物質條件優渥的今天，孩子的發展反而未蒙其利，因此，評量的重要性不言可喻了。不過，許多父母對於評量不是很瞭解，事實上，國內這方面的評量工作，除了少數的醫療體系在做之外，我們希望民間可以多這方面的資訊。一般而言，會進醫院評量，多半都是問題很顯著的孩子，而一些發展些微落後，或局部動作比別的孩子慢的孩子，家長根本不會想帶孩子做什麼評量，就這麼錯失了能讓孩子更優秀的機會。其實讓孩子更優秀，並不是要他做天才兒童，只是追求一個身心平衡、積極樂觀的生命，這當然是父母的天職。從這點來看，分齡文化的3Q專業評量是值得推廣。

（二）針對孩子獨特的3Q分齡發展設計學習活動

根據專業評量的結果，分齡文化也設計許多不同的活動，讓父母可以在家協助孩子的發展。（請參考附錄一）

（三）培養學習能力

我們建議家長要培養孩子的學習能力，而不是教導孩子如何學習。我們必須還給孩子學習的自主權，父母需要做的是從旁觀察，並創造自我學習的情境，適時給予孩子一些引導，這樣的學習才能培養孩子自動自發的學習能力。父母必須認知到，無拘無束的童年生活，是學習探索的溫床；父母必須謹守分際，給予孩子引導而非過度干涉。

（四）發展優勢能力

傳統的教育體制所謂的資優生是指在每一個學科領域內有優異表現的孩子，因此，許多父母也都如此的要求孩子。然而每一個孩子必有他擅長與不擅長的領域，我們並不認同孩子必須樣樣專精才是資優生，相反的，我認為所謂資優的定義是孩子並不是每一項都是資優，而是發掘他自己的優勢能力，也就是他資優所在。所以父母不必再要求孩子一定得每一科都要有好的表現，而是坦然接受孩子的長處與短處，讓孩子適性發展，讓每個孩子的獨特性浮現，充分發揮他的潛質。我們認為必須多鼓勵孩子去參加他感到很有興趣的活動，讓他盡情的學習與發展，這樣才能培養孩子的優勢能力。父母只要透過定期的3Q專業評量，掌握孩子的發展狀況，就能發現孩子的優勢能力。兒童專家指出：「孩子會自然而然朝自己最感興趣的方向走」。所以父母要做的是提供孩子參與各種不同活動的機會。但是，不要讓孩子感到受不了，孩子需要一段時間的嘗試，以發現自己的興趣所在。因此，父母要觀察與瞭解孩子對什麼最好奇？什麼活動讓孩子最感興趣，這樣才可以提供孩子更多的刺激與機會，培養他的優勢能力。

肆、結論

　　投資今天的幼兒學前教育，將可預防明日的社會危機，這是預防性兒童福利產業的終極目標。許多腦部研究也證實，培育優秀的下一代，愈早開始愈好。尤其是零至六歲的關鍵時期，因為幼年時期的經驗對於孩子的未來發展扮演了舉足輕重的角色。為了協助父母給予下一代良好的教育環境，我們希望透過傳遞分齡文化的理念，推廣分齡適性的βQ教養體系。同時我們也希望政府能結合學界、民間的力量，使預防性兒童福利產業能真正落實於現今社會。

附錄一　活動設計總表

序號	科目	是否執行v	執行日期	評量師	備註
1	會員評量表編號				
2	3Q感覺生理評量報告				
	評量報告				
3	四至七個月感統評量表				
4	一至一歲半感統評量表				
5	一歲半至二歲半感統評量表				
6	二歲半至三歲半感統評量表				
7	三歲半至六歲感統評量表				
	活動設計				
8	基本反射能力未消失（一至二歲）				
9	基本反射能力未消失（三歲以上）				
10	小肌肉不協調（一至二歲）				
11	小肌肉不協調（三歲以上）				
12	大肌肉張力不足（一至二歲）				
13	大肌肉張力不足（三歲以上）				
14	計畫動作能力不佳（一至二歲）				
15	計畫動作能力不佳（三歲以上）				
16	提高成就動機				
17	增加人際關係技巧				
18	增加獨立性活動				
19	前庭反應不足（零至二歲）				
20	前庭反應不足（三歲以上）				
21	前庭反應敏感（零至二歲）				
22	前庭反應敏感（三歲以上）				
23	聽覺敏感（一至二歲）				
24	聽覺敏感（三歲以上）				
25	聽覺反應不足（三歲以上）				
26	視覺空間和形狀感覺不良（一至二歲）				
27	視覺空間和形狀感覺不良（三歲以上）				
28	兩側協調不佳（一至二歲）				
29	兩側協調不佳（三歲以上）				
30	觸覺防禦（三歲以上）				
31	語言發展不佳（三歲以上）				

（視覺空間和形狀感覺不良）活動設計表——適合年齡一至二歲

| 小孩姓名 | | 現在年齡 | | 活動設計日期 | |
| 父親姓名 | | 母親姓名 | | 活動設計老師 | |

適用情況	活動動作內容
1.寫字著色常超出空格	◎活動1（捉泡泡）
2.圖形、模型、拼圖辨識不易較困難	活動時間：每週（　）次，
3.玩積木迷宮遊戲能力差	每次（　）分鐘
4.認字能力差	活動內容：吹泡泡讓孩子用雙手去抓
5.常無意撞到家具或東西	◎活動2（找小熊）
6.弱視	活動時間：每週（　）次，
7.眼球運轉欠靈活	每次（　）分鐘
8.視覺焦距差、追視能力弱	活動內容：將智慧天平的小熊懸空吊
9.對畫圖較不感興趣	起，以鐘擺方式擺動讓孩
	子作追視活動
	◎活動3（模仿秀）
	活動時間：每週（　）次，
	每次（　）分鐘
	活動內容：透過故事遊戲扮演（森林
	動物）模仿動物行走
	◎活動4（今夜星辰）
	活動時間：每週（　）次，
	每次（　）分鐘
	活動內容：利用手電筒或鏡子，加強
	視覺追視能力，經驗光線
	察光與影的關係，促進視
	的變化，觀動協調能力
	◎活動5（網路遊戲）
	活動時間：每週（　）次，
	每次（　）分鐘
	活動內容：在公園玩時，可讓孩子分
	辨公園的不同入口各在東
	西南北哪一個方向？讓孩
	子說說看從家裡到公園有
	那些不同路線

（視覺空間和形狀感覺不良）活動設計表──適合年齡三歲以上

小孩姓名		現在年齡		活動設計日期	
父親姓名		母親姓名		活動設計老師	
適用情況			活動動作內容		

<table>
<tr><td>

1. 寫字著色常超出空格
2. 圖形、模型、拼圖辨識不易較困難
3. 玩積木迷宮遊戲能力差
4. 認字能力差
5. 常無意撞到家具或東西
6. 弱視
7. 眼球運轉欠靈活
8. 視覺焦距差、追視能力弱
9. 對畫圖較不感興趣

</td><td>

◎活動1（捉泡泡）
活動時間：每週（　）次，
　　　　　每次（　）分鐘
活動內容：吹泡泡請孩子伸出食指
　　　　　讓泡泡停留在食指上

◎活動2（小袋鼠）
活動時間：每週（　）次，
　　　　　每次（　）分鐘
活動內容：將刺蝟家族和小熊懸空吊
　　　　　起，孩子站在彈跳座裡，
　　　　　請孩子在彈跳中捉拿您要
　　　　　的顏色、大小、物件

◎活動3（滑板）
活動時間：每週（　）次，
　　　　　每次（　）分鐘
活動內容：指導者（父母）和孩子各
　　　　　自俯趴在滑板上，個人手
　　　　　握球拍，進行拍球或手推
　　　　　（一般小球即可）對打遊
　　　　　戲，或是由小孩面對面對
　　　　　牆推球亦可

◎活動4（創意大師）
活動時間：每週（　）次，
　　　　　每次（　）分鐘
活動內容：可藉由四歲教材創意刷畫
　　　　　，透過視覺的分辨及反覆
　　　　　的練習，增進孩子的學習

◎活動5（記憶文考驗）
活動時間：每週（　）次，
　　　　　每次（　）分鐘

</td></tr>
</table>

適用情況	活動動作內容
	活動內容：可藉由四歲教材，益智圖卡對對碰訓練孩子「瞬間記憶力」讓孩子反覆的練習
	◎活動6（靜態取向遊戲）
	活動時間：每週（　）次，每次（　）分鐘
	活動內容：拼圖或接龍，連點線成形的遊戲都有助於空間視覺的健全化

（前庭反應不足）活動設計表——適合年齡零至二歲

小孩姓名		現在年齡		活動設計日期	
父親姓名		母親姓名		活動設計老師	

適用情況	活動動作內容
1.平衡感不佳	◎活動1（活動滾滾桶）
2.危險意識低	活動時間：每週（　）次
3.不聽大人的話或指令	活動內容：側翻身滾動，來回十至十五下
4.走路常碰到家具	
5.跳上跳下不安定	◎活動2（滑板）
6.特別喜歡自轉圈圈、跳沙發	名稱：我是小超人
7.特別好動不專心	活動時間：每週（　）次，每次（　）分鐘
8.喜歡從高處往下跳	活動內容：依活動教具手冊滑板動作，進行難易不同遊戲
9.會有打人的動作容易起衝突	
10.對於要安靜下來的遊戲較不喜歡	◎活動3（手走路）
11.為滿足前庭刺激所以喜歡有速度感的遊戲和動作	活動時間：每週（　）次，每次（　）分鐘
12.注意力不集中	活動內容：手走路由父母將孩子雙腳抬高，進行雙手向前走動
13.常有打人動作	
14.常左右方向不清楚	◎活動4（趴趴樂）
15.使用力量不正確——常給人粗魯的感覺	活動時間：每週（　）次，每次（　）分鐘

適用情況	活動動作內容
16.對數學、閱讀方面有困難 17.耐心不足 18.喜歡到處東摸西拿東西 19.會有語言發展緩慢情況	活動內容：孩子趴在不倒翁上，由 　　　　　父母在兩端左右搖晃 活動5（溜滑梯） 活動時間：每週（　）次， 　　　　　每次（　）分鐘 活動內容：溜滑梯——頭手先下，趴 　　　　　著玩，俯衝向下 ◎活動6（盪鞦韆） 活動時間：每週（　）次， 　　　　　每次（　）分鐘 活動內容：盪鞦韆遊戲，注意到安 　　　　　全，可多玩一些 ◎活動7（超人） 活動時間：每週（　）次， 　　　　　每次（　）分鐘 活動內容：滑板衝下，前庭刺激最 　　　　　佳動作 ◎活動8（原地跳） 活動時間：每週（　）次， 　　　　　每次（　）分鐘 活動內容：此活動可藉由三歲教具 　　　　　彈跳座，原地上下跳動 ◎活動9（我在地球上） 活動時間：每週（　）次， 　　　　　每次（　）分鐘 活動內容：孩子趴於大球上，父母 　　　　　一手扶肩，一手抓腳， 　　　　　有規律前後搖擺，讓孩 　　　　　子不斷伸手外張身體 ◎活動10（你是我的寶貝） 活動時間：每週（　）次， 　　　　　每次（　）分鐘 活動內容：父母可藉由大浴巾，父 　　　　　母一人一邊，讓孩子在 　　　　　中間躺臥，左右搖擺

（前庭反應不足）活動設計表——適合年齡三歲以上

小孩姓名		現在年齡		活動設計日期	
父親姓名		母親姓名		活動設計老師	
適用情況		活動動作內容			

適用情況	活動動作內容
1.平衡感不佳	◎活動1（活動滾滾桶）
2.危險意識低	活動時間：每週（　）次
3.不聽大人的話或指令	活動內容：側翻身滾動，來回十至十
4.走路常碰到家具	五下
5.跳上跳下不安定	◎活動2（滑板）
6.特別喜歡自轉圈圈、跳沙發	名稱：我是小超人
7.特別好動不專心	活動時間：每週（　）次，
8.喜歡從高處往下跳	每次（　）分鐘
9.會有打人的動作容易起衝突	活動內容：依活動教具手冊滑板動作
10.對於要安靜下來的遊戲較不喜歡	，進行難易不同遊戲
11.為滿足前庭刺激所以喜歡有速度感	◎活動3（手走路）
的遊戲和動作	活動時間：每週（　）次，
12.注意力不集中	每次（　）分鐘
13.常有打人動作	活動內容：手走路由父母將孩子雙腳
14.常左右方向不清楚	抬高，進行雙手向前走動
15.使用力量不正確——常給人粗魯的	◎活動4（走線遊戲）
感覺	活動時間：每週（　）次，
16.對數學、閱讀方面有困難	每次（　）分鐘
17.耐心不足	活動內容：可在地上貼一直線，讓孩
18.喜歡到處東摸西拿東西	子雙腳前後相接，左腳跟
19.會有語言發展緩慢情況	接右腳尖，右腳跟再接左
	腳尖。雙手可攤平，以協
	助保持身體平衡，也可延
	伸玩法、在手上拿東西增
	加孩子穩定度
	◎活動5（溜滑梯）
	活動時間：每週（　）次，
	每次（　）分鐘
	活動內容：溜滑梯——頭手先下，趴
	著玩，俯衝向下

適用情況	活動動作內容
	◎活動6（盪鞦韆）
	活動時間：每週（　）次，
	每次（　）分鐘
	活動內容：盪鞦韆遊戲，注意到安全
	，可多玩一些
	◎活動7（超人）
	活動時間：每週（　）次，
	每次（　）分鐘
	活動內容：滑板衝下，前庭刺激最佳
	動作
	◎活動8（原地跳）
	活動時間：每週（　）次，
	每次（　）分鐘
	活動內容：此活動可藉由三歲教具彈
	跳座，原地上下跳動

*16.*2 〈從分齡文化談預防性兒童 福利產業〉評論回應文

郭靜晃

中國文化大學社會福利學系教授

適齡方案（age appropriateness practice）一直是美國幼教協會（National Association for the Education of Young Children, NAEYC）在一九八〇年代的主要立場，也是該協會致力推廣符合孩子身心發展的專業幼教的聲明。此種立場與聲明也是最合乎兒童福利的最佳箴言——符合孩子的最佳利益（the best interests of children）。準此，當成人（包括父母、教師、保育人員或其他相關親職教育幼兒教育、輔導等相關兒童福利專業人員）無論在課程設計、行為輔導或行為觀察的詮釋至少需要暸解兒童實有年齡及階段的差異〔這也是個體發生論（ontogenesis）的論點〕及有個別差異〔這也是微視發生論（microgenesis）的觀點〕，除此之外，兒童也有性別（適性）之差異及性格（適格）的差異。這也一直是我個人身為兒童發展專業之人一直恪遵的原則。

今日有機會拜讀劉理事長的文章〈從分齡文化談預防性兒童福利產業〉，個人非常欽佩劉理事長身為營利事業（或稱兒童福利產業之私部門，相對於政府的公部門及非營利組織，NPO）的經營者在提供兒童福利服務的理念與堅持。劉理事長的分齡教育學會所主張：(1)以預防性的支持服務，例如兒童行為諮詢、專業的兒童學習與行為的評量；(2)提供遊戲場地、情境及玩物做補充性的兒童福利服務，來投資幼兒的專業教

育及福利服務，以預防明日的社會危機。

　　從預防的觀點，在三、四歲的兒童，投資一元做主導性之預防服務工作，可以減少明日七元的補救及矯治工作（雷游秀華，2000），如果應用到早期療育，在三歲一年之療效等於三歲之後的十年療效，足見從預防性的健康照顧及教育的福利服務，除了減低社會成本之效益，也可避免不良的問題擴大。

　　美國專業幼教學會（NAEYC）在專業工作之落實中也提出五個基本原則：創造一個充滿關懷的學習環境，注重孩子的發展與學習，設計合適的教材，評量孩子的發展與學習，與孩子的家庭建立雙方面的溝通關係，這五個層面是要環環相扣、層層相連（洪毓瑛譯，2000），這些原則也與劉理事長在此篇之文章的理念也與上述專業協會的想法是不謀而合，例如關懷適當的學習環境、親職教育的推廣、學習與發展的評量、提供多元學習情境與玩物教材、注重3Q（群能、體能和智能）的啓發與發展。

　　兒童福利服務可以爲家庭中之兒童依功能區分爲支持性、補充性及替代性的福利服務。在兒童福利服務中，誠如兒童局劉局長所言：「何種照顧服務對兒童最適切」，一直是挑戰人類智慧的課題，以問題取向爲主的弱勢兒童福利工作固然有其迫切性，但是以發展及預防取向爲主體之主導性（proactive）的一般兒童福利服務，也是同樣不可偏頗。兒童福利服務除了政府制定政策，建構優勢的生活環境，也需結合民間各種團體及資源共同落實優質的兒童照顧，化理想及政策爲方案，共同落實成爲一種生活態度、價值共識及制度措施，以「兒童最佳利益」的精神，強調兒童照顧本身具有共通的發展特質，以滿足兒童需求、保障兒童福利，爲兒童的福利及照顧發揮最佳成長的終極目標。近年來，歐美各先進國家之政府一直標舉著養兒育女的兒童照顧是個人、是家庭、是社會、也是國家的責任，甚至動用公資源提撥預算，制定支持家庭的政策，更結合民間企業及相關團體共同戮力提供一個安全、健全及優質的生活照顧。「今日不投資，明日一定會後悔」，兒童是國家之根本，良

好的照顧品質不但可以厚植國力，增值國本，更能預防明日社會的危機。

劉理事長在此篇文章提出另一概念：「福利產業」（welfare industry），並從主導的預防性服務為主，以生態論之觀點，如家庭、學校、媒體及社會等優質環境的營造來發揮兒童潛能的發展，進而培養孩子的優勢能力。此種論點也是兒童福利法之開宗明義第一條所倡言的：「為維護兒童身心健康，促進兒童正常發育，保障兒童福利」。所以說來，兒童福利服務從商業管理之立場來看，應是一不折不扣提供兒童身心健全發展的福利產業。從產業的觀點來看，各種組織或機構應結合產品之生產、行銷與服務以迎合消費者的需求，提升他們的生活品質；而應用到兒童福利產業，更需結合各種兒童福利之可能資源──公資源、私資源及非營利組織，來為一般兒童維護身心健康與促進正常發展，以及對於需要指導、管教、保護、身心矯治與殘障重建之兒童，提供社會服務與措施。

我國兒童福利服務之政策仍屬於福利多元主義的供給，包括：公部門（政府）、私部門（營利業者、企業）、志願部門（非營利組織及志工）和非正式部門（家庭成員）共同擔負福利輸送服務所提供之角色。就以補充性的兒童托育服務為例，按目前受托率近30%來看，我國托育福利服務較屬於私有化（privatization）及分散化（decentralization）。私有化指的是公有部門提供的不足；而分散化指的是政府將福利服務之供給責任分散，轉移到私有立場；此外，中央政府職權（包括預算、資源與分配的決策權）的下放，不只是從中央到地方，再從地方政府將職權和資源繼續分散到鄰里或小型社會福利團體，以達到社區化的可能性。所以說來，無論中央和地方的公資源、私有化的企業、營利團體和非營利志工團體與組織，所彙集的資源與服務成為一個福利產業的概念。而兒童福利產業之基本原則是政府公部門、民間志願部門與市場商業部門必須協力合作，以謀取兒童的最佳福祉。

因此，兒童福利已不再是單純的人道主義問題，至少世界潮流對兒

童福利努力的目標，不再是消極地針對特別需要救濟和保護的不幸兒童，而是更進一步地積極對兒童權益的保護，包括兒童的托育、教育、衛生及社會各方面的福利事業，甚至也是一個國家之文明的重要指標。拜讀劉理事長之文章，本文從幼稚教育的觀點，爰舉歐美先進國家之先例從教育及福利的角度，做好預防性的福利產業。然而美中不足，本文未能針對兒童之六至十二歲提出建言，而且未能著墨不幸及特殊兒童的照顧方案及建議。冀望劉理事長可以在分齡學會發展此項特殊兒童之福利服務。

美國幼兒教育專家David Elkind一直在呼籲時下父母對幼兒之教育有「揠苗助長」、「匆促學習與成長」，造成孩子成爲倍受壓力的一代，頓使現代童顏蕭瑟。故爲了有健全、快樂的下一代，提供適齡方案及加強預防性的兒童福利服務是有其必要性，冀望民間團體或營業單位能多參與兒童福利服務，以擴展兒童福利產業的完整及落實，爲兒童謀取最高福祉。

17.1 非營利組織與營利組織「管理」之對話

郭登聰

慈濟大學社工系副教授

壹、前言：非營利組織時代的開啓

　　管理學大師彼得杜拉克（Peter F. Drucker）在《廿一世紀的管理挑戰》一書中，提到管理學的典範（paradigms）是建立在兩套管理的假設上。前者假設是奠定管理原理的基礎，即：(1)管理是企業管理；(2)有、或必然有一種正確的組織型態；(3)有、或必然有一定正確的方法來管理「人」；後者假設奠定管理實務的基礎，即：(1)科技、市場、和最終使用者是特定的；(2)管理的範圍由法律界定；(3)管理是專注於內部的；(4)由國家疆界所定義的經濟體系，就是企業和管理的「生態環境」。再者言及這些假設皆已過時且成爲諷刺，其與現實脫節不僅成爲理論的障礙，更是實務的絆腳石。（劉毓玲譯，2000）對此等管理學術的論點，恐自有爭辯和公斷，惟值得注意提及一般對於管理（management）的認知皆視爲企業管理（business management）的迷思。甚者文中提及「管理」最初並不是應用在企業上，而是應用在非營利組織和政府機構。且在談論管理的發展過程和脈絡，直指「管理並非企業管理」的觀念之重要。尤其是在面對未來社會的發展趨勢，非營利組織對於管理的運用和

關聯是重要且密切。

同時，其亦提到在邁進「市民社會」的未來，（傅振焜譯，1994）非營利組織已成爲最重要組織型態（周文祥、慕心譯，1998）且各營利機構或企業組織更應從非營利機構，在訂定明確使命、適才適用、學習傳承、實施目標管理各方面有所學習。（李田樹譯，1999）然對於非營利組織，亦提到早先一般皆視「管理」爲壞的字眼，含有商業的意思。而非營利機構是與商業提扯不上關係，更且認爲不需要管理的存在；但事實上非營利機構比誰都需要管理概念，因爲它們缺乏傳統底線，它們需要學習如何利用管理之道，以免被管理技術嚇到。它們更需要借重管理，來讓自己專心一意於使命的達成。（余珮珊譯，1994）

對於非營利組織與管理的關係，或是需要管理的觀點，可是中外皆然。國內著名管理學者如許士軍或司徒達賢都曾爲文或著書，對於此一議題關照和用心。（許士軍，1982；司徒達賢，1999）在此特以彼得杜拉克的說法，除因所著的《非營利機構的經營之道》對於國內非營利組織經營管理的研討有相當影響外，重要是累積的論點，提供非營利組織對於管理的幾項思考：

1.提到非營利組織是管理的起源。
2.順應市民社會的興起，非營利組織更形加增。
3.非營利組織的管理成爲未來的組織和管理的重點。
4.非營利組織的管理內涵可提供企業組織的參考。
5.非營利組織對管理的漠視和曲解。
6.現行非營利組織所應用的管理知識及技術不適宜。

當然，對於彼得杜拉克的有關非營利組織的論點，仍有遭致諸多的批評。有者認爲其對非營利組織功能過度膨脹，而實際上仍有所不足和限制。（李田樹譯，1998；齊若蘭譯，2000）雖是如此，卻仍可從其上述的論點中提供若干的省思和啓示。

眾所瞭解，隨著國內政治民主化、經濟自由化和社會多元化的結

果，非營利組織的增加和成長的數量極為可觀。（鄭怡世，1999；陳定銘，1999）但國內對於非營利組織的研究或探討，雖早自民國六〇年左右，但大都以基金會、民間團體為名，真正有深入的討論則是近十年的情事。（陸宛蘋，1999）累積這些年的各相關文獻，亦有四百多篇，分別包括非營利組織與管理、非營利組織與政府、非營利組織的特質內容。（官有垣、吳芝嫻、莊國良，2000）雖未蔚為風潮或視為顯學，但其引發的探究是可期。然而，非營利組織卻潛伏及存有諸多的問題急需討論，如：（王順民，1999）

1. 非營利組織的責信與社會監控機制問題。
2. 非營利組織的管理與專業主義問題。
3. 非營利組織經費財源的匱乏與穩定性問題。
4. 非營利組織的會計制度問題。
5. 非營利組織彼此之間的內部分工、策略聯盟以及市場區隔的問題。
6. 非營利組織法律規範的明確性與統一性問題。
7. 非營利組織的角色、功能、定位等的社會共識問題。

顯然，對這片嶄新的學術疆域仍有諸多困窘和難題存在，上述彼得杜拉克的非營利組織觀點，尤其是關於與管理相關的討論，確是其中重要的項目。因此本文的目的，即是著重在下列的各點探討。即現行對於非營利組織管理所建立的管理知識是否適用或合宜，或究竟差異何在，另者為非營利組織的管理內涵，可提供營利組織的參考或學習。

貳、非營利組織管理的適用性討論

若說非營利組織不重視管理，或從來未曾有管理的觀念，恐是不恰當和不合理。以屬於非營利組織範圍社會工作相關之福利機構或組織而

言，（王順民，1999）追溯社會工作管理或行政的歷史（以英美為例），早自十九世紀社會服務模式之志願服務組織的形成，這些志願服務的負責人員大都來自富商或商業領袖，其自是將管理的觀念帶入和結合。在政府部門的社會福利機構或組織，則是在一九三〇年代之經濟大蕭條之際，有了明確發展，並促使社會工作管理教育和實務的盛行。順此一九五〇年代的社區基金的設立、一九六〇年代「對貧窮作戰」、一九七〇年代各項科學管理工具被重視、一九八〇年代民營化的發展，以至一九九〇年代一路下來社會工作的行政或管理亦正茁壯和成長。（黃源協，2000；蔡啓源譯，1998）

即是如此，那何以在前述的論點中出現，非營利組織對管理的不重視。討論其理由可能得理解，這些非營利組織是有不同的類型。可分公益性、互益性、政治性等或是捐贈型、商業型、互助型及企業型，甚或有混合型。（謝儒賢，1999）即是如此，自是可以理解在這不同的組織型態背後各自對其管理意涵的認知不同。彼得杜拉克即曾提出在不同組織裡，管理也互有差異，畢竟使命決定策略，策略決定結構，結構影響管理。（劉毓玲譯，2000）不過若以國內而言，在隸屬財團法人、社團法人之歸屬下，分別為文化、學術、醫療、衛生、宗教、慈善、體育、聯誼及社會服務等項目，其自有不同對於管理的解讀。（陸宛蘋，1999）這之間更重要是在我國長期存有非營利組織受制政府的控制，（郭登聰，1996）或是為家族主導的因素，此乃指其所建構的董事會功能的行使問題。（官有垣，2000a、b）

相對於非營利組織對於管理的漠視，另存有的難題是對於管理的曲解。隨著福利國家的危機的轉變，社會福利民營化的觀念興起，伴隨著新自由主義的自由市場意識形態出現。其於公共部門所造就的新管理主義外，對於社會福利自是產生社會福利的縮減。而且同時助長志願服務部門或非營利組織的興起，但在此同時卻又緊縮對其既有的支持或補助。尤其是在此財務壓縮之下，組織的經營績效成為重要的關鍵。但是在此管理掛帥的前提，徒有管理的技巧或知識，但卻無宏觀或長遠的價

值或志向。如此使得這些非營利組織在財務壓力和政府部門的誘導下，不是成為純粹的免稅機構，就是成為政府部門的政策工具。尤其對管理主義從手段變成目的或價值時，則可能導致使整個非營利組織的價值受到影響，而且更可能導致人民參與的減退。（張世雄，2000）上述的論點亦同時存在現有各非營利組織之中，尤其是在政府極力順應民營化之趨勢，所帶來的公辦民營或是委託辦理的各種方法之下，使得非營利組織得以參與或成長。但此過程中，卻容易伴隨著委託效率的管理議題導引，使得這些非營利組織在重視管理的過程中，喪失了自我的意義和價值。（劉淑瓊，1998；郭登聰，1999）

接續上述的論點，在非營利組織朝向管理思維的同時，卻又有另一個過度管理或商業化的現象出現。誠然，由於非營利組織本身在運作上，財務的無法自主或充足是重要的問題。這也是何以接受委託的一項因素，當然解決此等問題自有不同的方式，例如，募款即是其中之一。（林雅莉，1999）另者即是透過收取服務費用的方式，尤其是此者加上外在競爭的結果，使其更趨向商業性的發展。當然這種商業性的謀取營利的作為並非不宜，（張英陣，1999）而是屬於下列的理由使其更為嚴重。（卡斯徒里‧藍根、索爾‧卡里姆、雪柔‧桑德堡，2000）

1. 崇尚商業機制的時代潮流，採取營利走向已理所當然。
2. 許多非營利組織的領導人，希望在提供社會所需的產品和服務時，不致於讓服務對象對組織過度依賴。
3. 非營利組織的領導人都汲汲追求財務上的穩定，其認為增加營利收入的活動比捐款和補助更可靠。
4. 非營利組織的出資人偏好商業化的作風。
5. 非營利組織受到外界競爭的影響，也在思考以商業作法取代傳統的經費來源。

對此等發展的現象，自有其整個管理意涵之下的財務運作上考量，有其討論的必要；但亦存有非營利組織發展，結構特性上的必然卻是值

得重視。（郭登聰，1999）

基本而言，關於非營利組織在管理方面的漠視或曲解，可能更關鍵是出於現行對非營利組織所使用的管理技術是否合宜或切題。倘若溯及前述對於社會工作管理的討論，在現有的管理或行政理念或方法上，是採用諸多實施於企業組織或營利組織的管理知識或工具。這種接受或採用現代管理科學的理由，從機構而言可能是：(1)成本效能的問題；(2)服務評估的問題；(3)財政短絀和資源匱乏問題；(4)服務對象需要的問題；(5)人事管理的問題；(6)服務控制的問題；(7)組織設計和機構服務推展的問題。清楚的說這是一種「為生存而管理」的思維。（梁偉康，1997）或是更為鉅視的理由是：（黃源協，2000）

1.為緩和福利需求和滿足間的釐清問題。

2.為國家福利服務民營化所帶來的競爭。

3.為國家處於快速變遷環境之社會服務組織的管理需要。

4.為妥善運用與管理有限資源，並避免資源的浪費。

5.為緩和社會服務機構所面臨的內外在壓力。

6.基於社會工作實務上的需要。

7.社會服務機構主管不再注重具有社會工作背景者。

而在這種條件或結構使然之下，整個社會工作管理或是非營利組織的管理自是套用現行企業管理或營利組織管理的特性和方法，尤其是標榜科學管理或人群管理的方法運用。（彭懷眞，1998）尤其是在強調人類服務為導向的非營利組織中，特別重視對於人的行為管理，亦即是現代的行為管理。乃以人為中心，管理的重心是在人，而應重視人群關係的討論。（廖榮利，1998）

除此管理的基本理念型態的論點，一些涉及管理技術的管理方法亦被引入和重視，例如組織績效的考慮，（劉曉春譯，1999）或是全面品質管理的運用，（施怡廷、梁慧雯譯，1997）等廣泛的使用。

另者亦有諸多來自原本從事營利組織的管理學者引入其擅長的企業

管理的知識、理念、方法或技術。最典型的如司徒達賢，即將其企業管理觀念與非營利管理相互結合而成一套運作體系。正如其書中所提，相較企業組織所需面臨生存壓力或市場競爭，而且爲了生存必須重視顧客，必須不斷創新，必須重視效率及制度，相對的非營利組織似較無此必要；但反之既然企業爲了利潤都如此重視管理，那爲了理想的非營利組織豈可不需管理。（司徒達賢，1999）

除使這些整體的管理觀點的結合和運用，其餘有關企業管理所使用的如行銷的方法或其他的管理議題的運用皆有其可取之處。尤其是著名的行銷學者Philip Koltler所著《非營利事業的策略行銷》，說明其適用和發揮之處。（黃俊英、林義屏，1998；彭朱如，2000；張在山譯，1991）

對於非營利組織之應用營利組織或企業管理的方法，如同黃秉德所言這是一種紓困的仙丹妙法。但是在一項相關的研究中發現，從組織特徵、管理制度與工具、組織與外在環境的關係與策略型態、決策特徵、領導風格等五個面向的探討下，雖有所相容但卻不理想。（黃秉德，1998）當然，存在於營利組織或企業組織的管理觀點，對於非營利組織的運用，可能得深入去探討才得以明確和清楚其眞正的差異，這也是杜拉克的非營利機構的經營之道的主論所在。

參、非營利組織與營利組織管理之異同與可能發展

對於非營利組織將營利組織或企業組織的管理知識或方法，套用而產生的問題，同樣也存於行政管理方面（Public Administration）。其論點認爲管理乃是共同不分公私，且相信企業管理與公共行政無異。另企業經營績效優於政府施政績效，而主張政府向企業學習。此論點自是遭致反駁，認爲兩者乃爲不同的意識形態及不同價值。企業管理強調資金、成本、利潤、投資報酬率，而公共行政則是以人民權利、多元主義、公

共利益、機會平等、公平正義等各種價值，是有其結構性差異。另外就績效方面的討論，公部門亦不見得較企業部門遜色。（余致力，1998）

關於公私部門管理上的歧異，有學者更從組織差異、管理差異上做討論，亦指隨著組織的目的、組織的本質或是不同組織目的下的管理動機、不同資金來源下的管理行為、不同所有權下的管理責任、不同組織社會控制力量下的管理決策都會有所不同。另者也從底線、時間水平、人事任免、分權與負責、決策過程、公開性與封閉性等變數再做討論，顯見這兩者是有相當差異存在。（徐仁輝，1999）

提出這些比較，最主要是讓我們清楚隨著組織本質和內涵型態上的不同，對管理的思維、應用、解讀或詮釋自是差別。因此就上述提及非營利組織之套用營利組織的管理方法而導致的批評，應是極為正常，但終究仍應審慎應對。事實上我們也理解非營利組織之需要管理的思考或方法，不只是單純的為了適用和績效的考量，而是整個社會發展的趨勢的變異，使其在面對這種變革中，對於管理的需要。其間包含著財源的不確定性、慈善與契約使命之間、契約與自主之間、走向市場化趨勢、開闢各種財源管道、與政府重建真正夥伴關係和尋求組織管理之道等項。因此相對於傳統的非營利組織在新趨勢下其發展成為：(1)組織的競爭；(2)特殊性工作；(3)有時間壓力；(4)大量的合作者、決策者；(5)以結果為導向、不以哲學為基礎；(6)著重效率、效益、以及測量二者的工具；(7)受政府的約束，大量基金補助與配合政府活動；(8)契約等商業化傾向；(9)契約聘僱之工作人員；(10)主動歸併或尋求歸併；(11)無方案之核心目標；(12)競爭意味濃厚；(13)加入冒險；(14)科際整合；(15)功利主義；(16)講求績效；(17)市場決定服務產品；(18)用代理人角色而有方案收入；(19)經由第三者付費提供服務、而結餘為貧窮者服務。（黃源協，2000）

從這項非營利組織面臨的發展狀況，顯然得使我們重新思考其與營利組織之間在管理知識方法上運用或移入的必然和需要。惟在此之前我們仍應對非營利組織做一基本的認識，王順民曾對其做一完整的描述。

（王順民，1999）

1. 非營利組織最重要的特色在於使命。
2. 非營利組織的精神在於人道主義。
3. 非營利組織必須向政府立案。
4. 非營利組織結構是一模糊的混合體。
5. 非營利組織享有法律的特別地位。
6. 非營利組織不受行政科層的限制。
7. 非營利組織的經費來源以捐贈為主。
8. 非營利組織成員進出容易。
9. 非營利組織具有公私性的功能。
10. 非營利組織本質上是志願行動。
11. 非營利組織具有多元角色的功能。

　　如此複雜的特質，使其與營利組織相較之下，即顯得極為繁瑣。基本上營利組織或企業組織，被視為是一種經濟組織。其目的是激勵追求經濟私人或私人所得，假若無私利存在，即無企業的存在。簡而言之，營利組織的目的是在追求合理的利潤和生存的目標。（陳定國，1997）在此擬對於非營利組織與營利組織做一比較，大致上可以發現兩者之間，存有相當的不同。（見表17-1）（Kramer, 1987; Hardings, 1998; 江明修，1999）

　　由此可以看見，正如同行政管理與企業管理之間所出現的差別和歧異，大致看來，非營利組織其目的是植基在慈善和志願，以少眾族群為服務，其參與者是認同和承諾此組織而來，其行動是透過社會網絡的運作，管理的方式上強調人性化管理，服務的基礎是以需要且合資格者，財源則是捐款、補助。財產形態是混合形式，決策的權威是董事會，決策的機制是由董事會決定，責信對象是針對擁護者和支持者，服務範圍則是有限的，行政架構是規模較小，行政服務模式則較彈性，組織和方案則是小型。顯然這樣的內涵對於管理的運作是極不同於以企業組織或

表17-1　非營利組織與營利組織之比較

特性	非營利組識	營利組織
目的	慈善、志願主義的	營利、利潤、經濟主義的
標的群體	一般大衆或少數群體	股東
代表性	少數	所有者與管理者
參與的先決條件	承諾	購買力
主要的集體行動	聯盟	公司財團、政治團體
管理的功能	強調以人性化的管理方式	經濟成本導向、理性的、技術性的管理
服務之基礎	贈與	使用者付費服務
財源	捐款、獎勵的報酬、補助金	顧客與團體所支付的費用
財產形態	混合財產	私人財產
決策權威的來源	依組織章程所成立的董事會	所有者或董事會
決策機制	董事會決定	所有者或管理者決定
責信對象	擁護者、支持者	對合夥者的法定責任，且部分對員工、供給者及顧客
服務範圍	有限的	侷限於付費者
行政架構	規模較小	科層體系或其他特許運作層級
行政的服務模式	具彈性	有變化的
組織和方案規模	小型	小至中型

資料來源：整理自Kremer, R. M.（1987）；Hardings（1998）；江明修（1999）

營利組織者。

　　另者在營利組織方面，明顯其目的是在追求利潤和爭取生存。標的對象是股東爲主，代表性是所有者及管理者，參與者先決條件以購買力爲衡量，主要行動則是公司財團及政治體團，管理的功能是成本導向、理性的、技術性的管理，服務的基礎則是使用者付費，財源是由顧客或團體支付，財產形態則是私人財產，決策權威的來源是所有者或董事會，決策機制是所有者，責信對象是對合夥者的法定責任，服務範圍是侷限於付費者身上，行政架構是科層體系，行政服務模式是有變化的，組織的方案規模是小至中型。正如依傳統管理的設計和規劃即是以營利

部門為主，所發展的各種技術和方法無非即在舊有典型的要求下運行。

　　相對之下，兩者來自不同的需求和目的，自是在管理理念和方法上有不同考量。當然亦可以追問那管理是否真有此不同。基本上管理可稱是一門透過他人而使工作圓滿完成的技術，另歸納其基本概念則第一是管理只存在正式組織之中，它涉及人與人之間的一種規律的互動關係，第二則是管理工作本身即會有指揮及指導別人工作的意味在裡面。（劉明德等譯，1993）另者有人稱管理是透過他人有效完成活動的過程。（王秉鈞等譯，1995）大致看來，管理可稱是一種指揮他人去完成目標的工作。原則上其應是相當中性，也就是單純的是一種做事的方法。惟其對於在不同的對象和組織中自應有所不同和差別。如今面對非營利組織及營利組織，自應會有適用的管理方式出現。

　　到底屬於非營利組織的管理模式應是什麼，雖然這在包括彼得杜拉克或司徒達賢的相關書籍中皆有提及。整理其重點，無非要有明確的使命、良好的領導者、妥切的行銷方式、明確服務市場的定位、建立支持的群體，將使命、目標和市場做結合，對績效的管理規制，確認其行動的準則，提出有效的決策，對於工作人力資源的珍惜，建立良好的資源網絡及人際關係，對志願工作人員的肯定重要、擁有能幹的董事會、使工作人員與機構使命一致，對工作人員責任的確立、使工作人力充分發揮等，（余佩珊譯，1994；司徒達賢，1999）上述的論點是否即是達成非營利組織的完整模式，可能仍不一定，不過內在基本概念應是朝此方向設計和規劃。

　　當然，有者對於這種把非營利組織成為一種「企業」或「事業」的論點不予贊同，認為非營利組織的核心思想是一種「人道精神」及「博愛主義」，而更重要的是非營利組織是強調社群意識、個人良知和宗教感召，因此倘過度以事業或企業導向，則將使其原有的精神內涵喪失。（范舉正，2000）

　　儘管類此的批評或反對是存在，但非營利組織朝向或引用營利組織的思維或是運用管理的方法，愈是不停的進行。特別是當這些非營利組

織被認爲是能減少服務科層化、較具競爭性、提供專業人力、補充政府不足、降低成本、和提供多元選擇；但同時也可能會造成貪污、降低服務品質、增加服務中斷及減低弱勢者獲得服務的正反兩面的矛盾之下，仍被賦予需要和接受的期待，但也可能在這種結構限制中，有所喪失和遺憾。（陳英陣，1998）

誠然，將管理視爲一種做事的方法，其所追求的是明確的目標達成，那麼我們的思維可能會從這個論點集中，這對營利組織而言，可能是可預期或達成。畢竟獲利多寡，能否生存是可預見的。但是假如這是針對非營利組織，所提供的服務可能是一個概念或理想，服務的對象可能無法做短期圓滿。這些績效、效率和效益的要求，恐將未能如願達成，如此我們就得另外看待或盤算此等非營利組織的管理意義。但這論點並非否定管理的需要或必然，畢竟如何把一件事做好，其過程和結果，都應可衡量取捨，那怕結果不理想，但這過程也應滿足和必要管理一番。

在彼得杜拉克的《非營利機構的經營之道》書中，曾有段話相當有意義：（余珮珊譯，1994）

「非營利機構供應的該不是產品勞務，也非監控制度。它的產品該不是商品，也非法規，而是脫胎換骨後的個人。非營利機構是點化人類的媒介，它們產品是治療痛患，學到知識的小孩，不斷成為自尊自重的年輕男女；總而言之，是煥然一新的人。」

顯然非營利組織所追求確是人性尊嚴及價值的不同思考，其與前者提及人道精神是有所共通，即是如此提到人的開發、自我負責的內涵是可以理解和認知。由此可以聯想那麼管理的介入，重點絕不是在指揮一個人去做一件事而已，重要是使一個人能得到尊重和發揮。這種論點，似是易懂難做，更不可掌握。如此也自然使得非營利組織的管理，變成極爲不能明顯的呈現和達到圓滿。

對此,有者將此與宗教性的非營利組織做聯想。由於宗教性的非營利組織其較能提供一套明確經營理念,尤其是來自宗教的信仰的依據,同時訂立了明確的目標和策略,此乃是針對佛理或教義的理念,工作的方針及領導者的志向,去執行各種工作內容。換做不同敘述即是:(王士峰、王士紘,2000;楊慶祥、李培齊,2000)

1. 領導者明確的使命說明書。
2. 設計一個有利知識創造的情境。
3. 塑造一個內隱知識與外顯知識並重的企業文化。
4. 靈活運用融合現代工具與技術。
5. 把捐助者轉化為貢獻者。
6. 追求顧客滿意。

顯然,這種宗教性組織與一般非營利組織是有所差別。(王順民,2000)但是所提供卻亦是一個非營利組織管理追求的境界,不妨可做參酌,亦可提供對此更深入的省思和瞭解。

肆、非營利組織對於營利組織管理的影響與啓發

乍看非營利組織的管理模式,除了其突顯的使命意義之外,方法或技術大致是來自營利組織管理的思考。是否此即意味非營利組織相對於營利組織是不足取或無任何相互參考的價值,事實恐非如此。既然非營利組織雖是否如前述可能凌越營利組織成為未來的重要工作,不得而知。但起碼就其存在的特質和內涵是值得提供營利組織參考。在此擬就不同的層面或性質提出,以為學習或參酌的考量。

(一) 使命層面

對於非營利組織而言「使命」可稱為其主要的構成,另含角色、地

位、存立、行動及思維的指引和依據；亦可稱是價值、意識、標準的參考，或是最終目的的達成。（吳寧遠，2000a）相對的就營利組織而言，事實亦有使命的陳說，甚直言爲組織成敗之所繫。（蔣希敏、陳娟譯，1996）相較下兩者的差異之存在：稱對非營利組織，可能更彰顯組織的責任、公共性及信念，也就是非營利組織不必然是以「營利」或「利潤」掛帥之下，各種使命呈現，即是公共服務的達成。（江明修，2000）此等對於營利組織而言可能是得重新思考其積極意義的目標，或說是「美好生活」或是「公共利益」的出現。（陳定國，1997）

（二）公共性層面

承續使命的延繼，非營利組織另一重要的特質是，所具含的公共性的內涵。（顧忠華，1998）惟相對於營利組織而言，原則上組成及其目的是以私利爲重。雖本應有公利方面的考量，但卻被忽略。爾今相對此公共性的驅使可能使其應更積極承擔社會公益或社會責任的擔待。（夏傳位，2000）

（三）信任層面

非營利組織相當程度創立一個重要的現象，即是社會信任的建構。（顧忠華，1999）雖此論點不全然被接受，甚即意指非營利組織存在家族與特定關係的信任基礎上，亦即「差序格局」的影響。（黃秉德，1999）但仍不能否定所建構的共同信任的組織機制，才得以遂行其使命的達成。對營利組織而言，事實上在經濟理性的前提這種互信基礎更易爲生存競爭所否定。但是欠缺信任的基礎，彼此僅能互惠或互利的條件下尋求共存。有其意義，但應可做修正，使這種含有個人利益的現象得與利益他人的價值互相共同，才能使組織存立。

（四）認同與承諾問題

非營利組織中對於透過使命的發揮，使其成員對組織的認同是極爲

明確。同樣的，藉由認同的過程使成員對組織更形建立對組織價值和目標的達成。（吳寧遠，1998b）此在宗教團體中更是。（邱定彬，2000）相對的就營利組織，這種對組織認同或承諾的出現，但卻因這種現象易被外在的力量影響，尤其是來自利益上的引誘，不過若干規模深達雄厚的營利組織，也常以建立認同和承諾的機制，使其成為一份子的認知。（陳川正，2000a、b）

（五）創新與永續層面

非營利組織的出現或存在，無非是以社會公益或慈善的議題為導向。本質即有引領和倡導，或是先行和帶頭的意義。其間最重要的意涵是具有的「創新」服務的精神，基本上這與營利組織相對應是極為合宜。反之可能是營利組織基於市場的需要，更有不斷的原創和新意。另者非營利組織追求一種永續的發展，亦與營利組織有所整合。惟後者受諸環境的變動可能有所影響，但卻可共同建立此等認知。

（六）社會網絡層面

非營利組織的推動和發展，相當程度是植基在人際關係或社會網絡的建構。且此網絡無論是內在存於會員或志工之間，外在則與各相關團體組織或社會資源共同結成。（邱瑜瑾，2000）對營利組織而言除所謂直銷理念企業可能透過此等網絡運作外，亦在許多中小型企業間存在這種社會網絡的機制，以建立團體合作，協力共進的互存關係。兩者之間，是有所整合和相合。

（七）自我管理層面

彼得杜拉克對非營利組織的討論，認為個人自我開發和使命之間是密不可分。即是，自己應肩負其最大責任，（余珮珊譯，1994）此論點亦同樣對非營利組織的知識工作者有共同的意義，（劉毓玲譯，2000）順此，這種「以人為本的企業」的思維，似已逐漸的建立和形成，由個

人承擔其角色的責任應有其開展的空間。（薛迪安譯，1999）

（八）志願工作層面

在非營利組織中，志願工作人力是最為可貴和珍惜的資源。其出現主要是與組織的使命的契合，而非營利組織的使命開展和延續亦是信賴志工的傳承。（陳定銘，2000）此等力量相對於營利組織而言，可能是需要做不同思考。在非營利組織中，志願工作人力的運用除了可以消極的配合分配的工作，亦可積極做創造和開發，所謂共同合產的概念即是一例。（高明瑞、楊東震，1998）但一般仍可視為支持組織存續的力源。然就營利組織而言，志工與員工之間可能有不同的期待和認知，志工與員工有責任與專業上的分野。但是從非營利組織的啓示對志工人力資源是需珍惜和保持。這雖亦存於一般營利體制中，但試想不支薪的志工為何願意付出，而支薪者的員工卻有所保留，就可能引發對這種人力資源開發的再思考。

上述八個論點，僅是就非營利組織的內涵和特質中所引申出來的思考，誠然所呈現並無明顯的攸關管理的思維，但若仔細的深入，卻可發現在某些項目，對於構成非營利組織是極其重要，這也必然為影響到管理的型態和內容。當然就營利組織，在整個管理運作上似偏重在技術和方法，存在內在的各種因素，亦需有所重視和察覺。兩者之間的存在各有其不同的條件或環境的使然，這種差異可能使營利組織的承接或引用上會出現不同的程度。不過本質而言，這仍是可以期待的一種突破或轉變。

伍、結論與建議

儘管本文不全然循著彼得杜拉克，對於非營利組織與管理關聯的若干思考而來，但卻也不可避免是從這些啓發和引領中，得到對此的討論

和申述。對於非營利組織愈發認識或瞭解，尤其是其所具含著如學者所稱的，既公又私、不公不私的特性，存在政府、市場和非正式部門之間，這之間又是相互影響和滲透。特別是隨著公共行政走向公共管理，其間既有企業管理，也有公共行政的性質忽有忽無之間，確是對於一個明確的管理模式或管理內涵的掌握是不易。（鄭讚源，2000）

雖是如此，但是非營利組織對於管理的思維，或許仍有其不變的原則，即是「使命為重、市場為念」的考量。（張茂芸譯，2000）亦即整個非營利組織仍在面對以其創設的使命的引領，將管理植基在市場機制的理念上。誠然這似是極為不明確，亦可能是模糊，或是難以拿捏和掌握，但卻是一種可能的努力和嘗試。

在一本名為《啓動革命》（Leading the Revolution）書中，作著蓋瑞·哈默爾（Gary Hamel）曾提及人類正站在一個革命的時代（age of revolution）。亦即原有進步的時代已在人類的期待中開始，卻在焦慮中結束。而我們所要面臨的則是一個動亂的時代，財富得失只是一瞬之間，改變已經降臨這不再是一個逐漸增添的時代，也不再是以直線進行。二十一世紀，改變是不連續、突如其來、煽動的，短短一世代間基因比對的成本降低，儲存百億元資料的成本降低，全球資本的流動，侵蝕國家經濟主權，無所不在的網際網絡，使國家疆界變得毫無意義，在資本主義攻擊下，敵對意識形態不見，解除管制及民營化席捲全球。面對這一鉅變，創新革命的思維自是興起。（李田樹、李芳齡譯，2000）

在此趨勢和潮流之下，難怪舊有管理的思想、理念、方法或技術各層面亦做調整。新的管理文化更重視企業與社區的互動，或是更有助人性化及科學化的管理觀念整合，這也是類似彼得杜拉克所提非營利組織的崛起及其重要性。（齊若蘭譯，2000）順此思維，討論非營利組織與營利組織之間的管理，可能更為有意義。亦即兩者之間的界限將會在這種思潮趨勢下，更形整合和互通。

當然，我們並無藉此鉅視的思考，就將兩個領域使必然的結合，或直指其內在的相通。存在兩者之間仍有著基本使命、任務、目標、策略

各方面的差異，而其自是影響到管理的方法和技術。不過這原本就是存在的事實，並不因這種相互的趨附自然消失，不過仍可做一些思維和方法的突破。這正是本文所嘗試在此篇文章中，讓營利組織和非營利組織，藉由「管理」議題的對話，能對兩者存在的異同或互通做一檢視。儘管整個文章的撰寫或整理的不盡理想或不夠嚴謹，但仍希冀對存在兩者之間的距離或關係，有所減縮或建立。假如仍不厭其煩再重述本文的主題為何，可能就是將管理視為一種共同的語言，讓營利與非營利能藉此建立一個溝通和理解的機制。其應用或拿捏，可能存於其組織的需要和發展之間，應妥善為之。

參考文獻

王秉鈞等譯（1995）。《管理學》。台北：華泰。

王金英（1999）。〈非營利機構的財務管理〉。《社區發展季刊》，85，85-92。

王順民（1999）。〈非營利組織及其相關議題的討論——兼論台灣地區非營利組織的構造意義〉。《社區發展季刊》，85，36-61。

王順民（2000）。〈當代台灣地區宗教類非營利組織的若干考察：以宗教團體的福利作為例〉。收錄於「非營利組織研究的本土化」學術研討會。嘉義：中正大學社會福利系。

卡斯徒里·藍根、索爾·卡里姆、雪柔·桑德堡（2000）。〈如何成功推行社會變革〉。收錄於張茂芸譯：《非營利組織》。台北：天下遠見。

司徒達賢（1999）。《非營利組織的經營管理》。台北：天下遠見。

江明修（1999）。〈非營利組織之政策發展功能〉。收錄於「非營利組織與社會信任」研討會。台北：政治大學社會學系。

余致力（1999）。〈公共管理之詮釋〉。收錄於黃榮護主編：《公共管理》。台北：商鼎。

余珮珊譯（1994）。《非營利機構的經營之道》。台北：遠流。

吳寧遠（2000a）。〈宗教性非營利組織使命與志工組織承諾之研究：以高雄市生命線與女青年會為例〉。收錄於《第一屆非營利組織管理研討會論文集》。嘉義：南華大學、中正大學管理學院。

吳寧遠（2000b）。〈非營利組織使命與承諾之研究：以三個高雄地區不同使命的組織為例〉。收錄於「非營利組織研究的本土化」學術研討會。嘉義：中正大學社會福利系。

李田樹、李芳齡譯（2000）。《啟動革命》。台北：天下遠見。

李田樹譯（1998）。《杜拉克經理人的專業與挑戰》。台北：天下遠見。

周文祥、慕心編譯（1998）。《巨變時代的管理》。台北：天下遠見。

官有垣（2000a）。〈非營利組織的董事會角色與功能之研究：以全國性社會福利相關基金會爲例〉。收錄於《非營利組織與社會福利——台灣本土的個案分析》。台北：亞太。

官有垣（2000b）。〈非營利組織的董事會角色與功能之剖析：以台灣地區地方性社會福利基金會爲例〉。收錄於《非營利組織與社會福利——台灣本土的個案分析》。台北：亞太。

官有垣、吳芝嫻、莊國良（2000）。〈近十年來我國非營利組織相關議題研究之文獻彙編〉。收錄於《非營利組織與社會福利——台灣本土的個案分析》。台北：亞太。

林雅莉（1999）。〈非營利組織之募款策略〉。收錄於江明修主編：《第三部門——經營策略與社會參與》。台北：智勝文化。

邱定彬（2000）。〈一個宗教慈善組織發的歷史脈絡：嘉義地區慈濟組織的個案研究〉。收錄於「非營利組織研究的本土化」學術研討會。嘉義：中正大學社會福利系。

邱瑜瑾（1998）。〈非營利組織的公共性問題：理論及經驗研究〉。收錄於《非營利組織之經營管理與社會角色論文集》。高雄：中山大學公共事務管理研究所。

施怡廷、梁慧雯譯（1997）。《社會服務機構組織與管理：全面品質管理的理論與實務》。台北：揚智。

夏傳位（2000）。〈社會責任打造世界級企業〉。《天下》雜誌，233，102-107。

徐仁輝（1999）。〈公私管理的比較〉。收錄於黃榮護主編：《公共管理》。台北：商鼎。

高明瑞、楊東震（1998）。〈志工參與非營利組織共同合產之模式建構〉。收錄於《非營利組織之經營管理與社會角色論文集》。高雄：中山大學公共事務管理研究所。

張世雄（2000）。〈志業主義、自願主義、專業主義與管理主義——從宗

教慈善到非營利事業〉。收錄於鄭志明：《宗教與非營利事業》。嘉
義：南華大學宗教中心。

張在山譯（1991）。《非營利事業的策略性行銷》。台北：國立編輯館。

張英陣（1998）。〈公私部門福利角色的分工〉。收錄於詹火生、古允文
編：《新世紀的社會福利政策》。台北：財團法人厚生基金會。

張英陣（1999）。〈企業與非營利組織的夥伴關係〉。《社區發展季
刊》，85，62-70。

梁偉康（1997）。《社會服務機構行政管理與實踐》。香港：集賢社。

許士軍（1982）。《管理學》。台北：東華書局。

郭崑謨（1993）。〈管理之意義、程序與內涵〉。收錄於郭崑謨等編：
《管理學》。台北：空大。

郭登聰（1996）。〈民間力量與政府之間關係探討：一個內在結構的思
考〉。《社區發展季刊》，78，65-72。

郭登聰（1999）。〈福利與營利的對話——社會福利民營化的另類思
考〉。《社區發展季刊》，85，142-155。

陳川正（2000a）。〈「組織認同策略」與非營利組織的管理——對基督教
教會的「細胞小組模式」教會增長運動之研究〉。收錄於鄭志明：
《宗教與非營利事業》。嘉義：南華大學宗教中心。

陳川正（2000b）。〈認同與非營利組織的事業功能和組織架構〉。收錄
於《第一屆非營利組織管理研討會論文集》。嘉義：南華大學、中
正大學管理學院。

陳定國（1997）。《企業管理》。台北：三民。

陳定銘（1999）。〈非營利組織志工招募與甄選的探討〉。《社區發展季
刊》，85，128-141。

陸宛蘋（1999）。〈非營利組織之定義與角色〉。《社區發展季刊》，
85，30-35。

彭朱如（2000）。〈非營利組織行銷策略之研究——六個基金會個案分
析〉。收錄於《第一屆非營利組織管理研討會論文集》。嘉義：南華

大學、中正大學管理學院。

彭懷眞（1995）。〈社會工作管理〉。收錄於李增祿主編：《社會工作概論》。台北：巨流。

黃秉德（1998）。〈非營利組織經營管理理念〉。收錄於《非營利組織之經營管理與社會角色論文集》。高雄：中山大學公共事務管理研究所。

黃秉德（1999）。〈非營利組織管理中的信任問題〉。收錄於「非營利組織與社會信任」研討會。台北：政治大學社會學系。

黃俊英、林義屏（1998）。〈非營利組織顧客滿意之研究〉。收錄於《非營利組織之經營管理與社會角色論文集》。高雄：中山大學公共事務管理研究所。

黃源協（2000）。《社會工作管理》。台北：揚智。

傳振焜譯（1994）。《後資本主義社會》。台北：時報文化。

葛雷格利、迪斯（2000）。〈非營利組織企業化〉。收錄於張茂芸譯：《非營利組織》。台北：天下遠見。

廖榮利（1998）。《社會工作管理：人群服務經營藝術》。台北：三民。

齊若蘭譯（2001）。《新世紀管理大師》。台北：時報文化。

劉明德等譯（1993）。《管理學：競爭優勢》。台北：桂冠。

劉淑瓊（1998）。〈社會福利「民營化」之研究──以台北市政府契約委託社會福利機構為例〉。國立台灣大學三民主義研究所博士論文。

劉毓玲譯（2000）。《二十一世紀的管理挑戰》。台北：天下遠見。

劉曉春譯（1999）。《提昇組織績效：社會服務領域實務工作指南》。台北：亞太。

蔣希敏、陳娟譯（1996）。《企業傳家寶──五十家頂尖企業的使命宣言》。台北：智庫。

蔡啓源譯（1998）。《社會工作行政：動態管理與人群關係》。台北：雙葉。

鄭怡世（1999）。〈從非營利組織的觀點談台灣捐募法規應有的法律建

制〉。《社區發展季刊》，85，93-104。

鄭讚源（2000）。〈既公又私，不公不私？從非營利部門的特性談非營利管理的發展方向〉。收錄於《第一屆非營利組織管理研討會論文集》。嘉義：南華大學、中正大學管理學院。

薛迪安譯（1999）。《以人爲本的企業：企業再造的關鍵因素》。台北：智庫。

謝儒賢（1999）。〈董事會在社會福利機構中的運作與職責〉。《社區發展季刊》，85，71-84。

顧忠華（2000）。〈非營利組織的社會自治功能〉。收錄於「非營利組織研究的本土化」學術研討會。嘉義：中正大學社會福利系。

Harding, N.（1998）. "The social construction of management, In Symonds," A. & Kelly, A. (eds.). *The Social Construction of Community Care,* 113-240. London: Macmillan.

Kramer, R. M.（1987）. "Voluntray Agencies and the Personal Social Services," in Walter W. Powell (ed.). *The Nonprofit Sector: A Research Handbook.* New Haven, Conn.: Yale University Press.

17.2 〈非營利組織與營利組織 「管理」之對話〉回應文

賴其頡

福樂多醫療福祉事業企劃部經理

　　隨著社會福利日益受到重視，不論是政府、企業乃至於民眾，都已建立回饋社會、投入社會服務的觀念，許多慈善團體、社團、財團法人等機制，也在法令及政府相關之輔導措施下因應而生，其背後之支持者，更含括了社會的各個階層，在運作整合後，也形成了不同的管道及存在之型態，其中最大的改變，即是企業（營利組織）與非營利組織已由以往完全不同的存在意義，向彼此融合共存的目標邁近。在這融合的同時，當然有許多值得探討深思的問題，雙方在目標理想的設定，也有許多矛盾的衝突點，如何讓彼此能夠互補共存，又得到社會大眾的支持，也將是未來產官學三方所需共同努力的方向。

　　在拜讀了郭登聰教授所發表之文章後，確實讓我們瞭解更多非營利組織的特色、在經營管理上的困難及其未來在發展上易產生偏差的原因。在此，我們也將「福樂多醫療福祉事業」投入多年社會福祉的經驗，以企業經營的角度說明企業（營利組織）在介入非營利組織時的相關狀況，提供給諸位先進瞭解，並請指教。

壹、企業（營利組織）介入非營利組織的傳統方式

由於大部分的企業（營利組織）並沒有深入瞭解非營利組織的設立目標、理念、甚至服務對象，因此以目前企業（營利組織）介入參與非營利組織工作的方式有下列幾種方式：

一、資金的贊助

1. 直接提供企業盈餘給特定非營利組織，讓其針對本身需求自由運用，購置相關設備、器材，或分擔其經營成本。
2. 以專案贊助之方式，讓機構作為某特殊個案之執行基金，達成非營利組織從事某項服務之目的。
3. 參與公益團體所辦理之聯合勸募活動，將資金有效地提供給有需求之非營利團體，避免資源的浪費。

二、實物的贈與

將企業之產品、服務捐贈給非營利組織，或依非營利組織所提出之需求，直接購置其需要之設備、設施等相關品項，藉此滿足非營利組織的需求。

三、人力的支援

即所謂的企業志工，即企業主管將員工組織起來，到非營利機構擔任志工，提供其所需之人力需求，但目前台灣企業有徹底執行此方案者還是相當有限。

貳、企業（營利組織）介入非營利組織之目的

企業（營利組織）藉由上述之方式介入參與非營利組織的運作，當然有其回饋社會、照顧弱勢族群的意涵在內，其附加價值仍是許多企業所期待的。

一、對非營利組織有直接實質之幫助

不論以何種方式贊助支持非營利組織，都可對其有實質之幫助，讓受惠之非營利組織達到降低、分擔成本的目的，並能繼續經營，達到永續服務之目的。

二、對企業（營利組織）本身的宣傳效果

（一）產品

若捐贈企業本身所銷售之產品，當然可藉由實物捐贈的方式，讓產品有更多在媒體曝光宣傳的機會，進而直接將產品介紹給社會大眾，達到其宣傳行銷的目的。

（二）形象

企業形象的經營一直是企業經營者所重視的，因此藉由贊助非營利機構的方式，讓企業能得到更多社會大眾的支持與認同，塑造良好企業形象。

參、企業（營利組織）介入非營利組織的幫助

企業的介入，應該不僅止於對非營利組織在金錢、設備的幫助，在深入非營利組織的經營層次後，應可帶給他們更多不同的刺激，突破傳統經營管理的窠臼，創新非營利組織的舊有經營方式。此外，由於部分法令的限制，非營利組織也面臨在經營上的困難（例如，規定五十床以下的安養護機構不必申請財團法人，但相對的不得以募款、補助等方式籌措其資金，無疑是將非營利組織當作營利單位，以其收入作為營運的主要資金來源，因此在營運上產生相當的難度），因此營利組織可將其較有效率之管理方式帶入，在非營利的前提下，發揮更大的服務效能。

一、找出非營利組織的經營盲點

（一）人力的更有效運用

在整體成本的考量下，非營利組織的人力不僅只需有專業能力，也需要有更多的相關能力，從一個單一功能的員工，發展到需要一個多功能的工作人員，各部門的交叉運作彈性，也是非營利機構所應積極努力的方向。

（二）志工人力的運用

非營利組織有很多理想，但在達成理想的路上，常無法兼顧經營上的損益，擴充工作人員時所造成的固定成本，有可能成為組織發展的負擔，嚴重時更將導致組織的經營危機。因此，擁有更多的志工人力，也是目前非營利組織所追求的目標。除了由專家學者提供志工相關的專業

資訊外,企業也可提供志工管理上的誘因設計,讓志工的管理由被動轉為主動,提高志工對機構的向心力及參與程度。

(三)社區資源的運用

非營利組織的角色是比較弱勢的,其與社區的結合也是未來必然之趨勢,企業可運用其本身之優勢,創造非營利組織與社區團體、居民的互動機會,進而結合這些寶貴的社區資源,彌補非營利組織本身的不足。

(四)非營利組織行銷

一般來說,非營利的行銷推廣之主動性較不夠,許多非營利組織仍保有「我們是不求回報的默默服務」、「為善不欲人知」等心態,又想得到更多團體及人民的支持,但若沒有一個完整的行銷計畫,這個目標將是很難達成的,因此企業可利用其行銷優勢及經驗,藉由相關之活動辦理、成果發表等方式,讓非營利組織在包裝後,對外呈現其專業、活力及投入程度,進而得到大眾的認同與支持。

二、創造非營利組織之經營優勢

投入福祉領域後,可運用企業本身之優勢及資源,瞭解更多國外先進國家的相關資訊及軟硬體,並依各非營利組織的需求加以引進,在合理成本及利潤的考量下,讓非營利組織得以有更先進、更完備的軟硬體,完成其服務的目標,企業的優勢有:

(一)國外硬體產品的引進

企業本來就有開發產品的經營策略,以投入銀髮產業的企業來說,當然會有更多機會與國外製造研發硬體設備的廠商接觸,自然也有更多機會看到各個社會福利先進的國家所使用的設備設施,在硬體設備以照

顧服務者更輕鬆，受照顧者更安全、更有尊嚴爲訴求的前提下，可整合提供先進國家更人性化的設計資訊及產品，例如：

1. 讓「肌肉萎縮性側索硬化症」（簡稱ALS）等病人使用的腦波控制系統，藉此可利用意念觸動時所產生的腦波，與家人保持基本之溝通，進而可控制各種家電。
2. 讓受照護的高齡者能更有尊嚴的「尿濕顯示」、「無障礙衣著」等先進設施，讓服務機構能提供更全人的照護及服務。

（二）與國外軟體資源的結合

國內目前已有相當多專家學者投入相關軟體的研究及規劃，也已有相當之成績，但國外許多先進資訊，也有其高度之參考價值，因此也積極推動適合身心障礙者、高齡者之活動，建立服務機構正確之觀念，除了給予受照顧者生理的基本生存需求外，亦規劃更多心理層次的活動。除此之外，也引進國外相關之照護、服務等專業課程，讓服務人員有更深入的研修機會，進而整合國內外相關資訊，提高整體服務品質。

因此，企業可提供非營利組織所缺乏的各項照護設備，不僅改善受照護者的身體機能狀況，也能減少照護者受傷的機率，達到更完備的照護，確實提高整體照護服務品質。

三、達到非營利組織受政府、社會大眾認同之目的

支持非營利組織的經營，仍應如郭教授之文章所言，應回歸到政府、企業、人民的認同，並以接受捐贈之方式籌募經費，但在達到此目標之前，勢必須度過「非營利機構以企業化經營」的過程，藉以獲得基本維持運作的條件，但非營利組織應保有其設立時之理念，才能在營運穩定後，回歸其應運作之方式，並在各界的支持下，完成其服務的目的。

肆、結語

　　在未來營利與非營利組織的互動必定越來越頻繁且密切，在營利組織與非營利組織相互融合依存的同時，非營利組織應避免成為某特定營利組織或對象的運作工具外，營利組織更應堅守其與非營利組織之界限，不將非營利組織當作避稅、宣傳的工具，不僅模糊非營利組織設立時的理念，讓社會大眾排斥，造成三方面的傷害。

　　非營利組織的存在，才能持續全面地推動福祉服務，因此不論在其形成之初生期、成長期、成熟期，都必須適度地引進營利組織的經營管理優點，才能讓非營利組織「永續經營」，也才能達到「永續服務」。

　　對於企業（營利組織）介入非營利組織的趨勢，絕對抱持肯定的態度，但期待企業都能以慈善心回饋，輔以企業經營的優點，協助非營利組織朝向其理想邁進，讓我們共同修正舊有之保守錯誤觀念，讓營利與非營利有個適當的平衡點，在合於情理法的前提下，讓彼此都能得以互依互存，創造未來更美好的福祉社會。

18 香港的非政府組織：社會角色與未來展望

羅觀翠

香港城市大學社會科學部教授

壹、香港非政府組織的演變

前香港殖民地政府，傾向採用自由放任的方式，處理經濟發展或與民間社會的關係，在回應社會問題時，往往先由民間採取主動，直至證明其符合社會需要，才制定政府政策，對有關組織的工作加以肯定，甚至提供資源，資助其經常開支。翻查香港眾多非政府組織的歷史，初期成立的目的，都很能反映出香港社會早期發展的軌跡與動力來源，特別是「利他精神」（altruism）及志願者精神（voluntarism），可說是社會福利發展的原動力，從教會的宣教士以至本地鄉紳創辦的公益事業，初期都是本於這些推己及人的精神，籌集社會資源，為一些貧苦無依者排難解困，這些由教會或地區志願者成立的福利機構，以前統稱為志願機構，後來，這些機構發展至聘有全職專業人士，才大力拓展服務。在七〇年代起，香港政府更全面制定社會福利津助政策，將民辦的福利服務納入政府政策規管的範圍內運作，這類非政府組織，亦因為得到政府財政上的支持，在八〇及九〇年代得以大幅度擴展，由早期數個受薪職員，擴充到數百甚至千計以上員工，服務也由單一服務單位，而成為提

供多元化服務機構,爲數不少。

在這特殊歷史背景下,香港的非政府組織發展相當蓬勃,在二〇〇〇年,政府註冊認可的非牟利慈善團體,數目在三千多以上。這數字還不包括以有限公司或社團條例註冊的各類型式的團體,以一個人口不到七百萬的城市,這現象反映香港民間社會的活躍和多元化程度[1]。有外國學者將非政府組織及民間團體形容爲第三界別(third sector),以別於第一界別:政府及公營機構(first sector)及第二界別:市場上的私營機構(second sector)(Rooy, 1998: p.213),但實際情況,私營機構與非牟利機構的界線愈來愈模糊,特別是香港近年將部分公共服務私營化,及以外判合約形式容許私人機構參與公營機構的服務,使這三種界別的分野已沒有很大的意義。所以,要瞭解香港的非政府組織,似乎從它們的社會角色的轉變,更能幫助我們瞭解及分析各類組織對香港的政治、經濟及社會發展扮演的功能,換句話說,要瞭解香港社會發展的方向,也必須要解讀政府與非政府組織的社會角色及其關係的演變。非政府組織的性質及工作對象繁多,例如,政治組織、工會、體育文康團體等,本文將集中討論與社會福利有關的非政府組織近年演變的軌跡,並對它們所扮演的社會角色,作一概略的探討。

---

[1] 根據香港政府法例定義,慈善團體:任何行業或業務是由機構或信託經營,而得自該行業的利潤是純粹作慈善用途,使社會全部或相當人士獲得利益(http://www.info.gov.hk/ird/annrep/a00_mis.pdf)。社團:指任何會社、公司、一人以上的合夥或組織,不論性質或宗教爲何;在香港組織和成立或總部或主要的業務地點設於香港的。有限公司:任何兩名或多於兩名爲合法目的而組織起來的人士,可在一份組織章程大綱內簽署其名字,並遵從條例中關於註冊的其他規定,成立一間具法團地位的有限公司或無限法律責任公司(http://www.justice.gov.hk/chome.htm, 公司條例chapter 32, cap32 S4; 社團條例chapter 151, cap151 S2)。

貳、多元化的非政府組織

　　要有條理地描述香港的非政府組織，很不容易。這既可從個別組織成立歷史長短分類，也可從財政收入來源，或從其組織目標、服務對象、甚至是管理成員背景將它們劃分，以反映其相同或不同之處。從歷史淵源來看，香港的非政府組織很多是有宗教背景的，以基督教、天主教占多數，亦有是佛教或道教背景，而另一大類，則是以宗親或地方群眾組織作為發展的母體，這些組織，很多成立已有四、五十年或過百年歷史，在社會上已有一定的社會基礎與組織文化傳統，可以說非政府組織已成為主流社會制度（social institution）的一部分。目前，香港政府的社會福利開支占政府總開支10%以上，共三兆零七百億港幣，其中給非政府組織資助額為六十四億一千一百萬，以慈善機構登記的機構有三千二百五十間，以社團形式註冊的有五百五十一間，以有限公司註冊的有二千三百三十九間，在二○○○年，接受社會福利署的資助機構有一百八十一間，公益金的會員機構數目共一百三十二間，資助總額達一億八千萬港幣；香港賽馬會每年資助慈善活動達三億三千萬港幣，受益機構共九十六間，個別機構也會透過自行賣旗或其他活動籌募經費，這些機構提供的服務，對象由老人、家庭、兒童、青少年、傷殘人士、社區發展，若要接受政府資助，則一定要遵照政府對有關服務所規定的優先次序，服務質量的要求；目前，非政府組織主要的財政來源是社會福利署撥款，透過民間力量，如公益金、賽馬會、賣旗等籌得的資源，只占開支的極少部分。可以想像，非政府組織的生存很大程度需倚賴政府的支持（表18-1至表18-4）。

　　另一類成立歷史較短的非政府組織，他們的規模小，性質屬互助組織或以邊緣社群為對象，其產生是因應一些新的社會問題，如單親家庭、反性暴力、病人互助網絡等，這些互助組織的工作未被納入政府資

表18-1 社會福利署資助

年度	機構	服務單位	資助款額
2000-2001	181	3,136	64.11億元

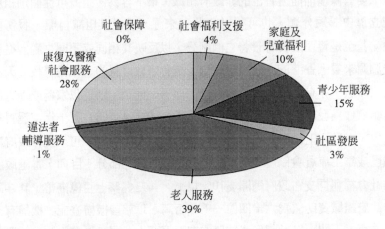

社會福利署資助機構2000-2001年
資助總額$64.11億元

表18-2 公益金撥款（2000-2001年）

獲資助機構總數	132
資助款額	1.804億元

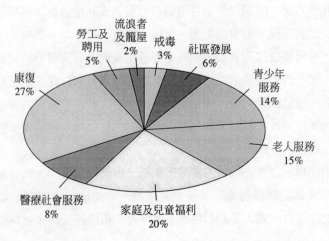

公益金2001-2001年度總資助額$1.804億元

表18-3　賽馬會資助

年度	慈善項目	獲資助機構	總額
2000-2001	74	96	3.304億元

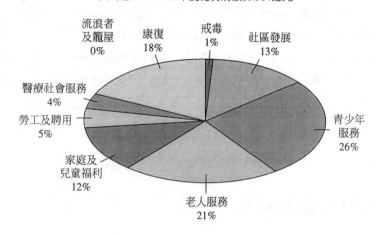

賽馬會2001-2001年度總資助額$3.304億元

表18-4　1999-2000年度非政府組織主要經費來源

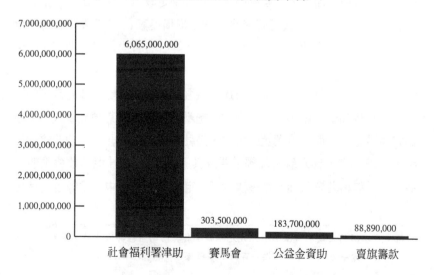

助政策規劃範圍之前,在爭取資源及社會認同的工作上特別費勁,但發展的潛能不容忽視。另類是一些較鬆散的組織網絡。這些組織可能是回應一些國際社會運動的鼓吹,或是針對一些新社會、政治關係而組成的,例如一些國際扶貧機構、勞工、環保聯盟、婦女權益運動等,它們帶動一些本地組織,走在一起結成網絡。政府近年也成立了一些獨立於政府架構外的公營機構,例如平等機會委員會、僱員再培訓局[2],它們以正規或非正規形式與一些非政府組織,結成新的服務網絡,這些網絡關係,間接地令一些非政府組織、勞工團體、工會等改變其提供服務的內容,例如接受再培訓局的資助,爲失業人士提供多元化的培訓課程,便是一個例子,說明了政府政策可以引導民間組織朝向一既定方向發展。

參、政府與民間社會的橋樑

香港的非政府組織是政府與民間社會關係的重要元素,這種社會制度,包含著複雜而多元的互動關係;負責制定政策的政府部門,由非受薪的社會人士組成的機構管理委員會,機構受薪的管理層與服務提供者,志願服務者與服務對象,捐贈資源者等,各有對機構的期望、評估標準,其中可能存在很大的差異。非政府組織是政府與民間社會的橋樑,它們受政府所托,爲基層市民提供服務,但亦可能是政府政策的批判者,有時甚至會組織群眾,向政府施壓,以圖改變某項社會政策,他們的發展歷程,與社會角色的轉變,是社會價值觀和社會期望改變的反映,在進程中,非政府組織經常要做其「中介者」,「促進社會生態發展」與「倡議社會公義」等幾種並不一定協調的角色中,找尋自我存在

---

[2] 僱員再培訓局由政府成立,一九九九年接受其資助的團體共六十間,其轄下的培訓中心共逾一百三十間,提供一百六十多項課程。http://www.erb.org

的價值和空間。

一、中介者

　　非政府組織已成為香港社會福利制度不可或缺的一部分，在政府的支持下，它們提供超過三分二的直接社會福利服務，是政府實踐其福利政策的重要中介機構，它們既可減低政府對社會控制的色彩，避免直接介入市民生活，但卻是在政府規範的情況下代替政府提供服務。近年，在公共行政改革的潮流下，為了減低成本，香港政府傾向把更多的直接服務，透過外判合約的形式，由非政府組織承辦，將政府的角色轉向制訂政策和法規，以發揮經濟及社會發展的作用。從公共行政角度來看，非政府組織，若協調得宜，是可以有效地協助政府推動民間力量，以達致某項或多項的社會目標。從香港的經驗來看，政府的介入，通常是有些新的社會問題出現，例如青少年越軌行為嚴重，則增加青少年服務撥款，近年則因應社會年老化，而增加資助機構發展老人服務，並鼓勵私人機構開辦老人服務，政府甚至自行成立或催生一些新的中介組織，如失業率增，則成立僱員培訓局，以承擔政府指定的任務，這既可避免政府的官僚架構過份膨脹，同時又可運用中介團體的彈性，給予政府施政更大的空間，同時這類組織，與民間有密切的聯繫，無形中可幫助政府與多元化的社會組織，建立緊密的關係，進一步鞏固政府滲透社會各階層的渠道（Kendall & Knapp, 1996）。另方面，透過非政府組織民間團體服務對象的接觸，也可將民間不同階層的意見，回饋政府，使政府在制定及推行政策時，更符合民情。在社會階層出現矛盾時，這些組織可提供一些直接服務，以紓緩社會壓力，以這個觀點來看，非政府組織扮演的社會角色，是補充政府的不足，透過他們的參與，使市場機制運作得更有效和順暢，可以說，這些非政府組織是市場經濟和公共行政體系的潤滑劑，所以，政府一般都很樂意與這類組織合作，並在政策及資源上提供支持，而這些中介者，也須努力維持與政府合作關係，以保障其財

政的來源。受著政府政策直接和間接的影響和工作交待的需要，它們的服務質素及評估機制都較正規化，但也可能限制了運作上的彈性。

二、社會生態發展

隨著現代化發展，物質生活水平提升，人的要求也開始從追求物質生活轉移至關注其他非物質的理想，對自己所生活的社會、經濟、政治體系提出疑問和反思（Inglehant, 1990）。其中最明顯的例子，莫過於近年環保社會運動興起，並發展成為全球性的關注，科技進步令世人關注到溫室效應，農作物基因改造，空氣、水質、化學物料污染等對人健康及生活質素的負面影響，促使有關人士對導致這些環境問題的根源進行探討，很多有關環保活動，皆是由非政府組織策動，以社會生態角度（ecological perspective）提倡，從社會整體利益，持續發展，多元化與平衡發展等多項原則來評估政府各項政策並追究其責任（Ife, 1999）。它們有時更採取壓力團體的方式，迫使政府或一些大企業發展新科技或改變生產政策，以體現維持社會生態平衡的理念。

近年這些環境保護運動進一步提出要對現行政治、經濟制度作改革，因為許多表面是科技或生產方式問題，其實與政治經濟架構有直接關係，所以它們將注意力轉移到以政治手段，迫使政府糾正影響社會生態發展的政策，爭取將社會生態的議題放進各項政治與社會發展的議題內。它們也留意到世界其他地區有共同訴求的團體的動態，甚至參與有關的國際性網絡，進一步壯大它們在本地社會的影響力。為了引起社會關注，這些團體有時會採用一些較激進的手法，以達到目的。這類壓力團體所爭取的，例如，對大自然環境保育，抗拒科技及經濟發展對人際社會環境破壞，對提升生活質素、精神健康、持續發展、人文價值觀等的堅持，往往與工商界的經濟目標或某些社會階層的利益彼此對立，在香港，社會福利機構也不時會參與持續發展和環境保護的討論和社區教育活動，但積極投入組織性的活動者，仍以一些規模較少，非政府資助

的組織為主。

三、倡議社會公義

　　資本主義制度，市場經濟以至全球化發展，除了引發對環境保護的爭論外，新興的經濟力量，對傳統的資源分配，也帶來了很大的衝擊，這包括勞工市場資源分配的不平等、富裕國家對貧困國家的剝削、男女性別分化、失業、弱勢社群邊緣化與歧視等，這些問題也突顯了不同階層、文化背景社群的利益矛盾。有些非政府組織成為一鼓推動民間的力量，它們強調為了捍衛草根階層與弱勢社群的利益，提出資源與權力重新分配的要求，促使政府糾正因政治、社會制度造成的不平等。

　　香港早期的社會福利團體，大多為幫助個人、家庭解決困難而成立，政府的福利政策，也是建基於「幫助最不能自助者」的原則上。隨著非政府組織走上專業化路向，與公民意識提升，漸漸培養了一批追求理想且能力強的精英，他們分布於不同的利益團體，在社會日趨多元化、政府施政透明度日高、權力下放、資訊發達，激發他們希望超越過往傳統的中介角色，提出改革制度、民主參與、爭取改變分配資源的權力架構，甚至社會價值觀，他們以社會公義的原則（social justice perspective）來評價政府有關教育、醫療、社會福利的政策（Ife, 1999）。香港的社會福利界，社會公義的取向很明顯，早期，以從事社區發展工作的組織尤為突出，因為它們服務對象，大多集中貧乏社區，有需要協助基層市民爭取更多的社會資源，以改善他們惡劣的居住環境，近年，為數眾多的互助組織掘起，例如，傷殘人士的家長組織、病人互助聯盟、勞工團體等，加上政府施政透明度日增、政治制度邁向民主化、基層聲音受到較大重視，遂引起了對弱勢社群的關注，及對社會公義廣泛的討論。不可不知，社會公義的原則很具爭議性，個別組織各有立場及對弱勢社群有不同的理解，這些爭論，難免擴大社會階層的分歧，但這些新興的公民力量，動搖了早期殖民地時代的政治、經濟權力

分配,則是不爭的事實。

肆、香港社會轉型對非政府組織的影響

香港自主權回歸中國之後,經歷了九八至九九年金融風暴的洗禮,整個社會,無論在政治、社會、經濟結構面對很大考驗,深化了多項社會問題。例如個人如何從過去英殖民地子民身分,重新建構國民身分的認同和政治價值觀,二〇〇七年將要進行基本法有關政制部分的檢討,政治團體將如何面對未來政制改革的辯論;新舊經濟體系轉型過程中,引至貧富懸殊問題嚴重,弱勢社群被邊緣化,香港與內地人口出入境政策協調問題;港人在大陸的家眷移民如何融入社會;發展知識型社會帶動教育制度改革,製造了很多家長、教育界與政府的矛盾等,以致最近政府提出「廿一世紀持續發展」的諮詢文件,建議成立新政府部門,以監察各有關政府政策是否符合持續發展原則,並統籌訂定及檢討持續發展的指標。這一切都反映了政府承受著很大的壓力,急於求變,以應付社會轉型的需要。這些新衍生的社會問題,同時對非政府組織也是新的挑戰,在這轉變過程中,它們首要在以下兩方面,即如何重整與政府關係及如何參與公民社會發展,如何深入的反思調整其社會角色。

一、合約文化與中介角色

雖然非政府組織對維護弱勢社群的權益及推動社會發展有很大的抱負,並期望在過程中能發揮高度的自主性及獨立性,但達致這目標則困難重重。在過去二十年,政府資助是非政府組織主要的收入來源,這促使兩者之間建立了互相倚靠的關係,可以說,政府政策已成了福利服務發展的主導者,非政府組織則為執行者,表面上,非政府組織都是獨立的團體,但政府對它們的決策及運作,都有直接和間接的影響。過去,

政府向以機構服務成本來計算出每年的資助額，但最近，政府則將以控制開支的撥款制度改為「一筆過撥款」，從而要求機構發揮更大的獨立管理功能。在監察方面，則改以服務成效評估作為問責基準，務求將對服務提供者的要求在承辦合約中有更清楚的說明。同時亦引入許多提高成本效益的津助方法，例如容許機構自訂員工的薪酬，不須與公務員的標準薪級掛勾，將服務外判予成本較低的機構，讓機構競投服務承辦權，以打破過往透過政府與機構協商，將服務承辦權長期分配予個別機構的慣例。這些改革，在非政府組織引起了很大的震盪和抗拒，雖如是，但在公共服務改革的潮流下，政府對改變與非政府組織關係的立場明確，在這趨勢下，可以預計，在香港將會發展出一套政府與非政府組織新的合約文化。這會令有關組織既要穩定政府的財政支持，也要更積極地開拓新資源，因而要多方面考慮如何面對政府、贊助團體、地區民眾及服務對象多重問責的要求，同時又要提高服務質素，以保持其競爭力，這對它們的管理技巧和對社會的敏感度極大的考驗。

二、參與公民社會的發展

非政府組織是公民社會發展重要的元素，「公民社會」涵義很廣，一般而言，是指政府與經濟市場之外的民間力量，即包括所有家庭以外的社會組織（Rooy, 1998; O'Connel, 1999）。香港的公民社會正面對市場全球化與民主化兩股潮流的衝擊，普羅大眾為保障自己的職業前途和利益，將會更關注政府的經濟政策，甚至爭取參與政策制定，民主化則令公民意識提升，對政府資源分配的問責性要求提高，資源分配權一向是推動社會及政治活動極有影響力的工具（Kendall & Knap, 1996）。龐大的社會福利政府資助撥款及民間捐款，將會是公民社會內不同利益團體所積極爭取者，這亦會成為促進公民社會活動的發展動力，同時導致一般人對自己的社會權利和義務有更多的認識和更高的要求。非政府組織在協助弱勢社群爭取參與，分享政治與經濟的決策權力過程，還要加強

其「充權」（empowerment）的社會角色，以推動更多社群參與公民社會的發展。所以，除了政府「代理人」角色以外，非政府組織在促進社會生態發展與倡議社會公義範圍內，有很大的發展空間，以下是一些建議：

1. 繼續發揚志願及創新精神，以平衡機構在承辦政府服務合約時，可能出現的過度官僚化及正規化的負面影響。
2. 促進社區參與，增強社會的凝聚力。
3. 參與訂定量度社會發展指標的工作，使各界人士對社會發展有更深入的瞭解，從而建立社會共識。
4. 擔任智囊角色，爭取更合乎社會公義的經濟政策，鼓勵各界人士參與理性的討論，透過民主程序，分配社會利益。
5. 推廣環保意識，建立社會共融及優質的生活環境。
6. 創造新的社會資本，發揮弱勢社群的潛能，協助他們爭取政府及社會的認同及支持。

伍、總結

總言之，非政府組織，是香港社會重要的社會資產，無論在過去、現在或未來，它們皆應發揮重要的橋樑角色，既反映民間問題和對服務需求，也為政府辦理多元化的直接服務。在過去，它們的服務使不少的青少年、家庭、老人和其他的弱勢社群受惠。但在經常開支日益倚賴政府的情況下，也無形中局限了它們應扮演的社會角色，特別是在倡議新服務，促進民間參與，及為社會發展提供政府觀點以外的新角度，都未有充分發揮。二十一世紀之始，也是香港在政治、經濟發展的新階段，非政府組織也需同步地調整其社會角色，一方面透過新的資助制度，改革與政府的關係，同時也要突破傳統提供服務的角色，擴大其參與社會發展的空間。

參考書目

香港公益金（2000）。《香港公益金1999/2000年報》。

香港社會工作人員協會（1995）。《社協五十周年特刊》。

香港政府（1991）。《社會福利白皮書》。香港：政府印務局。

Edwards, M. & Hulme, D.（1996）. *Beyond the Magic Bullet.* USA: Kumarian Press Inc.

Ife, J.（1999）. *Community Development-Creating community alternatives-vision, analysis and practice.* Australia: Addison Wesley Longman Australia Pty Ltd.

Hong Kong Government.（2000）. *Social Welfare Department Annual Report 1999-2000.*

Hong Kong Government.（2000）. *Study on Sustainable Development for the 21st Century Final Report.*

Kendall, J. & Knapp, M.（1996）. *The Voluntary Sector in the UK.* UK: Manchester University Press.

Midgley, J.（1997）. *Social Welfare in Global Context.* CA: SAGE Publications Inc.

O'Connell, B.（1999）. *Civil Society-the Underpinnings of American Democracy.* UK: Tufts University Press.

Rooy, A. V.（ed）（1998）. *Civil Society and the Aid Industry.* UK: Earthscan Publications Ltd.

19.1 非營利社會福利機構的公關行銷——契約關係下的責信觀點之分析

黃源協

國立暨南國際大學社會政策與社會工作學系副教授

摘要

　　公關行銷已逐漸被視爲是非營利機構管理重要的一環，它不僅關係到機構的經營，甚至對機構生存也有重大的影響。本文旨在以非營利社會福利機構爲分析對象，並以責信的觀點出發，探討契約化社會服務的時代裡，非營利社福機構如何在漸趨競爭的環境脈絡裡，透過公關行銷取得一個相對較爲優勢的位置，以爲組織爭取更多發展和生存的空間。本文認爲，儘管公關行銷是組織不可或缺的一環，然而，忽略責信的公關行銷就如築屋於沙灘。非營利社福機構正處於一個更加仰賴政府資源的情境，機構經營管理者應將契約關係中的利害關係人視爲公關行銷的顧客，但公關行銷必須建立在責信的基礎上。對傳統的社福機構而言，過去雖已累積相當多的信用，但若因過度重視競爭而忽略本身的使命或能力，且未能以務實的態度履行契約，將逐漸損耗其以往累積的責信，並弱化其市場的競爭力。對新興的社福機構，雖具有彈性和創新的機制因應市場的變化，但若未能衡量本身的能力，而因過度膨脹或擴張致績效受到質疑，將不利於責信的建立，甚而威脅到其市場的競爭力。因而，缺乏堅實的責信作爲公關行銷的保證或基礎，將是一種禁不起考驗

的虛幻宣導而已，對組織的永續經營或生存反而埋下不利的因子。

關鍵詞：非營利社會福利機構、公關行銷、責信、契約關係。

壹、前言

隨著政府公辦民營政策的推展，非營利社會福利機構和團體（以下簡稱社福機構）的數量與服務範疇，近些年已有大幅成長的趨勢，這些擴展中或新成立的非營利社福機構之加入福利服務行列，已爲我國的福利服務輸送灌注了一番新氣息。對委託的政府部門而言，是期待透過民間部門的主動、積極、彈性與創新，以提升服務的品質與效率；對社福機構而言，一方面增加了一個爭取資源以實踐其使命的競技場，另一方面也由以往與政府部門間的補助關係，轉移爲契約關係；對福利服務的接受者而言，則是增加了接受服務的多元性與可近性。顯然，非營利社福機構、政府與服務接受者三者間的關係，已隨著契約委託方案的增加而愈趨密切。其間的互動不僅考驗著政府政策的良窳，關係到服務接受者的權益，也影響到接受委託之社福機構的聲譽，甚至生存。

對非營利社福機構而言，儘管有崇高的使命和理想，但若無穩定財務的支持，則使命和理想的實現便可能充滿著變數，進而危及到組織的生存。非營利組織的財務來源，除個人或企業的捐款外，有些機構以生產事業的經營爲其財源之一。然而，最明顯且影響最大的部分，即是隨著政府各項服務方案委託的增加，以及福利服務項目和經費的擴增，一些以提供各類弱勢族群福利服務爲主要使命的民間社福機構，政府所撥補經費占其總財源的比例，已有顯著增加的趨勢，甚至成爲機構最主要的依賴。但隨著加入爭取政府方案委託者的增加，有些地區已出現多家機構競爭方案委託的事實，這種現象對公辦民營政策之期待透過競爭來提升服務的品質與效率，是一個正面的現象，但對一些以往被視爲理所當然的委託者，已產生了相當程度的不安定感，甚至可能影響或威脅到

其機構的生存。如何紓緩這種逐漸浮現出的危機，建立以責信（accountability）為基礎的公關行銷實為維繫機構生存不可或缺的一環。

有關非營利機構公關行銷的探討，多數將焦點置於如何透過行銷以為機構獲得更多實質的支持，其行銷對象往往是目前或潛在支持的社會大眾、企業單位或案主，對政府部門的行銷似乎較少受到關注。本文旨在以非營利組織中契約化下的社會福利機構（團體）、政府部門和案主三者間的互動關係為主軸，並以責信觀點為出發，探討民間社福機構在契約化的社會服務環境脈絡中，如何透過公關行銷，以強化其本身在市場上的競爭力，並取得優勢位置，進而能夠得到更多支持和資源，以維繫其組織的生存及實現組織的理念。

貳、契約化社會服務之非營利組織的環境脈絡

第二次世界大戰後，政府主導的福利混合經濟出現，志願部門和商業部門的角色相對縮小。然而，七〇年代中期石油危機所引發的福利國家危機，使得幾乎所有資本主義福利國家的政府，皆企圖緊縮公共支出，並降低政府在福利供給上的角色，近乎專賣的政府供給若非被取代，即是透過各種民間、志願部門以及公共供給者補充之，即透過契約的機制，讓中央或地方政府轉變為使能的組織，而非自己本身從事生產，一種準市場與福利多元主義的服務輸送模式，隨之漸次展開（Johnson, 1987; Le Grand & Bartlett, 1993; Means & Smith, 1998）。這股新興的服務輸送模式，反應在實務面的狀況即是，政府從直接服務供給中撤離出，轉而鼓勵雇主、志願機構以及非正式部門等致力於增加供給，而使得以政府為主的福利混合經濟型態，朝向以志願部門與非正式部門為主的型態發展。其中，與志願部門相關的福利服務供給模式的轉變，主要涉及到兩個部分：(1)多元的供給（plural provision），即除了社會安全之外，大部分的社會服務應該由志願部門來提供；(2)契約而非科層的

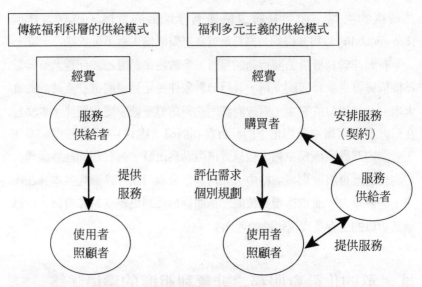

圖19-1 公部門福利服務供給的轉型圖

資料來源：Wistow, et al, 1996, p.6.

責信（contractual rather than hierarchical accountability），即為對志願部門有更多的補助和契約外包做回應，政府將扮演更強的監督和檢查的角色（Means & Smith, 1998）。

這種政策的轉變，對政府與志願部門在福利服務輸送上的角色及關係，已產生重大的影響，其影響主要源自於兩方面：「購買者與供給者分離」的概念，以及志願部門來自政府財源的補助機會增加。圖19-1說明前者所導致整體服務輸送關係的轉變，政府已從早期直接服務提供者的角色抽離出，轉而為服務購買者，同時也必須為服務使用者與照顧者尋求最適當的服務；另一方面，服務供給者角色則釋放給其他部門來擔任，包括私人營利部門及志願部門，其中尤以志願部門為最。這種買賣分離的現實，提供了志願部門、政府與接受服務者更多的互動機會。

我國政府與民間合作共同推動社會福利，行之有年。依林萬億（1997）之研究，約可分為三階段、三類型：(1)個案委託，約在民國五

○年代及六○年代的政府委託均屬此類；(2)方案委託，約始自於民國六○年代末期，成長於七○年代中期，而後一直延續到現在；(3)公設民營，第一所公設民營開辦於民國七十四年三月，自八十三年後有非常蓬勃的發展。民國六○年代以前政府委託民間辦理社會福利，均係地方政府自行規劃辦理，中央政府較少介入。中央的介入最早始於內政部於民國七十二年訂頒「加強結合民間力量推展社會福利實施計畫」，明定各縣市政府為推展社會福利工作，得以補助、獎助或委託民間合法社會福利機構共同辦理。而民國八十三年二月一日政府函頒「政府委託民間辦理殘障福利服務實施要點」，正式宣示社會福利民營化時代的來臨（陳武雄，1997）。

依民國八十三年七月行政院會審議通過之「社會福利政策綱領」的實施方案規定：採取補助、委辦、公設民營等方式，並充分運用志願服務人力，由政府支援經費及設施，透過民間組織提供多樣化及合適性的服務。其具體的作為展現於內政部於民國八十六年一月三十一日核定實施「推動社會福利民營化實施要點及契約書範本」。這些發展趨勢充分彰顯出，政府對福利服務的供給並不期待扮演主要角色，而是欲透過福利分工的方式，逐漸培植民間成為福利供給的主力，一種購買者與供給者分離的服務輸送模式，已逐步地在台灣展開。

經過多年的實施，有些委託的方案已不再是某些民間團體獨占的局面，轉而使得政府在委託關係中得以處在較優勢的位置，一則增加政府在決定合作夥伴上的選擇性；再則，各非營利機構為爭取有限的政府契約，彼此間的競爭將趨於激烈，個別機構的高層人員為取得更多的契約，以彰顯其績效，將更重視與政府公務員維持良好關係，表現高度忠誠性，同意與政府分享決策權，以換取訂約或續約的機會，或者在某些關鍵的情況下，政府公務員運用行裁量權給予通融（劉淑瓊，1997）。此外，為因應這股發展趨勢，部分縣市也成立了公辦民營之審核和監督的諮詢委員會，以定期對受委託單位服務執行狀況進行評鑑與監督。因而，如何透過有效的公關行銷以取得政府、諮詢委員會和服務接受者的

支持，已成爲有意爭取契約之社福機構所必須面對的議題。

參、公關行銷對非營利組織的意涵

一個非營利組織能夠提出一系列協助和滿足案主的絕佳方案，它的員工能有絕佳的關係，它甚至可有一個有力且成功的行銷和募款方案；但是如果它不能夠定期地將其訊息與各種利害關係的支持群溝通，這個非營利組織的管理與行銷團隊，即是正在犯了一個可能對組織造成長期傷害的錯誤（McLeish, 1996: 238）。

Kotler & Andreasen（1996: 542）將公關（public relations）定義爲：「評估重要大衆的態度，將個人或組織的政策及過程與公衆利益結合，並執行行動方案以爭取這些大衆的瞭解與接受的管理功能」。公關可說是組織形象的營造與經營，這對非營利組織獲得外界的支持有非常重要的影響。行銷有許多不同的定義，Herron（1997: 19）認爲，其中有兩個定義經常被採用：(1)行銷是針對現在和潛在的消費者，設計來規劃、生產、定價、促銷和分配需要滿足的方案和服務之一套交互活動的總體系；(2)行銷是探查、創造和滿足人們的需要，其進行在於獲利。Herron（1997: 19）自己也爲行銷下了定義：行銷是爲獲得和維持我們所服務的顧客和消費者所做的每件有目的的事。這個定義包含了幾個要素：

1. 所做的每件事：不僅包括大事，如定價、促銷、包裝、研究、風險分析、測試和監控，也包括很多的小事，例如，時間不便之消費者的需求、回電的時間、自動售貨機的運作等。
2. 獲得和維繫人們：包括維繫會員、志工和支持者，這對組織之財務、時間，以及維繫已受到良好支持的方案，將具有正面的意義。
3. 行銷包括找尋我們所服務的顧客和消費者：顧客是服務的付費

者，而消費者是服務的使用者。往往非營利機構有很多的情境，其顧客和消費者並非同一人，例如，契約化下的福利服務輸送，但好的行銷策略應兩者同時皆受到關心。

Kotler & Andreasen（1996: 543）曾指出公關與行銷（marketing）間的差異：

1. 公共關係主要是一種溝通工具，而行銷同時還包括需求評估、產品發展、定價和分配。
2. 公關企圖影響態度，而行銷則嘗試影響特定的行為，例如，購買、參與、投票、捐贈等。
3. 公關不界定組織的目標，而行銷則直接涉及到界定事務使命、顧客和服務。

然而，這並不表示公關和行銷是兩回事，McLeish（1995: 238）指出，非營利組織的行銷若沒有提到經營組織外部印象的重大議題是不完備的，公關或印象管理（image management）的功能是要讓大眾知道組織的成就，它的主要特質，它的信譽，以及它的執行能力。較佳的公關有益於組織的行銷，故無論公關或行銷皆在於塑造有利於組織的形象，兩者之間實為一而二和二而一的概念。

此外，非營利組織的行銷與營利部門的行銷是有差異的，營利部門的行銷功能假定好的行銷管理創造出真正滿意的顧客，以及最終是公司的獲利，它採取一個營利動機，一個公司一同工作的顧客（捐贈者、案主等），以及能夠基於一種產品或服務之生存能力為基礎的資源配置的能力，和其顧客所能夠接受的。然而，非營利的行銷有其特性（Mcleish, 1995: 15）：

1. 非營利組織並不追求「利潤」，但往往會覺得必要有些盈餘，以供組織一些較不受歡迎或未能獲得補助項目的支出。
2. 因某些原因而使得他們不易提出績效評估。

3. 一個非營利組織中，在沒有一個對先前績效的程度之正確評估下，一位管理者要如何配置資源的決定是很困難的，很多非營利組織對其所提供的服務是不用付費的。

4. 行銷工作的本質是要滿足顧客的需求，但若一個非營利組織的使命並不符合某些顧客的期待，非營利組織要如何從事這項工作，也有其難處，例如，反煙毒組織的行銷。

顯然，基於行銷動機、顧客特性和吸收資源的方式，非營利組織的行銷要比營利組織複雜。傳統上，行銷在非營利界並非是一個受到重視的議題，然而，隨著非營利界競爭的盛行，行銷及其所伴隨的策略，是大多數非營利組織確保成功（甚至是生存）所必須納入考量的。當代的非營利組織往往是在一個比以往更大的轉變和壓力下運作，若沒有相對應的行銷予以因應，組織便有陷入內部和經濟動盪的苦鬥之虞（Mcleish, 1995: 5）。Herron（1997）即指出：

何以非營利組織需要行銷？因為行銷是我們隨時都在做的，為了我們的組織，我們的支持者，我們的顧客，甚至是我們自己——較佳的行銷將減輕我們的壓力，我們應該將他做好。儘管行銷並非是萬靈丹，但他可幫助我們獲得極佳的洞察力，明確地集中我們的資源，獲得較佳的結果以及可減低我們的壓力（p.5）。

然而，很多非營利機構的管理者並不瞭解行銷，往往認為行銷就是銷售（sales）和廣告（advertising），銷售是讓我們所提供的服務有更多的接受者，而廣告則是促銷我們所提供服務的一種方法。銷售較著重於銷售者的需求，其主觀的意念在於要以貨品或服務交換現金；行銷者也有同樣的目標，但他們較關心購買者的利益。藉由滿足消費者的需求，並對帶給他們快樂特別的關注，行銷獲得較佳的結果。公平交易的概念是行銷的核心，特別是對非營利組織，當交易完成後雙方應覺得滿意（Herron, 1997: 15-18），銷售與行銷間的差異比較如**表19-1**所示：

表19-1　銷售與行銷的差異表

銷售（selling）	行銷（marketing）
強調方案／服務	強調大眾的需求和需要
內部的NPO取向	外部的市場取向
強調NPO的需要	強調潛在使用者的需要
發展一項方案／服務，而後NPO想出如何吸引人們來使用	NPO確認大眾的需求和需要，而後想出如何有效地發展和輸送一套滿足他們的服務
結果是依參與人數測量	結果是依使用者的滿意和顧客測量

資料來源：Herron, 1997: 16.

肆、契約化社會服務的利害關係人及其互動關係

在當代的環境裡，非營利組織必須服務四種不同的人口群：案主（clients）、顧客（constituents）、志工（volunteers）和捐款者。案主是非營利組織直接服務及可由其輸出獲益的個人，顧客代表著購買某些組織產出的一般消費大眾，志工和捐款者（或可稱爲支持者）提供給非營利組織各種不同的資源，如時間、金錢、知識、獎勵和設備（Mcleish, 1995: 5）。在契約化社會服務的脈絡裡，案主爲接受服務的使用者或照顧者，顧客即是契約委託的政府。非營利機構、接受服務者以及契約委託的政府形成行銷中的其他利害關係人（stakeholders），例如，擔任諮詢、審查和評鑑的專家學者，他們之間關係的建立，直接關係到非營利機構在整個契約競技場的位置，進而影響到契約式福利服務輸送的目標是否能順利達成。

政府和非營利機構協力提供服務已有一段時期，但其間的關係正處於轉變的階段，主要是因爲非營利機構朝向提供人群服務的模式，以及政府對此部門大量的依賴，相對上是晚近福利多元主義趨勢發展下的

事。契約化的年代改變了非營利提供者的服務形式,當服務需求的概念擴展,且以一般人民的優先性設定標的,在新的機構設立來獲取契約補助金(contract dollar),傳統的機構則以提供更多不同的服務做回應。然而,非營利機構卻已喪失了對其所提供服務方式之主要局面的控制,契約體制不僅改變了非營利組織的財務、管理和員工,它同時也改變了非營利機構的作為及所服務的對象(Smith & Lipsky, 1993: 120)。Kendall & Knapp(2001: 121)也指出,相較於以往的志願部門,當今的志願部門更加的可能受到吹自公部門的財務風(fiscal winds)之改變的衝擊。如何在這種新形成的競爭市場中取得優勢之考量,對非營利機構的經營模式已產生了深遠的影響。

此外,在新管理主義的倡導下,福利服務的接受者已不再是父權作風下之被動的服務接受者,需求導向(need-led)及顧客中心(customer-centred)的服務模式,正在福利服務的領域裡開展,這使得案主不再是被動的服務接受者,他們對其所接受的服務及其品質與結果,皆有參與表達的權利。非營利機構與服務接受者之間的傳統互動關係,已不再僅是一種慈善的施捨或利他理念的表現,一種隱含著權利與義務的關係,已悄然地進入契約化服務的領域裡。這種關係的轉變也進而影響到非營利機構、政府部門與其他利害關係人之間的互動關係。為確保民眾的權益,並使得有限的資源能充分被運用以發揮效能,政府部門正透過審核和評鑑的監督機制,以強化服務的績效。問題是社會服務的結果往往是很難被評量的,但為增加續約或獲得補助的機會,組織如何塑造好的形象,並透過行銷策略以吸引和維繫市場上各種可能的機會,考驗著非營利機構的經營管理者。

伍、契約化非營利社福機構公共形象的挑戰

在契約化的福利服務輸送脈絡裡,隨著非營利社會福利機構與政府

間關係的轉化，雖可為機構帶來新的契機，但一些負面的現象卻已逐漸的浮現。依過去幾年筆者參與實務工作的觀察，這些負面現象可分下列幾個面向說明之：

1. 成效不彰：非營利機構往往背負著執行其組織的使命，在未與政府部門發生契約關係前，其自發性的動機往往受到肯定的，但在接受政府的契約或補助後，社會對他的期待更為殷切，在需求往往高於供給的情況下，要達成所肩負的使命並不容易，致使其成效面臨著嚴峻的考驗。

2. 效率太低：儘管非營利機構已開始面臨到競爭的壓力，但相較於營利部門間的競爭，仍是較為缺乏，甚至有些組織對服務方案的承攬幾乎是獨占市場，這使得他們忽略了政府方案委託對相對價值（value for money）的訴求與重視，這些現象往往使得非營利機構的效率難以彰顯。

3. 忽略績效：在一個講究績效的年代，往往必須藉助於績效評估來看服務的成果，然而，相對於營利部門的利潤，福利服務工作要找出具體的評估指標，相對上是較為困難的，這也使得其服務的績效，難以具體被呈現，進而影響到機構的責信。

4. 評估不實：有些非營利社會福利機構在方案委託前，礙於經費或其他現實因素的考量，對需求掌握並不確實。當接受或取得委託後，為在短期間內凸顯其績效或執行率，在個案評估上，未能依設定的標準或資格審核案主，或往往有過於寬鬆之現象。這不僅造成案主身分適當與否的爭議，也為方案能否永續經營投下變數。

5. 投機取巧：因契約競爭帶來的不穩定性，有些機構未能有長遠的策略性規劃，僅以投機取巧的方式，將獲得的委託補助金運用於機構原已在執行的方案，或替代原有的支出（例如人事費），造成方案委託的資源僅是替代既存的服務，而非增加或補充。

6.過度膨脹：無論是傳統的社會福利機構，或新興的契約化社會服務機構，爲爭取委託契約所帶來的資源，已有出現超出本身經營能力之過度膨脹的現象，除專業人力的運用出現不足的問題，在行政管理上也已漸走向科層化的管理模式，經營效率也因而受到重大的考驗。

　　長久而言，這些現象若未能獲得適當的改善，對社會福利機構形象的塑造，將產生相當負面的影響，機構的聲譽或信用將因而受損，進而使得組織在面臨競爭市場的壓力下，處於一種相對劣勢的地位。如何提升公共形象以維繫或再造組織，以重建公眾的信心，並贏得政府或其他利害關係人的信賴，進而強化組織在契約化市場下的優勢競爭地位，責信與公關行銷的結合，或可爲機構在契約化的競技場上奠定優勢的競爭地位。

陸、非營利社福機構公關行銷的基礎——責信

　　責信（accountability）是現代組織經營上重要的議題，所謂「人無信不立」或許是責信最佳的詮釋。Klatt等（1996）即指出，責信是一種個人對輸送特定或設定服務的承諾（promise）和義務（obligation），這種承諾和義務並非僅是行動或完成所列的工作，而是要爲結果負責的，不具結果的責信是無意義的。將這種個人的責信運用於組織面，也即意味著組織必須要能向其利害關係人負責。對政府機構而言，責信在於要能夠對納稅人／公民、依賴社會照顧的案主和照顧者以及從事於此領域的任何人負責。對民間機構而言，責信在於向董事會和持股者負責。同樣地，對非營利機構而言，責信在於向董（理）事會、服務購買者（顧客）、服務使用者（案主）以及其支持者（捐款者、志工等）負責。因而，責信對不同類型的組織意味著不同的事。Beresford & Croft（1993:

196）指出：

不同服務的供給者有其各自的問題……他們有不同的責信鏈
（chains of accountability）：公共服務向其被選上的政治代議士，商業組
織向其董事會和持股者，非營利組織向其管理委員會和受託人。各自皆
有其不同的緊張的狀態，商業服務在於滿足需求和營利之間，公共供給
在滿足於服務提供者和服務使用者的需求之間，非營利組織則在於所需
要的是什麼和怎麼樣才能獲得財源之間（引自Collier, 1998: 16）。

在一個強調管理主義的時代裡，政府機構的公共服務已逐漸走向直
接以其績效向民眾負責，案主爲中心、更具回應性的服務及管理者個人
責任，正在改變公共服務責信的體系，以及政府和公民間的關係。輸送
較佳和具回應性的服務，提供選擇和充權（empowerment）也就是責信
的提升。然而，責信並非純然是公共部門的概念，在私部門，其基本觀
念在於代理其他人或團體者，必須要向他們回報，或以某些方式向他們
負責。換言之，這是一個當事人和代理人之間的關係，代理人代表當事
人執行工作，且必須要向當事人回報事情是如何被完成的。例如，總經
理或其他管理人員要向董事會負責，董事會則要向股東負責。從管理到
董事會，最後再到股東，這是一條明確的責信線（Hughes, 1998: 228）。

近些年來，非營利組織的責信已引起廣泛的重視，其原因不僅是因
爲這類的組織取得政府大量的補助，更重要的是，非營利組織目前已被
視爲是政府接受某些服務供給責任之主要的執行者。政府部門對非營利
組織的責信倍感重視，其原因乃在於要確保其支出是具有效率與效能
（Leat, 1996: 63）。在英國的經驗中，爲確保非營利組織的責信，政府透
過各種嚴格和複雜的法規，以及對其提升服務輸送的能力（capacity）給
予不斷的壓力（Harris, 2001: 214）。換言之，政府部門之透過契約化的
機制提供公共服務，即是一種朝向提升責信與效率的途徑，而非營利部
門必須要向納稅人、公民、政府以及接受服務者負責。顯然，責信已成
爲契約化社會服務中重要的一環。

Langan（2000）指出，新公共管理（New Public Management）的四

項原則：嚴謹（austerity）、市場力量（market force）、分散化（decentralization）以及責信，在社會服務的領域裡，前三項在一九九〇年代中期之前已建立完善，而責信則為目前努力的方向。一般而言，契約化社會服務的購買者在交涉的過程中，往往會以組織授權的目的為導引，這些目的可能明顯地包括所需提供的特定服務，例如，老人居家照顧，同時也包括一些附著之未指定的基準，例如，取得最佳的服務、確保服務符合一般的標準以及善用資源等。亦即，社會服務的購買者在購買服務時，往往會要求供給者應具有下列的特性（Smith & Lipsky, 1993: 130）：

1. 他們是可信賴的：即他們的產品是聲譽良好的，且其產出是具有一致性的，而不是「今天一套、明天一套」（here today, gone tomorrow）。

2. 他們是有效的：他們是能夠被期待其產品是值得付出的（good value for the money paid）。

3. 他們是負責任的：負面的意義即是服務的提供者要能夠保證不會讓案主受到傷害；正面的意義則意味著提供者所提供的照顧或服務，是其服務範圍內之最高標準的。

這些特性是基於一種期待機構能以責信觀點為出發，來建立其本身在競爭市場上的優勢位置。亦即，非營利機構在契約委託方案的執行過程中，若能夠適切地盡自己的職責，且能夠以顯著的績效向其顧客（政府委託部門）和消費者（案主）負責，這些務實的態度和作為，對機構形象與知名度的建立和維繫必有相當大的助益，也一定可贏得政府、民眾和其他利害關係人的信任，業務的發展便容易進入良性的循環。反之，再好的公關與行銷，皆猶如築屋於沙灘上。

柒、契約化社福機構公關行銷與責信的運作

　　司徒達賢（1999）指出，比較能爭取政府經費支持的機構，大概在做法上有幾個特色：(1)對政府機關的政策走向與預算起伏能及早瞭解，以便及早因應，並做出良好而完整的規劃案；(2)能掌握評審的重點與標準，使其計畫書與努力方向可以合乎評審的「口味」；(3)規模大、口碑好，政府補助不會有爭議；(4)本身內部制度健全，容易與政府會計作業系統相配合。然而，這些方法的運用必須立基於一個前提，其運作始具有積極面的意義，即希望非營利組織是由於使命正確，且能夠滿足社會需求而獲得補助，而不是因為精於爭取補助的方法或竅門而獲得補助。這種觀點也即是強調非營利機構要能以責信為基礎，再搭配組織的公關行銷，作為契約化市場中競爭方案委託或補助的最主要籌碼。

　　非營利機構的公關行銷要如何與其責信搭配，以強化組織在契約化之競爭市場上的優勢呢？本文底下將藉由回答非營利組織公關行銷計畫經常並到的一些問題，來為非營利社會福利機構在契約關係中找尋一個能居於相對優勢的競爭位置。

一、組織的使命是什麼？

　　一個組織的使命即是其存在的目的和理由，它不僅可提供組織正確地決定其所要提供的服務類型，也是導引組織行銷計畫的焦點和員工努力的方向。任何一個非營利組織的設立皆有其使命，成立較久的組織其使命往往廣為社會大眾所知悉，換言之，不僅組織對其本身的服務使命已定位，社會大眾也有相同的認定。然而，在契約化下的社會福利機構，當傳統的財源趨於不穩定時，往往使得自身游移在組織使命與契約關係間，甚或完全在契約的規制下喪失其原有性格（黃源協，1999）。

這種組織對其傳統使命的鬆動，或許是基於爲維繫組織生存之無奈的抉擇，而外界對這些轉變或有期許，或有微詞，若組織未能妥善因應，不僅將威脅到組織的形象，也將可能因而影響到組織與傳統的支持者和政府間的互動關係。

處於一個變動社會中，自我設限可能導致組織的僵化，但不慎的更動使命將可能讓組織陷於迷惘。爲化解這種危機，組織在其願景和策略性的規劃上，應衡量自身的目標、方案、預算以及人力資源，逐步重新定位組織的使命，及讓本身與外界皆有調適對組織印象的彈性時間，特別是在新服務或新方案的推動，能由與其原先相關的服務使命外推，例如，一個原先以創造兒童福祉爲使命的團體，以逐步開拓婦女或家庭爲新領域的範疇，要比以開創老人社區服務來得適當。McLeish（1995: 12）即指出，儘管使命可能很難被界定，但它必須要能夠被傳遞，以便能夠適切地發展一個非營利組織的行銷目標，以及實現這些目標的計畫。Herron（1996: 32）也指出，當你在明確的界定您的使命和目標時，你也是正在改善你的行銷。

二、什麼是標的市場？

一位行銷者要始於心中有明確的標的群，他們也許是組織服務目前或潛在的購買者、決定者或有影響力者，他們也許是由個別、團體、特定大衆或一般大衆所組成，他對行銷者決定要怎麼說，如何說，何時說，何地說以及應向誰說，有相當重要的影響（Kotler & Andreasen, 1996: 520）。簡言之，行銷者要能有效的依其所肩負的任務進行市場區隔（market segmentation），以便能夠讓自己聚焦在顧客群的不同利益和需求，並協助做適當回應的設計。在契約化的社會服務脈絡裡，行銷對象可能包括政府部門相關人員，可能的計畫審查人員和目前或潛在的使用者，以及經常參與審查或評鑑的專家學者。

一旦標的群確定後，行銷者即要採取促使標的群對組織本身使命、

服務範疇與過去服務績效的認識與肯定。利害關係群各自訴求並不見得一致，例如，政府部門人員可能希望看到的是其委託的服務方案能務實的被執行，以及欲讓服務使用者知悉即使是由非營利機構所提供的服務，但其背後的支持者是為政府部門。筆者在參與一些委託方案實施成效的實地訪視過程中，發現有些接受委託的團體是以其名義提供服務，而未能讓服務接受者認知到其經費的贊助單位，進而無助於政府部門形象的建立，這種僅以目前或潛在的服務使用者為標的群，而忽略其他標的群的需求所創出的「單贏」的局面，將會在兩者或三者間的互動埋下隱憂。

機構除應能顧及到政府也有向民眾責信的壓力，也應建立經常參與方案審查和評鑑委員的名冊，並隨時將組織相關的活動，透過宣導的方式強化他（她）們對組織的認識與肯定，進而獲得他們的支持。對服務使用者而言，能真正解決其問題或滿足其需求，即為最佳的行銷。在台灣，許多方案委託的審查、執行和成果，已逐步走向實地訪視，任何想要僅以書面資料取勝的計畫，若非真正以務實的作法為基礎，再加上適當的公關行銷，長久而言，即使是聲譽卓著的傳統社福機構，也可能在競技場遭致淘汰的命運。

三、顧客需要什麼？

在筆者曾參與的一項方案委託檢討會上，曾有一個社會福利機構在承接政府部門的委託方案後，因其執行工作內容與委託項目有明顯不符之處，當政府部門予以指正時，該單位之負責人卻理直氣壯的指出，委託合約內容並非是其機構想要做的，他們要走自己想走的路。此外，同一會議上，也有些機構的管理者強烈地指責委託單位（政府）對會計核銷上的吹毛求疵。這種以組織本位為中心的想法，顯然與現代管理所強調的顧客為中心的理念相違，儘管這些團體在其領域或工作上可能表現的甚為出色，但卻很可能因忽略顧客的想法或需求，而被列為不受歡迎

的對象，當然也就降低了其日後競爭契約的能力。

McLeish（1995: 10）指出，當今的非營利支持者更加的知道何謂好的績效，更加的知道他們要從組織獲得什麼，以及更加關心他們本身的價值。在一個多變的環境下，「行銷」必須扮演組織「耳朵」的功能，因而，基於團體的參與者有一個共同的目標，組織要從我們需要（we need）的哲學，轉變到「他們需要和我們可提供」（they need and we can provide）的哲學。Kendall & Knapp（2001: 122）也指出，某些持較傳統態度的志願組織，有必要展現出較高的意願去回應使用者和照顧者的偏好。

基本上，非營利組織的行銷出現於一個組織和一個利害關係者共同為一個服務、資源或理念而從事互利的交換。因而，為建構機構自己的形象，若組織尚未準備因應或滿足顧客的需求，而以「先取得委託再說」的心態，可能損耗或不利於組織的形象與責信。就長遠而言，即便是經驗豐富的公關或行銷者，也很難挽回組織的信譽。Herron（1996: 29）就指出，一個好的行銷計畫應該要讓所有的員工知道滿足顧客與案主的需要和需求的重要性。

四、績效指標有哪些？

在筆者曾參與的兩次非營利組織委託方案的績效評鑑會上，組織的負責人和工作人員曾為可能由於績效不佳而遭致終止合約而深感委屈，他們表示自己已做得很辛苦了，若這樣對待他們似乎很不公平。「結果」取向而非僅是「過程」或「行動」取向為責信的重要理念之一，Klatt等（1996）即指出，忙碌是不夠的，為結果的責信並不只是完成所列的工作。結果即是績效的呈現，績效的呈現則貴在指標的建立，若沒有指標，便沒有人知道組織到底做得多好。一般而言，若組織能夠重視績效指標的建立，便會有一些好處（Hudson, 1999: 176）：

1. 指標會讓組織員工及資源集中於目標的達成，不致讓努力分散在許多不同的事務上。
2. 指標可提供如何有效達成服務輸送的訊息，因而管理人員便能夠知道應專注的地方。
3. 指標給管理者有關使用者意見的回饋，因而管理者會知道應該改善的地方。
4. 指標可確認趨勢，並可以與其他類似的服務做比較，因而管理者知道他們所要比較的內部和外部基準點。

　　儘管非營利機構服務的績效指標建立並不容易，但它並非是不可能的，在一個講究績效的年代，即使契約委託的單位並沒有要求組織必須具體呈現績效，但若一個組織能夠主動建構服務的績效指標，在競技場上已略勝一籌。Hudson（1999: 178）曾列舉出非營利機構服務可建立的績效指標包括：(1)投入指標（input indicators），即測量組織所使用的資源，例如，經費、員工或志工的人數與時間；(2)過程指標（process indicators），即測量組織採取的措施或活動，例如，等待處理的個案量、回應的時間等；(3)產出指標（output indicators），即測量組織所做的工作，例如，服務量、執行率等；(4)成果指標：即測量組織工作的成果，例如，獲得就業人數、停止濫用藥物的人數、成功獲得庇護的人數等。

　　公關或印象管理，甚至於是行銷，若能有具體的績效呈，便能夠證明組織的務實面，進而有利於機構形象的塑造。因而，管理者務必要能有效的建構並運用績效指標，並以這些指標展現出機構的責信面，這將是提供組織行銷最好的素材。McLeish（1995: 238）即指出，績效能夠為組織帶來某些標的群的資源和支持。

五、主要的競爭者是誰？

除傳統社會福利組織外，也有些因社會服務契約化而新成立的組織。傳統的組織除固守其既有的服務對象外，也有跡象顯示有些機構也隨著契約化的市場，而擴展其服務領域或對象，而新興或以往並不參與直接提供服務的組織，也陸續加入契約化所帶來的競技場中。這種競爭對組織而言，若行銷者或管理者能隨時提醒自己「競爭者在您左右」以及「知己知彼、百戰百勝」的警語，便能夠讓自己在競技場上取得優勢位置。然而，這種優勢位置的取得必須建立在對競爭之好處的認知，亦即可區辨自己機構所提供服務或方案的品質，是別於與其他提供類似方案或服務的機構，這些優勢以許多的方式呈現（McLeish, 1995: 31）：

1. 可有最高品質的服務或方案。
2. 最合理定價的服務或方案。
3. 最有經驗的員工。
4. 提供最多樣性的服務。
5. 最被認可的服務或方案。

契約化的社會服務，隨著其體制的漸趨健全，原先被視爲「當然」的方案委託者，將隨之逐漸消逝。一個可預見的趨勢即是，大多數的社會福利機構將會在一個非常競爭的環境下運作，特別是很多的機構可能會在一個類似服務／產品組合，且面對相同的行銷對象的環境下工作。因而，機構的生存也將面臨考驗，爲能夠爭取或維持自己在市場中的優勢，行銷者可以兩種策略予以因應：(1)行銷者或管理者可嘗試藉由顧客的見解來定位組織，以便能夠瞭解所處的競爭環境爲何，藉此可掌握競爭者的績效、目前和過去方案的策略、募款的策略，以及其優缺點，其目標在於欲瞭解其競爭者的競爭優勢，而讓自己能夠爲自己爲未來的競爭做回應（McLeish, 1995: 238）；(2)管理者要能夠確認服務的購買者，

他們要能瞭解購買者的組織、人事、決策過程，以及確信讓潛在的購買者知道供給者服務輸送的能力（Hudson, 1999: 373）。藉此掌握競爭對象與購買者的相關資訊，將有利於為本身選取一個較為適切的位置。

六、組織的優勢與劣勢為何？

非營利機構不僅要能判別自己所處的優勢與劣勢，也要能夠掌握（潛在）競爭機構的優、劣勢，否則將可能讓自己暴露於相對較為不利的環境中。這種優劣勢並非僅是組織的內部情境，組織外的機會與威脅也要納入整體的分析中。這種優劣勢的分析，將有助於行銷的策略的擬定。在外在環境的分析上，應該考慮到可能影響你的動機、產品或服務的正、負面因素，透過這種方式將有助於對不同對象有不同的訴求（Mcleish, 1995: 43）。在內在的環境的分析上，往往很多的管理者會認為他們是最清楚自己的所作所為者，事實上，這是一個錯誤的觀念，一個好的內在環境分析，也應能瞭解外界對自己的印象或期待，如此，才能夠避免過度主觀而影響判斷的正確性。

在一個開放系統的契約化環境脈絡中，傳統或歷史較為悠久的機構，其累積已久的信譽可視為其在市場中的優勢因子，這些因子可能包括較穩定的財力、較專業的人力、豐富的服務經驗等，然而，這些機構卻也可能背負著社會大眾對他們的傳統意象，例如，CCF的服務對象是兒童，世界展望會則以服務原住民為主，這種傳統的意象，對處於一個強調創新的時代，反而可能對機構擴展新服務領域或範疇有負面效應；反之，新興機構的成立可能是基於當前社會的需求，或是基於契約化社會服務的發展趨勢，這種彈性和創新的任務取向，可能會為機構帶來更多的機會；然而，機構的財務基礎是否穩固？是否有足夠的專業人員？以及是否有足夠的服務經驗？這些問題皆可能引發他人的質疑。

傳統機構有其奠定已久的責信為支柱，在競爭的市場上仍有其優勢之處，但若為爭取資源而過度的膨脹，導致服務績效引起爭議，也即是

在消耗其責信，因而當瞭解自己的優勢與劣勢後，在組織的行銷上應避免過於膨脹而引發反彈。新興機構在發展初期因欠缺「責信」的基礎，故在發展上亦應步步為營，避免因迅速膨脹而引發經營上的瓶頸，反而有損其社會形象的塑造。

捌、結論

　　非營利組織的公關行銷所涉及的對象與範圍甚為廣泛，本文將論述焦點置於競爭式的契約化社會服務脈絡中，當非營利社福機構與政府間的互動從補助關係轉為契約關係時，社福機構如何透過公關行銷的運作，讓自己在契約關係的競技場上處於一個較優勢的位置，以豐富組織的生存。在國內，隨著非營利組織的數量與投入參與福利服務輸送的成長，以往因可接受委託單位的不足致無競爭的現象可望逐漸改善，一種競爭的趨勢已逐步蔓延開，有心參與契約化社會服務的非營利機構經營者，若未能及早調整與顧客（政府單位）和消費者（案主）間的互動關係，以及顧及到其他利害關係人的感受，便可能將自己置於一種不利的競爭情境。

　　儘管公關行銷已被視為是當代非營利機構經營甚或生存管理不可或缺的一環，但再好的公關、行銷或包裝，若未能以務實的態度去執行已委託的方案，並以創造具體的績效證實顧客（政府單位）和消費者（案主）的滿意，且禁得起審查者或評鑑者對結果的考驗，將隨時可能在競爭的市場中被取代。因而，好的公關行銷務必奠立在「責信」的基礎上，缺乏堅實的責信作為公關行銷的保證或基礎，將是一種虛幻的宣導，對組織的永續經營或生存將可能埋下潛在的危機。

參考文獻

司徒達賢（1999）。《非營利組織的經營管理》。台北：天下文化。

林萬億（1997）。《社會福利公設民營模式與法制之研究》。內政部委託研究報告。

張茂芸譯（2000）。《非營利組織》。台北：天下文化。

陳武雄（1997）。〈我國推動社會福利民營化的具體作法與政策發展〉。《社區發展季刊》，80，4-9。台北：內政部。

黃源協（1999）。《社會工作管理》。台北：揚智。

黃榮護（1998）。〈政府公關與行銷〉。收錄於黃榮護主編《公共管理》。台北：商鼎。

劉淑瓊（1997）。〈依賴與對抗——論福利服務契約委託下政府與民間受託單位間的關係〉。《社區發展季刊》，80，113-129。台北：內政部。

Beresford, P. & Croft, S. （1993）. *Citizen Involvement: A Practical Guide for Change,* Hampshire: Macmillan.

Collier, R. （1998）. *Equality in Managing Service Delivery,* Buckingham: Open University Press.

Harris, M. （2001）. Voluntary Organisations in a Changing Social Policy Environment, In M. Harris & C. Rochester （eds）. *Voluntary Organisations and Social Policy in Britain,* 213-228, Hampshire: PALGRAVE.

Herron, D. B. （1997）. *Marketing Nonprofit Programs and Services-Proven and Practical Strategies to Get More Customers,* Members and Donors, San Francisco: Jossey-Bass publishers.

Hudson, M. （1999）. *Managing with Profit-The Art of Managing Third-Sector Organization,* London: Penguin.

Hughes, O. （1998）. *Public and Administration,* London: Macmillan.

Johnson, N. (1987). *The Welfare State in Transition,* Brighton: Wheatsheaf Books.

Kendall, J. & Knapp, M. (2001). Providers of Care for Older People: The Experience of Community Care, In M. Harris & C. Rochester (eds). *Voluntary Organisations and Social Policy in Britain,* 108-123, Hampshire: PALGRAVE.

Klatt, B., Murphy, S. & Irvine, D. (1999). *Accountability: Practical Tools for Focusing on,* London: Kogan Page.

Kotler, P. & Andreasen, A. R. (1996). *Strategic Marketing for Nonprofit Organizations,* New: Prentice Hall.

Langan, M. (2000). Social Services: Managing the Third Way, In. J. Clarke, S. Gewirtz, & E. Mclaughlin (eds), *New Managerialism New Welafre,* 152-168, London: SAGE.

Le Grand, J. & Bartlett, W. (1993). "Quasi-Markets and Social Policy: The Way Forwards?", In Le Grand,J. & Bartelett,W. (eds) *Quasi-Markets and Social Policy,* 202-220, London: Macmillan.

Leat, D. (1996). Are Voluntary Organusations Accountable? In. D. Bills & Harris, M. (eds). *Voluntary Agencies-Challenges of Organisation & Management,* 61-79, Hampshire: Macmillan.

McLeish, B. J. (1995). *Successful Marketing Strategies for Nonprofit Organizations,* New York: John Wiley & Sons Inc.

Means, R. & Smith, R. (1998). *Community Care-Policy and Practice,* 2nd, London: Macmillan.

Smith, S. R. & Lipsky, M. (1993). *Nonprofits for Hire-The Welfare State in the Age of Contracting,* Cambridge: Harvard University Press.

Wistow, C., Knapp, M., Hardy, B., Forder, J., Kendall, J. & Manning, R. (1996). *Social Care Markets-Progress and Prospects,* Buckingham: Open University Press.

19.2 回應〈非營利社會福利機構的公關行銷──契約關係下的責信觀點之分析〉

感謝主辦本研討會的文化大學社會福利系的邀請，讓我有機會先拜讀黃源協副教授之論文大作〈非營利社會福利機構的公關行銷──契約關係下的責信觀點之分析〉（以下稱「論文」），並從一位非營利社會福利及醫療機構工作者的實務觀點回應本論文，實在深感榮幸。

黃教授在論文中，極為強調非營利社福機構的公關行銷必須建立在責信的基礎上，對此我完全認同。在實際參與非營利社會福利及醫療機構的公關行銷這七年來，有兩個簡單的概念深深影響我。首先是著名的行銷學者Philip Kotler指出公關就是「做好事，然後講好話」；接著在《形象公關》一書中，作者定義「形象＝本質×知名度」。其實這兩個定義的涵義是相同的，它們闡述出一個機構公共關係的基礎在於其本質是否良好。機構本質好，再加以適切地推廣知名度，自然能建立良好的形象，使社會各界對此機構產生正面的印象；如果機構本質不好，高知名度反而是擴大負面形象。對於以做好事為職志的非營利機構來說，如果要維持或增進良好的形象，就需要把握住機構的本質，真正將好事踏踏實實地去做，然後再將好事廣為人知。我相信把握這兩點原則的非營利

機構，不管環境如何變化，一定可以歷久不衰。我認為非營利機構堅持踏實去做好事的承諾與義務，就是黃教授所闡述的「責信」之真諦。

責信的確是使用大量公共社會資源的非營利機構之命脈所在，而且是其從事包括公關行銷在內的任何行為之根基。黃教授在論文中已有立論嚴謹詳盡的論述。在此我願意提供我所知一些國內外社會對於瞭解非營利機構之責信程度的例子和與會先進分享，希望有助於國內非營利社會福利機構責信制度之建立，並就教於各位專家學者。

美國政府給予非營利（免稅）機構相當多之稅務優惠及鼓勵，但相對在其責信上亦有嚴格的要求。每一個非營利機構之募款及財務年報均收存於國會圖書館（The Library of Congress）並且可受公開查閱。除此之外，有公正客觀的團體與雜誌會公布非營利機構重要指標評比。我曾經在一份雜誌*Smart Money*上看到用年度捐款收入總額、執行計畫支出比例、募款行政費用支出比例及基金結存比例等指標上評比美國幾個大型非營利機構，這使得各機構的責信程度無所遁形。門諾醫院黃勝雄院長非常重視非營利機構的責信，要求我們依照相同指標，在院訊上向社會大眾公布門諾醫院歷年來的數字，並與國外機構比較。

在國內醫界，衛生署對醫院的定期評鑑行之有年，建立相當好的制度，對醫院醫療品質的監控與改進發揮重要的功效。兩年前，衛生署成立財團法人醫療品質策進基金會（醫策會），將醫院評鑑交由醫策會主辦。此外，醫策會也引進美國馬利蘭州之醫院品質指標系統，加以修訂為TQIP（Taiwan Quality Indicator Program），推廣至各醫院，初期藉由各院相關品質指標的比較與檢討，幫助各醫院改善品質，未來則考慮將指標系統納入醫院評鑑的品質項目中。

就我所知，國內對於非營利社福機構的責信要求，經過幾位學者的努力，正在形成及建立制度當中，社會福利服務機構的評鑑，也已經展開，或許相關主管機關及人員可以參考國內醫策會的方式，或國外之責信監控指標，建立一套公正的系統，讓國內社福機構有所依循，持續提升服務素質，使國人獲得最大的福祉。

參考文獻

張海山譯（1991）。《非營利事業的策略性行銷》。台北：授學。

孔誠志等（1998）。《形象公關：實務操演手冊》。台北：科技圖書。

許益鑫（1998）。〈門諾醫院各項基金利用情形分析報告〉。《門諾院訊》，66，32-36。花蓮：門諾醫院。

Smart Money. December, 1997.

20.1 非營利組織的人力資源管理：科層、專業與志工的衝突與整合

鄭讚源

國立中正大學社會福利學系

壹、前言：非營利組織的興起與其管理

　　一九八〇年代以來，歐美國家對於非營利組織與非營利部門的重視，使得相關的研究開始蓬勃起來，例如，美國耶魯大學的非營利研究中心、印第安那大學的公益研究中心，與英國倫敦政經學院的公民社會研究中心等等，這些非營利研究的代表性機構，就是八〇年代設立的（Powell, 1987）；非營利組織的數量、非營利研究的議題與內容、非營利研究的學術期刊、機關等等，也在很短的時間之內，有顯著的成長。

　　社會各界對於非營利部門與組織的蓬勃，以及研究興趣，有的學者認為是因為福利國家轉型的影響。蓋八〇年代之後，歐美國家面臨福利國家危機與衝突，為了促使民間部門共同負擔公共事務的責任，必須與民間營利、非營利與非正式部門合作，所以開始探討政府與企業、政府與非營利組織，以及政府與社區之間的互動與關係。這一類的論述可以說是一種以「國家為中心」（state-centered）的論證，也就是社會變遷的

主角是國家，**轉變**背後的動力來自政府的政策，國家站在主動的地位。如果從這種邏輯來看非營利部門與組織，非營利組織很可能就會被視為「第三部門」，因為它隱含著一種假設：也就是第三部門的發展，是在第一、第二部門之後；或是換另一種講法：第一、第二部門促成了第三部門。此種論證的另一種推論，就是第三部門發展的原因，被當作是一種制度失靈與互補的結果（鄭讚源，2000）。

其實，從政治社會學的角度來看，國家與社會一直都是處在一種持續不斷互動與對話的過程當中，社會本身的進展——尤其是社會的多元化與現代化（暫時不管多元化與現代化的定義如何）——更是促使國家改變的主要動力之一；況且從各種關於國家政策理論與模型之中，我們也可以看到「以社會為中心」（society-centered）的模型，主張國家的政策動力，來自於社會（Dye, 2000）。例如，如果我們採取政策分析中的利壓理論，並將利益／壓力團體與組織視為非營利部門的一部分時，則非營利組織發展的動力係來自社會的變動，而非來自國家的轉型策略。所以我們在討論非營利組織與部門發展背後的動力時，亦不可輕視來自於社會的力量。總之，整體而言，國家的促發、公民社會的演進，甚至營利市場中廠商競爭策略的轉型，都可能與非營利部門與非營利組織的興起有關。

不管當代非營利組織興起的原因為何，面對二十一世紀中多元化、市場化、全球化等趨勢，非營利組織的經營管理，將不只是一份善心或熱情即可，非營利組織的經營管理與參與者已經漸漸感受到有效管理的壓力。Kanter曾經指出：非營利組織「不但要做好事，而且要做得好」（Doing well while doing good）（Kanter, 1987），不管是非營利組織、公共組織或是企業組織，在面臨日益競爭的環境時，都需要良好的經營管理。近幾年來，國內對於非營利部門與非營利組織的興趣，不管在研究或實務方面，也已日漸增加，非營利組織的管理，應該學習公共行政？應該效法企業管理？或是應有自己的一套理論與模型？這些都是學者專家、政府官員、企業經營者與社會大眾所關心的問題。

貳、從非營利組織人力資源的特性與制度學派談科層、專業與志工的衝突與整合

從法律的立場來看，如果按照非營利成立的性質，非營利組織可以分成「人的集合」（如社團法人）與「錢的集合」（如財團法人）兩大類；當然實務工作上人力與財物都是重要的非營利組織資源。如果吾人將焦點放在人力資源方面，非營利組織其實有其不同於公共組織與企業組織之特性，而此諸特性則影響了它的管理過程與管理功能。另一方面，在我國非營利管理的發展進程上，由於非營利組織與管理的實務、研究與教學各方面，都才剛剛開始起步，所以非營利組織的人力資源管理，也可以說尚屬於一個「制度建立」的階段，所以會受到種種國內關相關制度因素的影響。以下我們將先從非營利組織人力資源的特點，討論非營利組織中科層、專業與志工之間的潛在衝突；其次再從「制度學派」的觀點，討論制度因素對於非營利組織人力資源管理的影響，最後則指出各種衝突整合的可能。

一、非營利組織人力資源管理的特性

我們可以從幾個方面來討論與分析非營利組織人力資源管理的特性。一般而言，公共組織、企業組織與非營利組織都需要管理，但是它們的管理卻是同中有異，例如，各種組織都會面臨環境的衝擊、都需要從外界獲得資源，都需要注重績效等等，但是其內涵卻有差異（見表20-1）。

由於篇幅的限制，本文無法對三類組織做詳細比較，所以此處僅就人力資源管理的部分加以討論。首先，公共組織的人力來源，通常係透過考試；企業組織的人力招募，則多經由僱用。但是非營利組織，不管

表20-1　非營利組織與其他組織之比較

組織 層面	公共組織	企業組織	非營利組織
面臨的環境	政治	經濟	社會
目標	・公益 ・政權維護	・利潤 ・永續	・互助 ・公益
規模	大→小	小→大→網絡	小→網絡
結構	科層；通常是「緊密連結」(tightly coupled)	彈性；通常是「緊密連結」(tightly coupled)	彈性；通常是「鬆散連結」(loosely coupled)
財力資源	・稅收 ・公務預算	・販售所得 ・金融工具	・政府 ・市場 ・社會
績效	・責信 ・效率	・效率 ・獲利率	・責信 ・其他
人力資源	・考試任用 ・權威關係	・僱用 ・交換關係	・志工（理監事與董監事）、專業人員、志工（第一線服務人員） ・理念與情感

是公益或互助的目的，通常都會有兩種人力：專職人員與志願服務人員。其中，專職人員多數屬於專業人員，而志工又可以分為兩類，即理事會（或董事會）的成員，與其他志工。

　　其次，由於來源的不同，非營利組織內的成員關係，也與其他組織有所不同。公共組織裡主管與部屬之間的關係，主要基於法令的規定，所以領導與管理的基礎，在於「權威關係」(authority)；企業組織中主管與部屬之間的關係，則主要基於報酬（compensation，包括薪資與福利），所以領導與管理的基礎，在於「交換關係」(exchange)。非營利組織中，志工參與及志工、專業人員之間彼此分工與領導關係的基礎，則在於共同的理念、情感或倫理。

當然，專業人員固然與志工一樣，可能也認同非營利組織的宗旨，但畢竟專業人員仍然支薪，所以非營利組織中也有某一部分的「交換關係」；另外，非營利組織的規章如果對於各個職位之間關係有所規範，也會有一部分的「權威關係」存在。所以我們可以說非營利組織以理念與情感為主，其他關係為輔；只是這種多種關係並存的情況可能加深了非營利組織人力資源管理的複雜性。因為擔任理（董）事者可能來自公部門，也可能來自企業部門，而他們從其部門所帶來的經驗，可能使其主張非營利組織內的人力資源管理必須依循其原來單位的模式，所以有的理（董）事主張「依法行政」，有的理（董）事則強調「誘因」；另一方面，理（董）事對於非營利組織的組織型態，可能希望模仿其原屬組織，則非營利組織可能引進許多科層的規定（如正式化與集權化），那麼不但在理（董）事會內可能造成緊張關係，更可能在科層、專業與志工之間造成衝突。

按照Parsons的分類，一個組織內高低層級可以分為制度層級（institutional level）、管理層級（managerial level）與技術層級（technical level）。在一般組織中，通常制度層級負責決策、組織定位與對外關係；技術層級負責組織的核心工作，而管理層級則負責承上起下，一方面接受制度層級的指示，執行組織的政策，另一方面督導與協助技術層級的員工以完成上級交代的任務。在公共組織與企業組織中，位於制度層級者通常都是高層主管（top-level executives），組織的方向、重大決策、人事任免、資源分派等等都由其決定。但是在一般的非營利組織之內，名目上的決策單位是理事會（社團法人）或董事會（財團法人），理（董）事會通常負責議決非營利組織的年度工作計畫與年度預算，但是實際上年度工作計畫與預算之擬定，常是真正負責非營利組織運作與管理的秘書長或執行長，而秘書長或執行長屬於管理層級。在企業中的董事會，對於公司的營運狀況與財務績效，常有緊密的控制；但非營利組織的理（董）事會若是介入太深，則常會干擾到非營利組織的專業服務。但是理（董）事會在法律上仍為非營利組織之決策者，對外代表組

織；如果要理（董）事會負責（對外、法律上），卻又要它們不要過於負責（對專業服務太介入），鬆緊與分寸之間如何拿捏，常是以志工身分擔任理（董）事者最為困擾的問題，也常造成專業與科層（法定關係）之間的衝突。

　　一般組織裡的管理層級，常常聘用管理專業人員擔任，但非營利組織的管理層級，卻常是以非管理專業的人員來擔任，例如醫院中的醫師、福利機構中的社工師，或學校裡的教師。所以在組織的中層，非營利組織比一般組織缺乏管理專長者。另一方面，在一般組織裡技術層級的員工常常是資歷、薪資與職位較低者，所以必須聽從制度及管理層級的命令。但是在非營利組織裡，從事服務或組織第一線工作的，卻常常包括了大量的志願服務人員。志願服務人員可能在專業技術、年資、經驗上程度參差不齊；某些志工也有可能比剛從學校畢業的專業人員具備更久的經驗與年資；志工參與的動機也比一般組織複雜而多元；有時候則是志工可能成為理監事；在此種種情形之下，到底是專業人員領導志工？還是志工領導專業人員？志工與專業之間也有潛在的衝突。

　　一般而言，當組織的規模愈大時，組織常有科層化的現象，於是就會有所謂集權（centralization）與分權（decentralization）之間的問題（Hall, 2000）。集權與分權之間的矛盾，主要表現在「層級」（hierarchy）與「控制幅度」（span of control）上；所謂層級，是指一個組織從上到下有多少層？而控制幅度，則是每一層級的主管有多少部屬？當一個組織的規模固定時，若層級愈多，則控制幅度愈小，組織成為一個金字塔型；反之，若層級愈少，則控制幅度愈大，組織也愈扁平（flat）。一般而言，非營利組織通常較為扁平，所以其控制幅度也相對地大；控制幅度較大的意義，在於同一層級中，主管必須管理較多的人，所以可能會有偷懶（shirking）的情形，也就是組織經濟學中代理人理論（agency theory）所關心的問題。但是Oster（1995）指出，專業人員通常比較認同其專業倫理與要求，所以其偷懶的狀況可能不會像公共組織或企業組織嚴重；志工多不領薪水，所以應該也沒有偷懶的問題。非營利組織人

力資源管裡的困難，可能在控制幅度過大時，專業人員無法給予志工充分的支援，而引起志工的無力感。

二、制度學派的論點

　　非營利組織的管理及其研究，在國內屬於剛開始的階段，所以可說制度尚待建立。此時，制度學派的理論，對於我們討論非營利管理，即具有相當的意義。對於體制或制度（institutions）的討論與分析，政治學、經濟學與社會學中的「制度學派」（institutionalism）提供了許多模型與材料（Powell and DiMaggio 1991; March and Olsen 1989; Williamson 1985; Hodgson 1988; Zukin and DiMaggio 1990; Meyer and Scott 1992; 林水波等，1993；陳東升，1992）。這些不同學門中的「制度學派」雖不盡相同，但它們對制度的起源與演變（institutional origins and change）、制度化過程（institutionalization）及制度的影響（institutional effects）、則有相同程度的關心與討論。

　　根據制度學派的想法，一個制度在形成及演變當中，亦即「制度化」的過程中，其眾多組織會彼此在結構上產生齊一性、或相似性（institutional isomorphism）的狀況。換言之，組織與組織會有愈來愈相似的現象，而此種組織型態與組織結構類似現象的制度性來源，制度學派的學者認為（Scott 1991; 1992）可以大致分為兩種：一種是以環境對組織的「影響方式」來分，另外一種則是以「影響力的來源」來分。若以「影響力的來源」分，有三種力量影響一個體系中的組織型態：(1)政府或法令規範；(2)職業或專業人員及團體；(3)模仿。換句話說，就是政府、專業團體與模仿，會使同一系統中的組織愈來愈像。

　　若以「影響的方式」來分，則一制度中組織的結構與型態為什麼要愈來愈像，則主要是透過下列各種過程中的其中一種（或數種）：

（一）強制（the imposition of organizational structure）

在一個系統中，某一機構有足夠的權力，強制其所屬的機構或單位採取某一種組織型態。國家（或政府）在改革現有制度或建立新的制度時，即多以此「強制」的方式建立組織型態。以國內爲例，各種社會福利法規對於民間福利機構之組織型態、專業人力資格與比率，都有一定的規定。尤其是組織型態部分，法令的規定通常趨向科層，而此規定對於非營利組織的人力資源管理，即具有強制的力量，使得非營利組織愈見科層化。

（二）授權（the authorization of organizational structure）

「授權」與上述的「強制」有點類似，其差別在組織結構與型態的接受，對從屬（subordinate）的組織而言，是自願的，而非強制的。這種「規範性」的壓力，通常多出現於以專業人員或團體所組成的體系之中。對於非營利組織的人力資源管理而言，則可能經由專業團體（例如醫師公會或社工師公會）的授權或建議，而使得非營利組織愈來愈像。另一方面的授權，則來自公共行政與企業管理的專業，使非營利組織的人力資源管理，因學習其他組織而類似。

（三）誘導（the inducement of organizational structure）

當體系中缺乏一個強力的政府或具影響力的專業團體時，政府通常會透過「誘導」的方式，來影響體系中組織的型態。以美國政府爲例，其對各州及地方政府或私人機構之影響，通常是透過「經費補助」，或「業務的委託」。我國也有類似情形，在方案委託、個案委託或機構公設民營時，如果法令沒有規範，則會在委託時訂定，使得接受委託的民間組織，接受其誘導，而漸漸變得愈來愈像。

（四） 主動取得（the acquisition of organizational structure）

組織中的決策者，有意識地選擇某一種組織型態，稱之爲「取得」（acquisition）的方式。從文獻中吾人發現組織自動取得某種組織設計型態的方式，通常是由於「模仿」而來。爲什麼要模仿呢？因爲大家都這麼做，尤其是與自己本身機構相對等的機構之型態，常成爲彼此模仿的對象。非營利組織人力資源管理的重要性，已漸漸爲人所重視，但應該如何管理呢？模仿即是一個常見的方式。模仿的對象，一是其他非營利組織，尤其是被大家認爲成功的組織。另一個模仿的對象，則是已經建立制度的管理理論，例如，公共行政或企業管理中對於人力資源管理的理論與模型。

（五） 烙印（the imprinting of organizational structure）

所謂「烙印」，指的是一個產業、一個制度或一個組織成立之初的各項內外情況，如政治、經濟、社會、人口、資源等，會影響其組織結構與組織型態。換言之，此種方式有點類似「命定論」的說法，亦即一個制度成立時是什麼樣子，它就基本上維持了那個樣子，很難加以改變。爲什麼會有「烙印」呢？Berger and Luckmann（1967，引自Scott, 1991）認爲組織爲什麼會有某種結構，並非由於理性決策或設計，而純然是「事情本來一向都是這樣」（the way these things are done），所以視爲當然（taken-for-granted）。

（六） 規避（the bypassing of organizational structure）

某些組織（如教育）之運作及其規定等，主要靠對於教育的理念、想法及哲學而運用，組織結構及型態充其量只是站在一個「支持性」的角色（supporting role）。換言之，制度環境降低、而非增加組織的設計。文化的控制代替了結構的控制；換言之，某些組織因爲共同或類似的組織文化而採取類似的組織型態。

（七）環境結構之合併（或混合）(the incorporation of environ-mental structure）

　　Scott and Meyer（1988，引自Scott, 1991）指出，處於較複雜而且彼此相衝突環境中的組織，會顯現出較高的「行政複雜性」(administrative complexity）及較差的「方案連貫性」(program coherence）。這一類組織在長時期經歷一連串對環境調適的過程中，必須不斷面對環境中各種相關機構的代表人物、以及策略性的利益團體，組織乃發展出成為「反映」(mirror）或「複製」(replicate）其環境組合的一種特殊的型態。換句話說，組織經過一種調適的、演發的、歷史的過程，把環境的特質「合併」到組織本身的結構之中。

　　在這七種過程之中，我們可以看到有些過程必須經歷環境與組織互動之後才會出現，有些則是在制度建立之初就發生效力。其中政府的強制、授權或誘導，對於許多非營利組織都是一個重要的影響力量；而政府的管理模式，常常就是科層模式。另外一個在制度化初期也很重要的力量就是模仿。通常目前非營利組織模仿的典範，是公共行政或企業管理，而雖然企業組織通常比公共組織來得具有彈性，但基本上非營利組織比這兩類組織要來得鬆散一些，所以模仿的結果可能是更多的科層化。

　　從制度學派討論非營利組織人力資源管理的另一種角度，是制度化的層面。Scott（1996）指出，制度化有三種層面：認知的層面、管制的層面與規範的層面。認知的層面主要來自模仿，這種模仿可能由理（董）監事，也可能由專業人員。至於管制的層面主要是政府的法令，而規範的層面則主要來自專業的要求。

三、衝突與整合

　　我們從制度學派與非營利組織人力資源管理的特性，指出由於制度

建立的嘗試，使得非營利組織的人力資源管理，可能會有科層、專業與志工之間的衝突。但是衝突對於非營利組織而言是好是壞呢？有沒有整合的可能呢？一般組織與管理理論的典範，尤其是理性設計（rationality paradigm）典範，其背後的假設與功能論類似，常會認為衝突可能影響組織績效，所以應該避免衝突。對於此點我們想要從兩個角度來思考，而且這兩個角度都是非營利組織本位的角度。第一個角度是「中介結構」（mediating structure）的角度；第二個角度則是表20-1中的「鬆散結構」。

所謂「中介結構」，指的是非營利組織扮演其他部門之間的中介。鄭讚源（2000）曾經指出，非營利理論中的「制度失靈」理論，只考慮了公部門（政府）、營利部門（企業）與非營利部門之間的關係，而忽略了所謂的非正式部門（即家庭與社區）。其實每一個社會都包括了上述四個部門，而其中公部門、營利部門與非正式部門各有其範圍與主要機制，此三部門之間的疆界（boundary）亦較清楚。換句話說，此三個部門各有其特殊的運作機制，在現代社會中雖有相互滲透（inter-penetrating）的現象，但彼此之間相對地獨立，各有其畛域與特性。而在公部門、營利部門與非正式部門的中間，則有一個緊張區域（tension filed，見圖20-1），這個區域隨時會被其他三個部門所滲透，且與其他三部門有所互動；所以這個「緊張區域」一方面是其他三個部門彼此衝擊與衝突之處，但另一方面也因為有此區域的存在而發揮了緩衝的功能。

社會學家（與某些政治學家，如Ware, 1989）主張，在這個緊張區域中，即是非營利部門之所在。在此區域中，既不是完全的私領域，也不是完全的公領域，而是一個既公又私、不公不私的領域。非營利部門中有些組織比較靠近公部門（公領域），例如，政黨或政治組織；有些比較靠近營利部門（私領域），例如，商會或儲蓄互助社（credit union）；有一些則是由家庭與社區中的非正式團體或組織演化而成（私領域），例如，社會福利機構或互助團體。當然，更有一些非營利組織在這個區域的中央部分，同時具有三部門的特性，例如，台灣的農會。

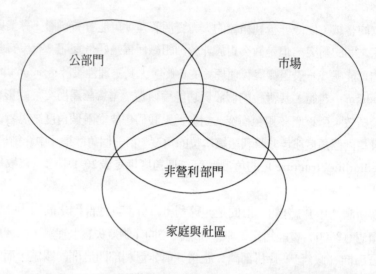

圖20-1　非營利部門成為其他部門之緩衝與潤滑

　　將非營利部門視為緊張區域中的一員，則非營利組織的主要功能，
即是一個中介與潤滑的作用。非營利部門中各組織的存在，一方面反映
了三個部門中某一部門對於公共事務的需要與特性，一方面調節了該部
門與其他部門之間的關係，另一方面也可能反過來形塑了該部門的特質
與走向。從這個觀點來看，非營利部門不但只是消極的在其他三部門之
間扮演一個潤滑與緩衝的角色，更可能積極的形塑三個部門，使整個社
會更協調、更順暢、更有整合的可能（當然也有造成衝突與緊張的可
能）。而此種論調，正與所謂「公民社會」或「市民社會」（civil society）
的理論相和，顯示非營利組織一方面是公民社會的特徵，另一方面也是
成熟的公民社會之推手。

　　如果非營利組織可能扮演公民社會的推手，那麼我們對於前述非營
利組織人力資源管理中科層、專業與志工之間的潛在衝突，可能就必須
有一些不同的考量。第一，科層、專業與志工之間的潛在衝突，只是社
會層次的衝突，反映在組織層次而已，所以或許是一個先天的特性，不

但是不可避免的，而且反而是非營利組織可以表現其特長之處。第二，雖然衝突可能存在，但理監事、專業人員與志工既然已經聚集在同一個組織內，就表示一個共同的理念、情感或宗旨已初步產生作用，所以整合的方向，就在於此共同性。如果用前述制度學派的說法，應該是在認知上，先改變非營利組織中各種不同來源的人員的觀念，使其瞭解非營利組織人力資源管理中的潛在衝突，與此種衝突的成因，係來自於非營利組織的多元性（例如，權威關係、交換關係、情感關係的並存）。

透過非營利組織的「鬆散結構」（loosely coupled structure），也可以培養各層級之間人員對於衝突的容忍、協商與解決。此處所謂「鬆散結構」的內涵，指的是非營利組織中的各個成員之間，沒有嚴格的從屬關係。因為志工不領薪水，而且志工的背景多元，年齡、教育程度、所得等等不一定低於專業人員；專業人員雖然受僱於組織，它們可能比理（董）監事們更瞭解組織的運作。此種鬆散關係，使得組織必須靠各個層級之間的人員，即使在彼此競爭與衝突的壓力下，也必須相互尊重、相互協調與相互容忍，才能真正正常運作。此時，也可以適時配合制度學派的理論，在規範面制定「既競爭又合作」的組織文化，使衝突之整合慢慢變成制度。

參、結論

我們在本文中首先指出非營利組織的蓬勃，可能來自政府政策的推動，也可能來自社會力量演變的結果。但是不管背後的推力為何，非營利組織對於管理的重視，卻是不爭的事實。我們也從非營利組織人力資源的特性與制度學派談科層、專業與志工的衝突，與整合的可能。

從非營利組織本身的特性與制度學派的理論，我們討論了非營利組織人力資源管理中科層、專業與志工的可能衝突。但是，從「中介結構」的觀點來看，非營利組織可以扮演公民社會的推手，所以我們對於非營

利組織人力資源管理中科層、專業與志工之間的潛在衝突，可以有一些不同的考量。科層、專業與志工之間的潛在衝突，或許是一個先天的特性，不但是不可避免的，而且反而是非營利組織可以表現其特長之處。同時，理（董）監事、專業人員與志工既然已經聚集在同一個組織內，就表示一個共同的理念、情感或宗旨已初步產生作用，所以整合的方向，就在於此共同性。

吾人可以透過各種教育訓練，在認知上，先改變非營利組織中各種不同來源的人員的觀念，使其瞭解非營利組織人力資源管理中的潛在衝突，與此種衝突的成因。同時，透過非營利組織的「鬆散結構」，也可以培養各層級之間人員對於衝突的容忍、協商與解決。此種鬆散關係，使得組織必須靠各個層級之間的人員，即使在彼此競爭與衝突的壓力下，也必須相互尊重、相互協調與相互容忍，才能真正正常運作。另一方面，適時配合制度學派的理論，在規範面制定「既競爭又合作」的組織文化，使衝突之整合慢慢變成制度，那麼非營利組織的人力資源管理，可能不但能有自己的特色，更有可能創造出新的管理模式呢！

參考書目

陳東升（1992）。〈制度學派理論對正式組織的解析〉。《社會科學論叢》，40，111-133。

Barney, Jay B. and William G. Ouchi（ed.）（1986）. *Organizaitonal Economics: Toward a New Paradigm for Understanding and Studying Organizations.* San Francisco, CA: Jossey-Bass.

Berger, Peter L, and Thomas Luckmann（1967）. *The Social Construction on Reality.* NY: Doubleday.

Hall, Richard H.（1991）. *Organizations: Structures, Processes, and Outcomes,* 5th Ed. Englewood Cliffs, NJ: Prentice-Hall.

Hamilton, Gary G. and Nicole Ubolsey Biggart（1988）. "Market, Culture, and Authority: A Comparative Analysis of Management and Organization in the Far East." *AJS 94*（Supplement）: S52-S94.

Hodgson, Geoffrey M.（1988）. *Economics and Institutions: A Manifesto for a Modern Institutional Economics.* Cambridge, UK: Polity Press.

March, James G. and Johan P. Olsen（1989）. *Rediscovering Institutions: The Organizational Basis of Politics.* NY: The Free Press.

Mayer, John W. and W. Richard Scott（1992）. *Organizational Environments: Ritual and Rationality,* Updated Ed. Newbury Park: SAGE.

Oster, Sharon M.（1995）. *Strategic Management for Nonprofit Organizations: Theory and Cases.* New York: Oxford University Press.

Powell, Walter W. and Paul J. DiMaggio（1991）. *The New Institutionalism in Organizatonal Analysis.* Chicago: The University of Chicago Press.

Scott, W. Richard（1991）. "Unpacking Institutional Arguments." in Walter W. Powell and Paul J. DiMaggio（ed.）*The New Institutionalism in Organizational Analysis.* Chicago: The University of Chicago Press, 164-182.

Scott, W. Richard（1992）. *Organizations: Rational, Natural, and Open Systems.* Englewood Cliffs. NJ: Prentice Hall.

Willisamson, Oliver E.（1985）. *The Economic Institutions of Capitalism.* NY: The Free Press.

Zukin, Sharon and Paul J. Dimaggion（1990）. *Structures of Capital: The Social Organization of the Economy.* NY: Cambridge University Press.

20.2 評論〈非營利組織的人力資源管理：科層、專業與志工的衝突與整合〉

陸宛蘋
海棠文教基金會執行長

首先鄭讚源老師這篇〈非營利組織的人力資源管理：科層、專業與志工的衝突與整合〉的文章中強調無論公共組織或是企業組織，在面臨日益競爭的環境時，都需要良好的經營管理，而非營利組織也已經感受到有效管理的壓力。這不但是趨勢更是非營利組織需要及早面對的課題，有關非營利組織管理的發展，有借鏡企業界的理論與經驗，也有借重公共組織的公共服務之目的。原則上，在整個組織的公益使命、公共服務、社區整體利益等部分多借重於公共組織呈現其理想性的一面，但是非營利組織並不政治；在組織內部有效經營管理部分則來自企業組織為多，但是非營利組織並不唯利是圖。如此交互互動之下，近百年來也就發展出非營利組織獨特的管理模式與經驗。

非營利組織的特性部分，尤其在非營利組織人力資源最大的特性在於「參與或進入非營利組織的人都是懷抱著期待與理想而來的」，這與公共組織的依考試任用，企業組織的依薪資福利與發展，是有顯著的不同，尤其非營利組織參與者多是志願性參與，因此在人力資源管理的設計上有許多的考量，就像「無形的價值吸引志願提供」、「其他部分大

於薪資福利」、「付費的專職人員與不付費的志願服務人員」等的設計，其他人力資源實務管理上重要的議題例如：工作分析、招募、任用、教育訓練、薪資、福利、升遷、發展、離職與績效評估等，對非營利組織管理者來說更是經常要面對的工作。

有關組織的科層、專業、與志工的議題則是在組織的決策部分所必須考量的，在每一個非營利組織裡都存在決策層、管理層與執行層三個層級，決策層的主要任務是決定組織的方向、政策、資源的吸收與分配、重要幹部的評估、對外網絡關係的連結等；而管理層顯然的是進行承上啓下，結合組織的內外資源達成決策層的決策目標；執行層級的主力便是將工作完成，這其中包括付薪的專職人員與志願人員，由於這些人都是抱著理想與期待來的，因此需要對「組織使命與願景的共識」是儘量一致，因此在決策層部分我們建議一年至少一次的「retreat」，而這個retreat高階管理人必須參加，主要的目的是建立共識與發展目標；管理者則將此共識溝通至全組織的相關人員，建立相同的共識。

我們也鼓勵在建立共識時，非營利組織做「策略規劃」「同仁共識營」等活動，目的就是要建立參與性的共識。但是在實務上，由於非營利組織的資源有限甚至拮据，常忽略了這個部分，更因為在組織裡同一個人可能分別扮演多重角色，也常會有因角色混淆而發生衝突之現象。

個人在研究非營利組織管理的過程中，發現理論上需要先健全決策層的功能，有了好的決策與領導才有好的方針引導，但是曾在與美國舊金山大學非營利組織管理研習中與老師討論，發現管理者具有承上啓下之功能，也是組織中重要的key man，再說組織管理工作本來就是管理者的責任；但是在台灣「非營利組織管理」尚在起步。組織中尚無任用「專業經理人」的觀念，近年來透過許多學者專家的關心與研究，加上部分在非營利組織投身多年的資深管理者們的努力，雖無形式的專業經理人，但是實質上都在執行中，只是在摸索過程中的學習經驗彌足可貴。

總之，非營利組織人力資源管理實為非營利組織管理的核心，因為

無論在企業組織或是公共組織，共同都認為「人」是組織最重要的資源。在非營利組織裡，人更是不可或缺的資源，因此更是管理上的重點。目前在台灣對這個議題個人的看法是「有感覺有意識尚未重視」。因此希望透過不斷的研討、發展、推廣等提升理念，同時能多多結合學術、實務共同研發出適合本土的「台灣非營利組織人力資源管理」之管理模式與交戰手冊，更重要的是儘快推展「非營利組織管理」的理念與共識，培養「非營利組織專業經理人」。

社會福利策劃與管理

社工叢書 14

編 著 者／中國文化大學社會福利學系
出 版 者／揚智文化事業股份有限公司
發 行 人／葉忠賢
責任編輯／賴筱彌
執行編輯／鄭美珠
登 記 證／局版北市業字第 1117 號
地　　址／台北市新生南路三段 88 號 5 樓之 6
電　　話／(02)2366-0309　2366-0313
傳　　真／(02)2366-0310
E-mail／tn605541@ms6.tisnet.net.tw
網　　址／http://www.ycrc.com.tw
郵政劃撥／14534976
戶　　名／揚智文化事業股份有限公司
印　　刷／偉勵彩色印刷股份有限公司
法律顧問／北辰著作權事務所　蕭雄淋律師
初版一刷／2002 年 1 月
ＩＳＢＮ／957-818-353-4
定　　價／新台幣 500 元

＊本書如有缺頁、破損、裝訂錯誤，請寄回更換。

版權所有　翻印必究

國家圖書館出版品預行編目資料

社會福利策劃與管理 ／ 中國文化大學社會福利
學系編著. -- 初版. -- 台北市：揚智文化，
2002 [民 91]
面； 公分 （社工叢書：14）

ISBN 957-818-353-4（平裝）

1. 社會福利 – 論文, 講詞等

547.107 90018928